PHÄNOMENOLOGIE DER GABE
Neue Zugänge zum Mysterium der Eucharistie

QUAESTIONES DISPUTATAE

Begründet von
KARL RAHNER UND HEINRICH SCHLIER

Herausgegeben von
PETER HÜNERMANN UND THOMAS SÖDING

QD 270
PHÄNOMENOLOGIE DER GABE
Neue Zugänge zum Mysterium der Eucharistie

Internationaler Marken- und Titelschutz: Editiones Herder, Basel

PHÄNOMENOLOGIE DER GABE

Neue Zugänge zum Mysterium der Eucharistie

Herausgegeben von Florian Bruckmann

FREIBURG · BASEL · WIEN

© Verlag Herder GmbH, Freiburg im Breisgau 2015
Alle Rechte vorbehalten
www.herder.de
Umschlagkonzeption: Finken und Bumiller
Umschlaggestaltung: Verlag Herder
Umschlagmotiv: © Corinne Simon/photociric
Satz: Barbara Herrmann, Freiburg
Herstellung: CPI books GmbH, Leck
Printed in Germany
ISBN 978-3-451-02270-8

Inhalt

Einführung 7
Florian Bruckmann

A. Eucharistie: Feier der Vergebung

Jom Kippur und Eucharistie – Ein Prospekt 17
Josef Wohlmuth

B. Eucharistie: Ästhetik der Vergebung

Jenseits von Begriff und Vorstellung
Das Wunder der Eucharistie im Mittelalter 67
Dirk Ansorge

Eucharistein – Gabe des Heiligen Geistes
Liturgietheologische Anmerkungen zum Verhältnis von
Christologie und Pneumatologie im eucharistischen Beten
und seiner räumlichen Disposition vor dem Hintergrund der
Liturgiekonstitution des II. Vatikanums 105
Albert Gerhards

C. Eucharistie: Selbstgabe des Leibes

Gabe des Leibes 125
Florian Bruckmann

Der Tod als Gabe (an das Kind)
Das Opfer Abrahams, die Eucharistie und der Essay
Donner la mort von Jacques Derrida 153
Florian Bruckmann

D. Eucharistie: Gabe der Zeit?

Christus praesens
Die Gabe der Eucharistie und ihre Zeitlichkeit 197
Helmut Hoping

Realpräsenz und Diachronie
Die Eucharistielehre in zeittheoretischer Perspektive 219
René Dausner

Wandlung als Transitus
Präsenz als vor-über-gehende Gegenwart, die bleibt 243
Erwin Dirscherl

Autorenverzeichnis 269

Einführung

Florian Bruckmann

Der Gabe-Diskurs gehört sicherlich zu den wichtigsten Wissenschaftsdiskursen der letzten Jahrzehnte. Angestoßen wurde er durch den Essay „Sur le don – Die Gabe" (1925) des französischen Soziologen und Ethnologen Marcel Mauss.[1] Zu seinen Höhepunkten gehören u. a. die Texte „Donner la mort – Den Tod geben"[2] und „La fausse monnaie – Zeit geben I"[3], mit denen sich Jacques Derrida in diesem Diskurs zu Wort gemeldet hat. Berühmt ist auch seine Begegnung mit Jean-Luc Marion auf einem Symposion an der Villanova University (Philadelphia / USA) vom 25.–27. September 1997, auf dem Marion Derridas Gedanken der reinen Gabe seine eigene Interpretation der Negativen Theologie entgegenhält und gleichzeitig beteuert, er sei nicht an der Gabe interessiert, sondern wolle vielmehr unter dem Begriff der „donation – Gegebenheit (Gebung)" die Phänomenologie neu begründen bzw. ausrichten.[4] Von soziologischer Seite ist Marcel Hénaff einer der bekanntesten Protagonisten und Mitstreiter in diesem Diskurs und er interpretiert den „Aus-

---

[1] *M. Mauss*, Die Gabe. Form und Funktion des Austauschs in archaischen Gesellschaften, m. e. Vorw. v. E. E. Evans-Pritchard, übers. v. E. Moldenhauer (stw 743), Frankfurt a.M. 1990.
[2] *J. Derrida*, Donner la mort, in: J.-M. Rabaté/M. Wetzel (Hrsg.), L'éthique du don. Jacques Derrida et la pensée du don, Paris 1992, 11–108; dt.: Den Tod geben, übers. v. H.-D. Gondek, in: A. Haverkamp (Hrsg.), Gewalt und Gerechtigkeit. Derrida – Benjamin (es 1706, NF 706), Frankfurt a.M. 1994, 331–445.
[3] *Ders.*, Donner le temps 1.: La fausse monnaie, Paris 1991; Falschgeld. Zeit geben I, übers. v. A. Knop/M. Wetzel, München 1993.
[4] *J. D. Caputo/M. J. Scanlon* (Ed.), God, the Gift, and Postmodernism (The Indiana Series in the Philosophy of Religion), Bloomington u. a. 1999. Dazu: *T. Alferi*, „Worüber hinaus Größeres nicht ‚gegeben' werden kann ..." Phänomenologie und Offenbarung nach Jean-Luc Marion (Phänomenologie Kontexte 15), Freiburg i.Br. u. a. 2007; *K. Bauer*, Einander zu erkennen geben. Das Selbst zwischen Erkenntnis und Gabe (Phänomenologie Kontexte 23), Freiburg i.Br. u. a. 2012; *K. Busch*, Geschicktes Geben. Aporien der Gabe bei Jacques Derrida, München 2004; *H.-B. Gerl-Falkovitz* (Hrsg.), Jean-Luc Marion: Studien zum Werk, Dresden 2013.

tausch" von Gaben nicht in ökonomischen, sondern in symboltheoretischen Kategorien und versteht ihn als Zeichen der Anerkennung.[5]

Diese kurzen Ausführungen machen deutlich, dass der Gabe-Diskurs sehr weit gefächert ist, und es stellt sich inzwischen die Frage, ob es *die* Gabe bzw. *den* Gabe-Diskurs überhaupt gibt.[6] Nach Burkhard Liebsch werden unter seinem Oberbegriff mindestens vier Stoßrichtungen verfolgt:[7] Zum einen geht es um Metaphysikkritik, darüber hinaus aber auch um Ökonomiekritik,[8] um eine Neubegründung der Phänomenologie und um die soziologische Frage von Anerkennung auf gleicher Augenhöhe bzw. einer grundsätzlichen Asymmetrie in interpersonalen Begegnungen, auf die besonders Emmanuel Levinas aufmerksam gemacht hat. Gegenüber jeder naiv-vereinfachenden Übernahme des Gabe-Denkens durch die Theologie macht Liebsch eindrücklich darauf aufmerksam, dass (auch bei Marion, der dies manchmal zu vergessen scheint) sich zwar alles als Gegeben zu erkennen gibt, damit aber immer impliziert bleibt, dass es sich dabei um eine Interpretation

---

[5] M. *Hénaff*, Le prix de la verité. Le don, l'argent, la philosophie, Paris 2002; dt.: Der Preis der Wahrheit. Gabe, Geld und Philosophie, übers. v. E. Moldenhauer, Frankfurt a.M. 2009. *Ders.*, Le don des philosophes. Repenser la réciprocité, Paris 2012; dt.: Die Gabe der Philosophen. Gegenseitigkeit neu denken (Sozialphilosophische Studien 8), übers. v. E. Moldenhauer, Bielefeld 2014. Dazu: *V. Hoffmann*, Skizzen zu einer Theologie Gabe. Rechtfertigung – Opfer – Eucharistie – Gottes- und Nächstenliebe, Freiburg i.Br. u. a. 2013, 191–239.

[6] Vgl. *M. Hénaff*, The Aporia of Pure Giving and the Aim of Reciprocity: On Derrida's Geven Time, in: P. Cheah/S. Guerlac (Ed.), Derrida and the time oft he political, Gurham 2009, 215–234, 218: „I would claim … that ‚the gift' does not exist; what does exist is various gift-giving practices belonging to different categories that must be defined based on epistemologically convincing criteria."

[7] *B. Liebsch*, Umsonst: Die Gabe als nachträglich zu bewahrheitende Gegebenheit. Eine Zwischenbilanz der fragwürdigen Karriere der Gabe in kulturwissenschaftlichen, philosophischen und politischen Diskursen der Gegenwart, in: Allgemeine Zeitschrift für Philosophie 38, Nr. 1 (2013) 29–59, 30–33.

[8] *Ders.*, Zur Rekonfiguration der Sozialphilosophie, 60 (2013) 91–129, 103f. Anm. 48 stellt dabei die Frage: „Mit Derrida wäre zu fragen: ‚Warum will man [aus der Ökonomie reziproken Gebens, des Austauschs, des Wirtschaftens; B.L.] herauskommen, Warum will man davonkommen?' (Falschgeld, 17) Warum will man sich nicht damit abfinden, ein ‚ökonomisches' Wesen zu sein und auf einer An-Ökonomie beharren, die ihrer Denkbarkeit nahezu unüberwindliche Hindernisse in den Weg stellt?"

handelt, die vom empfangenden Subjekt verantwortet werden muss.[9]

Auch die deutschsprachige Theologie ist seit Jahren am Gabe-Diskurs in seinen unterschiedlichen Aus- und Stoßrichtungen beteiligt und es gibt inzwischen zahlreiche Veröffentlichungen in diesem Kontext, wofür auch die vorliegenden Beiträge und die in ihnen erfasste, diskutierte und angeführte Literatur ein Beleg sind. Das Konzept der Gabe eignet sich offenbar sehr gut, um mit ihm grundlegende theologische Kategorien zu reformulieren, sie aus innertheologischen Diskurssackgassen herauszulösen und gleichzeitig die Theologie anschlussfähig an andere Wissenschaften und ihre Diskurse zu machen. So wird u. a. die Schöpfung als (reine) Gabe Gottes verstanden, mit der der Mensch umzugehen hat – auch er bekommt sein Leben einfach geschenkt und übereignet, ohne gefragt zu sein. Er muss es übernehmen und kann sich nicht nicht zu ihm verhalten. Gleichzeitig eignet sich die Gabe hervorragend, um Gottes zuvorkommende Liebe zum Menschen auszudrücken.[10] Mit seiner Zuwendung zum dann freien Gegenüber wird der Mensch zur Gottesbegegnung fähig und dankt Gott die Gabe seines in ihm lebenden und atmenden Geistes, indem er sich seinerseits vorbehaltlos anderen Menschen zuwendet. So hat sich auch Gott durch Christus dem – theologisch gesprochen – toten Menschen, also dem Sünder zugewandt und hat ihn durch dessen kenotische Selbstgabe zum Leben erweckt: In der Taufe stirbt der alte Mensch und wird sakramental mit Christus von Gott wieder auferweckt, auf dass er in seinem Angesicht lebe (Röm 6). Deshalb kann nicht nur die Sendung des Sohnes durch den Vater als Gabe an den Menschen verstanden werden, sondern auch das Leben im Heiligen Geist, das Gott dem Gläubigen ermöglicht: Der Geist ist vielleicht *die* entscheidende Gabe – Verkörperung bzw. Hypostasierung der Gnade. Über die Schöpfungs- und Gnadenlehre hinaus zeigt sich die sprachermöglichende

---

[9] Ebd., 105: „Wenn demgegenüber gelten soll, dass nichts und niemand je einfach sich als Gegebenes zeigen kann, wenn hier vielmehr eine unabdingbar *interpretationsbedürftige Zweideutigkeit* im Spiel ist (Gegebenes *als* Gegebenheit oder *als* Gabe), dann muss es jedoch entscheidend vom Empfänger abhängen, ob und wie das Gegebene als Gabe nachträglich bewahrheitet (oder auch zurückgewiesen) wird". Mit Hinweis auf *Bauer*, Einander (s. Anm. 4), 448, 465.
[10] *J. Werbick*, Gnade (Grundwissen Theologie), Paderborn 2013, 140–160.

Fähigkeit des Paradigmas Gabe besonders in christologischen und eucharistietheologischen Zusammenhängen. Christus gibt sich, gibt sich in den Gestalten von Brot und Wein. „Das ist mein Leib, der für euch hingegeben wird" lauten die Einsetzungsworte bei der Konsekration in deutscher Übersetzung. Handelt es sich dabei um Deuteworte, die damit den Fokus auf das erste Verb legen und vornehmlich an dem Gedanken der Transsubstantiation anschließen, der sich vor dem Hintergrund der mittelalterlichen Aristoteles-Rezeption innerhalb der Scholastik ergeben hat? Oder dürfen diese Worte mit Josef Wohlmuth als Gebeworte verstanden werden,[11] so dass der Fokus auf dem zweiten Verb liegt und damit die leibliche Gabe des Herrn an seine Jünger bezeichnet wird?

Josef Wohlmuth zeigt in seinem Artikel auf, dass der Gabe-Diskurs dazu fähig ist, den jüdisch-christlichen Dialog voranzutreiben. Er macht nämlich darauf aufmerksam, dass die christliche Eucharistie nicht nur mit der sich zur selben Zeit entwickelnden Pesach-Feier verglichen werden darf, sondern vor dem Hintergrund kultischer Vorstellungen, wie sie u. a. für Röm 3,21–25 diskutiert und besonders im Hebräerbrief reflektiert und einer christologisch verändernd-verwandelnden *relecture* unterzogen werden, auch im Hinblick auf den Yom Kippur gedeutet werden müssen. Vergebung gehört dabei nicht nur zur Mitte des eucharistischen Geschehens – wo sich Gottesbegegnung ereignet, wird der Mensch neu, gereinigt von seinen Sünden (vgl. DH 1020; 1638) –, sondern sie bildet auch das Zentrum der Yom-Kippur-Liturgie, deren kniendes Schweigen Franz Rosenzweig aufgrund ihrer leiblich-seelischen Eindrücklichkeit zum Verbleib in seinen jüdischen Wurzeln bewegt hat. Gleichzeitig gehört die Ver*gebung* nicht nur aufgrund ihrer semantischen Nähe zum Gabe-Diskurs, sondern wird in ihm zentral diskutiert, weil eine Gabe die symbolische Anerkennung des Anderen als gleichberechtiges Gegenüber verdeutlichen kann. Jacques Derrida hatte in der ihm eigenen Diktion darauf hingewiesen, dass nur das prinzipiell Unvergebbare vergeben werden kann, weil nur es ver-

---

[11] *J. Wohlmuth*, „... mein Leib, der für euch gegebene" (Lk 22,19): Eucharistie – Gabe des Todes Jesu jenseits der Ökonomie, in: V. Hoffmann (Hrsg.), Die Gabe. Ein ‚Urwort' der Theologie?, Frankfurt a.M. 2009, 55–72, 63; *ders.*, An der Schwelle zum Heiligtum. Christliche Theologie im Gespräch mit jüdischem Denken (Studien zu Judentum und Christentum), Paderborn, u. a. 2007, 201; 277.

geben werden muss; lässliche Sünden sind – theologisch gesprochen – der Vergebung nicht wert, weil sie keine echten Verfehlungen darstellen, wohingegen schwere Sünden des Bußsakramentes bedürfen. Kann der Mensch, so könnte man zeittheoretisch formulieren, die Vergangenheit verändern, indem er die aus ihr herrührende Schuld zwar nicht vergisst, sie aber nicht weiterhin „in Rechnung stellt", sondern trotz all der begangenen Taten und erlittenen Qualen (mit der Hilfe des Heiligen Geistes) zu einem Neuanfang fähig ist, der Lebensmöglichkeiten für alle Beteiligten eröffnet?[12]

Wie die Gabe des Lebens als Geschöpflichkeit erfahren werden kann, so muss auch die Gabe der Vergebung erfahren werden können. Dafür haben sich im Christentum über die Jahrhunderte hinweg ästhetische Ausdrucks- und Erfahrungsformen entwickelt, die theologisch fundiert und reflektiert sind. Vor dem Hintergrund freiheitstheoretischer Überlegungen schlägt *Dirk Ansorge* vor, im Sinne reiner Gabe die Unvordenklichkeit bzw. Unvergleichlichkeit und Unableitbarkeit der Eucharistie mit der Kategorie des Wunders zu denken, die sowohl in der mittelalterlichen Ton- und Dichtkunst als auch in der scholastischen Theologie gebräuchlich war. So wird deutlich, dass die unverfügbare Gabe der geschenkten Gegenwart des Herrn in der Eucharistie nicht von der Intention der betenden Gemeinde abhängt, sondern auf diese zukommt und sie konstituiert. Aus liturgietheoretischer Sicht macht *Albert Gehards* in diesem Zusammenhang deutlich, dass alle Beteiligten der Eucharistie gleichermaßen Empfangende sind, was sich auch in einer entsprechenden Raumgestaltung ausdrücken sollte: Gemeinsam tritt die Gemeinde betend vor Gott, auf dass er ihnen in der Gabe seiner selbst ihre Sünden vergibt und somit ein gleichberechtigtes Miteinander der Gemeindemitglieder ermöglicht. Diese Gemeinsamkeit wird besonders in sogenannten Communio-Räumen ästhetisch verwirklicht, die nicht von einem einseitig frontalen Gegenüber von Priester und Gemeinde geprägt sind.

---

[12] Vgl. G. *Essen*, „Kann gestern besser werden?" Von der Not der Erinnerung und der Gabe der Eucharistie. Systematisch-theologische Überlegungen zur Gegenwart der Vergangenheit, in: F. Bruckmann/R. Dausner (Hrsg.), Im Angesicht der Anderen. Gespräche zwischen christlicher Theologie und jüdischem Denken (FS Josef Wohlmuth), (Studien zu Judentum und Christentum 25), Paderborn u. a. 2013, 495–516.

Florian Bruckmann bringt die leiblich-somatische Dimension des Geschehens von Inkarnation und Eucharistie miteinander in Verbindung und zeigt auf, dass die Hinwendung zum Anderen als leibliche Gabe verstanden werden kann, weil das Ich dem Anderen die ihm selbst zur Verfügung gestellte Zeit weiterschenkt und sich ihm in dem Maße leiblich gibt, wie es sich selbst leiblich empfängt. Darüber hinaus bringt *Bruckmann* den eucharistisch gewendeten Gabe-Diskurs in die Debatte um das Verständnis der Bindung Isaaks ein. Hier wird klar, dass der Mensch in einen Kreislauf von Geben und Empfangen eingebunden ist, der ihn an die Grenzen des Denkbaren bringt und ihn als Handelnden (im Hinblick auf Gott) so sehr herausfordert, dass er überfordert ist. Dieser Überforderung entspricht es, wenn christlicherseits in der Nacht der Nächte, der Osternacht, ein Text gelesen wird, der davon berichtet, dass Abraham bereit war, seinem eigenen Sohn das Leben zu nehmen, bei dessen Lebens-Gabe er entscheidend beteiligt war, die er mit verursacht hatte, auch wenn diese Lebens-Gabe ganz Geschenk Gottes bleibt, weil Abraham fast zu alt zum Zeugen, Sarah aber auf jeden Fall zu alt zu empfangen war. Gabe fordert Ethik und die Gabe des Gesetzes gehört als die Selbstoffenbarung Gottes am Sinai zu den großen Traditionsstücken biblischen Denkens. Kann Gott diese Gabe mit dem Gebot, nicht zu töten bzw. nicht zu morden, selbst aufheben? Kann Gott fordern, was er will, wenn er es selbst gegeben hat und wenn er selbst die Fähigkeit gibt, das zu tun, was er befiehlt? Oder gibt es Kriterien für das, was dem Menschen zu tun erlaubt sein kann?

Innerökumenisch gehört die Frage nach der Dauer der Real-Präsenz zu einem wichtigen Topos der zu behandelnden Fragestellungen: Zugespitzt könnte gefragt werden – und wurde gefragt – ob die Gaben von Brot und Wein dauerhaft gewandelt werden oder nur im Kontext der Abendmahlfeierlichkeiten die Begegnung mit dem auferstandenen und verklärten Herrn ermöglichen. Hier zeigt es sich als großer Vorteil, dass sich die Philosophie des letzten Jahrhunderts ausführlich mit dem Problem der Zeit beschäftigt hat und auch der Gabe-Diskurs nicht ohne diesen Aspekt zu denken ist. Ist der Mensch Herr der Zeit und kann er die Vergangenheit anamnetisch erinnernd und die Zukunft prognostisch voraussagend in der Gegenwart versammeln? Oder muss nicht radikal-phänomenologisch gedacht werden, dass es einen erkenntnistheoretisch nicht zu erinnernden ursprungslosen Ursprung des Menschen gibt, dem eine nicht zu antizipierende Zukunft im echt zukünftigen Eschaton entspricht? Pierre Bourdieu hat sowohl darauf hingewiesen, dass Gabe nur dann existieren kann, wenn nicht dieselbe Gabe, die empfangen worden ist, zurückgegeben wird (Dingdifferenz), und zusätzlich im Gabe-Geschehen die Zeitdifferenz eine entscheidende Rolle spielt:[13] Geschenke und Einladungen werden erst nach dem Verstreichen eines ganz bestimmten Zeitverlaufs erwidert. Mauss hatte seinerseits auf diesen Umstand aufmerksam gemacht und identifizierte die Notwendigkeit, mit der Geschenke nach einer gewissen Zeit durch Gegengeschenke erwidert werden müssen, mit dem maorischen „hau",[14] was ihm die Kritik von Claude Levi-Strauss eingebracht hat, er hätte ein magisches Gabeverständnis.[15] Hier bleibt zwar der Gegenstand äußerlich derselbe, verändert sich aber durch den Ablauf von Zeit. Zeit verwandelt und macht so die Rückgabe nicht zu einer Ablehnung der Gabe, als ob man eine (zum Friedensschluss) ausgestreckte Hand nicht ergreifen würde. Das Denken der Zeit gehört somit zum Zentrum des Gabe-Diskurses, ist aber gleichzeitig auch Zentrum der Eucharistie-Debatte, weil hier die Frage nach der Real-Präsenz des Auferstandenen debattiert wird.

Helmut Hoping schlägt in seinem Artikel vor, die Einsetzungsworte sowohl als Deute- als auch mit Josef Wohlmuth als Gebeworte zu verstehen, so dass sie sowohl die Verwandlung der Substanz der Ga-

---

[13] *P. Bourdieu*, Sozialer Sinn. Kritik der theoretischen Vernunft, übers. v. G. Seib, Frankfurt a.M. 1993, 193: „Tatsächlich kann man in jeder Gesellschaft beobachten, dass die Gegengabe, wenn sie nicht zur Beleidigung werde soll, *zeitlich verschoben* und *verschieden* sein muss, weil die sofortige Gegengabe eines genau identischen Gegenstands ganz offenbar einer Ablehnung gleichkommt".
[14] *M. Mauss*, Gabe (s. Anm. 1), 33: „Das *taonga* und alles streng persönliche Eigentum hat ein *hau*, eine geistige Macht; Sie geben mir eins davon, und ich gebe es einem Dritten; dieser gibt mir ein anderes *taonga* dafür, weil er vom *hau* meines Geschenks dazu getrieben wird; und ich bin gezwungen, Ihnen diese Sache zu geben, weil ich Ihnen zurückgeben muß, was in Wirklichkeit das Produkt des *hau* Ihres *taonga* ist."' Taongas „sind ausschließlich Wertgegenstände: Talismane, Embleme, heilige Matten und Götterbilder" (ebd., 31).
[15] *C. Levi-Strauss*, Einleitung in das Werk von Marcel Mauss, in: Mauss, Marcel, Soziologie und Anthropologie. 1. Theorie der Magie. Soziale Morphologie, übers. v. Henning Ritter, Frankfurt a.M. 1999, 7–41, 31f. Vgl. *J. Derrida*, Falschgeld (s. Anm. 3), 99–105; *P. Ricœur*, Wege der Anerkennung. Erkennen, Wiedererkennen, Anerkanntsein, übers. v. U. Bokelmann/B. Heber-Schärer, Frankfurt a.M. 2006, 294.

ben bezeichnen als auch die Selbstgabe Jesu an seine Jünger und die an ihn Glaubenden verdeutlichen, so dass deren Verwandlung im Empfang der eucharistischen Gaben möglich wird. *René Dausner* spricht in diesem Zusammenhang von einer notwendigen Entformalisierung der Zeit in eucharistietheologischen Zusammenhängen und rekurriert dabei u. a. auf das diachronische Zeitverständnis bei Emmanuel Levinas. Dadurch gelingt es ihm, die Differenz zwischen alltäglicher Präsenz und eucharistischer Real-Präsenz zu systematisieren und auf den diachronischen Wiederholungscharakter der Eucharistie hinzuweisen, die selbst von der Pro-Existenz Jesu herrührt. Auch *Erwin Dirscherl* setzt sich mit dem Verstehen und Deuten der Zeit auseinander und inszeniert dabei einen Dialog über die Jahrhunderte hinweg, indem er Paulus, Augustinus und Giorgio Agamben miteinander ins Gespräch bringt: Mit Augustinus wird deutlich, dass Gottes Gegenwart ihren ortlosen Ort im Inneren des Menschen hat und als Wort von einem Anfang herkommt, der nicht erinnert werden kann; auffällig ist dabei, dass Augustins Biographie wie die des Völkerapostels Paulus von einem Bruch und einer Verwandlung gekennzeichnet ist, woraus sich ihr christologisch-messianisches Zeit- und Geschichtskonzept erklären lässt, auf das Agamben in seinem Römerbriefkommentar hingewiesen hat.

A. Eucharistie: Feier der *Vergebung*

Jom Kippur und Eucharistie – Ein Prospekt

Josef Wohlmuth

Einführung

Ist es angeraten, in der Eucharistietheologie einen Weg zu beschreiten, der Zusammenhänge aufzeigt, die historisch schwierig sind und es theologisch nur zur Valenz einer Hypothese bringen? Wird ein Einblick in die Transformation des Versöhnungsfestes im Judentum zur Zeit des Zweiten Tempels und nach dessen Zerstörung etwas offenlegen, was auch für das Christentum bleibende Bedeutung behält? Ein Text von Thomas von Aquin zum Fronleichnamsfest kann hellhörig machen:
„Der einziggeborene Sohn Gottes, nach dessen Willen wir an seiner Göttlichkeit Anteil erhalten sollten, hat unsere Natur angenommen, damit er, der zum Menschen gemacht wurde, die Menschen zu Göttern machte. Und darüber hinaus hat er das, was er von dem Unseren angenommen hat, ganz uns zum Heile verwendet: Seinen Leib nämlich hat er für unsere *Versöhnung* auf dem Altar des Kreuzes Gott, dem Vater, als Opfergabe *(hostia)* dargebracht und sein Blut hat er zum Preis und zugleich zur Reinigung vergossen, damit wir, losgekauft von der elenden Knechtschaft, von allen Sünden gereinigt werden."[1]
Wer ist hier Subjekt des Handelns? Offensichtlich der Mensch gewordene, einziggeborene Sohn, der die Gabe der Versöhnung Gott dem Vater darbringt. Ziel dieser Darbringung ist die Vergöttlichung des Menschen. Doch steht dies nicht absolut konträr zu allen jüdischen Prämissen des Versöhnungsfestes? Dass wir an Jesu von Naza-

---

[1] Liturgia horarum III, 485, aus Thomas v. Aquin, Opusculum 57, in Festo Corporis Christi, lect. 1–4, 1: „Unigenitus Dei Filius, suae divinitatis volens nos esse participes, naturam notram assumpsit, ut homines deos faceret factus homo. – Et hoc insuper, quod de nostro assumpsit, totum nobis contulit ad salutem. Corpus namque suum pro nostra *reconciliatione* in ara crucis hostiam obtulit Deo Patri, sanguinem suum fudit in pretium simul et lavacrum, ut redempti a miserabili servitute, a peccatis omnibus mundaremur." (Kurs. J.W.)

reth göttlicher Natur Anteil erhalten, mag noch akzeptabel erscheinen. Dass er sein Menschsein mit uns Menschen teilt und das, was er von uns angenommen hat, er als Ganzes uns überlassen hat *(contulit)*, wäre vielleicht jüdisch immer noch verkraftbar. Kann aber darüber hinaus auch noch gesagt werden, seine Inkarnation mache uns zu Göttern? Das uns als Ganzes Übergebene ist, wie Thomas ausführt, sein Leib, der am Altar des Kreuzes für unsere Versöhnung *(pro nostra reconciliatione)* als Opfergabe *(hostia)* dargebracht, und es ist sein Blut, das einerseits als Preis *(pretium)* und andererseits zur Reinigung *(lavacrum)* vergossen wurde. Jesu Leib und Blut ist also das auf den Altar gelegte Opfer, und zwar näherhin als Zahlungsmittel zum Loskauf aus der elenden Sklaverei und zur Reinigung von allen Sünden. Der Loskauf aus der Sklaverei hatte also seinen ‚Preis' und die Sünden bedurften allesamt der Reinigung. Befreiung – Reinigung: Verweis auf Pesach und Jom Kippur? Wenige Zeilen später spricht Thomas von der Eucharistie als *memoria*. „Damit das Andenken dieser so großen Wohltat unter uns bleibe *(tanti beneficii iugis in nobis maneret memoria)*, hat er seinen Leib als Speise und sein Blut als Trank den Gläubigen hinterlassen." Welch ein wertvolles und staunenswertes Mahl *(convivium)*, ruft Thomas aus, dessen Wert darin liegt, dass nicht Fleisch von Lämmern und Böcken *(non carnes vitulorum et hircorum)* wie zur Zeit des Gesetzes *(ut olim in lege)*, sondern Christus als wahrer Gott dargeboten wird. Thomas denkt hier an beides: Die Paschalämmer, die (im Tempel) geschlachtet und in den Häusern verzehrt wurden, und die zwei Böcke am Jom Kippur, von denen der eine geschlachtet und der andere in die Wüste getrieben wurde. Mit diesen wenigen Zeilen richtet Thomas die Menschwerdung soteriologisch auf Befreiung und Versöhnung aus und bezieht sie in die *memoria* der Eucharistie ein. Bedenkt man, dass Thomas darüber gut 1000 Jahre nach der Zerstörung des Tempels von Jerusalem schreibt, wohl wissend, dass das Judentum die zur Zeit des Tempels gebotenen Tieropfer selbst längst nicht mehr darbringt und dennoch Pesach (Ostern) und Jom Kippur (Versöhnungsfest) feiert, erhält das Stichwort *reconciliatio* für die Eucharistie durch den Bezug zu den einstigen Tempelopfern eine hohe Bedeutung.[2] Für Thomas jedenfalls gehören Jom Kippur

---

[2] Aus dem Werk von Mose ben Maimon, Führer der Unschlüssigen, das Thomas v. Aquin kannte, konnte er ersehen, dass dieser die Opfer am Jom Kippur über-

und Eucharistie zusammen; die Begründung dafür ist ganz und gar christologisch. Die frühjüdischen Elemente (Fleisch von Lämmern und Böcken), die für das nachbiblische Judentum bereits der Vergangenheit angehörten, hatten für das Christentum schon in neutestamentlicher Zeit ihre Bedeutung verloren. Doch der rememoriale Charakter von Pesach und Jom Kippur blieb in beiden großen Traditionen erhalten, wobei das Mahl in Judentum und Christentum allein zur Pesachtradition gehört. Beide Feste, Pesach und Jom Kippur, werden aber in der Zeit des Zweiten Tempels durch die Tieropfer zusammengebunden. Für das Christentum tritt an deren Stelle das einzige ‚Opfer', das in der Hingabe Jesu in seiner menschlichen Ganzheit von Leib und Blut besteht, deren befreiender Wert und sündenreinigende Kraft durch die Einigung des Juden Jesus mit dem göttlichen Logos bis ins Unermessliche gesteigert werden. In der Feier der Eucharistie wird dies zur bleibenden Gabe des Heiles.

Mein Thema versucht dem Zusammenhang der Eucharistie mit dem jüdischen Versöhnungsfest nachzugehen. Dass Pascha und Eucharistie immer schon als zusammengehörend angesehen wurden, sei hier vorausgesetzt, ohne es näher darzustellen. Wichtig erscheint mir, dass die Transformation des Jom Kippur als die Feier des höchsten jüdischen Festes zur Zeit des Zweiten Tempels (516 v. Chr. bis 70 n. Chr.) schon früh ansetzt. Ich werde deshalb die prophetische Kritik am Opferwesen des Jom Kippur nicht verschweigen, aber die Bedeutung des Jom Kippur an wichtigen alttestamentlichen Quellen wie vor allem Lev 16, aufzeigen und danach fragen, welche Wirkungsgeschichte sie im Judentum und Christentum auch nach der Zerstörung des Tempels gezeigt haben. Es handelt sich um gewaltige Transformationsprozesse, die bis heute wichtig geblieben sind.

Die Rezeption des Jom Kippur im Neuen Testament verfolge ich schwerpunktmäßig nach zwei Aspekten: 1. Die Interpretation des Todes Jesu nach Röm 3,25 und seine kontroverse Auslegung; 2. Die

---

haupt nicht nennt, sondern das Versöhnungsfest nur als Ganztag der Gottesverehrung und als Fasttag charakterisiert, an dem die Vergebung der Verehrung des Goldenen Kalbs geschah und Mose mit den zweiten Tafeln vom Berg herabkam. Vgl. *Mose ben Maimon*, Führer der Unschlüssigen, Ausg. Meiner, Phil. Bibliothek. 2. Aufl. m. e. Einl. u. Bibliographie v. Johann Meier, in einem Band, Hamburg 1995, hier: Drittes Buch, 253; 268.

erste Theologie des Jom Kippur nach der Zerstörung des Zweiten Tempels im Hebräerbrief. Nach heutigem Forschungsstand muss die Behandlung des Hebräerbriefes der im nachbiblischen Judentum zeitlich später erfolgten Transformation des Jom Kippur eigentlich vorausgehen. Mit einem Prospekt auf die Folgen für das christliche Eucharistieverständnis endet mein Beitrag.

1. Der Jom Kippur in der Zeit des Zweiten Tempels und seine Transformation nach dessen Zerstörung

Franz Rosenzweig schreibt in *Stern der Erlösung*, dass das Christentum sich insgesamt der jüdischen Festtradition angeschlossen habe, jedoch nicht die ‚gewaltigen Tage' der Erlösungsfeste mit ihrem Höhepunkt des Jom Kippur kennt.[3] Seit Tempels Zeiten sei der Jom Kippur der einzige Tag ‚zwischen den Jahren', an dem das Volk in seiner Sünde in absoluter Unmittelbarkeit vor Gott auf die Knie fällt.[4] Daraus folge für die Christenheit, dass „die Feste, mit denen sie die Erlösung selbst ins Kirchenjahr hineinzieht, jenem letzten Anbeten keine Stätte (geben)." (411)[5] Man muss wissen, dass Rosen-

---

[3] *F. Rosenzweig*, Der Mensch und sein Werk. Gesammelte Schriften II. Der Stern der Erlösung, 4. Aufl. m. e. Einf. v. Reinhard Mayer, Haag 1976, 359–364; Vergleich mit den christlichen Festen, 404–412.

[4] Auch wenn Rosenzweig zugibt, dass im Christentum das Knien nicht unbekannt ist, erwähnt er zwei Beispiele: das Knien an der Krippe und das Knien und Schweigen vor der Wandlung; so kniet die Christenheit „vor dem im Meßopfer neu vergegenwärtigten Opfer am Kreuz" (Stern, 411). – Und so gilt, was Rosenzweig kurz zuvor schon grundsätzlich festgestellt hatte: „Der Rückblick zu Kreuz und Krippe, die Ereignung der Ereignisse von Bethlehem und Golgatha ins eigene Herz wird wichtiger als der Ausblick auf die Zukunft des Herrn. Das Kommen des Reichs wird eine welt- und kirchengeschichtliche Angelegenheit. Aber im Herzen der Christenheit, das den Lebensstrom durch die Kreisbahn des Kirchenjahrs treibt, ist kein Platz dafür." (490f.)

[5] Die christlichen Feste samt der Eucharistie sind Feste der Offenbarung, jedoch nicht Feste der Erlösung, deren Zentrum der Jom Kippur ist, an dem Rosenzweig zufolge die Gottunmittelbarkeit durch das Anlegen des Toten,kittels' vom Jenseits des Todes her und somit nicht mehr nur als geschichtliches Erinnerungsfest gefeiert wird. Die Grundlegung dieser Beurteilung hängt damit zusammen, dass bei Rosenzweig das Judentum die Religion des ewigen Lebens jenseits der Geschichte, das Christentum hingegen die Religion des ewigen Weges in der Geschichte ist.

zweig den Jom Kippur, der ihm verholfen hat, sein Judentum neu zu finden, nicht mehr aus der Perspektive des Zweiten Tempels sieht, sondern nur ein einziges Element hervorhebt: die Unmittelbarkeit zu Gott in der Erfahrung der Religion des ewigen Lebens. Diese antizipiert die Endzeit bereits erlösend.[6] Das Bewusstsein der Sünde der Welt, die jeden Menschen betrifft, und das Bewusstsein: „Er, dieser Gott der Liebe, er allein ist Gott" (364) gehören engstens zusammen. Und: „Ewigkeit ist gerade dies, daß zwischen dem gegenwärtigen Augenblick und der Vollendung keine Zeit mehr Platz beanspruchen darf, sondern im Heute schon alle Zukunft erfaßbar ist." (365) So schreibt Rosenzweig nach einer fast zweitausendjährigen Tempellosigkeit des Judentums. Selbstverständlich hat ein intellektueller Jude wie Franz Rosenzweig zu Beginn des 20. Jh. keinerlei Bedürfnis, die einstigen Opfer des Jom Kippur wieder einzuführen.

1.1 Der Jom Kippur in Lev 16

Über den biblischen Jom Kippur und seine Rezeption in Judentum und Christentum nach der Zerstörung des Zweiten Tempels gibt es in jüngerer Zeit eine erstaunliche Neubesinnung.[7] Die unten zu behandelnde Deutung des Todes Jesu nach Röm 3,25 hat auch auf die alttestamentlichen Arbeiten der Tübinger Schule zurückgeblendet.[8] Hartmut Gese und Bernd Janowski wurden diesbezüglich die gro-

---

[6] Hegels Religionsphilosophie, an deren Ende das Christentum als Höchstform der Religion, wenn auch nicht gleichzeitig schon als Gipfel der Versöhnung in der Höchstform des menschlichen Selbstbewusstseins zu gelten hat, wird bei Rosenzweig aus dem geschichtlichen Modell der Höherentwicklung herausgenommen. Das Judentum ist dort, wo das Christentum auf seinem Weg erst noch hinzukommen hat, bis am Ende Gott alles in allem sein wird. (Vgl. Stern, 446)

[7] Vgl. *D. Stökl Ben Ezra*, The Impact of Yom Kippur on Early Christianity, Tübingen 2003; *T. Hieke/T. Nicklas* (Hrsg.), The Day of Atonement. Its Interpretations in Early Jewish and Christian Traditions, Leiden 2012; *T. Nicklas*, Versöhnung! Ein Versuch zum Blutruf des Volkes (Mt 27,25), in: F. Bruckmann/R. Dausner (Hrsg.) Im Angesicht der Anderen, Paderborn u. a. 2013, 281–292. Zum Auftakt der neueren Diskussion über das Thema Sühne und Versöhnung vgl. *B. Janowski*, Sühne als Heilgeschehen, Neukirchen Vluyn ²2000 [1982]. Vgl. Themenheft: Vom Rand in die Mitte. Das Buch Levitikus: BiKi 69 (2014) Heft 2.

[8] Vgl. *J. Frey/J. Schröter* (Hrsg.), Deutungen des Todes Jesu im Neuen Testament (UTB 2973), Tübingen 2007 (2005).

ßen Anreger zu einer paradigmatischen Neubesinnung. Sie haben sich Jörg Frey zufolge um „eine entscheidende Korrektur der älteren, gegenüber kultischen und juridischen Dimensionen extrem kritischen (protestantisch–)exegetischen Tradition" (21) bemüht. Daniel Stökl Ben Ezra hat in seiner Jerusalemer Dissertation gezeigt, dass in Lev 16 der Jom Kippur aus rückschauender Sicht auf das Heilige Zelt beschrieben ist, historisch aber sehr viel mehr die Zeit des Tempels nach seinem Wiederaufbau, d. h. nach dem Babylonischen Exil betrifft. Stökl geht es nicht nur um den Text und seine Auslegung, sondern seine vielfachen liturgischen Vollzüge einschließlich der Rolle des Volkes.[9] Der Jom Kippur weist wichtige Eigenheiten auf, die sich sonst im alttestamentlichen Opferwesen nicht finden. Nur an diesem Tag betrat der Hohepriester das Allerheiligste des Tempels. Nur an diesem Tag trägt der Hohepriester statt seiner sonstigen goldenen Gewänder ein spezielles weißes Leinengewand. Nur an diesem Tag gibt es eine ‚Liturgie', die in vier Elemente eingeteilt werden kann: 1. Der Vorbereitungsritus, der den Hohenpriester betrifft; 2. Der Eintritt in das Allerheiligste mit Weihrauchopfer und Blutbesprengung der Bedeckung der Bundeslade *(Kapporeth)*; 3. Die Sendung des ‚Sündenbocks' in die Wüste; 4. Die Abschlussriten. Für unseren Zusammenhang sind die Punkte 2 und 3 am einschlägigsten. Aaron (der Hohepriester) betritt das Allerheiligste drei- bis viermal. Beim ersten Mal bringt er das Weihrauchopfer dar. In den rabbinischen Quellen wird später darüber diskutiert, ob dies vor dem oder im Allerheiligsten geschieht. Der zweite Eintritt geschieht mit dem Blut des geschlachteten Stiers und dem Vollzug des Blutritus. Ob eine Vergebungsbitte damit verbunden war, wird erst bei Philo und in der Mischna positiv beantwortet. Dann tritt der Hohepriester heraus, schlachtet einen der beiden Böcke, betritt mit dessen Blut das Allerheiligste zum dritten Mal und vollzieht den Blutritus. Nach rabbinischer Überlieferung geht der Hohepriester noch ein viertes Mal in das Allerheiligste. Es geschieht, nachdem nach Lev 16 der Hohepriester dem ausgelosten Bock für die Wüste die Hände aufgelegt und damit ein allgemeines Sündenbekenntnis verbunden hat. Sobald der Bock für Asasel in die Wüste geschickt war, nimmt Aaron ein Bad und wechselt die Kleider. Der Mischna zufolge reinigt

---

[9] *D. Stökl*, Impact (s. Anm. 7), 28–48 (mit Blick auf die Diaspora und Qumran).

Aaron beim vierten Eintritt das Allerheiligste von den Resten der Rauchopferinzens.[10]

Benedikt Jürgens stellt in seiner Münsteraner Dissertation *Heiligkeit und Versöhnung* den Jom Kippur in die Mitte der übrigen Opferrituale des Buches Levitikus.[11] Nach einer kurzen narrativen Einleitung über das Schicksal der Aaronsöhne dominiert im Kapitel 16 insgesamt ein präskriptiver Charakter. „Es wird dort *nicht* erzählt, was Aaron wirklich am Jom Kippur getan hat." Vielmehr geht es ihm darum, „was Aaron an diesem Tag tun soll." (57) In genauen Textanalyen beschreibt auch Jürgens den Opfervorgang.[12]

Unter der Voraussetzung, dass Aaron die exemplarische Grundfigur des Hohepriestertums zur Zeit des Zweiten Tempels darstellt, sind für meine Überlegungen zwei Aspekte wichtig: 1. Für die beiden *hattā't*, die vom Hohenpriester im Allerheiligsten vollzogen werden, ist der Blutritus zentral. 2. Dem ausgelosten Bock für die Wüste werden mit der Auflegung der beiden Hände Aarons die Sünden des Volkes aufgeladen.[13] Da sich die Blutapplikation eher auf die Reinigung des Allerheiligsten zu beziehen scheint, fragt sich umso mehr, warum das Wegtragen der Sünden des Volkes mit dem Blut gar nichts zu tun hat. Benedikt Jürgens zufolge gibt Lev 16 selbst keine Auskunft über die Bedeutung des Wortes ‚Blut'. (98–100)

---

[10] Ebd., 30f.
[11] Vgl. *B. Jürgens*, Heiligkeit und Versöhnung. Levitikus 16 in seinem literarischen Kontext (HBS 28), Freiburg i.Br. u. a. 2001. Vgl dort vor allem den Einblick in das Ritual des Versöhnungsfestes (54–73) und die daraus sich ergebende Logik dieses Rituals (73–123). Leider lag zur Zeit der Abfassung meines Beitrags der Kommentar zum Buch Levitikus von Thomas Hieke noch nicht vor. Er wird in meiner weiteren Arbeit am Jom Kippur breiten Raum einnehmen. Vgl. *T. Hieke*, Levitikus 1–15 und Levitikus 16–27 (HThKAT), Freiburg i.Br. 2014. Vgl. dort vor allem Bd. 2, 557–611.
[12] Zur Auslegung von ‚Asasel' vgl. *B. Jürgens*, Heiligkeit (s. Anm. 11), 81–91. Man hat den Eindruck, dass der gesamte nahe Orient an dieser Bezeichnung und Bedeutung gearbeitet hat. Jürgens findet die weit verbreitete Auslegung, die auf einen Wüstendämon schließen lässt, am plausibelsten. Mag sein, dass es eine zum Dämon degradierte Gottheit war.
[13] Vgl. jetzt jedoch die kritische Bemerkung Hiekes zum Begriff ‚Sündenbock' in Levitikus (s. Anm. 11) Bd. 2, 589. „Es geht nicht darum, dass der ‚unschuldige' Ziegenbock die Schuld aller Israeliten trägt und auf sich nimmt – das Tier ist nur ein Transportmittel zur Entfernung und symbolischen Elimination von materialhaft gedachten Sünden".

Was in Lev 16 darüber nicht ausgeführt wird, werde jedoch in Lev 17 nachgeholt. Im Blut ist das Leben (hebr. = Nephesch), und dies gilt dort im universalen Sinn: „Denn das Leben aller Wesen aus Fleisch ist das Blut, das darin ist." (Lev 17,14 E.)

Sigrid Brandt legt großes Gewicht auf die Klärung des Terminus ‚Sühne'.[14] In Lev 17,11b heißt es nach ihrer Übersetzung: „... denn das Blut ist es, das durch das Leben sühnt" (265; vgl. E.). ‚Sühne' verweise auf ein uraltes Verlangen „zur Schaffung neuer Verhältnisse und neuer Lebensmöglichkeiten. Das Verlangen nach Sühne ist ein Verlangen nach Neuschöpfung." (265) Das ist eine positive Deutung, die insofern zutrifft, als kein irgendwie beleidigter Gott versöhnt werden muss. Lev 17,11 beginnt immerhin mit dem erstaunlichen Satz: „Dieses Blut habe ich euch gegeben, damit ihr auf dem Altar für euer Leben die Sühne vollzieht." (E.)[15] Blut als Leben und Leben als Blut ist Gabe Gottes.[16] Sigrid Brandt schreibt der Handaufstemmung/-auflegung sowie der Blutapplikation in Lev 16 eine große liturgische Bedeutung zu, auch wenn dort über ‚Blut' nichts gesagt wird. Nach Lev 1,4 sei die Handauflegung nicht ein Identifikationsritus des Opfernden mit dem Opfer (als würde das Tier stellvertretend für den Opfernden sterben), vielmehr sei diese „eine symbolische, kombinierte Einsetzungs- und Bitthandlung", also eine Art ‚Epiklese'. (Vgl. 264f.)

> „Der Opfernde setzt das Opfertier gleichsam in das ‚Sühneamt' ein; zugleich ist diese Handlung von der Bitte getragen, Gott möge diese Einsetzung, die überdies von einem sündigen Menschen vollzogen wird, wohlwollend akzeptieren".[17]

---

[14] Vgl. S. Brandt, Hat es sachlich und theologisch Sinn, von ‚Opfer' zu sprechen?, in: B. Janowski/M. Welker (Hrsg.), Opfer. Theologische und kulturelle Kontexte, Frankfurt a.M. 2000, 247–303.

[15] Ob E. dem hebräischen Text genau entspricht, sei dahingestellt.

[16] Jürgens begründet seine Übersetzung von *lekappær* mit ‚auslösen', soweit ich sehe, nicht. (99) Blut sei auch Reinigungsmittel und zugleich neue Kraftzufuhr für den sündigen Menschen, der sich durch die Sünde in einem Krankheitszustand befindet. (99f.)

[17] S. Brandt, Hat es sachlich (s. Anm. 14), 265. E. übersetzt Lev 1,4 so: „Er lege seine Hand auf den Kopf des Opfertiers, damit es für ihn angenommen werde, um ihn zu entsühnen."

Rolf Rendtorff sieht das Spezielle des Jom Kippur – auf dem Hintergrund von Ex 29,38–46 – im ‚Sündopfer'.[18] Das hebräische Wort dafür (חטאת) sei zugleich das Wort für ‚Sünde' und für ‚Sündopfer' und könne nur aus dem Zusammenhang gedeutet werden. Dabei bedeutet ‚Sünde' sowohl die unwillentliche Verfehlung als auch die willentliche böse Tat („mit erhobener Hand"). Immer gehe es dabei um

„die Verletzung eines Gemeinschaftsverhältnisses: ein Mensch vergeht sich gegen einen Menschen oder gegen Gott ... Sofern jedoch ein jeweiliges Gemeinschaftsverhältnis Verhaltensnormen impliziert, geschieht dessen Verletzung in der Verletzung seiner Normen."[19]

Auch Rendtorff betont: Das Opfer hat prinzipiell keinen zornigen Gott zu versöhnen. Opfer ist Gabe für Gott, der sie als solche annehmen kann, weil er sie nicht braucht. Der große Versöhnungstag hat Rendtorff zufolge die Aufgabe, Sühne zu schaffen, „um euch zu entsühnen" („euch Sühne zu verschaffen"): *lekappær aleichem* (Num 29,5). (182) In Lev 16,30 heißt es: „Denn an diesem Tag vollzieht man das *kippær* für euch, um euch von all euren Sünden zu reinigen, so daß ihr vor Adonaj rein werdet." Hier steht die *Reinigung* im Mittelpunkt, deren Grund in „Verunreinigung, Übertretung und Sünde" gesehen wird.[20] Am Jom Kippur wird, wie Rendtorff zusammenfasst, der gesalbte Priester (Aaron) entsühnt, indem er die Sühne-

---

[18] R. *Rendtorff*, Priesterliche Opfertora in jüdischer Auslegung, in: Janowski/Welker (Hrsg.), Opfer (s. Anm. 14), 178–190.

[19] R. *Knierim*, ht', חטא sich verfehlen, in: THAT I (1971) 541–549, 545.

[20] Zum sprachlichen Hintergrund vgl. F. Maass, כפר kpr ip. Sühnen, in: THAT I (1971) 842–857: Das hebräische Grundwort kapar (*kpr*) wird entweder akkadisch von kuppuru = ausroden, abwischen (oder auch kultisch) reinigen abgeleitet oder von arabisch kafar (= bedecken, verhüllen) abgeleitet. Von den meisten wird *kipper* mit dem arab. *kfr* in Verbindung gebracht und heißt ‚bedecken'. Denkt man an ‚Reinigung' ist die Brücke gebaut zu ‚Sühnung'. Ez 43,26 u.ö. ist die ‚Sühnung' zugleich Reinigung. (843) – Die zentrale Stellung von Lev 16 in der Opfersystematik hat auch Theodor Seidl herausgestellt. Vgl. *T. Seidl*, Levitikus 16 – „Schlussstein des priesterlichen Systems der Sündenvergebung", in: H.-J. Fabry/H.-W. Jüngling (Hrsg.), Levitikus als Buch (BBB 119), Bodenheim 1999, 219–248. 219–248. „Lev 16,3–28 ist eine ursprünglich unabhängige, wenn auch recht späte priesterliche Spekulation über die Möglichkeiten und Sicherheiten der Sündenvergebung" Die Übernahme in die Rituale des Versöhnungsfestes sei sekundär. (245)

handlung selbst vollzieht; das Heiligtum und die Israeliten werden gereinigt, und dies bedeute nichts anderes als dass sie ebenfalls entsühnt werden. Am Versöhnungstag verbinden sich die beiden Linien der priesterlichen Opfersystematik: „die vom tāmîd-Opfer bestimmte Linie der Gabe und die von der hatta't bestimmte Linie der Sühne." (188)

Ich schließe diesen Abschnitt mit wenigen Sätzen aus dem neuen Kommentar von Thomas Hieke.

„Der Versöhnungstag wird somit zum entscheidenden Ereignis im Jahr, das die umfassende Versöhnung untereinander und mit Gott anzeigt; dabei geht es auch um die Vergebung ‚absichtlich' (im biblischen Sprachgebrauch ‚mit erhobener Hand') begangener Verfehlungen ... Das Sündenbekenntnis, das im Buch Levitikus nicht weiter ausgeführt wird, erhält im weiteren Verlauf der Geschichte des Frühjudentums eine immer größere Bedeutung ..."[21]

Dem ist im folgenden Abschnitt nachzugehen.

1.2 Der Jom Kippur in der Mischna (Traktat Joma)

Daniel Stökl Ben Ezra bezweifelt, ob die Mischna ausschließlich das Ziel verfolgte oder gar erreichte, die Feier des Jom Kippur zur Zeit des Zweiten Tempels so exakt wie möglich zu beschreiben. Stökl zufolge sind bereits Elemente in die Mischna eingeflossen, die aus den Judentümern außerhalb Jerusalems in der Diaspora entstanden waren und in die Tempeltradition implantiert wurden. Zu prüfen, ob dies zutrifft, ist nicht meine Aufgabe. Auffällig ist jedenfalls, dass in der Mischna Interzessionen und größere Volksbeteiligung eine Rolle spielen, was Lev 16 noch nicht kennt.[22] Für die nachexilische Zeit ist zunächst wichtig, dass das Allerheiligste des Tempels mit der goldenen Platte über der Bundeslade, obwohl im nachexilischen Zweiten Tempel schon nicht mehr erhalten, dennoch eine zweifache Bedeutung behielt: Das Allerheiligste mit der *Kapporet* ist 1. „Ort der Gottes-Begegnung", die im Wort geschieht;[23] 2. Ort des Versöhnungsritus am Jom Kippur gemäß Lev 16.

---

[21] *T. Hieke*, Levitikus 16–27 (s. Anm. 11), 601.
[22] Vgl. *D. Stökl*, Impact (s. Anm. 7), 124–127 u. ö.
[23] Vgl. *C. Dohmen*, Exodus 19–40 (HThKAT), Freiburg i.Br. u. a. 2004, 251.

In einem kurzen Einblick in den Traktat Joma[24], der sich in der Mischna[25] findet, mache ich auf zwei Elemente aufmerksam: 1. Die Bedeutung des dreimaligen Sündenbekenntnisses in Verbindung mit der Handaufstemmung auf die Opfertiere und dem Eintritt des Hohenpriesters ins Allerheiligste am Jom Kippur; 2. Das Verhältnis der Versöhnung mit Gott zur Versöhnung unter den Menschen.[26]

Die Mischna verbindet das mehrmalige Sündenbekenntnis mit der Bitte um Vergebung. Das erste Sündenbekenntnis des Hohepriesters „vor seinem Stier", das er für sich und seine Familie spricht, ist mit folgender Gestik verbunden: „Er stützte seine beiden Hände auf [sc. seinen Stier] und sagte das Sündenbekenntnis." Dieses lautet:

„Ach Gott, ich habe gefehlt, gefrevelt und gesündigt vor Dir, ich und mein Haus. Ach, Gott, verzeih doch die Verfehlungen, Freveltaten und Sünden, die ich gefehlt, gefrevelt und gesündigt vor Dir, ich und mein Haus. Wie geschrieben steht in der Tora von Mose, deines Knechtes: *Denn an diesem Tag [sühnt er euch und macht euch rein, von allen euren Sünden vor dem HERRN werdet ihr rein]* (Lev 16,30)." (mJoma 3,8)

Es folgt der Lobpreis des Namens durch die Familie. „Gepriesen sei der Name der Herrlichkeit seines Reiches von Ewigkeit zu Ewigkeit." (mJoma 3,8)[27] Dieses Gebet wird in abgewandelter Form wiederholt,

---

Dohmen schreibt unmittelbar zuvor: „Wenngleich die Wortbasis offensichtlich ist, so ist die Deutung der Bezeichnung äußerst schwierig, zumal die ‚Kapporet' niemals als Teil der Lade beschrieben wird, sondern immer als Additum erscheint, so dass die Ableitung von כפר ‚bedecken' im Sinne von ‚Deckel' nicht greift."

[24] Joma ist das aramäische Wort für Tag (hebr. Jom), d. h. hier für den Versöhnungstag.

[25] ‚Mischna' bedeutet eigentlich ‚Wiederholung' sc. der Tora (griech. = *deuterosis*). Vgl. G. G. Stroumsa, Das Ende des Opferkults. Die religiösen Mutationen der Spätantike, Berlin 2011, 74. Sie hat ihre Endredaktion erst um 200 n. Chr. durch Jehuda HaNasi erhalten.

[26] Ich zitiere nach folgender Ausgabe: Die Mischna. Festzeiten – Seder – Mo'ed, übers. u. hrsg. v. M. Krupp in Zusammenarb. m. B. Eberhard u. a., Frankfurt a.M. u.a 2007. Der Traktat Joma findet sich auf den Seiten 141–163. Ich zitiere nach Kapitel und Nr. der Mischna.

[27] Die Mischna deutet Lev 16,30 eindeutig auf Gott hin, während der hebräische Text dies offen zu lassen scheint.

je nachdem, für wen die Vergebung erbeten wird. Auch das Hineinschreiten des Hohenpriesters in das Allerheiligste wird genau beschrieben. (mJoma 5,1) Es wird bemerkt, dass dieser Vorgang bis zur Rückkehr des Hohenpriesters ins äußere Haus nicht zu lang dauern durfte, „um Israel nicht in Verwirrung zu bringen", wurde doch dieser Eintritt ins Allerheiligste nicht für ganz ungefährlich gehalten.[28] In mJoma 5,2 wird gesagt, dass nach dem Verlust der Bundeslade bei der ersten Zerstörung des Tempels, im Zweiten Tempel „ein Stein aus der Zeit der frühen Propheten" gewesen sei, der den Namen Shetija (Grundstein) trägt und drei Fingerbreit aus dem Fußboden herausragte. (152f.)[29] Während mJoma 5,1 das Räucherwerk beschreibt, „so daß sich das ganze Haus voller Rauch füllte", wird der Blutritus selbst erst in 5,3 behandelt. Darauf folgt in 5,4 [5] die Schlachtung des Bockes, der für Gott ausgelost war, und der Hohepriester tritt erneut in das Allerheiligste und vollzieht den Blutritus in der zuvor beschriebenen Weise. (153) Nach mJoma 6,2 [3] wendet sich der Hohepriester dem für Asasel ausgelosten Bock zu, stützt beide Hände auf ihn und spricht erneut das Sündenbekenntnis. Dann folgt eine beschreibende Ergänzung:

„Der Priester und das Volk stehen im Vorhof. Wenn sie den erklärten Namen hören, der aus dem Munde des Hohenpriesters hervorgeht, beugen sie das Knie, beten an und fallen auf ihr Angesicht

---

[28] Vgl. *B. Schmitz*, Vom Tempelkult zur Eucharistiefeier, Münster 2006, 255–269. Schmitz listet drei Formen von Zugängen zum Allerheiligsten auf: den offenen (vielleicht im ersten Tempel), den mit Flügeltüren abgetrennten (nach der Ezechielvision) und schließlich (im Zweiten Tempel) den durch einen Vorhang (nach mJoma durch zwei Vorhänge) getrennten. In der lateinischen Tradition des Christentums habe man den offenen Zugang bevorzugt, in der Orthodoxie die Flügeltüren, in der orientalischen Tradition den Vorhang. (258f.) Das Zerreißen des Vorhangs beim Tod Jesu, von dem die Evangelien sprechen (vgl. Mk 15,28parr), steht wohl für die Öffnung des Allerheiligsten für die Menschheit und die gesamte Schöpfung oder wird als Zeichen dafür verstanden, dass mit dem Tod Jesu der Tempelkult an sein Ende gekommen ist. Vgl. *J. Gnilka*, Das Evangelium nach Markus (EKK II/2), Neukirchen-Vluyn 1979, 323f. Dies ist wohl aus der Sicht nach 70 geschrieben.

[29] Vgl. *B. Schmitz*, Vom Tempelkult (s. Anm. 28), 264–272. Nach rabbinischer Vorstellung soll von diesem Stein aus die Welt erschaffen worden sein. (Vgl. 265, Anm. 157) Wie weit die Linien vom Stein von Bethel über den Tempelstein bis zu Jesus Christus ausgezogen werden können, wie Clemens Thoma vorgeschlagen hat, sei dahingestellt. (266)

und sprechen: ‚Gepriesen sei der Name der Herrlichkeit seines Reiches von Ewigkeit zu Ewigkeit.'"

Dann wird der Bock auf einem genau bestimmten Weg in die Wüste abgeführt. In mJoma 7,2 wird noch angeführt, dass der Hohepriester auch biblische Texte liest, zumal das Kapitel 16 aus dem Buch Levitikus und Num 29,7–11.

Vor allem das epikletische Element stellt eine Innovation dar, die meiner Vermutung nach damit zu tun hat, dass an die Stelle der Tempelliturgie etwas Neues treten sollte, ohne die theologischen Grundgedanken von Lev 16 aufzugeben. Ich glaube sogar, dass ohne die das hohe Fest begleitende prophetische Kritik (vgl. unten) diese Transformation weder im Judentum noch im Christentum theologisch gelungen wäre. Ich stelle nun die Frage, wodurch die Versöhnung erfolgt ist: Etwa nur durch die Schlachtung der Opfertiere und die Blutapplikation im Allerheiligsten oder durch den Ritus des Händeaufstemmens, durch die Vergebungsbitte und die Vertreibung des Bockes in die Wüste? Meine Antwort lautet: Das Ensemble der Vollzüge stellt eine große Epiklese dar; alle Elemente zusammen dienen der Entsühnung und damit der erbetenen Vergebung der begangenen Sünden und der Reinigung des Heiligtums. Eine katholische Theologie neigt hier – schon für die Liturgie des Jom Kippur zur Zeit des Ersten und Zweiten Tempels – eher zu einem ‚sakramentalen' Verständnis des Versöhnungsvorgangs, zumal in der Sakramententheologie neuerdings die Epiklese aus der ostkirchlichen Tradition eine große Bedeutung auch in der katholischen Theologie erlangt hat. Indem die Mischna Lev 16,30 so auslegt, dass JHWH selbst die Sünden sühnt, ist die Nähe zur neutestamentlichen These, dass nur Gott allein Sünden vergeben kann, offensichtlich.

Es ist schließlich bemerkenswert, dass sich erst das letzte Kapitel des Traktats Joma auf die Zeit nach der Zerstörung des Tempels bezieht. In mJoma 8,9 [8] heißt es:

„Wer sagt: Ich sündige und werde umkehren, sündige und werde umkehren, den läßt man nicht zu einer Umkehr kommen. Ich sündige und der Versöhnungstag wird es sühnen, dann wird der Versöhnungstag es nicht sühnen. Verfehlungen zwischen Mensch und dem Ort (Gott) sühnt der Versöhnungstag. Verfehlungen zwischen ihm und seinem Nächsten sühnt der Versöhnungstag nicht, bis er sich mit seinem Nächsten geeinigt hat."

Es folgt ein Wort Rabbi El'azar ben Azarja:

„*Von allen Sünden vor dem Herrn sollt ihr rein werden* (Lev 16,30). Verfehlungen zwischen Mensch und Gott sühnt der Versöhnungstag. Verfehlungen zwischen ihm (dem Menschen) und seinem Nächsten sühnt der Versöhnungstag nicht, bis er sich mit seinem Nächsten geeinigt hat."

Dem wird noch ein Wort Rabbi Aqivas hinzugefügt, der sagte:

„Glücklich ihr, Israel, vor wem reinigt ihr euch und wer ist es, der euch reinigt? Euer Vater im Himmel, wie es heißt: *Und ich habe über euch reines Wasser ausgegossen, daß ihr rein werdet usw.* (Ez 36,25). Und es heißt: *Das Reinigungsbad Israels ist der HERR* (Jer 17,13). Wie ein Reinigungsbad den Unreinen reinigt, so reinigt auch der Heilige, gepriesen sei er, Israel." (163)

Geradezu revolutionär ist die Unterscheidung zwischen der Sünde gegen Gott, die der Versöhnungstag vergibt, und der Sünde gegen den Nächsten, den der Jom Kippur nicht vergeben kann. Die zwischenmenschliche Dimension der Versöhnung erhält dadurch eine überdeutliche Kontur und erinnert nicht nur an die enge Verknüpfung von Gottes- und Nächstenliebe, sondern auch an ein Wort der Bergpredigt, wonach man sich erst mit dem Bruder versöhnen muss, ehe man die Gabe zum Altar bringt. (Vgl. Mt 5,23f.) Später wird noch zu ergänzen sein, dass bei genauerer Aufmerksamkeit auf die verwendete Sprache nicht nur zwischen Reinigung und Versöhnung zu unterscheiden ist, sondern auch zwischen sühnen und versöhnen.[30]

Es ist interessant, dass schon in der Generation Rabbi Aqivas die prophetische Tradition die Tora ergänzt. Somit wird beschworen, was in der christlichen Tradition mit Berufung auf Jeremia und Eze-

---

[30] Obwohl die Mischna weiß, dass der Tempel in Schutt und Asche liegt, legt sie doch literarisch größten Wert darauf, die Liturgie des Jom Kippur so genau wie möglich ins Gedächtnis des verbleibenden Judentums einzuschreiben. Damit war, historisch gesehen, wohl noch keine wirkliche Transformation dieser Liturgie in die rabbinische Phase des Judentums vollzogen, aber daran wird man weiterarbeiten. Außer kleineren Versuchen in einigen Gruppen, an Stelle der großen Opfer am Jom Kippur einen Hahn zu opfern, ist der Versöhnungstag ein opferloser Tag geworden und bis heute geblieben.

chiel ‚Neuer Bund' bedeuten sollte. Klar ist aber noch mehr, dass die Versöhnung nicht mehr an das Opfer gebunden ist und dadurch die *theo*logische Bedeutung der Vergebung durch Gott bei Aqiva hervortritt, die dann bei Franz Rosenzweig bis in das 20. Jh. reicht.

1.3 Der Jom Kippur im heutigen Judentum

Jonathan Magonet, der die Feier des Jom Kippur aus der Sicht des Reformjudentums beschreibt,[31] hebt in seiner Interpretation die Reminiszenzen an die einstige Tempelliturgie deutlich hervor. Unter den fünf Teilen der Gesamtliturgie, die am Vorabend mit *Kol Nidre* beginnt, ist der Rückbezug auf die Tempelliturgie im Mussafgebet im Abschnitt *Avoda* (490–501) besonders eindrücklich.[32] Es wird an den Eintritt des Hohenpriesters in das Heiligtum erinnert und sein Bekenntnis zitiert. Wo im Traktat mJoma einst die Tempelgemeinde nach dem Ausrufen des Gottesnamens durch den Hohenpriester auf die Knie niedergefallen ist, vollzieht die Gemeinde diese Geste auch heute nach und ruft: „Gepriesen sei Gottes rumreiche Herrschaft immer und ewig."[33] Magonet zufolge gehört der sogenannte Aboda-Teil des Gottesdienstes „zum zentralsten, wesentlichsten und dramatischsten Teil des ganzen Tages" und beinhaltet durch den Rückbezug auf den Tempelgottesdienst „einen symbolischen Nachvollzug des priesterlichen Tempelrituals" (140). Aber auch die Frage, wo der Hohepriester heute ist, wird gestellt und beantwortet. An seine Stelle tritt jeder und jede Einzelne und sie bekennen ihre Schuld. Der weiße Kittel, der getragen wird, erhält seine Bedeutung ebenso vom weißen Gewand des Hohenpriesters wie vom weißen

---

[31] Vgl. Sefer HaThefiloth. Das jüdische Gebetbuch, hrsg. v. J. Magonet in Zusammenarb. m. W. Homolka, übers. v. A. Böckler, 2 Bde., Gütersloh 1997. Vgl. Die Liturgie des Jom Kippur, ebd. Bd. 2, 285–691. Dort auch mehrere einführende Kommentare von J. Magonet. Seitenzahlen beziehen sich im Folgenden, wenn nicht anders angegeben, auf Bd. 2.

[32] *J. Magonet*, Der Versöhnungstag in der jüdischen Liturgie, in: H. Heinz (Hrsg.), Versöhnung in der jüdischen und christlichen Liturgie (QD 124), Freiburg i.Br. 1990, 133–154.

[33] Magonet schreibt dazu: „Da die Stelle erzählt, wie die Beter zur Zeit des Tempels niederknieten, als der Priester den unaussprechlichen Namen Gottes verkündete, werfen sich auch der Lektor und die Gemeinde zu Boden." (Versöhnungstag, 143)

Mantel der Torarolle. Zugleich sei es die Reinheit, aus der wir kommen und zu der wir (im Tod) zurückkehren. Der ‚Kittel' wird zum Todesgewand. (491; 493) Nach dem zweiten Sündenbekenntnis wird an den Eintritt des Hohenpriesters in das Allerheiligste erinnert. Da die ganze Gemeinde ein Volk von Priestern und Priesterinnen ist, bringt sie ein „Opfer der Güte" und „Opfer des alltäglichen Lebens". „Wir erkennen den Sinn unserer Zeit auf der Erde und Gottes Gegenwart in uns." (495) Im Räucherwerk kommt der Gemeinde der Duft der Gegenwart Gottes, die sie umgibt, entgegen. So werde das Heiligtum, das in uns ist und in dem wir leben, gereinigt. Mehrmals wird Lev 16,30 zitiert. Nach dem dritten Sündenbekenntnis, auf das, wie auch nach dem zweiten, das Volk niederkniet und den Lobpreis ausspricht, erinnert sich die Gemeinde an den Blutritus von einst. Zugleich wird die Frage laut: „Fordert Gott das Blut von Stieren? Und heute, wo Tempel, Priester und Opfer verschwunden sind, wessen Blut muss es dann sein?" Die Antwort lautet:

> „Es muss unseres sein – das Blut unseres Lebens. Wir müssen mehr opfern, als das, was wir besitzen. Wir müssen das opfern, was wir sind. Denn alles, was wir haben und was wir sind, ist das Eigentum Gottes." (496; 498)

Es folgt die Erinnerung an den Bock, der in die Wüste geschickt wird. Dabei geschieht eine Identifikation der Gemeinde mit dem Sündenbock. Dann folgt das Gebet des Hohenpriesters, wenn er wohlbehalten aus dem Tempel herauskam, und es wird ergänzt durch einen Text, der den Weg zur Sühne in der Zeit nach dem Tempel betrifft. Noch einmal wird Lev 16,30 zitiert und mit einem Wort aus Hos 14,3 ergänzt. (501) Damit schließt der Abschnitt Avoda und die Amida folgt mit einem Zitat des Rabbi Jochanan ben Zakkai, der sagte: „Verzagt nicht. Es gibt eine andere Sühne, die an Stelle des Tempelgottesdienstes sühnt. – Was ist das? – Dies sind die Werke der Nächstenliebe." (503) Der Vormittagsgottesdienst endet nach einer Auflistung der Opfer des Alltags mit vielen Gedichten und Liedern über die Vergebung.[34]

---

[34] Der Tag mit den fünf eigenständigen Gottesdiensten, der am Abend mit Kol nidrei begonnen hat, mit dem Morgengottesdienst (Schacharit) und mit dem zusätzlichen Gottesdienst am Vormittag (Musaf), in dem sich der Abschnitt *Avoda* findet, weiter geführt wird, schließt am Nachmittag den Mincha-Gottesdienst an.

Mit Jakob Taubes und dessen origineller religionsphilosophischen Lektüre der *talmudischen* Tradition des Versöhnungstages möchte ich ein Detail herausgreifen, das den ganzen Ernst dieses Festtages noch einmal eindrücklich vor Augen führt.[35] Bei der Behandlung wichtiger Texte aus dem Talmud (bBerachot 32a), in denen es um die stellvertretende Fürsprache des Mose zur Rettung des Volkes geht, tritt Taubes ins Gespräch mit der Interpretation des *Jom Kippur* bei Franz Rosenzweig.[36] Diese sei genial mit Ausnahme dessen, dass bei Rosenzweig der Betende „in nackter Einsamkeit" vor Gott steht, während in der Liturgie am Versöhnungstag doch die ganze Gemeinde Israels vor Gott versammelt ist. Rosenzweigs Rede vom *Erzittern* der Gemeinde, die sich durch das Anlegen des Todesgewandes der Zeit enthebt und der Ewigkeit aussetzt, sei hingegen richtig gesehen und finde sich schon in den biblischen Texten angelegt, wenn die Liturgie Num 14,12 als Androhung der Vernichtung zitiert: „Schlagen will ich dieses Volk mit der Pest, ich will es enterben, dich aber mache ich zu einem Stamm größer und mächtiger als es." Wie in Ex 32 erinnert Mose auch in Num 14,15–18 an Gottes Großtaten für das Volk und der Text schließt die Bitte des Mose um Vergebung in V 19 an, die in V 20 von Gott beantwortet wird: *„Ich verzeihe ihm, da du mich bittest."* (Num 14,20) In seiner Interpretation kommt Rosenzweig auch auf das Thema ‚Tod' zu sprechen, womit bekanntlich der *Stern der Erlösung* beginnt. Im Blick auf das getragene Sterbekleid in der Liturgie des *Jom Kippur* erscheine der Tod der Schöpfung nur als Grenze, als Letztes, das nicht geschaut werden kann. Deshalb heißt es bei Rosenzweig: „Erst die Offenbarung weiß, und sie weiß es als ihr erstes Wissen: daß Liebe stark ist wie der Tod."[37] Wenn der Mensch alles hinter sich gebracht hat und im Totengewand vor Gott steht, ist er nach Rosenzweig reif zum Bekennen. Die gewaltigen Tage, der Neujahrstag und der Tag der Versöhnung, stellen „die ewige Erlösung mitten in

---

Der Jom Kippur endet schließlich mit dem Schlussgottesdienst vor Sonnenuntergang (Ne'ila: Schließen der Tore).

[35] Vgl. *J. Taubes*, Die politische Theologie des Paulus, München 1993, 43–55. Eine andere moderne Version von Jonathan Magonet findet sich bei *B. Schmitz*, Vom Tempelkult (s. Anm. 28), 292–299.

[36] Vgl. zur folgenden Darstellung, *F. Rosenzweig*, Stern (s. Anm. 3), 359–364.

[37] *J. Taubes*, Theologie (s. Anm. 35), 50; zit. aus Rosenzweig, Stern (s. Anm. 3), 362.

die Zeit"[38]. In der Liturgie des Jom Kippur geschehe etwas, was die gesamte Menschheit, ja überhaupt das Verhältnis von Gott und Mensch betrifft. Rosenzweig interpretiert das liturgische Geschehen deshalb folgendermaßen:

> „Und solch gemeinsam-einsamem Flehen einer Menschheit in Sterbekleidern, einer Menschheit jenseits des Grabes, einer Menschheit von Seelen, neigt sein Antlitz der Gott, der den Menschen liebt vor seiner Sünde wie nachher, der Gott, den der Mensch in seiner Not zur Rede stellen darf, warum er ihn verlassen habe, der barmherzig ist und gnädig, langmütig voll unverdienter Huld und voll Treue ..."[39]

Versöhnung wird hier in die äußerste Spannung zwischen Leben und Tod, Zeit und Ewigkeit gebracht, einer Spannung, von der her das Wort ‚Liebe' allen romantischen Klang verliert. Mit Rosenzweig betont Taubes die Bedeutung der Liturgie und der Liturgik,[40] nicht ohne zu bemerken, dass dies sehr katholisch wirke.[41]

---

[38] F. Rosenzweig, Stern (s. Anm. 3), 360.
[39] J. Taubes, Theologie (s. Anm. 35), 53; zit. aus Stern (s. Anm. 3), 363.
[40] Taubes zitiert abschließend noch aus einem Midrasch zu Ex 34, d. h. nach der Sünde des Volkes und nach Empfang der zweiten Tafeln, in dem der Schlusssatz lautet: „Und festgesetzt hat der Heilige, gebenedeit sei er, den Tag der Versöhnung und Vergebung für alle Geschlechter, wie es heißt in Leviticus: An diesem Tag wird euch vergeben werden zur Reinigung. Und sofort befahl Mose: Bauet ein neues Heiligtum." (54)
[41] Kurz erläutert sei ferner noch die Paulusinterpretation bei Taubes, die eingangs erwähnt wurde. Paulus vergleiche sich in Röm 9,1–3 mit Mose, der sich angesichts der angedrohten Vernichtung des Volkes in die Bresche wirft. Paulus tue dies in ähnlicher Weise, indem er für seine jüdischen Brüder und Schwestern, die nicht an Jesus glauben, am liebsten selbst „verflucht und von Christus getrennt sein" (Röm 9,3) möchte, um sie zu retten. Paulus setze seinerseits auf Gottes unverbrüchliche Treue zu seinem Volk, so dass schließlich ganz Israel die Rettung zuteilwerden kann. – Wo ich Taubes überhaupt nicht folgen kann, ist die These, dass Paulus der eigentliche Begründer des Christentums sei (nicht Jesus), weil in der ntl. Rezeption des Jom Kippur schon bei Paulus und noch mehr in Hebr Jesus ganz und gar im Mittelpunkt steht und er als der große Fürsprecher zur Rettung der Menschheit im Allerheiligsten des nicht von Händen gebauten Tempels vor Gott steht. Darauf werde ich zurückkommen.

Guy G. Stroumsa[42] spricht den Tieropfern am Jom Kippur zur Zeit des Zweiten Tempels eine besondere Bedeutung zu. Doch für die Zeit nach dessen Zerstörung hält Stroumsa fest:

„Für den Religionshistoriker stellt das plötzliche Verschwinden der Opferhandlungen aus einer Gemeinschaft eine tiefgreifende Veränderung der Strukturen ihres religiösen Lebens dar ... Bei den Juden wie auch in anderen Gemeinschaften trat an die Stelle des Opfers vor allem das Gebet." (93)

Stroumsa meint, die Juden sollten dem römischen Kaiser Titus dankbar sein, dass er den Tempel gegen ihren Willen zerstört habe.[43] Stroumsas *Ergebnis* ist klar: Beide Religionen, Judentum und Christentum blieben in veränderter Form Opferreligionen, beide aber ohne Tieropfer. (95) Der Gottesdienst war auch nicht mehr an einen bestimmten Raum gebunden. Die Rabbinen verstanden sich als Lehrer, nicht jedoch als Priester. (97) In der Mischna und noch mehr im Talmud kam es zu einer „radikale(n) Neuorganisation der jüdischen Religion als opferlose Religion" (98). Dabei trat auch das Studium der Tora an die Stelle der Opfer. Schon bald nach der Zerstörung des Zweiten Tempels ersetzte nämlich die Erzählung des Opfervorgangs die Opferdarbringung im Tempel. (99) Das Rezitieren der Opfergebote in der Synagoge erhielt den Status der Gleichrangigkeit mit den einstigen Opfern. (100) Neben dem Gebet traten Fasten und Almosen als Trias an die Stelle der Opfer. Im Traktat Sukka des Babylonischen Talmud heißt es: „Das Gebet ist mehr wert als das Opfer." (Zit. 100) Stroumsa schreibt rückschauend: „Die Verbindung zum Göttlichen ist jetzt alles andere als gewiß und unmittelbar." (100)

---

[42] Vgl. *G. G. Stroumsa*, Das Ende (s. Anm. 25), bes. 86–119: „Wandlungen des Rituals". Seitenzahlen ohne weitere Literaturangabe beziehen sich im Folgenden auf dieses Werk.

[43] Trotz des Angebots Kaiser Julians, das von jüdischer Seite dankbar angenommen wurde, kam es nicht mehr zu einem Neuaufbau des Jerusalemer Tempels. (94) So traten an die Stelle der Opferhandlungen die täglichen Gebete; „dadurch erlangten die alten Gebete eine bislang ungekannte Bedeutung." (95) Damit war eine gewisse Vergeistigung verbunden.

2. Kritik der Tempelopferwesens in ausgewählten biblischen Texten

Jakob J. Petuchowski[44] bezweifelt, ob der Jom Kippur zur Zeit des Ersten Tempels, also vor dem Exil, schon zum Festkalender gehörte. Petuchowski meint, dass Jes 58, ein Kapitel, das mit großer Sicherheit nachexilisch ist, einen prophetischen Widerspruch gegen ein damals erst kurz zuvor eingeführtes Versöhnungsfest darstelle. (426)[45] Unabhängig von der Stichhaltigkeit dieser These erscheint mir Petuchowskis Bemerkung wichtig,

„daß das rabbinische Judentum, das Lev 16, ein rein kultisches Kapitel, als Pentateuchperikope für den Versöhnungstag bestimmt hat, Jes 58 als Prophetenlektion dazu liest, somit also die priesterlichen und prophetischen Elemente der biblischen Religion gleichberechtigt zu Worte kommen läßt."[46]

Die *prophetische Kritik des* Opferwesens ist nicht nur ein Randphänomen des Ersten Testaments. Die Ouvertüre des Jesajabuches (Jes 1,11–15) trägt bereits eine harte Kultkritik vor, die von ähnlichen Motiven bestimmt ist wie in einer Reihe von Psalmen (vgl. Ps 50 und 51,1–19 u. a.). Gleichwohl muss vorweg gesagt werden, dass die prophetische Kritik nicht auf „eine grundsätzliche Ablehnung jedes kultischen Tuns" abzielte, „was für das altorientalische Weltbild auch von vornherein undenkbar wäre".[47] Dem Text geht es vielmehr darum, „eine falsche Vorstellung von Gott" zu korrigieren und „den

---

[44] *J. J. Petuchowski/C. Thoma*, Lexikon der jüdisch-christlichen Begegnung, Freiburg i.Br. u. a. 1989, 425–429.

[45] M. E. könnte Jes 58 kritisches Gegenstück auch dann sein, wenn der Versöhnungstag bereits in die vorexilische Zeit zurückreichte. Doch hier kann ich mich als Nicht-Exeget nicht allzu sehr einmischen. Alles hängt von der Datierung der einschlägigen Texte in Lev und Num sowie Jes 58 ab.

[46] Nach Mischna, Traktat Joma 7,1 liest der Hohepriester drei Texte. Allerdings wird Jes 58 noch nicht erwähnt. Da sich der Versöhnungstag noch nicht in den älteren Festkalendern (Ex 23 und Ex 34 oder Dtn 16) findet, wäre es möglich, dass die verschiedenen Rituale des Versöhnungsfestes aus unterschiedlichen Traditionen stammen, die ursprünglich noch nicht auf einen Tag festgelegt waren. Was aber für unseren Zusammenhang einschlägig erscheint, ist die Tatsache, dass Sünde, Sündenvergebung bzw. Versöhnung und Tieropfer mit Blutritus eng zusammengehören.

[47] *W. A. M. Beuken*, Jesaja 1–12 (HThKAT), Freiburg i.Br. u. a. 2003, 75.

unaufgebbaren Nexus", den das Opfer mit der sozialen Gerechtigkeit verbindet, zu fordern. (Jes 1,15b–17)

Berühmt ist das opferkritische Wort aus dem Propheten Hosea, das auf das Nordreich und Samaria hin gesprochen ist und den Schluss eines Bußgebetes des Volkes darstellt, auf das Gott durch den Propheten antwortet: „Barmherzigkeit [E: Liebe] will ich, nicht Opfer [E.: Schlachtopfer], Gotteserkenntnis statt Schlachtopfer" [E.].[48] Hos 6,6 stellt folgende Wortpaare gegenüber: *chesed – zebach* und *daad – oloth*. Die LXX übersetzt die Wortpaare mit ἔλεος – θυσία und ἐπίγνωσις – ὁλοκαύτωμα. Daraus wird lateinisch: *misericordia – sacrificium*, und *scientia – holocausta*. Dies führt schließlich im Deutschen zu der Gegenüberstellung von Huld/Gnade/Liebe und Opfer einerseits sowie andererseits von Erkenntnis und Brandopfer. Auf verschlungenen Wegen ist das griechische Wort θυσία und das lateinische *sacrificium* zum Grundwort der Opfersprache geworden.[49] Das lateinische *hostia*[50] gehört eng zum griechischen θυσία. Auch daran klebt gewissermaßen noch das Blut der Schlachtungen (zebach/θυσία). (Vgl. Ex 10,25 LXX: ὁλοκαυτώματα καὶ θυσίας)[51] Die heute

---

[48] *U. Luz* verweist in seinem Kommentar z. St. (Das Evangelium nach Matthäus, [EKK I/2], Neukirchen-Vluyn 1990, 44) darauf, dass Hos 6,6 aus dem hebr. Wortlaut so übersetzt werden müsste: „Barmherzigkeit will ich mehr als Opfer." Matthäus habe es wohl auch in diesem Sinn verstanden. Jesus trete nicht ein für die Abschaffung der Tempelopfer, betone aber, daß dann, wenn jemand dem Nächsten gegenüber nicht barmherzig ist, ihm auch die Opfer nichts nützen. „Das Kultgebot läßt sich von der Liebe nicht ablösen und ihr nicht entgegenstellen." (44) Augustinus bietet die Version: *Misericordiam volo quam sacrificium.*

[49] Zebach/θυσία/sacrificium ist ursprünglich das Hirtenopfer als Schlachtung (mit Opfermahl), das fast immer privaten Charakter hatte und in Israel nur noch in der Pesachschlachtung der Lämmer überlebte. Hingegen wurde die zweite Art, das Ganzopfer (olah/ὁλοκαύτημα oder προσφορά) in Jerusalem zum eigentlichen Priester- und Tempelopfer und dürfte auf kanaanäische Tradition zurückgehen (und insofern auch im Nordreich bekannt gewesen sein). In Hos 6,6/Mt wird also auf engem Raum Opfersprache und Opferkritik gegenüber gestellt. Προσφορά kann allerdings auch die allgemeine Bedeutung ‚Darbringung' annehmen. Im Ersten Klemensbrief 36,1 heißt Jesus ὁ ἀρχιερεὺς τῶν προσφορῶν ἡμῶν, wobei hier die Gebete die der Gläubigen sind. (Vgl. Röm 15,16 ἡ προσφορὰ τῶν ἐθνῶν).

[50] Das lat. *hostia* kann ebenfalls Übersetzung von *zebach* sein. „zebachim weoloth" übersetzt Vulg. z. B. in Ex 10,25 mit *hostias et holocausta*.

[51] Im Ersten Eucharistiegebet der römischen Liturgie, wird das *sacrificium Abrahae* genannt. Dies weist auf das hebräische Ganzopfer (*olah*) zurück, das auch in

viel diskutierte Unterscheidung zwischen *victima* und *sacrificium* spielt bei Hosea (und in den Übersetzungen seiner Worte) keine Rolle. *Victima* wäre etwas zum Opfer Gemachtes, *sacrificium* hingegen etwas zum Opfer Gebrachtes, auch als pars pro toto für die Opferhandlung (,Heiliges tun')[52].

Das Matthäusevangelium zitiert zweimal das opferkritische Wort aus Hos 6,6, wenn auch nur in seinem ersten Teil (Mt 9,13; 12,7).[53] Wenn ich darauf verweise, mache ich einen methodischen Sprung in die Zeit bereits nach der Zerstörung des Tempels, in der das Matthäusevangelium geschrieben sein dürfte. An der ersten Stelle geht es um die Berufung des Zöllners Matthäus, die von den Pharisäern kritisiert wurde, indem sie fragten, warum der Meister mit den Zöllnern und Sündern speist. Die zweite Stelle bezieht sich ebenfalls auf pharisäische Kritik, die das Ährenraufen der Jünger am Sabbat betrifft. Jesus erinnert an David, der in der Not die Schaubrote des Tempels aß, was nur den Priestern, ohne schuldig zu werden, sogar am Sabbat zustand. Hier nun fügt Matthäus ein Wort Jesu an, in dem Jesus von sich sagt: „Hier ist einer, der größer ist als der Tempel." Und dann folgt (V 7b–8): *„Wenn ihr begriffen hättet, was das heißt: Barmherzigkeit will ich, nicht Opfer, dann hättet ihr nicht Unschuldige verurteilt; denn der Menschensohn ist Herr über den Sabbat."* Könnte man aus dem Kontext[54] der matthäischen Zitate von Hos 6 vereinfacht sagen, die prophetische Opferkritik, die der Evangelist aufgreift, verweise auf eine Zeit nach der Tempelzerstörung, in der sich zeigt, dass Judentum *und* Christentum nun auf die prophe-

---

Hos 6,6 genannt wird. Ich erwähne noch, dass im Ersten Eucharistiegebet auch der archaisch wirkende Hohenpriester Melchisedech auftritt, dessen Gaben eine noch andere Form von Opfer nennt, die mit dem Tieropfer nichts mehr gemein hat und dennoch als *sanctum sacrificium* (und *immaculata hostia*) bezeichnet wird.

[52] Vgl. genauer *Brandt*, Hat es sachlich (s. Anm. 14), 247–281
[53] Vgl. zur Opfersprache sehr viel genauer bei *G. Bader*, Symbolik des Todes Jesu (HUTh 25), Tübingen 1988, 195.
[54] Im Kontext des MtEv spiegelt sich etwas wider, was nach Hubert Frankemölle (Matthäuskommentar 1, Düsseldorf 1994, 317) in der Gemeinde immer noch eine bedeutende Rolle spielt: Das Aushalten der Differenzen und Spannungen zwischen den verschiedensten Herkünften am Tisch der Gemeinde. Mit beiden Zitraten des Hosea will Mt zeigen, dass Jesus nicht der willkürliche Neuerer ist, sondern der, der sich an Gesetz und Propheten hält. Schon Hosea lehnt das Ganzopfer nicht einfach ab, sondern gibt der Barmherzigkeit den Vorrang.

tische Opferkritik zurückgreifen müssen, um das Ende des Tempels zu verkraften?⁵⁵

Ulrich Berges hat gezeigt, dass die Opferkritik im Prophetenbuch Jesaja z.b in Jes 43,22–24 mit besonderer Eindringlichkeit unterstellt, Israel habe JHWH zu seinen eigenen Zwecken benützt und ihn dadurch zum Knecht des Volkes gemacht, statt sich selbst als dessen, d. h. als *Gottes* Knecht zu verstehen. Jetzt aber sei die Zeit gekommen, da Gott in zweimaliger Betonung „Ich, Ich, JHWH" (V 25) bin es, der den völligen Neuanfang setzt, und zwar des eigenen Namens willen, indem dem Volk die Sünden und Verfehlungen vergeben werden. Im Vorausblick auf das Zweite Gottesknechtslied schreibt Berges: „Wenn sich der Knecht in Jes 49,4 bis zum Äußersten abmüht, dann nicht durch Opfergaben, sondern in Dienstbarkeit für seinen Herrn."⁵⁶

Dies gilt es mit einem der abgründigsten Texte der Hebräischen Bibel zu vertiefen. Es ist das Vierte Gottesknechtslied.⁵⁷ Die Verfasser

---

[55] Ulrich Luz zufolge kann man nach 70 eine überraschende Nähe zwischen Jesusgemeinde und sich neu konstituierendem Judentum erkennen. Eine der größten Gemeinsamkeiten sei nämlich die Tatsache, dass auch für Rabbi Johanan *Barmherzigkeit* einen größeren Stellenwert haben sollte als Opfer und Reinheitsgebote. Insofern spielt das Wort aus dem Propheten Hosea (Hos 6,6) für Mt eine ähnlich bedeutsame Rolle wie für Rabbi Johanan. Die Verallgemeinerung, die Zeit des Ersten und Zweiten Tempels sei mit der Zeit der Opfer gleichzusetzen, danach aber habe die opferfreie Zeit begonnen, lässt sich nur dann aufrechterhalten, wenn man die Transformation der Opfertradition in ein neues Verständnis von ‚Opfer' nach der Zerstörung des Zweiten Tempels bestreitet. Darauf weist z. B. E. Levinas hin. Vgl. *E. Levinas*, Vom Beten ohne zu bitten, in: W. Breuning u. a. (Hrsg.), Damit die Erde menschlich bleibt, Freiburg i.Br. u. a. 1985, 62–70, 69.

[56] *U. Berges*, Jesaja 40–48 (HThKAT 9), Freiburg i.Br. u. a. 2008, 310. Israel hat immer noch den Eindruck, dass JHWH zu Unrecht mit dem Exil bestraft hat, da das Opferwesen in allen Formen doch höchst perfekt gewesen sei. Vgl. ebd. 309–312. Sollte der Text, wie Ulrich Berges annimmt (vgl. 38–43), noch in Babylon entstanden sein, und zwar in levitischen Kreisen, in denen die Tempeltraditionen weitergepflegt und möglicherweise die politischen Umbrüche und die damit verbundenen Erwartungen auf die baldige Rückkehr in eine hohe dichterische Form gebracht wurden, dann wird immerhin etwa einhundert Jahre vor Platon in einer Weise über den Zusammenhang von Politik und Opfer nachgedacht, die staunen lässt.

[57] Vgl. *U. Berges*, Das vierte Lied vom Gottesknecht (Jesaja 52,13–53,12), in: ZkTh 133 (2011) 159–174. Seitenzahlen ohne weitere Literaturangabe beziehen sich im Folgenden auf diesen Beitrag. Berges geht davon aus, dass man bei Deu-

von Jes 40–55 arbeiten Ulrich Berges zufolge nicht mehr an der Hoffnungstradition des davidischen Königtums weiter, sondern orientieren ihre Hoffnung an denen, die „ihr Exilsschicksal als stellvertretendes Leiden für das ganze Volk" (168) angenommen haben. Dabei gehört diese Gruppe, die sich mit ‚Wir' bezeichnen, „zum Gottesvolk und sind Teil der ‚Vielen' (ha*rabbim*)" (169). Die Heimkehrergruppe (oder ein Teil von ihr), die von Gott geschlagen wurde und die Krankheiten anderer getragen hatte, wird nun, statt weiterhin als bestrafte Schuldige angesehen zu werden, von den in Jerusalem Zurückgebliebenen aufgenommen. Sie kommen zu der Einsicht, „dass genau dieser Knecht die Strafe für ihre Sünden getragen habe" (169). Dies aber, so führt Berges aus, sei nur möglich, weil JHWH an seinem Knecht festhält.[58] Nach dem hebräischen Text lautet der entscheidende Vers (53,10):

„Jhwh aber gefiel es, ihn mit Krankheit zu schlagen, Wenn du ihn zur Tilgung der Schuld *(ascham)* einsetzt, wird er Nachkommen sehen, wird er lange leben, Jhwhs Plan wird durch ihn Erfolg haben."[59]

Der verwendete Terminus ‚*ascham*' ist Berges zufolge deutlich kultisch besetzt. Er werde vor allem dann verwendet, wenn Heiliges unabsichtlich entweiht wurde und deshalb „eine Votivgabe fällig wird".

---

terojesaja keinen Einzelverfasser annehmen muss. Die Verschriftlichung religiöser Traditionen oblag in jener Zeit gebildeten Literaten, die in diesem Fall als Jerusalemer Oberschicht ins Exil geführt wurden und von dort „ihr Oratorium der Hoffnung" (167) um 520 v. Chr. nach Jerusalem mit zurückbrachten. Wenn also zutrifft, dass das literarische Werk des Propheten Jesaja sich in seiner Entstehung über Generationen hinweg erstreckte und der bisher unter ‚Deuterojesaja' genannte Abschnitt des Buches im Babylonischen Exil und danach entstanden ist, also möglicherweise in derselben Zeit, da mit der Rückkehr aus dem Exil auch der Tempelkult neu errichtet wurde, dann ergibt sich ein zeitlicher Korridor für die Kreierung einer nachexilischen Religion, in der Kult und Kultkritik sich gegenseitig bestimmen konnten.

[58] „Dass der Stellvertretungsgedanke im Bekenntnis der ‚Wir' vorhanden ist (Jes 53,4–5), wird in der Auslegung kaum bestritten. Aber ist darüber hinaus auch die Vorstellung einer stellvertretenden Sühneleistung wahrscheinlich zu machen? (170)

[59] In Anm. 38 verweist Berges auf die Version der LXX: Ganz anders dagegen die LXX: „Aber der Herr will ihn reinigen von dem (Unglücks)schlag; wenn ihr für die Sünde gebt, dann wird eure Seele langlebige Nachkommen sehen." (Übersetzung nach Septuaginta Deutsch [Stuttgart 2009]).

Für unwissentliche Missachtung des Knechtes durch die Mehrheit des Volkes wird dessen Leben von JHWH als ‚Votivgabe zugunsten der Vielen' eingesetzt. Obwohl also der Terminus ‚ascham' kultisch konnotiert ist, wird er hier – wie Berges mit Schenke argumentiert – nicht als eine Art Menschenopfer (an Stelle des Tieres) verstanden. „Analog dem priesterlichen Schuldopfer, das die Sünden der Opfernden sühnt, hat Jhwh die Leiden der Heimkehrer zur Schuldtilgung der vielen, d. h. von Gesamtisrael eingesetzt und angenommen!" (171)[60]

Damit schließt sich bei Berges der Bogen zum Beginn des Jesajabuches. Die Heimgekehrten hatten die Hoffnung, „Gesamtisrael würde ihr stellvertretendes Leiden als gottgefällige Schuldtilgung anerkennen." (171) Diese Hoffnung hat sich nicht erfüllt. Am Ende wird man sie aus der Jerusalemer Tempelgemeinde ausschließen.[61]

Einen Zusammenhang mit den eucharistischen Einsetzungstexten weist Berges nicht auf.[62] Für meine eigene Arbeit an der Eucha-

---

[60] Durch diese Auslegung bestätigt Berges in Anm. 46, dass *K.-H. Menke*, Stellvertretung. Schlüsselbegriff christlichen Lebens und theologische Grundkategorie (Sammlung Horizonte, NF 29), Einsiedeln 1991, 40 seiner These „erstaunlich nahe" komme. Als Korporativperson realisiere der Ebed JHWH „nicht nur ihre spezifische Verantwortung (Stellvertretung) für den Bund Jahwes mit Israels"; er lade vielmehr „darüber hinaus die Folge fremder Schuld (fremder Verweigerung von Verantwortung bzw. Stellvertretung) freiwillig auf sich".

[61] Dies wäre aus der Sicht des Tempels allerdings auch verständlich, falls die oben angedeutete These zutrifft, dass die Feier des Jom Kippur im Sinn von Lev 16 nach der Wiedererbauung des Tempels voll in Kraft getreten ist und der Sühne- und Versöhnungsanspruch ganz und gar auf die Liturgie des Jom Kippur konzentriert wurde.

[62] Berges führt auf den ersten Seiten seiner Vorlesung auch in die Rezeption des vierten Gottesknechtsliedes durch die ntl. Schriften ein, ohne allerdings einen Bezug zu den Abendmahlsworten herzustellen. Sind die vorgebrachten Argumente der Neutestamentler durch die neue Interpretation obsolet? Meine Hauptfrage besteht freilich darin, ob der Übergang von der Wir-Gruppe der Heimkehrenden auf die Position des Knechtes plausibel genug erscheint. Müsste man nicht eher vermuten, der Knecht sei vielleicht ein bestimmter Einzelner aus der Wir-Gruppe? Ist die literarische Funktion des Knechts also nur Mittel zur Selbsterkenntnis der Gruppe? Wie können die, die sich verirrt haben und um deren Verbrechen und Sünden willen er zerschlagen wurde, zugleich die Rolle des Knechtes übernehmen? Ist somit auch das Verhältnis JHWHs zum Knecht gleichzusetzen mit dem zur Gruppe? Auf die eine oder andere Frage werde ich in meiner Arbeit eingehen. Dabei wird mich vor allem die theologische Frage beschäftigen, was der Übergang von der literarischen Beschreibung des stellvertre-

ristietheologie wird Jes 53 eine zentrale Bedeutung erhalten, und zwar im Gespräch mit Emmanuel Levinas, in dessen Werk ‚Stellvertretung' eine fundamentale Rolle spielt.[63] In den Einsetzungstexten erscheint mir jedenfalls der Ausdruck περὶ/ὑπὲρ πολλῶν als Spur, die zum Vierten Gottesknechtslied führt.[64]

---

tenden Leidens zur ER- und ICH-Position JHWHs bedeutet und wie dies unter heutigen Prämissen zu verstehen ist. Emmanuel Levinas wird dazu entscheidende Hilfestellungen bieten. Dabei wird sich zeigen, dass hier letzte theologische und soteriologische Fragen aufgeworfen werden, die auch für die Eucharistietheologie zentral sind.

[63] Es ist sehr aufschlussreich, dass Levinas bereits in seinem Tagebuch während seiner Kriegsgefangenschaft in Deutschland an das vierte Gottesknechtslied erinnert und daraus garvierende Konsequenzen zieht. Vgl. *E. Levinas*, Carnets de captivité, Œuvres 1, Paris 2009. Aus Jes 53 geht für Levinas hervor, dass die Verfolgung (persécution) ein grundsätzliches Phänomen darstellt. Hier finden sich so erstaunliche Ausdrücke wie „Betrunkenheit von diesem Leiden ohne Nutzen" oder „reine Passivität, durch die man gleichsam der Sohn Gottes wird". (180) Das Subjekt tritt dabei schon in diesem frühen Text in den Mittelpunkt, d. h. es ist das der Verfolgung ausgesetzte Subjekt (oder ‚Geisel', wie Levinas später sagen wird) und ist so alles andere als das autonome Ich. Levinas hat in seinem Spätwerk *Jenseits des Seins* den frühen Gedanken wieder aufgenommen und systematisch durchgedacht. Daraus will ich einige Aspekte hervorheben und theologisch bedenken. Vgl. bes. Levinas, Emmanuel, Jenseits des Seins oder anders als Sein geschieht, Freiburg i.Br. – München 1992, 219–288. Eine wichtige Passage zu ‚Stellvertretung' findet sich in Kapitel V („Subjektivität und Unendlichkeit") unter 2d „Zeugnis und Sprache". Der erste Satz lautet – zusammenfassend und programmatisch zugleich –: „Die Subjektivität ist von vornherein Stellvertretung, dargeboten der Stelle eines Anderen [offerte à la place d'un autre] (und nicht Opfer, das sich an seiner Stelle selbst darbietet [et non pas victime s'offrant elle-même à sa place] – was noch einen Privatbereich subjektiven Willens hinter der Subjektivität der Stellvertretung voraussetzen würde)" (319). – Zum *theologischen* Begriff der Stellvertretung vgl. *K.-H. Menke*, Stellvertretung, in: LThK³ Bd. 9 (2000/2006), 951–956, bes. I. Anthropologisch (951f.) und III. Theologiegeschichtlich und systematisch-theologisch (953–955). Vgl. auch *K.-H. Menke*, Jesus ist Gott der Sohn, Regensburg 2008, bes. 376–418.

[64] Wenn die Eucharistietheologie eine Sicht favorisieren wird, die von Jesu Verkündigung der Gottesherrschaft inspiriert ist, versucht sie nicht nur einen oberflächlichen Ritualismus zu vermeiden, als ginge es nur um religiösen Betrieb, der aufrecht zu erhalten sei, sondern setzt von Jesu Tod und Auferstehung her Maßstäbe, die Kult und Ethik untrennbar miteinander verbinden und in eine Nachfolge rufen, in der es immer klarer wird, dass die Hingabe des eigenen Lebens gefragt ist.

Natürlich ist die Frage erlaubt, ob die alttestamentliche Kultkritik nur von einer Außenseitergruppe stammt, während der Tempelkult, zumal am Jom Kippur, davon unberührt blieb. Es müsste die christliche Gemeinde und die international verbreiteten Kirchen wie ein Schauder durchfahren, wenn sie die Kritik der Propheten an sich heranlassen würden. Spätestens hier wäre klar, dass die Kirche in ihren liturgischen Bezügen nicht nur für sich selbst vor Gott steht, so dass das Thema ‚Stellvertretung' eine wichtige Rolle für die Eucharistietheologie einnehmen muss.

3. Zur Deutung des Todes Jesu bei Paulus

Der kurze Bezug auf die Opferkritik im Matthäusevangelium könnte vermuten lassen, dass der Gedanke an den Jom Kippur aus dem Neuen Testament schon ganz verbannt sei. Dass dies so sein könnte, legt der Streit über die Auslegung von Röm 3,25 nahe. Ob es tatsächlich so ist, macht wohl die Heftigkeit dieses Streites aus. Soweit ich die Forschungslage der letzten Jahre überblicke, scheint mir die Frage noch nicht endgültig entschieden zu sein, wenngleich sich die Argumentation mehrheitlich immer noch zugunsten einer ‚kultischen' Auslegung von Röm 3,25 zu bewegen scheint. Aber Mehrheiten zählen nicht, sondern nur die überzeugendere Argumentation. In der folgenden sehr verkürzten Darstellung wird deshalb der Streit sachlich abgewogen. Vermutlich geht es in beiden Auslegungssträngen auch um die Transformation des Tieropfers zugunsten menschlicher Hingabe, in der sich etwas anzeigt, was das Neue Testament auf der Basis der alttestamentlichen Vorgaben zuinnerst betrifft.

3.1 Zur ‚kultischen' Auslegung von Röm 3,(21–)25

[21] Νυνὶ δὲ χωρὶς νόμου δικαιοσύνη θεοῦ πεφανέρωται μαρτυρουμένη ὑπὸ τοῦ νόμου καὶ τῶν προφητῶν, [22] δικαιοσύνη δὲ θεοῦ διὰ πίστεως Ἰησοῦ Χριστοῦ εἰς πάντας τοὺς πιστεύοντας. οὐ γάρ ἐστιν διαστολή· [23] πάντες γὰρ ἥμαρτον καὶ ὑστεροῦνται τῆς δόξης τοῦ θεοῦ [24] δικαιούμενοι δωρεὰν τῇ αὐτοῦ χάριτι διὰ τῆς ἀπολυτρώσεως τῆς ἐν Χριστῷ Ἰησοῦ [25] ὃν προέθετο ὁ θεὸς ἱλαστήριον διὰ [τῆς] πίστεως ἐν τῷ αὐτοῦ αἵματι εἰς ἔνδειξιν τῆς δικαιοσύνης αὐτοῦ διὰ τὴν

πάρεσιν τῶν προγεγονότων ἁμαρτημάτων [26] ἐν τῇ ἀνοχῇ τοῦ θεοῦ, πρὸς τὴν ἔνδειξιν τῆς δικαιοσύνης αὐτοῦ ἐν τῷ νῦν καιρῷ, εἰς τὸ εἶναι αὐτὸν δίκαιον καὶ δικαιοῦντα τὸν ἐκ πίστεως Ἰησοῦ.

Einheitsübersetzung:

[21] Jetzt aber ist unabhängig vom Gesetz die Gerechtigkeit Gottes offenbart worden, bezeugt vom Gesetz und von den Propheten: [22] die Gerechtigkeit Gottes aus dem Glauben an Jesus Christus, offenbart für alle, die glauben. Denn es gibt keinen Unterschied: [23] Alle haben gesündigt und die Herrlichkeit Gottes verloren. [24] Ohne es verdient zu haben, werden sie gerecht, dank seiner Gnade, durch die Erlösung in Christus Jesus. [25] Ihn hat Gott dazu bestimmt, Sühne zu leisten mit seinem Blut, Sühne, wirksam durch Glauben. So erweist Gott seine Gerechtigkeit durch die Vergebung der Sünden, die früher, in der Zeit seiner Geduld, begangen wurden; [26] er erweist seine Gerechtigkeit in der gegenwärtigen Zeit, um zu zeigen, dass er gerecht ist und den gerecht macht, der an Jesus glaubt.

Die neuere Diskussion über Röm 3,25 zur Deutung des Todes Jesu ist außerordentlich bedeutsam und folgenreich.[65] Mit Jörg Frey kann vorweggeschickt werden: „Die hier referierte Diskussion [sc. um das Konzept der Sühne] ist noch längst nicht zu einem tragfähigen Ergebnis gelangt". (20) Seinem Postulat, sich um begriffliche Präzision zu bemühen, kann sich auch die Dogmatik gerne anschließen. Jörg Freys Forderung, zwischen ‚Sühne' und ‚Stellvertretung' traditionsgeschichtlich und inhaltlich zu unterscheiden, verdient Beachtung. Man muss diese neuere Entwicklung in der alttestamentlichen Exegese nicht gleich als typisch katholisierend vereinnahmen, aber sie kommt meinem Verständnis der Liturgie in der Feier des Todes und der Auferstehung Jesu sehr zugute. Bernd Janowski hat auf dem Hintergrund seiner Forschungsarbeiten in einer Rückschau Einblick in den Stand der Diskussion vor-

---

[65] Vgl. J. Frey/J. Schröter, Deutungen (s. Anm. 8). Vgl. 14–21 die abwägende Darstellung derzeitiger Interpretationsversuche vor allem bei Hengel, Stuhlmacher, Merklein, Gese, Janowski (= Maximalisten) und Breytenbach (= Minimalist) sowie Hofius, Knöppler, Gaukesbrink, Hahn (= mittlere Position).

gelegt.⁶⁶ Der Alttestamentler folgert mit dem Neutestamentler Jens Schröter:⁶⁷

> „Entscheidend für die kultmetaphorische Deutung des Todes Jesu in Röm 3,25 ist … der doppelte Sachverhalt, dass ‚sowohl die Sünden beseitigende Wirkung des Blutes als auch der Ort, an dem sich dieser Vorgang vollzieht, auf Jesus übertragen wurde'." (115)

Der Ort der Gegenwart Gottes, die von der Sünde befreit, ist somit nicht mehr die *Kapporet* im Allerheiligsten des Tempels, „sondern der Gekreuzigte, den Gott selbst als ‚Sühneort' öffentlich hingestellt hat" (115). Es gehe um die Lebenshingabe Jesu, die nicht nur den Tod, sondern sein gesamtes Leben zur letzten Sinngebung erhebt. Deshalb treffe der von Heinz Schürmann eingeführte Begriff der ‚Proexistenz' genau den Sinn der Lebenshingabe Jesu. (116)

Für Daniel Stökl Ben Ezra erscheint es fast selbstverständlich, dass Paulus in Röm 3,25 auf Lev 16 Bezug nimmt, wie er im Kapitel „Christ as *kapporet* (ἱλαστήριον): Rom 3:25–26"⁶⁸ darlegt. Stökl folgert daraus allerdings nicht, dass bei Paulus der Jom Kippur für die Juden keinerlei Bedeutung mehr gehabt habe. Im Gegenteil: Paulus besteht darauf, dass der Tod Jesu nur denen zugesprochen wird, die *glauben*. (Vgl. 197–205) Der Glaube habe bei Paulus die Bedeutung wie die Reue (repentance) am Jom Kippur, der noch seine Relevanz hat.

---

⁶⁶ Vgl. *B. Janowski*, Das Leben für andere hingeben. Alttestamentliche Voraussetzungen für die Deutung des Todes Jesu, in: Ebd. 98–118. Vgl. Ders., Sühne als Heilsgeschehen (s. Anm. 7).

⁶⁷ Vgl. auch *J. Schröter*, Sühne, Stellvertretung und Opfer. Zur Verwendung analytischer Kategorien zur Deutung es Todes Jesu, in: J. Frey/J. Schröter (Hrsg.), Deutungen (s. Anm. 8), 51–71. Schröter weist der Kultmetaphorik keine zentrale Stelle bei der Deutung des Todes Jesu zu und erinnert in diesem Zusammenhang an Röm 3,25, eine Stelle, die von Paulus gewissermaßen eingekreist wird mit einer „juridische Terminologie" der Gerechtigkeit Gottes im unmittelbaren Umfeld und später, in Röm 5,6–8, wo es Paulus um das Deutungsmodell des freiwilligen Lebenseinsatzes geht. (62f.). So erhalte in Röm 3,25 das Kreuz Jesu einen „dem Kultus kritisch gegenüberstehenden Sinn", ist also an den dahinter stehenden kultischen Vorgängen nicht interessiert. (65). Etwas anders beurteilt Ruben Zimmermann die Sprechweisen des Kults, wenn er von „auffallender Häufigkeit" spricht und Röm 3,25f. eher in diese Richtung deutet. Vgl. *R. Zimmermann*, ‚Deuten' heißt erzählen und übertragen, in: Ebd., 315–373, 356f.

⁶⁸ *D. Stökl*, Impact (s. Anm. 7), 194–205.

Auf katholischer Seite hat der Bonner Neutestamentler Helmut Merklein († 1999), der sich in seinem Beitrag[69] seinerseits – neben Hartmut Gese und Bernd Janowski – vor allem auf Ulrich Wilckens' Römerbriefkommentar beruft, die Diskussion von der evangelischen Bibelwissenschaft in die katholische Exegese übernommen. Merklein hat sich die These zu eigen gemacht, der Ausdruck ‚Hilasterion' (ἱλαστήριον) in Röm 3,25f. beziehe sich auf die Deckplatte über der Bundeslade im Allerheiligsten des Tempels von Jerusalem. Indem somit Bezüge zum Buch Levitikus (Kap 4 und 5 und vor allem Kap. 16) aufgezeigt werden können, lege sich in Röm 3,25 eine „kultische" Interpretation der paulinischen Soteriologie nahe. Ulrich Wilckens übersetzt: „... welchen Gott öffentlich eingesetzt hat als Sühneort – durch Glauben – in seinem Blut."[70] Merklein folgt ihm darin.[71] Für Merklein verweist nicht nur das Wort ἱλαστήριον auf den Jom Kippur, sondern auch die Verwendung des Wortes ‚Blut' (αἷμα). Auf Merkleins Paulusexegese, die auf Gal 3,13, 2 Kor 5,21 u. a. Bezug nimmt, kann hier nicht näher eingegangen werden.[72]

---

[69] Vgl. *H. Merklein*, Die Bedeutung des Kreuzestodes Christi für die paulinische Gerechtigkeits- und Gesetzesthematik, in: Ders., Studien zu Jesus und Paulus, Tübingen 1987, 1–106, bes. 23–34 („Der Kreuzestod Christi als Sühnegeschehen"). Es dürfte kein Zufall sein, dass in der dritten Auflage des LThK Bernd Janowski den Artikel ‚Sühne' aus atl. Sicht und Helmut Merklein aus ntl. Perspektive behandeln. Vgl. *B. Janowski*, Art. Sühne II. Biblisch-theologisch: 1. Altes Testament. In: LThK 9 (³2000) 1098–1099; *H. Merklein*, Art. Sühne 2. Neues Testament, ebd. 1099–1102.

[70] *U. Wilckens*, Der Brief an die Römer, Bd. 1: 1–5 (EKK VI/1), Zürich u. a. ³1997, 183.

[71] Chistoph Dohmens Lektüre von Ex 25,17–20 hält fest: „Der durch ‚Kaporet' mit den ‚Kerubim' herausgehobene Raum bildet die Grundidee des Heiligen Ortes ab ... Insofern die Lade das ‚Zeugnis' der Offenbarung Gottes beinhaltet und so dieses ‚Zeugnis' über den Offenbarungsort hinweg getragen werden kann, wird der ‚markierte' Ort der Gottesbegegnung durch seine Verbindung mit der Lade ‚*beweglich*' ... Von der ‚Kapporet-Lade' her gewinnt das gesamte Zeltheiligtum von Ex 25ff. seine tiefere Bedeutung, weil es ein ‚wandelnder Sinai, ... ein Stück auf die Erde mitten in ein Volk versetzen Himmels' ist." *C. Dohmen*, Exodus (s. Anm. 23), 252 (mit Bezug auf B. Jacobs Exoduskommentar.) Vgl. auch Dohmens Verbindung, die er zwischen Ex 25–31 mit Lev 16,12–17 durch das hebr. Wort כפר herstellt, 323f.

[72] Paulus bemühe sich um ein *Verstehen* des Kreuzestodes Jesu „mit Hilfe kultischer Vorstellungen" (31). Dafür sprechen Merklein zufolge Stellen wir Gal 3,13 und 2 Kor 5,21. Zum besseren Verständnis referiert Merklein in einem eigenen

Einen späteren Beitrag zum Verständnis von ‚Sühne' im Neuen Testament[73] beginnt Helmut Merklein mit der Bemerkung, religionsgeschichtlich sei die Ableitung der neutestamentlichen Sühnevorstellung vom Alten Testament strittig.

3.2 Kultkritische Interpretation von Röm 3,25

Wenn ich im Folgenden die Gegenposition kurz zur Sprache bringe, soll doch hier bereits vorweggenommen werden, dass die theozentrische Sicht der Sühne von beiden gegenüberstehenden Positionen akzeptiert wird. Es gibt folglich keine ‚Besänftigung' Gottes dadurch, dass der Mensch seinerseits für die Sünde gegenüber einem beleidigten Gott zu büßen habe. Es wird sich aber zeigen, dass die Sprache von Sühne und Versöhnung nach dem differenzierten Sprachgebrauch der Bibel erheblich präzisiert werden muss. Ob sich daraus ein klarerer Zusammenhang zwischen Eucharistie und Jom Kippur erweisen lässt, muss sich noch zeigen.[74]

Exkurs die atl. Sühnevorstellungen, wie sie Bernd Janowski erarbeitet hat, und verweist in diesem Zusammenhang auch auf den Jom Kippur (26). Zuvor kam Merklein schon auf Ex 32,30–32 zu sprechen. Dieser Gedanke führe letztlich zur ntl. Interpretation Jesu, in der festgehalten wird, „daß Christus in seinem stellvertretenden Sterben selbst die Identität der Verfluchten angenommen hat und als Repräsentant der Verfluchten in den Tod gegangen ist." (29) Zugleich komme mit diesem Gedanken die soteriologische Sicht zum Vorschein. In Jesus Christus, der als Sühnopfer stirbt, sterbe der vom Fluch getroffene sündige Mensch selbst. (Vgl. 30) Deshalb stehen die Glaubenden nicht mehr unter dem Fluch des Gesetzes. Zugleich sei der Kreuzestod nach Paulus das Ende einer langen Opfertradition und somit der eschatologische Kultvollzug. (Vgl. 31) „Der Fluchtod am Kreuz, den Christus nach Gal 3,13 für uns gestorben ist, erscheint terminologisch verifizierbar als von Gott gesetzte Möglichkeit der Identifizierung für den Sünder, der so einen neuen Zugang zu Gott findet (vgl. 2 Kor 5,21b)." (32)

[73] Vgl. *H. Merklein*, Art. Sühne (s. Anm. 69).

[74] An den Übergang von der ‚kultischen' Sichtweise zur hellenistischen Sichtweise des ‚Sterbens-für' möchte ich an die vorsichtige Interpretation bei *Ferdinand Hahn* erinnern. Dieser hat in seiner *Theologie des Neuen Testaments* (2 Bde., Tübingen 2002) in den einschlägigen Abschnitten über das Verständnis des Todes Jesu „Die rettende Kraft des Todes Jesu" (Bd. II, 381–397) zunächst mit dem Theorem „Sterben für" und „Sühnetod" in enger Verbindung zueinander behandelt und dann die weiteren Stichpunkte ‚(Er-)lösung', ‚Loskauf' und ‚Versöhnung' sowie die „Kultische Deutung des Todes Jesu" angeschlossen. – Ferdinand

Der Berliner Bibelwissenschaftler Cilliers Breytenbach[75] (und seine Schule) dürfte derzeit zu den profiliertesten Gegenstimmen einer ‚kultischen' Interpretation des Todes Jesu, die auf Lev 16 Bezug nimmt, zählen. Er untersuchte wiederholt[76] die semantischen Differenzierungen im Begriffsfeld von „Versöhnung und Sühne". (60–65) Gegen die im Deutschen weit verbreitete Meinung hält Breytenbach daran fest, dass δι- und καταλλάσσειν im Sinne von ‚versöhnen/reconcile' in keiner Beziehung stehen zu (ἐξ)ἱλάσκεσθαι usw. im Sinne von ‚sühnen/to atone'. Er schreibt: „Terminologisch also gibt es keinen Grund, davon auszugehen, daß die paulinische Versöhnungsvorstellung traditionsgeschichtlich der Sühnetradition der Priesterschrift entstamme." (62) Die Übersetzer der Texte, die καταλλάσσειν (reconcile) mit ‚versöhnen' und (ἐξ)ἱλάσκεσθαι mit ‚sühnen' übersetzen, sollten wissen, „daß zwischen den beiden Übersetzungswörtern deutlich zu unterscheiden ist" (65). Luthers Übersetzung von hebräisch כופר *(kwpr)* und כפר *(kpr)* mit ‚Versunung', hinter der

---

Hahn zufolge ist die stellvertretende Sühne durch Leiden schon im hebräisch-aramäischen Sprachraum als bekannt vorauszusetzen, weil dort auch Jes 53 ebenfalls bereits bekannt gewesen sei. Eine gemeinsame urchristliche Tradition sei in hohem Maß wahrscheinlich: „Jesu Sterben wird im Sinn von Jes 53,10–12 als stellvertretendes Sühneleiden verstanden. Der Rückbezug ... auf diesen Text in den alten Traditionen von Mk 10,45 und im Kelchwort Mk 14,24 par macht jedenfalls deutlich, daß dieser alttestamentliche Text im Urchristentum rezipiert worden ist. Hahn verweist auf seinen Schüler Cilliers Breytenbach, für den das Wort ἱλάσκεσθαι ein kultisches Wort, καταλλάσσειν hingegen ein Wort des profanen Griechisch ist, das mit Aussöhnung verschiedenster Art zu tun habe. (391)

[75] Vgl. *C. Breytenbach*, „Christus litt euretwegen". Zur Rezeption von Jesaja 53 LXX und anderen frühjüdischen Traditionen im 1. Petrusbrief, in: J. Frey/ J. Schröter (Hrsg.), Deutungen (s. Anm. 8), 437–454. In einer Studie aus dem Jahre 2005 gibt Breytenbach einleitend einen Rückblick auf seine eigene ‚Forschungsgeschichte'. In seiner Dissertation habe er keine Biblische Theologie unter dem Stichwort ‚Versöhnung' schreiben, sondern nur die Eignung des pl Begriffes καταλλαγή auf seine Reichweite untersuchen wollen. Vgl. auch: *C. Breytenbach*, Gnädigstimmen und opferkultische Sühne im Urchristentum und seiner Umwelt, in: Janowski/Welker (Hrsg.), Opfer (s. Anm. 14), 217–243.

[76] Zum Folgenden vgl. *C. Breytenbach*, Versöhnung, Stellvertretung und Sühne. Semantische und traditionsgeschichtliche Bemerkungen am Beispiel der paulinischen Briefe, in: New Test. Stud. 39 (1993) 59–79. Einleitend verweist Breytenbach auf seine Studie *Versöhnung. Eine Studie zur paulinischen Soteriologie*, Neukirchen-Vluyn 1989.

auch die griechischen Wörter καταλλαγή und ἱλασμός subsumiert werden, täuscht eine semantische Einheitlichkeit vor, die leider nur durch das deutsche Begriffspaar ‚sühnen/versöhnen' möglich ist und die niederländische Übersetzung beider Begriffe mit ‚verzoenen' noch verstärkt.[77] Breytenbach unterstreicht, dass ἱλάσκεσθαι ‚versöhnen' im Sinn von ‚besänftigen' bedeutet und καταλλάσσειν ‚versöhnen' im Sinn von Aussöhnung Streitender oder Zerstrittener. Wenn Paulus in Röm 5 von Feindschaft zwischen Mensch und Gott spricht, so besteht die Sünde des Menschen in der Bestreitung der absoluten Souveränität Gottes. Die Schuld der *aversio a deo* kann jedoch niemals vom Menschen selbst bewältigt werden, sondern beruht auf dem einzigen Versöhnungsangebot Gottes.

Die im Jahre 2010 erschienene Berliner Dissertation von Christina Eschner[78] vertritt nicht nur die klare Gegenposition zur ‚kultischen' Auslegung der paulinischen Texte, sondern setzt sich im ersten Band ihrerseits sehr detailliert mit der Forschungslage der neutestamentlichen Exegese auseinander, während der zweite Band eine Fülle von Zeugnissen aus dem hellenistischen Bereich für ein nichtkultisches „Sterben-für" vorlegt und interpretiert. Der Auslegung von Röm 3,25 als „Überbietung des ‚Großen Versöhnungstages'" (33) bei Ulrich Wilckens, stellt Christina Eschner die Sterben-für-Tradition entgegen. Röm 3,25 gehöre zwar nicht unmittelbar in den engen Bereich der Sterben-für-Tradition, weil dort davon nicht direkt die Rede sei. Die Auslegung der Stelle müsse sich deshalb aus der Struktur des Textes in Röm 3,24–25 ergeben. Bei genauerer Analyse zeige sich zunächst in V 24, dass der dort verwen-

---

[77] Breytenbach zufolge gibt es bereits im AT einige Sühnevorstellungen, die nicht an den Tempel gebunden waren. Die Hellenisierung bewirkte, Sühne und Kult zu entkoppeln. Der Gedanke eines Todes ‚für' sei in der Kaiserzeit verbreitet gewesen. Dem sich neu formierenden Judentum sei es nach 70 gelungen, „die Überzeugung, daß Gott Sühne der Sünden gewährt, zu behalten, auch wenn der Tempelkult nicht mehr in Takt war" (76). Damit verliere auch das Opfer für die Sünden an Bedeutung und der „Große Sühnetag" bleibe auch ohne Tempel erhalten, ja das Verständnis von Sünde und Vergebung vertiefe sich sogar, auch wenn es kein Opfer mehr gibt.
[78] Vgl. *C. Eschner*, Gestorben und hingegeben „für" die Sünder. Die griechische Konzeption des Unheil abwendenden Sterbens und deren paulinische Aufnahme für die Deutung des Todes Jesu Christi. Bd. 1: Auslegung der paulinischen Formulierungen, Bd. 2 Darstellung und Auswertung des griechischen Quellenbefundes, Neukirchen-Vluyn 2010.

dete Begriff ἀπολύτρωσις nicht in den Sühnekontext gehört, sondern in den der Befreiung, näherhin des Befreiungs*vorgangs*. Im Kontext der Rechtfertigung betreffe dieser somit die Befreiung von Sünden, die noch nicht abgeschlossen sei, sondern eine zeitliche Ausdehnung habe. (35) Befreiung und Rechtfertigung gehören zusammen. Mit der Beseitigung der Sünde werde im Text auch Gottes Zorn beseitigt. Wie aber steht es nun mit dem zentralen Ausdruck „in seinem Blut – ἐν τῷ αὐτοῦ αἵματι", mit dem die Sühnedeutung von Röm 3,25 – neben dem Schlüsselwort ἱλαστήριον – begründet wird? Der Kaufmetaphorik folgend legt Christina Eschner den Ausdruck mit ἐν + Dat. im Sinne von „um den Preis seines Blutes" oder „für die Gabe seines Blutes als Preis" aus. Dann würde es sich im Blut um das Zahlungsmittel handeln, zumal dann, wenn man in der Konsequenz den Ausdruck προέθετο ὁ θεὸς ἱλαστήριον entsprechend deute und ebenfalls als einen Kaufausdruck zu verstehen versuche. Dann ginge es zuvor auch nicht um ein Blutopfer, sondern allgemein um „die *Hingabe des Lebens*" (36f.) Dies sei eine wahrscheinliche Auslegung, wenn man das δωρεάν in V 24 noch mit dem Ausdruck ‚in seinem Blut' zusammenzieht und beide in Verbindung setzt mit V 25a „als Ausdruck des Kaufens" (37) hinzunehme. Insofern dürfe der Rekurs auf das Blut Christi in Röm 3,25 für sich allein noch nicht als Beweis „für einen kultischen Hintergrund im Sinne einer Identifikation mit dem Blut des Sündopfers verstanden werden" (37). Hier hängt m. E. alles davon ab, was mit dem Ausdruck ‚Identifikation mit dem Sündopfer' gemeint ist.

An dieser Stelle wäre ein weiteres theologisches Plädoyer zu platzieren, das auf der Basis der bisherigen Diskussionen noch einmal eingreift und aufzeigt, dass die Fragestellung schon seit über einhundert Jahren virulent ist. Es ist der Aufsatz des Münsteraner Bibelwissenschaftlers Stefan Schreiber.[79] Er beruft sich darin in vielen Punkten auf eine Arbeit von Adolf Deißmann aus dem Jahre 1903.[80] Schreiber pflichtet Breytenbach bei, dass bis auf die Stelle

---

[79] Vgl. *S. Schreiber*, Das Weihegeschenk Gottes. Eine Deutung des Todes Jesu in Röm 3,25, in: ZNW 97 (2006) 88–110. Ich danke Herrn Kollegen Reinhard Hübner, der mich auf diesen Beitrag aufmerksam gemacht hat.
[80] Vgl. *A. Deißmann*, ἹΛΑΣΤΗΡΙΟΣ und ἹΛΑΣΤΗΡΙΟΝ, in: ZNW 4 (1903) 193–212. Es lohnt sich, auf einige Aspekte einzugehen, die sich bei Schreiber wiederfinden. Das griechische Wort ἱλαστήριος/ον (nur zweiendig) hat, abgeleitet

in Röm 3,25 Paulus den Begriff Sühne nicht kenne. Deshalb plädiert Schreiber für die Alternative ‚Weihegeschenk'. (100–105) Der Nachteil besteht m. E. aber darin, dass in der Semantik des

---

von ἱλάσκεσθαι, eine zweifache Bedeutung: „1. was zur Gnädigstimmung oder Versöhnung (nämlich der Gottheit oder eines Menschen) in Beziehung steht oder dient, versöhnend, propitiatorius, placatorius; 2. was zur Sühnung (nämlich der Sünde) in Beziehung steht oder dient, sühnend, expiatorius. – Welche von diesen beiden möglichen Bedeutungen vorliegt, hat in einzelnen Fällen der Kontext zu entscheiden." (193). Was folgert Deißmann für die Deutung von Röm 3,25? In III. (208–212) gibt er die Antwort: 1. Möglich wäre eine adjektivische Deutung in dem Sinn, dass Gott Jesus öffentlich als Versöhnenden, wie in der Itala, Vulgata und bei einigen Vätern begegnet (propitiatorem) hingestellt hat. Paulinischer wäre es freilich, wenn man das Wort mit „Versöhnenden" übersetzte. Dann wären die Menschen das Objekt und man käme nahe an 2 Kor 5,18–21 sowie an 1 Joh 2,2 und 4,10 heran. (209) Deißmann wendet sich selbst ein, dass wohl ein griechisch sprechender Christ und wohl auch Paulus eher substantivisch gedacht haben. Gleichwohl würde sich inhaltlich dabei nicht viel ändern. 2. Die Wortbedeutungen von ἱλαστήριον sind so vielfältig, dass man für Röm 3,25 a priori keine Entscheidung treffen kann. Heiden, Juden und Christen verbinden damit zu Verschiedenartiges von Denkmal über Kapporeth, Altar bis zu Kloster und Kirchengebäude. Aber auch mit der weit verbreiteten Bedeutung „Versöhnungs- oder Sühnegeschenk" bzw. „-denkmal" könne man an Röm 3,25 nicht herangehen. Sprachwissenschaftlich sei nur eine einzige Übersetzung verantwortbar: „ein Versöhnendes oder ein Sühnendes". (209) 3. Folgende Erklärungen schließt Deißmann aus: Gnadenstuhl (Luther); kapporeth-Geräte der Bundeslade (zumal dieses Gerät mit seinem eigenen Blut besprengt würde (210) [wie auch später immer wieder eingewendet wird]. 4. Der Zusammenhang lässt folgende Erklärungen zu: a) Versöhnungs- oder Sühneopfer, weil, wo von Blut die Rede ist, auch von Opfer die Rede sein kann, auch wenn die Belege fehlen. Eph 5,2 wende den Opfergedanken jedenfalls auf Christus an. Doch dagegen spricht das προέθετο und das Subjekt zu diesem Verb, nämlich Gott. b) Versöhnungs- oder Sühnegeschenk bzw. -denkmal. Diese relativ häufige Verwendung in der römischen Kaiserzeit passt zum Verbum. Weniger gut jedoch das Subjekt Gott, wenn Geschenk zu ἱλαστήριον hinzugefügt würde. Es passt jedoch mit der Ergänzung ‚Denkmal': „öffentlich aufgestellt hat Gott den Herrn Jesus Christus in seinem Blut, den Juden ein Ärgernis, den Heiden eine Torheit, uns durch den Glauben ein ἱλαστήριον, ein von Gott gestiftetes Versöhnungs- oder Sühnungsdenkmal." (211) 5. Man kann nicht sagen, dass der Zusammenhang bei Paulus eine dieser beiden Erklärungen fordere. Die Allgemeinbedeutung, die oben unterbreitet wurde genügt: „ein Versöhnendes oder Sühnendes, Versöhnungs- oder Sühnungsmittel". (211) (Vgl. oben Nr. 1) 6. Die entscheidende Frage betrifft nicht den adjektivischen oder substantivischen Gebrauch des Wortes ἱλαστήριον. Vielmehr geht es um folgende zwei Aspekte: a) Welches Objekt denkt Paulus zu ἱλαστήριον: Gott oder die Menschen oder die Sünde? Deiß-

Wortes ἱλαστήριον weder ‚Weihe' noch ‚Geschenk' ‚anklingen'. Was bedeutet dies für die Interpretation von Röm 3,25? Aus dem Kontext ergibt sich, dass der sündige Mensch der Gnade bedarf; daraufhin folgt der Erweis in Röm 3,25.26: „Die Gerechtigkeit Gottes ist in Jesus Christus sichtbar." (89f.) Der These Schreibers zufolge ergibt sich, „dass Paulus mit dem Begriff ἱλαστήριον in Röm 3,25 absichtlich auf die vielfältige Praxis der Weihegeschenke anspielt." (105) Die Bedeutung des Verbs προέθετο (= er hat öffentlich hingestellt) weise in diese Richtung. Aber sofort muss Schreiber auch die Differenz markieren: Während durch Weihegeschenke im römischen Leben die Götter gnädig gestimmt werden sollten, ist es bei Paulus umgekehrt: „Gott stellt ein Weihegeschenk für die Menschen hin!" (105) Schreiber zufolge evoziert die paulinische Metaphorik „ein einfaches Bild".[81]

Wenn ich recht sehe, sind sich alle Interpreten von Röm 3,25 darin einig, dass Gott Subjekt des Handelns ist. Gleichwohl ist weiter zu fragen, warum sein Liebeserweis und der Erweis seiner Gerechtigkeit in der Jetzt-Zeit gerade der Tod seines Messias Jesus sein soll. Ist hier vielleicht doch Deißmanns Beobachtung richtig, dass ἱλαστήριον im Kontext von Sünde etwas mit jener göttlichen Großzügigkeit zu tun

---

mann zufolge spricht der Kontext dafür, dass Sünde das Objekt ist. Dann wäre Christus der Sühner. b) Denkt Paulus an den irdischen oder an den erhöhten Christus? Gewöhnlich denkt man den irdischen Jesus, dessen Blut geflossen sei. Doch Deißmann möchte auch die zweite Möglichkeit ernsthaft überlegen. Schon die Befreiung von den Sünden in V 24 verweise eher auf den erhöhten Christus. 1 Kor 10,16 und Joh 6,53–56 meinen nicht das physische Blut des irdischen Jesus, sondern reden ‚pneumatisch'. Also „könnte ἐν τῷ αὐτοῦ αἵματι bedeuten in der Blutsgemeinschaft mit dem erhöhten, pneumatischen Herrn, was auch Röm 5,9 und Eph 2,13 einen guten Sinn gibt." (211) Deißmann meint sogar, unter der Blutsgemeinschaft mit dem Erhöhten verstehe Paulus „dasselbe, was er Gal 2,20 Χριστῷ συνεσταύρωμαι nennt" (211). Dann allerdings käme Röm 3,25 ganz nahe an 1 Joh 2,2 heran, „Wo der erhöhte Herr, der Paraklet beim Vater, Jesus Christus, der Gerechte, als der ἱλασμός für unsere Sünden und für die ganze Welt bekannt wird. Die Bedeutung des lebendig-pneumatischen Christus für die Rechtfertigung oder Erlösung oder Versöhnung ist bei Paulus eine viel größere, als man zumeist annimmt." (212).

[81] „Gott stellt ein Weihegeschenk für die Menschen auf. In der Umkehrung des Gewohnten (in der neuen Verbindung von Bildspender und -empfänger) ist dieses Bild jedoch zugleich ein Paradox, eine Ungeheuerlichkeit, nahezu Blasphemie." (105f.) Hier stellen sich mir mehrere Fragen: Ist eine Metapher ein ‚Bild'? Wie kann ein ‚Bild' zugleich ein ‚Paradox' sein?

hat, in der Jesu frei übernommener Tod etwas ‚Sühnendes' an sich hat, auch wenn wir es kaum zu verstehen vermögen? Dass Jesu Tod zugleich der Durchbruch zum neuen Leben ist, verklärt deshalb nicht schon das Leiden. Festzuhalten ist aber auch, dass die Kontroverse bezüglich Röm 3,25 auf jeden Fall zeigt, dass die Transformation des Opfers nach der Zerstörung des Zweiten Tempels dank der prophetischen Kritik auf eine ‚Anthropologisierung' des Opfers abzielt, die im ‚Sterben-für' als Ausdruck radikal-menschlicher Hingabe ihre Hochform stellvertretender Hingabe erhält.

Ein einzigartiger Text der Versöhnungstheologie durch Jesu Blut, auf den auch Daniel Stökl Ben Ezra hinweist, ist Kol 1,13–20. Dort heißt es u. a.:

„Denn Gott wollte mit seiner ganzen Fülle in ihm wohnen, um durch ihn alles zu versöhnen. Alles im Himmel und auf Erden, wollte er zu Christus führen, der Friede gestiftet hat am Kreuz durch sein Blut." (Kol 1,19–20)

Die verwendete Sprache verweist auf die des Jom Kippur, indem sie von Versöhnung, Friede, Blut und Tod spricht. In diesem Text wird Jesus als der Gekreuzigte und Auferstandene (und zuvor schon als Schöpfer) ‚hingestellt', als der, der den Frieden zwischen Menschheit und Gott durch seine ‚Proexistenz' ermöglicht. Für die ‚kultische' Auslegung von Röm 3,25 sind weitere paulinische Texte wichtig, besonders aber aus dem 5. Kapitel des zweiten Korintherbriefes.

Helmut Merklein[82] zufolge verweist nicht nur das Wort ἱλαστήριον auf den Jom Kippur, sondern auch die Verwendung des Wortes ‚Blut' (αἷμα). Merklein stellt sich zugleich dem von Eduard Lohse und anderen gemachten „Einwand, daß dann ‚das Blut Christi an die Kapporet, die er selbst wäre, gesprengt werden müßte'". (33; Zit. Lohse) Dieser Einwand verkenne „die Möglichkeiten einer Typologie und die Aussageintention"; es gehe in Röm 3,25 nicht um eine Neuetablierung der Versöhnungsliturgie am Kreuz, sondern um dessen „Überbietung". Paulus bemühe sich um ein *Verstehen* des Kreuzestodes Jesu „mit Hilfe kultischer Vorstellungen" (31). Dafür sprechen Merklein zufolge Stellen wie Gal 3,13 und 2 Kor 5,21. Mit dem Kreuz hänge für Paulus auch das negative Urteil über die Sündhaftigkeit der Menschheit zusammen und von da aus

---

[82] *H. Merklein*, Die Bedeutung (s. Anm. 69), bes. 23–34.

bleibe die Frage der Versöhnung umso virulenter. Als der Gekreuzigte erscheine der Christus nicht mehr nur als der für die Sünden einstehende Gerechte, sondern als Verkörperung und Repräsentant der Sünde. Eine der kühnsten Formulierungen des Apostels lautet: „Ihn, der die Sünde nicht kannte, hat Gott für uns zur Sünde gemacht." (2 Kor 5,21) Ja, Paulus wage sogar die Formulierung, Christus sei für uns „zum Fluch" geworden. (Gal 3,13) Ähnliches gelte von Röm 8,3. (Vgl. 31–33) Deshalb könne die Tatsache, dass bei Paulus Christus im Sterben für uns „zum ‚Fluch', d. h. zum Verfluchten wird bzw. (von Gott selbst!) zur ‚Sünde' gemacht wird", nur so gedeutet werden, dass Christus „die Identität der Sünder" übernommen hat. (25) Dies besage Stellvertretung: Jesus stirbt den Tod an Stelle von, d. h. zugleich zugunsten für. (Vgl. 23) Hinter der Abendmahlstradition vermutet Merklein einen Bezug auf Jes 53, auch wenn zur Kenntnis zu nehmen sei, dass von einer Identifizierung des Gottesknechtes mit den Sündern im vierten Gottesknechtslied nicht die Rede ist. (Vgl. 24)

4. Erste ausgearbeitete Theologie des Jom Kippur nach der Zerstörung des Zweiten Tempels im Hebräerbrief

Der Brief an die Hebräer wird im biblischen Kanon ursprünglich als paulinischer Brief angesehen. Im historischen Sinn ist davon heute nicht mehr die Rede. Kommt der Brief aber aus der paulinischen Tradition? Darüber wird man streiten. Erich Gräßers dreibändiger Kommentar zum Hebräerbrief[83] hält jedenfalls einleitend fest, dass die Anerkennung dieses Briefes seine apostolische Herkunft verlangte. Als die paulinische Verfasserschaft nicht mehr zu halten war, wur-

---

[83] Vgl. *E. Gräßer*, An die Hebräer (EKK XVII/1–3), Neukirchen-Vluyn 1990–1997. Vgl. unter der Überschrift „Der alte und der neue Kult in 9,1–28 Bd. 2, 108–200. Unmittelbar voraus geht die Auslegung eines der umstrittensten Verse des Briefes zum Verhältnis des Alten und Neuen Bundes (8,13). Gräßer legt in seiner Auslegung Wert auf die Feststellung, dass es in diesem Vers nicht um Polemik gegen das nachchristliche Judentum gehe, sondern um eine Gegenüberstellung des irdischen und des himmlischen Kults. „Er malt den himmlischen Kult vor dem Hintergrund des irdischen, um seinen überragenden Glanz deutlich werden zu lassen." (107) Auch wenn der atl. Heilsweg ‚alt' geworden ist, verliert er seine Bedeutung nicht in jeder Hinsicht. (Vgl. 108)

den viele Namen als mögliche Verfasser genannt. Eine befriedigende Antwort gibt es bis heute nicht. Sehr viel einiger ist man sich bezüglich der Entstehungszeit des Briefes. Er stammt aus den 90er Jahren des 1. Jh.s. Das Argument, dass die zentrale Bedeutung des Jerusalemer Tempels und des in ihm stattfindenden Kultes eine Datierung bereits um 70 verlange, hat sich nicht durchgesetzt. Der Brief setzt jedenfalls die Zerstörung des Zweiten Tempels voraus. Das ist für die folgenden Überlegungen wichtig. In Hebr 7,12 sind mir die Termini μετατίθεσθαι bzw. μετάθεσις aufgefallen. ‚Metathese' bedeutet keine harmlose Veränderung, sondern führt zu einer systematischen Neuorientierung oder ‚Umsetzung' des Opferverständnisses in Auseinandersetzung mit dem einstigen Tempelkult, in dessen Zentrum der Jom Kippur stand. Grundlage dafür ist das Opferverständnis im Hebräerbrief. Bei der Darstellung des himmlischen Kultes spitzt sich nämlich in 9,6–8 „alles auf die Kultordnung des großen Versöhnungstages (Lev 16) zu, die Entsühnung durch das Blut" (109). In 9,1–5 wird das irdische Heiligtum in der ursprünglichen Gestalt des Heiligen Zeltes samt seines liturgischen Inventars behandelt. V 4 beschreibt die Bundeslade mit ihrem Inhalt (Manna, Aaronstab und Tafeln des Bundes). Darüber befinden sich, wie es in V 5 heißt die Kerubim, die den „Sühneort" (bei Gräßer Übersetzung von ἱλαστήριον) überschatten. Dazu bemerkt Gräßer, es sei in der Forschung umstritten, ob die Kapporet nur als Sühneort zu verstehen sei oder – mit Janowski – als „symbolische Veranschaulichung eines theologischen Inhaltes", d. h. als „Grenzmarkierung zum Transzendenzbereich" und deshalb als „Ort der Kondeszendenz Gottes" (125)[84] Tatsächlich wird in der himmlischen λειτουργία des Hohenpriesters, die in Hebr 9,11–12 beschrieben wird, das Hilasterion nicht mehr erwähnt, obwohl es nach V 7 der Ort ist, „an dem das entscheidende Opfer geschieht" (126). Es heißt dort, der alttestamentliche Hohepriester betrete den Raum „nicht ohne Blut, das er darbringt für sich und die unwisssentlichen Verfehlungen des Volkes".[85] Die sühnende Wirkung des Blutes gilt als gemeinantike Auffassung. Gräßer übernimmt dabei die These Janowskis (und

---

[84] Zitiert aus *B. Janowski*, Sühne (s. Anm. 7), 343; vgl. *Dohmen*, Exodus (s. Anm. 23), 251f., wo von der Bedeutung ‚Deckplatte' abgerückt wird.

[85] Gräßer bemerkt dazu, dass diese Formulierung eine Einschränkung gegenüber Lev 16,34 darstellt, wo es heißt, alle Sünden würden gesühnt. Damit deute Hebr

Merkleins), die besagt, dass die Blutapplikation „eine stellvertretende Lebenshingabe" des geopferten Tieres betrifft, „durch die der Sünden- und Unheil-Zusammenhang aufgehoben wird."[86]

Wie also sieht die Liturgie des Neuen Bundes aus? Hebr 9,11–14 gibt darauf eine Antwort. Mit dem Einsatz „Christus aber" beginnt der Abschnitt, der Gräßer zufolge formal und sachlich die Mitte des Hebräerbriefes darstellt. „Christus aber ist erschienen als Hoherpriester der wirklichen Güter". (Hebr 9,11) Dieser Einsatz fasst zusammen, was sich ab Hebr 7 anbahnt. Es geht um den großen Wechsel im Priestertum und im Gesetz.[87] Der Bezug zum Jom Kippur wird antithetisch herausgestellt: Dem alljährlichen Eintritt in das Allerheiligste durch den irdischen Hohenpriester steht der endgültige Eintritt ins himmlische Heiligtum Christi gegenüber. Christi Himmelfahrt bedeutet den Eintritt „durch das größere und vollkommenere Zelt, das nicht mit Händen gemacht ist, das heißt, das nicht zu dieser Schöpfung gehört" (V 11). Der Neue Bund wird an eine Person (Χριστός) gebunden, der die Messianität zugesprochen wird. Christus-Messias führt die Wende herbei in der Heilsordnung,

---

eine Einschränkung an, obwohl die Szene selbst an den Ritus am Jom Kippur erinnert. (128)

[86] 128f. mit Bezug auf *Janowski*, Sühne (s. Anm. 7) 242 mit Anm. 241. Ich selbst halte diese Identifizierungsthese nicht für die Voraussetzung, die kultische Deutung in Röm 3,25 zu retten. Entsprechendes gilt auch für Hebr. Gräßer bemerkt, für Hebr sei das Blut nicht die Sühnegabe, die Jesus mit in den Himmel nimmt, sondern bezeichne den Tod Jesu als Opfer. „Nicht die Blutapplikation an die *kapporœt*, sondern der *Eintritt* (εἴσειμι) ins Allerheiligste und damit die Überwindung seiner Verschlossenheit ist für den Hebr die Hauptsache (vgl. 8,1)." (129) Die Kostbarkeit des Blutes Christi, die in 1Petr 1,19 ebenfalls angesprochen ist, hat bald dazu geführt, sie auf die Eucharistie zu übertragen, was bereits in Did 14 geschehen sei, wie Gräßer bemerkt. – Eine klassische Zusammenfassung liegt bei Thomas v. Aquin vor: „Der Preis unserer Erlösung ist das Blut Christi oder sein körperliches Leben, das im Blut ist." (Lateinisch bei Gräßer 129f. zitiert aus der Summa) Vgl. auch den oben in der Einführung besprochenen Text.

[87] Gräßer fasst diesen Wechsel in drei Punkten zusammen: 1. Der eschatologische Kult hat mit Christus einen neuen Träger; in ihm kommt das unzerstörbare Leben zur Wirkung; 2. Der eschatologische Kult hat einen neuen Ort; dieser befindet sich nicht mehr auf Erden, sondern ist im Himmel. 3. Der eschatologische Kult hat eine neue Opferweise; es geht nicht mehr um fremdes Blut, sondern um das eigene Blut, so dass Christus Priester und Opfer zugleich ist. „Die Liturgie des Neuen Bundes ist demnach die des Blutes Christi, d.i. sein einmaliges irdisches Opfer im Tod am Kreuz." (142)

wenngleich er nicht zum Priestertand gehörte. (Vgl. Hebr 7,11f.) Zu verstehen ist er dennoch als Hoherpriester, der geworden ist, was er von Anfang an war. (Vgl. 143)

Nachdem der Liturge vorgestellt wurde, gilt es nun auch die Liturgie ins Blickfeld zu rücken. Hier geht es um eine Liturgie „in genauer Entsprechung und deutlicher Überbietung des Sühnegeschehens im großen Versöhnungstag (Lev 16)". (145) Entsprechung gibt es bezüglich des hohepriesterlichen liturgischen Handelns, Überbietung durch die qualitative Andersartigkeit des Kultortes, des Kultopfers, des Kultvollzugs und der Kultwirkung. Eine *Metathese* findet statt. Besonders ins Gewicht fällt natürlich an dieser Stelle, dass der Hohepriester Christus nicht mit fremdem Blut ins Allerheiligste eintritt, sondern mit dem eigenen Blut (ἴδιον αἷμα) „Priester und Opfer sind eins!" (148) „Mit dieser unerhörten ‚Einzigartigkeit'" legt Hebr 9,12a, wie Grässer ausführt, „die Heilsbedeutung des Kreuzes kulttypologisch neu aus" (148), wobei an die Ansätze in früheren neutestamentlichen Texten angeschlossen wird, Röm 3,25 voran. (Vgl. Anm. 51) Da an dieser Stelle die Blutapplikation nicht erwähnt wird – sie war im Tempelkult „die Übereignung des geopferten Lebens an Gott" (148f.) –, macht Hebr deutlich, dass es ihm nicht um das Blut als solches geht, „sondern allein die Tatsache der Lebenshingabe Jesu für ihn theologisch von Belang ist" (149). Blut *stehe hier für „den Tod Christi in seiner Heilsbedeutung"*. (149) Wenn Jesus also mit seinem eigenen Blut ins Allerheiligste eintritt, so bedeutet dies, dass er „mittels seines Blutes, d.i. die stellvertretende Lebenshingabe, das Allerheiligste (τὰ ἅγια) betritt" (151) und so ein für allemal den freien Zugang zum Allerheiligsten sicherstellt (10,19). Es ist das eine Blut (nicht mehr das der vielen Opfertiere), das ein für allemal (ἐφάπαξ) gegeben wird und deshalb auch eine durchschlagende Wirkung hat, nämlich „ewige Erlösung" (αἰωνίαν λύτρωσιν) (9,12d).

Indem Jesus, der Hohepriester sein Leben insgesamt als Gabe vor Gottes Angesicht stellt, kann man in gewisser Weise von einem ewigen Opfer sprechen. Es wäre dann die ewige Gültigkeit seiner einmaligen Hingabe in den Tod. Die Mehrmaligkeit des Opfers ist nach 9,26f. ausgeschlossen und das Opfer der Endzeit, in dem Christus *einmal* als Opfer dargebracht wird, bringt die Vergebung der Sünden für viele, die er im Anklang an Jes 53 auf sich genommen hat und trägt. In der Jetztzeit (νυνὶ δέ) (26b) vollendet sich (συντέλεια) das Heil durch sein Opfer (διὰ τῆς θυσίας αὐτοῦ). Somit lebt die Gemeinde in der Endzeit, die begonnen hat, aber noch nicht beendet ist. Der christliche Glaube ist ein einmaliger Ernstfall und hängt mit der Einmaligkeit und gottmenschlichen Abgründigkeit des Opfers Jesu zusammen. Deshalb der mahnende Grundton des gesamten Briefes, es nicht zum Abfall kommen zu lassen. Auf den Neuen Bund aus der prophetischen Tradition berufen sich sowohl die christliche als auch die jüdische Tradition, der Hebr auf Jer 31,31ff., die Mischna im Traktat Joma auf Ez 36,22ff. Alter und neuer Bund markieren deshalb keine grundlegende Differenz zwischen Juden und Christen. In der christlichen Gemeinde ist der Hohepriester „gestern heute und in Ewigkeit" gegenwärtig als der „Anführer und Vollender des Glaubens" (Hebr 12,2).

Nach diesem kurzen Einblick kann mit Recht gesagt werden: Der Hebräerbrief ist die erste christliche Theologie des Jom Kippur nach der Zerstörung des Tempels. Vielleicht kann man noch hinzufügen: Mit dieser Interpretation wird sich auch das nach der Tempelzerstörung neu formierende Judentum auseinanderzusetzen haben. Denn in der großen Gemeinsamkeit, dass das Ende des Tempels das Ende des Tempelkults und der damit verbundenen Tieropfer am großen Versöhnungsfest herbeigeführt hat, ist strittig geworden und bis heute geblieben, welche Metathese der Hebr vollzieht und ob und wie er damit maßgeblich dazu beigetragen hat, dass die christliche Liturgie die Einmaligkeit und Letztgültigkeit des Todes Jesu betont.

5. Prospekt für eine Theologie der Eucharistie

Zur Zeit des Zweiten Tempels gab es das Paschamahl nicht ohne vorausgehende Schlachtung der Lämmer, so dass das Tieropfer Voraussetzung für das Mahl war. Der Jom Kippur hingegen war die einmal im Jahr stattfindende Hochliturgie der Tieropfer, sei es auf blutige oder unblutige Weise, er kannte aber selbst kein Mahl. Der Hebräerbrief zog nach der Zerstörung des Tempels die Konsequenz, dass die Zeit der Tieropfer vorbei ist. Zuvor schon hatte Paulus – noch zur Zeit des Zweiten Tempels – für eine Todesdeutung Jesu auf dem Hintergrund des Jom Kippur plädiert, wenn man der ‚kultischen' Auslegung von Röm 3,25 folgt (und diese nicht gegen das Theorem ‚sterben-für' ausspielt). Dem Hebräerbrief zufolge ist nicht nur das Ende der Tieropfer gekommen, sondern Jesu Tod wird als einmalige und unwiederholbare Lebenshingabe verstanden, die mit Hilfe der Tempelliturgie des Jom Kippur gedeutet und jetzt, nach der Zerstörung des Zweiten Tempels, in die ‚Welt' der himmlischen Transzendenz verlegt wird. Aus geschichtlicher Einmaligkeit wird zeitübergreifende liturgische Ewigkeit, an der die Gemeinde des Hebr „im Lobpreis der Lippen" (Hebr 13,15) teilnimmt, im Blick auf den Hohenpriester Jesus, von dem es in Hebr 13,8 heißt: „Jesus Christus gestern und heute derselbe und in Ewigkeit." Michael Theobald weist darauf hin, dass Hebr 15,16 das Opfer des Lobes als Frucht der Lippen mit dem Aufruf zur Wohltätigkeit verbindet, so dass „Caritas und Liturgia" „zusammen praktiziert werden".[88] Theobald schließt nicht aus, dass in V 15 „die gemeindliche Eucharistiefeier" (117f.) gemeint sein könnte. Im Gottesdienst des Neuen Bundes steht nach Hebr 13,10–12 jedenfalls „der große Versöhnungstag, der *Jom Kippur*" im Zentrum. (124) Dieser dient dazu, „auf die eigentliche Wirklichkeit des Hohenpriesters Jesus, der das Heil erwirkt hat, hinzuweisen". (124) Paulus zufolge (Röm 3,25) ist Jesus die von Gott aufgerichtete Versöhnung durch sein Blut. Der Apostel zieht daraus in 1 Kor 11,26 für die Eucharistie die Konsequenz, dass Jesu Tod gefeiert wird *donec veniat* und die feiernde Gemeinde mit dem Erhöhten zum einen Leib gestaltet wird. Daraus entsteht eine ganz bestimmte Sozialform des Christentums, wie Michael Theobald überzeugend dargelegt hat.[89]

Was aber bleibt vom frühjüdischen Jom Kippur? Nur eine vergangene Welt, die bestenfalls durch Metaphorisierung zu retten ist? Die Metathese des Jom Kippur im Hebräerbrief besteht darin, dass Jesus durch seinen Tod mit seinem eigenen Blut als unser großer Fürsprecher sowie als „Anführer und Vollender des Glaubens" (Hebr 12,2) vor Gott steht. Nichts löst sich in nichtssagende Metaphorik auf, weder für das nachbiblische Judentum noch für die Christenheit. Vielmehr betreffen Pesach und Jom Kippur jene Realität, in der ‚Befreiung' nicht nur ein schönes Wort und ‚Versöhnung' nicht nur ein leeres Versprechen darstellen, sondern Offenbarung des wirksamen göttlichen Wortes schlechthin sind. Metaphorik als Ver-

---

[88] M. *Theobald*, Eucharistie als Quelle sozialen Handelns, Neukirchen-Vluyn 2012, 117.
[89] Vgl. Anm. 88.

such, über alle Empirie und intellektuelle Konstruktion hinaus von einem „Jenseits des Seins" berührt zu werden, das nicht in die Lüfte entreißt, sondern auf die Erde zurückstößt, auf dass wir unser Heil „in Frucht und Zittern" wirken. (Vgl. Phil 2,12)

Die eucharistischen Texte des NT können ohne die Pesach- und ohne die Jom Kippur-Tradition in keiner Weise den im Schatten des Todes Wohnenden das aufstrahlende Licht der Befreiung und Versöhnung (vgl. Lk 1,78f.) entgegensetzen. Es bedarf allerdings einer eigenen Anstrengung, in den ntl. Texten und der nachfolgenden Tradition aufzuweisen, dass es Verbindungslinien von Röm 3,25 zu 1 Kor 10 und 11 gibt und Hebr diese grundlegend vertieft. Im zweiten Band *Jesus von Nazareth* vertritt Joseph Ratzinger die These, dass aus der alttestamentlichen Überlieferung vor allem zwei Elemente in transformierter Gestalt in die entstehende Liturgie der Jesusgemeinden übernommen wurden: Die Feier des höchsten jüdischen Festes, des Jom Kippur, und die jüdische Pesachtradition.[90] Der Begriff des Opfers, der vor allem mit dem Jom Kippur verbunden ist, aber auch beim Pascha nicht vergessen werden darf, wird freilich aus den gezeigten Zusammenhängen einer gehörigen Transformation zu unterziehen sein, wenn gilt, dass nicht wir Gott mit uns versöhnen, sondern Gott uns mit sich versöhnt und deshalb Jesu Todeshingabe uns in die letzten Abgründe göttlicher Liebe blicken lässt. Joachim Negel hat in seiner Bonner Dissertation an dieser notwendigen Transformation gearbeitet.[91] Er hat gezeigt, dass der Opferdiskurs auch außertheologisch nicht zur Ruhe kommen will. Würde ihn gerade die Theologie stillstellen, ginge sie an einer der fundamentalsten Fragen ihrer ureigensten Tradition und der Menschheitsgeschichte vorbei.[92]

Im Sinne eines Prospekts der zeigt, was auf dem Hintergrund des Dargelegten noch der Ausarbeitung harrt, will ich thesenartig folgende Aspekte hervorheben:

---

[90] Vgl. *J. Ratzinger/Papst Benedikt XVI.*, Jesus von Nazareth. Zweiter Teil. Vom Einzug in Jerusalem bis zur Auferstehung, Freiburg i.Br. u. a. 2011, 95–119; 121–158.

[91] Vgl. *J. Negel*, Ambivalentes Opfer. Studien zur Symbolik, Dialektik und Aporetik eines theologischen Fundamentalbegriffs, Paderborn u. a. 2005.

[92] Vgl. vor allem die Thesenreihe Negels (578–583), die zu weiterer Auseinandersetzung herausfordern. Negel selbst hat den Eindruck, dass man bei keiner der angeschnittenen Problemstellungen an ein Ende kommen kann.

Jom Kippur und Eucharistie – Ein Prospekt

1. Trotz meines deutlichen Plädoyers für den Jom-Kippur-Hintergrund der Eucharistietheologie kann daraus nicht abgeleitet werden, dass die Feier der Eucharistie eine Fortsetzung oder Nachbildung der *Liturgie* des Jom Kippur – sei es die der Zeit des Zweiten Tempels oder des nachbiblischen Judentums – verlangt. Es ist auch zu beachten: Sollte Paulus fast 20 Jahre vor der Zerstörung des Zweiten Tempels auf Lev 16 zurückgegriffen haben, um Jesu Tod von daher zu deuten, so heißt dies weder, dass der Jom Kippur bei Paulus für das weiter bestehende Judentum keinerlei Bedeutung mehr gehabt hätte, noch dass die christliche Transformation dieses Festes und deren Konsequenzen für die Feier der Eucharistie prinzipiell antijüdisch infiziert sind.

2. An die theologische Dimension des Jom Kippur erinnert in den neutestamentlichen Eucharistietexten vor allem folgende Terminologie: Leib, Blut, Tod, Hilasterion, Versöhnung, Sündenvergebung, Bund/Neuer Bund, Friede.

3. Wichtiger als der statistische Wortbestand ist jedoch die inhaltliche Gewichtigkeit der neutestamentlichen Einsetzungstexte. Vergleicht man den literarischen Grundbestand, so ist die eucharistische Terminologie eingebettet in einen narrativen Rahmen und betrifft die Brot- und Kelchgestik. Darin eingefügt sind die eucharistischen Gabeworte, welche die entscheidenden Gehalte der Gabe betreffen. Unabhängig davon, ob es sich bei den *verba testamenti* um eine ipsissima vox Jesu handelt, sind jedenfalls die Gabeworte ohne den frühjüdischen Hintergrund nicht zu verstehen. ‚Leib', ‚Blut' und ‚Bund' finden sich in allen Versionen; es ist vor allem das Kelchwort, das mit dem Terminus ‚Blut' den Pesach- und Jom Kippurhintergrund offenlegt. Den Bundesgedanken, den ich in meiner Darstellung nicht behandelt habe, werde ich in meinem kommenden Eucharistie-Buch ausführlich behandeln, zumal das Kelchwort bei Markus auf den Bundesschluss am Sinai verweist, bei dem Blut ebenfalls eine wichtige Rolle spielt.

4. Pesach- und Jom Kippur-Tradition dürfen in der Eucharistietheologie nicht gegeneinander ausgespielt werden. Beide Traditionen erfahren aber nach der Zerstörung des Zweiten Tempels sowohl im Judentum als auch im entstehenden Christentum gravierende Transformationen. Während die Narration des Mahles an die Pesachtradition anschließt und die Mahlgestalt auch hellenistische Elemente aufnimmt, erhält die theologische Deutung des Mahles von Pesach und

vor allem Jom Kippur ihr ganzes theologisches Gewicht. Judentum und Christentum werden aber Religionen ohne Tieropfer. Die Metaphorisierung des Jom Kippur im Hebräerbrief führt nicht zur Verflüchtigung der Bedeutung des Todes Jesu, noch zur Verflüchtigung des Jom Kippur im nachbiblischen Judentum. Im Judentum bleibt das Niederfallen auf die Knie Ausdruck der Gottunmittelbarkeit des sterblichen Menschen. Die Feier der Eucharistie verweist auf die radikale Gestalt der Stellvertretung Jesu in seiner Proexistenz, die mit ontologischen Kategorien von Substanz, Zeit und Raum nicht zu erfassen ist. Die Umschreibung des Todes Jesu durch den Terminus ‚Blut' behält in jedem Fall ihre Ungeheuerlichkeit, und zwar gerade deshalb, weil es sich nicht um das empirische Blut Jesu handelt, sondern um seine gesamte Proexistenz, sei es in Analogie zum Eintritt des Hohenpriesters in das Allerheiligste oder zum „Sterben-für" im hellenistischen Sinn. Jesu Blut steht für die von Gott her gewollte und gewirkte Wiederherstellung der Gemeinschaft von Schöpfer und Schöpfung durch Gott unter der Bedingung von Sünde und Tod.

5. Die prophetische Kritik am Opferwesen des Jom Kippur zur Zeit des Zweiten Tempels hat auf längere Sicht zur Abschaffung des Tieropfers und letztlich zu einer radikalen Anthropologisierung des Opfers geführt, wodurch Judentum und Christentum in je verschiedener Weise zu opferlosen Religionen geworden sind. In jüdischer und christlicher Tradition treten der Lobpreise (Beracha) und die Nächstenliebe an die Stelle der einstigen Tieropfer. Im Christentum erhält die Lebenshingabe des Gott-Menschen Jesus Christus und in deren Folge die Lebenshingabe der Menschen an Gott und ihr Einstehen füreinander eine einzigartige Bedeutung. Die ‚für-Formel', vermittelt durch die Figur des Gottesknechts in Jes 53, verweist darauf, dass die einmalige Lebenshingabe Jesu als des Gott-Menschen die Mitfeiernden in seinen Tod und seine Verherrlichung mit einbezieht und so eine unverwechselbare Sozialgestalt im Füreinander der Gemeinden hervorgebracht hat.

6. Die göttliche Dimension der Versöhnung durch Jesu Tod besteht darin, dass in Jesu ‚Sterben-für' der Zuspruch der Versöhnung durch Gott geschenkweise (δωρεάν) geschieht und die Feindschaft des sündigen Menschen *von Gott her* beendet und der Friede zwischen Gott und Mensch hergestellt wird. (Vgl. Röm 5,6–11) Der bedingungslos Versöhnung schenkende Gott zeigt seine Allmacht am meisten im Vergeben. „Gott hat alle in den Ungehorsam einge-

schlossen, um sich aller zu erbarmen." (Röm 11,32) Die Hingabe Jesu bis in den Tod ist als reine Gabe zu verstehen, auf die einerseits Gott-Vater nicht angewiesen ist und die andererseits Jesus in göttlicher Souveränität und menschlicher Leibhaftigkeit zu geben vermag. Hingabe und Gewaltanwendung schließen einander aus.

7. Die Eucharistie ist als die rememoriale Feier des Todes und der Auferstehung Jesu für uns das Mysterium der Vergebung und Versöhnung, welche die gesamte Schöpfung betrifft. Sprachlicher Ausdruck dafür ist vor allem der Zusatz „zur Vergebung der Sünden" im Kelchwort des Matthäusevangeliums. Die Vergebung unserer Sünden ist mit Jesu Tod und mit seiner sakramentalen *Selbstgabe* in der Eucharistie verbunden. Viele frühkirchliche Eucharistiegebete haben den Zusatz des Matthäus auch dem Brotwort hinzugefügt: „Das ist mein Leib zur Vergebung der Sünden". Dem Hebräerbrief zufolge und in der Konsequenz von Röm 3,25 ist die Lebenshingabe Jesu die Basis für die theologische Auslegung der *ewigen Bedeutung seines Todes*, die durch den Rückbezug auf den Sinaibund und auf den Neuen Bund kraft der Tradition des Jom Kippur noch zusätzliches Gewicht erhält.

8. Ohne eine Theologie des Todes Jesu, der seine Auferstehung einschließt, wäre die Feier der Eucharistie nur der Versuch, durch unsere geschichtlich bedingte Gedächtnisleistung, das einst Geschehene nicht zu vergessen. In der Eucharistie aber geht es um die göttliche Zuwendung der Versöhnung zwischen Gott und Mensch und der Menschen untereinander und so um die Gabe einer letztlich versöhnbaren Schöpfung. So gilt: „Deinen Tod, o Herr, verkünden wir und deine Auferstehung preisen wir als Mysterium der Versöhnung, bis du kommst."

B. Eucharistie: Ästhetik der Ver*gebung*

Jenseits von Begriff und Vorstellung
Das Wunder der Eucharistie im Mittelalter

Dirk Ansorge

Anlässlich der Kanonisierung des heiligen Bernhardin von Siena am Pfingstfest des Heiligen Jahres 1450 schenkte die Bürgerschaft von Siena Papst Nikolaus V. ein kostbares Pluviale. Auf dessen Rückenschild findet sich eine Darstellung des Ungläubigen Thomas eingestickt (Joh 20,24–29). Dieser war nicht nur der Namenspatron des Papstes, dessen bürgerlicher Name Tommaso Parentucelli lautete. Die Szene steht in unmittelbarem Bezug zur Bestimmung des Pluviale. Denn während Thomas auf dem Rücken des Papstes das *verum corpus Christi* berührt, hält der Mantelträger in der Messfeier den Kelch und die Hostie in Händen.[1] Es geht hier um die für das eucharistische Geschehen konstitutiven Spannungen zwischen Sehen, Berühren und Glauben (vgl. Joh 20,29), Bild und Körper, Wahrheit und Schein. Wie lässt sich die Gegenwart des Auferstandenen in den Gestalten von Brot und Wein authentifizieren?[2]

Diese Frömmigkeit wie Theologie gleichermaßen herausfordernde Frage wurde im Mittelalter nicht selten mit Hinweis auf die wundertätige Wirkung der Eucharistie beantwortet. Auch der mittelalterlichen Eucharistietheologie ist die Kategorie des Wunders nicht fremd, um den Fortbestand der Akzidenzien zu erklären. Denn in den Gestalten von Brot und Wein vermittelt sich die eucharistische Gegenwart des Auferstandenen auf eine analogielose Weise. Insofern die eucharistische Gegenwart eine vom Menschen je neu zu empfangende Gabe ist, transzendiert sie jedes Erfahrungswissen. Die Unverfügbarkeit der eucharistischen Gabe manifestiert sich in der Mate-

---

[1] Vgl. *V.-S. Schulz*, Erläuterung zu Exponat Nr. 89 (Florenz!, Ausstellungskatalog, hrsg. von der Kunst- und Ausstellungshalle der Bundesrepublik Deutschland, München 2013, 208).

[2] *A. Stock*, Poetische Dogmatik. Christologie 3. Leib und Leben, Paderborn 1998, 317: „Der für das Sakrament konstitutive sinnliche Verifikationsmangel bleibt das Einfallstor des Zweifels und der Leugnung".

rialität von Brot und Wein selbst und gerade dann, wenn beides nach der Konsekration „in Wahrheit" Leib und Blut Christi ist.

Dieser Gedanke wird im Folgenden in mehreren Schritten entfaltet. Einleitend wird an eine Diskussion erinnert, die vor etwa zwanzig Jahren um die Bedeutung der Ontologie für eine Theologie der Eucharistie geführt wurde. Im zweiten Teil werden mittelalterliche Zugänge zur eucharistischen Realpräsenz vorgestellt und diskutiert, die als „nicht-begrifflich" charakterisiert werden können: die Legenden vom Heiligen Gral, Hostien- und Blutwunder sowie die Darstellungen der „Gregorsmesse". Für alle diese Zugänge ist die Kategorie des „Wunders" leitend. Diese Kategorie begegnet aber auch im Zusammenhang theologischer Annäherungen an die eucharistische Realpräsenz, die hier als „begrifflich" charakterisiert und im dritten Teil erörtert werden. Abschließend wird vorgeschlagen, den Begriff des „Wunders" mit Blick auf die Eucharistie als Chiffre für die Unableitbarkeit der personalen Selbstgabe Jesu Christi zu verstehen, die in den eucharistischen Gestalten leibhaftige Gegenwart wird.

1. Realpräsenz und intentionales Erkennen

Vor etwa fünfundzwanzig Jahren wurde zwischen dem evangelischen Theologen Notger Slenczka und seinem katholischen Kollegen Georg Hintzen eine lebhafte Debatte um den eucharistietheologischen Begriff der „Transsignifikation" ausgetragen.[3] Der insbesondere von niederländischen Theologen in die eucharistietheologische Debatte eingeführte Begriff[4] erhebt den Anspruch, die reale Gegenwart Jesu

---

[3] Vgl. *G. Hintzen*, Personale und sakramentale Gegenwart des Herrn in der Eucharistie. Zu Notger Slenczkas Buch „Realpräsenz und Ontologie", in: Cath(M) 47 (1993) 210–237; *N. Slenczka*, Zur ökumenischen Bedeutung der sogenannten Transsignifikationslehre, in: Cath(M) 48 (1994) 62–76. – Vgl. a. *G. Hintzen*, Die neuere Diskussion über die eucharistische Wandlung. Darstellung, kritische Würdigung, Weiterführung (DiTh 4), Bern u. a. 1976, sowie *Ders.*, Gedanken zu einem personalen Verständnis der eucharistischen Realpräsenz, in: Cath(M) 39 (1985) 279–310. – Eine Rekonstruktion der Debatte bietet *S. Winter*, Eucharistische Gegenwart. Liturgische Redehandlung im Spiegel mittelalterlicher und analytischer Sprachtheorie (ratio fidei 10), Regensburg 2002, 35–45.

[4] Die wichtigsten Beiträge von Piet Schoonenberg und Edward Schillebeeckx hierzu listet *S. Oster* auf: Person und Transsubstantiation. Mensch-Sein, Kirche-

Christi in den Gestalten von Brot und Wein begrifflich angemessener zu artikulieren als der traditionelle Begriff der „Transsubstantiation". Dieser nämlich, so der kritische Einwand, sei einer substanzontologischen Begrifflichkeit verhaftet und werde insofern der personalen Dimension der sakramentalen Begegnung mit dem dreifaltigen Gott nicht gerecht. Er sei deshalb durch eine relationale Ontologie zu ersetzen, die sich eben aus einer phänomenologischen Betrachtung gewinnen lasse.

Slenczka hatte in seiner 1990 in Göttingen vorgelegten Dissertation nachzuweisen versucht, dass die meisten Vertreter der Transsignifikationslehre entgegen ihren eigenen Bekundungen die Basisaxiome der aristotelischen Substanzontologie weiterhin unreflektiert voraussetzen.[5] Damit aber verfehlten sie die Grundintentionen der von ihnen beanspruchten phänomenologischen Positionen. Deren epistemologisches Grundprinzip *(esse est percipi vel percipere)* schließe die Existenz objektiver Sachverhalte nämlich gerade aus.[6]

Slenczka selbst wollte mit seinen kritischen Überlegungen die Begründung einer Substanzontologie im Sinne eines eucharistischen Realismus als theologische Aufgabe einsichtig machen.[7] Demnach kann die Eucharistietheologie nicht auf die Ontologie verzichten. Die mögliche Richtung einer solchen Begründung deutete Slenczka an, indem er den Gegenstand des Glaubens so zu denken aufgab, dass er sich zugleich als Konstitutionsgrund jener Intentionalität erweist, welche die Gegenwart des Auferstanden in Brot und Wein zu ihrem Inhalt hat.[8]

Sein und Eucharistie – eine ontologische Zusammenschau, Freiburg i.Br. u. a. 2010, 13f. Anm. 5. Vgl. a. ebd., 627–636.

[5] *N. Slenczka*, Realpräsenz und Ontologie. Untersuchung der ontologischen Grundlagen der Transsignifikationslehre (FSÖTh 66), Göttingen 1993, 15f.

[6] Vgl. zusammenfassend auch *N. Slenczka*, Zur ökumenischen Bedeutung (s. Anm. 3), 63.

[7] *N. Slenczka*, Realpräsenz und Ontologie (s. Anm. 5), 17f. – Zu Slenczka auch T. Freyer, „Transsubstantiation" versus „Transfinalisation/Transsignifikation". Bemerkungen zu einer aktuellen Debatte, in: Cath(M) 49 (1995) 174–195, bes. 174–182. „Dieses Dilemma lässt erkennen: Um des skizzierten zwiespältigen Status einer Transsignifikationslehre gewahr werden zu können, bedarf es einer Reflexion auf das nähere Verhältnis von traditioneller ‚Substanzontologie' und neuzeitlicher ‚relationaler' Ontologie" (178).

[8] Vgl. *N. Slenczka*, Realpräsenz und Ontologie (s. Anm. 5), 579f.; Ders., Zur ökumenischen Bedeutung (s. Anm. 3), 76.

Wäre aber ein so gefasster Begriff von „Transsubstantiation" tatsächlich imstande, das jeder Intentionalität voraus gehende und sie allererst ermöglichende Geschehen der Vergegenwärtigung Christi in Brot und Wein zu plausibilisieren? Der Tübinger Dogmatiker Thomas Freyer hatte seinerzeit den Verdacht geäußert, dass auch Slenczkas Konzeption „im Horizont von Sein und Bewusstsein verbleibt" – und dies sogar „prinzipiell".[9] Denn wie kann innerhalb eines phänomenologischen Diskurses die Transzendenz Gottes gedacht werden, wo doch in phänomenologischer Perspektive ein Jenseits des Wahrgenommenen gar nicht denkbar ist?

Freyer vermutete deshalb, dass die zwischen Slenczka und Hintzen geführte Debatte auf die Notwendigkeit verweist, sich dem Begriff der Transsubstantiation in einer Weise zu nähern, die jenseits der Alternative von Sein und Bewusstsein liege. Hierzu verwies Freyer auf die kritische Phänomenologie des französischen Philosophen Emmanuel Levinas (1906–1995). Dieser suche die Alternative von Sein und Bewusstsein dadurch zu überwinden, dass er gegen Husserls Begriff des intentionalen Erkennens die Unableitbarkeit der sittlichen Inanspruchnahme des Subjekts zur Geltung bringt.

Tatsächlich hat Edmund Husserl (1859–1938) in seinen *Cartesianischen Meditationen* darauf aufmerksam gemacht, dass sich jedes intentionale Erkennen seines Gegenstands in einer Weise bemächtigt, die dessen Andersheit in Frage stellt.[10] Eucharistietheologisch

---

[9] T. *Freyer*, „Transsubstantiation" (s. Anm. 7), 192. Zum Hintergrund der Kritik auch Freyers Studie Sakrament – Transitus – Zeit – Transzendenz. Überlegungen im Vorfeld einer liturgisch-ästhetischen Erschließung und Grundlegung der Sakramente (BDS 20), Würzburg 1995. Kritisch zu Slenczka äußert sich auch S. *Winter*, Eucharistische Gegenwart (s. Anm. 3), 41f. Slenczka unterscheide nicht zwischen einem ontologischen Realismus, wonach die Wirklichkeit unabhängig davon ist, wie Menschen sie erfahren, und einem ontologischen Idealismus, dem zufolge es keine objektiven Sachverhalte gibt. „Beobachtete Sachverhalte" und „Sachverhalte des Beobachtens" seien eben nicht identisch, so Winter im Anschluss an Franz von Kutschera, Grundfragen der Erkenntnistheorie, Berlin 1981, 220.

[10] Vgl. *E. Husserl*, Cartesianische Meditationen. Eine Einleitung in die Phänomenologie (Husserliana 1), Den Haag 1950. Das Problem wird insbesondere in der 5. Meditation unter dem programmatischen Titel „Enthüllung der transzendentalen Seinssphäre als monadologische Intersubjektivität" verhandelt. Des Weiteren zu nennen wären Martin Heidegger, Maurice Merleau-Ponty und Gabriel Marcel.

ist damit die Gefahr verbunden, die Gegenwart des Auferstandenen in den Gestalten von Brot und Wein auf einen intentionalen Gehalt zu reduzieren. Als solcher aber würde er die Unableitbarkeit des sich in Brot und Wein als Gabe darbietenden Christus verfehlen. Die eucharistische Realpräsenz wäre nicht mehr als ein „Ereignis" verstanden, in dem sich der dreifaltige Gott den Gläubigen schenken will.[11]

Deshalb ist nach Freyer die Präsenz Jesu Christi in der Eucharistie als eine frei gewährte Gabe aufzufassen, die als solche jedem bewussten Akt des erkennenden Subjektes vorausliegt. Nach Freyer kann „die theologisch vorauszusetzende ‚Gegenwart' Gottes in der Eucharistie nur dann zureichend beschrieben werden …, wenn sie als eine ‚Wirklichkeit' ‚jenseits' von Sein und Bewusstsein (!) interpretiert wird".[12] Freyer zufolge bedarf es hierzu einer liturgisch-ästhetischen Erschließung der Eucharistie; denn nur im liturgischen Vollzug und im ästhetischen Erleben des Sakramentes entberge sich die Gegenwart Christi, ohne auf einen intentionalen Gehalt reduziert zu werden.

In ähnlicher Weise hat der Bonner Dogmatiker Josef Wohlmuth versucht, das Denken von Emmanuel Levinas eucharistietheologisch und liturgie-ästhetisch zu rezipieren.[13] Nach Levinas ist das Subjekt auf das Andere seiner selbst primär nicht in der Form intentionalen Erkennens bezogen, sondern durch eine unabweisbare ethische Inanspruchnahme durch den Anderen. Damit ist die intentionale Relation zwischen dem Subjekt und dem Anderen umgekehrt: der Andere hat das Subjekt immer schon sittlich beansprucht, bevor es sich zu sich selbst verhalten kann.

Wohlmuth erblickt in der aller Subjektivität voraus gehenden ethischen Beanspruchung ein kritisches Korrektiv zu einem inten-

---

[11] Zum Begriff des „Ereignisses" in diesem Zusammenhang vgl. *T. Lentes*, Ereignis und Repräsentation. Ein Diskussionsbeitrag zum Verhältnis von Liturgie und Bild im Mittelalter, in: B. Stollberg-Rilinger/T. Weißbrich (Hrsg.), Die Bildlichkeit symbolischer Akte, Münster 2009, 121–149.

[12] *T. Freyer*, „Transsubstantiation" (s. Anm. 7), 192.

[13] Vgl. u. a. *J. Wohlmuth*, Eucharistie als liturgische Feier der Gegenwart Jesu Christi. Realpräsenz und Transsubstantiation im Verständnis der katholischen Theologie, in: T. Söding (Hrsg.), Eucharistie. Positionen katholischer Theologie. Regensburg 2002, 87–119; sowie *Ders.*, „… mein Leib, der für euch gegebene" (Lk 22,19): Eucharistie – Gabe des Todes Jesu jenseits der Ökonomie, in: V. Hoffmann (Hrsg.), Die Gabe. Ein „Urwort" der Theologie?, Frankfurt a.M. 2009, 55–72.

tionalen Begriff realer Gegenwart, insofern dieser das Andere seiner selbst immer nur als Funktion des erkennenden Ich denken kann. Auf diese Weise eröffnet sich für ihn die Möglichkeit, nicht nur die reale Gegenwart des Auferstandenen in der Eucharistie, sondern Offenbarung überhaupt zu denken.

Mit Blick auf die Eucharistie kann von „realer Gegenwart" tatsächlich wohl nur dann gesprochen werden, wenn sie nicht als bloße Vorhandenheit oder als immanenter Gehalt des erkennenden Subjekts gedeutet wird. Dann nämlich ist die reale Gegenwart des Auferstandenen in Brot und Wein ihres Vermögens kritischer Infragestellung sowohl des Bewusstseins wie der gläubigen Praxis derjenigen beraubt, welche die Eucharistie feiern.[14] Und nur so ist wohl auch das von der protestantischen Theologie so eindringlich betonte „pro me" des Heilsgeschehens zur Geltung zu bringen: die Eucharistie ist die Vergegenwärtigung der barmherzigen Zuwendung Gottes zum Sünder.

In dieser Spannung ist die Wirklichkeit der Eucharistie zu begreifen. Und von ihr her lässt sich auch die vieldimensionale Geschichte der eucharistischen Frömmigkeit und der Eucharistietheologie entschlüsseln. Nicht zuletzt die Auseinandersetzungen um die Art und Weise des Zustandekommens der eucharistischen Gegenwart können als Versuche gedeutet werden, die Unverfügbarkeit der eucharistischen Gabe einerseits und ihre Bedeutung für den Empfangenden andererseits auszuloten. Ob man angesichts dessen nun mit Thomas Pröpper meint, den Begriff der „Transsubstantiation" verabschieden zu müssen,[15] oder ob man mit Josef Wohlmuth auf seiner Unverzichtbarkeit und seiner Fruchtbarkeit besteht,[16] ist je neu von daher zu entscheiden, wie der Begriff gehaltvoll bestimmt ist. Nicht zuletzt geht es der dogmatischen Reflexion gerade auch mit Blick auf die Eucharistie darum, eine zentrale Gestalt kirchlichen Selbstvollzugs begrifflich zu verantworten.

---

[14] Vgl. *F. Schupp*, Glaube – Kultur – Symbol. Versuch einer kritischen Theorie sakramentaler Praxis, Düsseldorf 1974, bes. 245–287.

[15] Vgl. *T. Pröpper*, Zur vielfältigen Rede von der Gegenwart Gottes und Jesu Christi. Versuch einer systematischen Erschließung, in: Ders., Evangelium und freie Vernunft, Freiburg i.Br. u. a. 2001, 245–265, 265.

[16] Vgl. *J. Wohlmuth*, Eucharistie (s. Anm. 13), 108–111.

Vor diesem Hintergrund zeigt sich die Notwendigkeit, einerseits die Unableitbarkeit des sich in der Eucharistie frei schenkenden auferstandenen Christus zu betonen, andererseits aber die Dimension der kreativ-verwandelnden Aneignung der Eucharistie zur Geltung zu bringen. Diese doppelte Notwendigkeit, so die These dieses Beitrags, wurde im Mittelalter unter der Chiffre „Wunder" kodiert. Dabei verweist der Begriff des Wunders nicht einfach auf ein mirakulöses Geschehen, das ohne Gottes Eingreifen nicht erklärbar wäre. Vielmehr lassen sich sehr präzise die systematischen „Orte" bestimmen, an denen in eucharistictheologischem Kontext, aber auch in Literatur und Bild von einem eucharistischen „Wunder" die Rede ist.[17]

2. Nicht-begriffliche Zugänge zur eucharistischen Realpräsenz im Mittelalter

Diese These wird im Folgenden mit Blick auf so unterschiedliche Theorie- und Praxisfelder wie die Gralsliteratur, das Bildmotiv der „Gregorsmesse" und die Eucharistietheologie der Scholastik expliziert. Dabei steht die Gralsdichtung für einen literarischen, das Bild der „Gregorsmesse" für einen ästhetischen und die Eucharistietheologie des Mittelalters für einen begrifflichen Zugang zum Glauben an die reale Gegenwart Christi in der Eucharistie.

2.1 Elementare Realpräsenz: Die Legenden vom Heiligen Gral

Fast die gesamte europäische Gralsliteratur entstand zwischen 1179 und 1225, in einer Zeit intensiven theologischen Ringens also um das rechte Verständnis dessen, wie Christus in den eucharistischen Elementen gegenwärtig wird. Die älteste Gralserzählung ist der unvollendet gebliebene Versroman *Perceval (Li Contes del Graal)*, den der französische Dichter Chrétien de Troyes zwischen 1179 und

---

[17] Vgl. *P. J. J. M. Bakker*, La raison et le miracle. Les doctrines eucharistiques (c. 1250 – c. 1400). Contribution à l'étude des rapports entre philosophie et théologie, 2 Bde., Nijmegen 1999. – Nach *Stephan Winter* sind maßgebliche eucharistietheologische Reflexionen im Mittelalter keineswegs substanzontologisch enggeführt und begründungslogisch überholt. Ganz im Gegenteil: „Einschlägige Texte dieser Phase erreichen ein Reflexionsniveau, das durchaus heutigen Kriterien für Wissenschaftlichkeit ... zu genügen vermag" (Eucharistische Gegenwart [s. Anm. 3], 19; vgl. ebd., 35).

1191 für den Grafenhof von Flandern niedergeschrieben hat.[18] Etwa zeitgleich und vermutlich unabhängig von Chrétien de Troyes verfasst Robert de Boron, ein Dichter anglonormannischer Herkunft, seinen Versroman *Estoire dou Graal*. Darin erzählt Robert eine christlich geprägte Vorgeschichte des Gralskönigtums, die an die apokryphe Legende von Joseph von Arimathäa anknüpft.[19] Chrétiens Hauptfigur, der Gralsucher Perceval, kommt in Roberts Dichtung nicht vor.

Eine weitere altfranzösische Gralsdichtung, die *Queste del Saint Graal*, entsteht zwischen 1220 und 1125 möglicherweise im Kontext zisterziensischer Spiritualität.[20] Unbekannt ist der Autor des *Perlesvaus*, der sich als eine Fortsetzung des unvollendeten Gralsromans von Chrétien de Troyes präsentiert und eine Brücke zur Artuslegende schlägt. Der auch unter dem Titel *Le Haut Livre du Graal* bekannte Roman ist zwischen 1200 und 1240 entstanden und gilt als erster altfranzösischer Prosaroman.[21]

In seiner *Estoire dou Graal* identifiziert Robert de Boron den bei Chrétien de Troyes noch unbestimmten Gral mit dem Abendmahlskelch. Der Gral sei der Kelch, der beim letzten Abendmahl verwendet wurde und in dem Joseph von Arimathäa am Kreuz das Blut Christi aufgefangen habe.[22] Doch bereits bei Chrétien de Troyes ist der Gral eucharistisch konnotiert; denn hier dient er dazu, dem todkranken Vater des Fischerkönigs *(roi peschierres)* die konsekrierte Hostie darzureichen, um ihn so am Leben zu erhalten.

---

[18] *Chrétien de Troyes*, Le Roman de Perceval, Ou: Le Conte du Graal, altfrz.-dt., übers. u. hrsg. v. F. Olef-Krafft, Stuttgart 1991.

[19] Altfrz.-dt. Ausgabe: *Robert de Boron*, Le roman du Saint Graal, übersetzt u. eingel. von M. Schöler-Beinhauer, München 1981; vgl. auch *Robert de Boron*, Le Roman de l'Estoire dou Graal, hrsg. v. W. A. Nitze, Paris 1927 (Nd. 1971; 1983).

[20] La Queste del Saint Graal, Roman du XIIIe siècle, Hrsg. v. Albert Pauphilet, Paris 1980. – Wolfram von Eschenbachs Übersetzung und Bearbeitung von Chrétiens Perceval bleibt im Folgenden außer Betracht. Zur Gralsliteratur vgl. die ausgezeichnete Übersicht von *V. Mertens*, Der Gral. Mythos und Literatur, Stuttgart 2003.

[21] Altfrz.-frz. Ausg.: Le Haut Livre du Graal (Perlesvaus). Texte établi, présenté et traduit par A. Strubel (Librairie Générale Française), Paris 2007.

[22] V. 555–574; vgl. 851–857. – Zum Hintergrund der Legende vgl. *R. Barber*, Der heilige Gral. Geschichte und Mythos, Düsseldorf 2004, bes. 169–190.

Wiederholt wurde vermerkt, dass die Beanspruchung zentraler christlicher Symbole bei Chrétien de Troyes und mehr noch bei Robert de Boron von Seiten der zeitgenössischen Theologie keine – oder doch wenigstens keine überlieferten – Reaktionen hervorrief.[23] Zwar wurden im Mittelalter theologische Diskussionen fast ausschließlich in lateinischer Sprache geführt; die Gralsdichtungen hingegen sind volkssprachlich verfasst. Das Vorgehen der kirchlichen Behörden gegen die ketzerischen Bewegungen in Norditalien und Südfrankreich im 12. und 13. Jh. zeigt jedoch, dass allein dies kein hinreichender Grund war, sich nicht auch mit volkssprachlichen Texten zu befassen.

Der fehlende Widerhall der umfangreichen Gralsliteratur in der sich ausbildenden scholastischen Theologie überrascht umso mehr, als zeitgleich und vor dem Hintergrund der vertieften Aristoteles-Rezeption im lateinischen Abendland verstärkt auch um ein begriffliches Verständnis der Eucharistie gerungen wurde.[24] Dem theologischen Bemühen korrespondierten neue Formen eucharisti-

---

[23] Richard Barber notiert nur ein einziges theologisches Werk aus dem Mittelalter, in dem das Wort „Gral" vorkommt: In seinem Libre de Gamaliel schreibt Bischof Pasqual von Jaén (gest. 1300): „Dann nahm Joseph von Arimathäa einen gresal und sammelte darin das Blut Jesu Christi und nahm die Lanze an sich [die Longinus benutzt hatte]. Und alle begaben sich in die Stadt zurück, nicht aber die Verwandten der Mutter Jesu Christi und die anderen, die bei ihr waren, nämlich der heilige Johannes der Evangelist und Joseph von Arimathäa." Da im Altspanischen das Wort grial ebenso wie im Altportugiesischen das Wort gral ein gängiger Begriff für einen Mörser oder ein mörserförmiges Trinkgefäß ist, bleibt nach Barber ungewiss, ob sich der Bischof überhaupt auf die Romane vom Gral bezieht.

[24] Nachdem die Berengar abgenötigte Bekenntnisformel von 1079 erstmals davon gesprochen hatte, Brot und Wein würden ihrem Wesen nach verwandelt („substantialiter converti": DH 700), begegnet der Begriff „transsubstantiatio" seit etwa 1150 in eucharistietheologischen Texten immer häufiger, um das Zustandekommen der Gegenwart des Auferstandenen in der Eucharistie bei gleichzeitigem Fortbestand der Erscheinungsformen („species") zu erklären – so etwa bei Stephan von Autun und Roland Bandinelli, dem späteren Papst Alexander III. 1215 wurde der Begriff vom IV. Laterankonzil in einem bezeichnenderweise gegen die Albigenser und Katharer gerichteten Dokument auch lehramtlich rezipiert (DH 802). Papst Innozenz III., der dieses bedeutendste Konzil des Mittelalters einberufen hatte, hat die Transsubstantiationslehre in einem ausführlichen Liturgie-Kommentar detailliert entfaltet: De sacro altaris mysterio libri sex, bes. Buch IV (De eucharistia), c. 17–20 (PL 217, 868–871).

scher Frömmigkeit, darunter auch solche der Verehrung der Eucharistie außerhalb der Messfeier.[25] Und das bei der ab dem 12. Jh. üblichen Elevation der Hostie ertönende Läuten der Glocken ist auch bei jener Messliturgie zu vernehmen, der König Artus in der Gralsdichtung *Perlesvaus* beiwohnt.

Die spektakulärste Form eucharistischer Frömmigkeit ist zweifellos die Einführung des Fronleichnamsfestes. Das bischöfliche Dekret zur Einführung dieses Festes in Lüttich aus dem Jahr 1247 ist die älteste Urkunde zum Fronleichnamsfest. Das Dekret gibt als Begründung für seine Einführung neben der Verehrung der Eucharistie die „Widerlegung der Ketzer" an. Tatsächlich galten den manichäischen Katharern zufolge Brot und Wein als Schöpfungen des Teufels oder als bloße Erzeugnisse der Erde.[26] Das nur drei Jahre nach der Erstürmung von Montségur, der letzten Zuflucht der Katharer in Südfrankreich, eingeführte Fronleichnamsfest betont hingegen die Gegenwart Christi in den Elementen Brot und Wein. Im Jahr 1264 wird das Fest von Papst Urban IV., dem ehemaligen Beichtvater der Nonne Juliana von Lüttich, für die Gesamtkirche verbindlich eingeführt. Auch Urbans Bulle *Transiturus de hoc mundo*[27] lässt erkennen, dass der Papst bei der Einführung des Festes an den Sieg über die Ketzer denkt. Ihnen gegenüber wird auf der konstitutiven Bedeutung der eucharistischen Elemente Brot und Wein für die sakramentale Gegenwart Christi bestanden.

Eine freilich erst um 1340 fassbare Überlieferung verknüpft die weltweite Einführung des Fronleichnamsfestes durch Papst Urban (1264) mit dem Hostienwunder von Bolsena. Nur ein Jahr zuvor

---

[25] Vgl. hierzu *P. Browe*, Die Eucharistie im Mittelalter. Liturgiehistorische Forschungen in kulturwissenschaftlicher Absicht, m. e. Einf. hrsg. v. H. Lutterbach/ T. Flammer (Vergessene Theologen 1), Münster ⁴2009, 395–536; *A. Angenendt*, Offertorium. Das mittelalterliche Messopfer (LQF 101), Münster ²2013, 375–380.

[26] Vgl. *G. Schmitz-Valckenberg*, Grundlehren katharischer Sekten des 13. Jahrhunderts. Eine theologische Untersuchung mit besonderer Berücksichtigung von Adversus Catharos des Moneta von Cremona (VGI, N.F. 11), München u. a. 1971, 240–244.

[27] Dt. Text nach *G. Ott*, Eucharisticum, Regensburg 1869, 207–209: „Obgleich sein Andenken täglich im heiligen Messopfer begangen wird, halten wir es doch, um die Untreue und den Wahnsinn der Ketzer zu beschämen, für gerecht, wenigstens einmal im Jahr ein besonderes glänzendes Fest zu diesem Zweck zu feiern."

(1263) habe ein aus Böhmen stammender Priester in der Kirche der heiligen Christina in Bolsena die Messe gefeiert, dabei jedoch an der Realität der Gegenwart Christi im Sakrament gezweifelt. Daraufhin habe sich die Hostie in seiner Hand in ein Stück Fleisch verwandelt, aus dem Blut hervortropfte und das Korporale auf dem Altar rot färbte. Nach der Bestätigung des Wunders durch Thomas von Aquin († 1274) und Bonaventura († 1274) seien Hostie und Korporale in den Dom von Orvieto überführt worden, wo der Papst seinerzeit residierte. Dort wird beides noch heute gezeigt.[28] Zahlreiche weitere Traditionen eucharistischer Wandlungswunder bezeugen die seit dem 12. Jh. stetig zunehmende Eucharistiefrömmigkeit.[29]

Wie verhält sich diese Frömmigkeit zu den zeitgleich entstehenden Gralsdichtungen? Verschiedentlich wurde versucht, die Gralsdichtungen in einem sachlogischen Zusammenhang mit der Bekämpfung eucharistischer Häresien im 12./13. Jh. zu verorten.[30] Scheinen sie doch einer dualistischen Abwertung des Materiellen begegnen zu wollen, wie sie die Katharer vertraten. Überdies wecken die Dichtungen Assoziationen, die mit religiösen Sondergruppen durchaus vereinbar scheinen.

---

[28] Vgl. zur Überlieferungsgeschichte des Bolsena-Wunders zuletzt: *Kristen van Ausdall*, Art and Eucharist in the Late Middle Ages, in: I. C. Levy u. a. (Ed.), A Companion to The Eucharist in the Middle Ages, Leiden u. a. 2012, 541–617, bes. 582–587. Es fällt auf, dass Urbans Bulle „Transiturus" von keinem eucharistischen Wunder in Bolsena weiß. *H. Hoping* hingegen vermutet, „dass die Anordnung Urbans IV. durch das Hostienwunder von Bolsena mit veranlasst wurde" (Mein Leib für euch gegeben. Geschichte und Theologie der Eucharistie, Freiburg i.Br. u. a. 2011, 236). – Zum Bildprogramm von Orvieto vgl. a. *G. Macy*, Medieval Theology of the Eucharist and the Chapel of the Miracle Corporal, in: G. Cioli u. a. (Ed.), Spazi e immagini dell'eucaristia: il caso di Orvieto (Vivens homo 18), Bologna 2007, 59–77.
[29] Peter Browe listet für die Zeit zwischen dem 8. und dem 16. Jh. 191 eucharistische Blutwunder auf: *P. Browe*, Die eucharistischen Verwandlungswunder des Mittelalters [1929], in: Ders., Die Eucharistie im Mittelalter (s. Anm. 25), 265–289, bes. 268–274.
[30] Vgl. *H. Bayer*, Die hochmittelalterliche Glaubenskrise im Spiegel der Literatur (Monographien zur Geschichte des Mittelalters 28, I/II), Stuttgart 1983, 108. Vgl. aber die äußerst kritische Rezension zu dieser Monographie von Klaus Graf im Rottenburger Jahrbuch für Kirchengeschichte 4 (1985) 262f.

Tatsächlich dürften die Gralsdichtungen jedoch nicht aus dem Umfeld der Katharer hervorgegangen sein,[31] sondern aus der höfischen, weltzugewandten Welt der Troubadoure. Die Materialität des Grals selbst, aber auch die der Hostie oder des Blutes sind mit dem manichäisch-dualistisch geprägten Weltbild der Katharer nur schwer in Einklang zu bringen. Dieses veranlasste sie, an Stelle des eucharistischen Kults vor ihren täglichen Mahlzeiten lediglich eine einfache Brotsegnung zu vollziehen. Das zentrale und heilsentscheidende Sakrament der Katharer war die Geisttaufe (consolamentum).

Robert de Boron hingegen erzählt in seiner *Estoire dou Graal* von einer Mahlfeier am Vorabend der Kreuzigung (V. 319–376). Allerdings findet die Feier nicht im Abendmahlssaal statt, sondern im Hause Simons des Aussätzigen in Bethanien (vgl. Mt 26,6–13; Mk 14,3–9; Lk 7,36–50). Auf diese Weise kann auch Josef von Arimathäa an der Feier teilnehmen, der später das Blut des Gekreuzigten mit dem bei diesem Mahl gebrauchten Kelch auffangen wird. Roberts Darstellung der Mahlfeier kennt keine Einsetzungsworte; der Ablauf des Mahles orientiert sich vielmehr am Johannes-Evangelium (vgl. Joh 31,1–20). Eine Einsetzungsformel (vgl. Mt 26,26–28; Mk 14,22–24; Lk 22,19f.), wie sie das IV. Laterankonzil 1215 für die Liturgie der Eucharistie verbindlich vorschreibt, ist aber auch deshalb nicht nötig, weil das später im Kelch zum Genuss dargereichte Blut ja das wahre Blut Christi ist. Insofern bedarf es keiner Konsekration der Elemente noch einer Transsubstantiation von Brot und Wein.

Der Gral selbst hat hier die Funktion eines heiligen Gefäßes *(vas sacra)*. Diese Vorstellung materialisiert eine im 12. Jh. geläufige theologische Metapher. Hugo von Sankt Viktor († 1141) beispielsweise fasst die Sakramente als „Gefäße der Gnade" auf.[32] In den Sakramenten kommt Gott den Menschen mit seiner als „Medizin" veranschaulichten Gnade zu Hilfe: „gratia antidotum; vas sacramen-

---

[31] Nach *Franz Rolf Schröder* (Die Parzivalfrage, München 1928) ist die Geschichte des Grals Ausdruck einer manichäisch-dualistischen Weltsicht. Dieser zufolge werden nur die „Reinen" erlöst. Schröder interpretiert den Gral als Symbol der katharischen Lichtwelt.

[32] De sacramentis christianae fidei I IX,4: „Vasa sunt spiritualis gratiae sacramenta" (Ed. R. Berndt 2008, 216).

tum".³³ Jesu Blut wird als „remedium spiritualis gratiae" verstanden – ein Gedanke, der auf die heilende Kraft der Eucharistie anspielt. Entsprechend wird in der Gralsdichtung der Gral zum Behälter für die göttliche Medizin. Nicht das Gefäß bewirkt die Heilung, sondern die darin enthaltene Arznei, bei Chrétien der Leib oder bei Robert das Blut Christi.

Angesichts des unanschaulichen Glaubens an die reale Gegenwart Christi im Sakrament des Altares bedienten die Gralslegenden offenbar das Bedürfnis nach Glaubensgewissheit: der Gral birgt tatsächlich das Blut Christi, und dessen Realität erweist sich in seiner wundertätigen und heilenden Kraft.³⁴ Robert de Boron, die Autoren des *Perlesvaus* und der *Queste del Sainte Graal* sehen im Gral das Gefäß des Letzten Abendmahles. In der *Queste* ist es Christus selbst, der den Rittern aus dem Gral sein heiliges Blut zu trinken gibt. Der Gral erscheint je später desto mehr als eine Passionsreliquie, deren wundertätiger Inhalt – bei Robert von Boron das Blut Christi – von Krankheiten befreit und Unsterblichkeit verleiht.³⁵

Zweifellos beinhalten die Gralsromane keine Theologie der Eucharistie im strengen Sinne – und sie wollen es auch gar nicht. Wenn später mit Blick auf die sog. „Gregorsmesse" das darin abgebildete Geschehen als „Theophanie" gedeutet wird, dann gilt dies hinsichtlich des Grals analog: er beinhaltet bei Robert der Boron nicht nur die wundertätige und heilsame Kraft des göttlichen Blutes, sondern dieses Blut selbst. Als solches aber präsentiert es sich den Hörenden der Dichtung als sinnlich erfahrbar und deshalb in seiner Realität unbezweifelbar.

---

[33] Ebd.: „Deus medicus; homo aegrotus; sacerdos minister vel nuncius; gratia antidotum; vas sacramentum: Medicus donat; minister dispensat; vas servat, quae sanat percipientem egrotum, gratiam spiritualem" (a. a. O.). Vgl. *Thomas Ollig*, Elemente christlicher Spiritualität im altfranzösischen Gralskorpus (Eruditi Sapientia 8), Münster 2012, 115f.
[34] Vgl. *A. Stock*, Poetische Dogmatik (s. Anm. 2), 318: „Die heilkräftige *memoria*, die die veritablen Knochen- und Blutreste der Märtyrer boten, musste doch für das ‚memoriale mortis Domini' a fortiori gelten".
[35] Zur Deutung der Eucharistie als „Arznei der Unsterblichkeit" vgl. Ignatius von Antiochien, Irenäus von Lyon u. a. Die Interpretation wird flankiert von der Vorstellung Christi als „Arzt" – so bei Augustinus, Hildegard von Bingen u. a.

2.2 Materiale Realpräsenz: Hostien- und Blutwunder

Im Zuge der Kreuzzüge hatte die Bedeutung der Verehrung des Blutes Christi signifikant zugenommen.[36] Stätten der Heilig-Blut-Verehrung finden sich im Mittelalter in ganz Europa: auf der Reichenau, in Weingarten, in Brügge und anderenorts. Diese Orte sind häufig besuchte Wallfahrts-Stätten. Weingarten, Brügge und Fécamp verfügten spätestens Ende des 12. Jh.s – und damit zur Entstehungszeit der Grals-Dichtungen – über Heilig-Blut-Reliquien. Im 13. Jh. vervielfachten sich die Heilig-Blut-Orte in Europa – nicht zuletzt in Folge der Plünderung Konstantinopels durch die Kreuzfahrer im Jahre 1204.

Neben die Verehrung der Heilig-Blut-Reliquien trat schon bald der Glaube an deren wundertätige Wirkung und – drastischer noch – die Vorstellung einer Verwandlung von Brot und Wein in Fleisch und Blut Jesu bei der Feier der Eucharistie. Wunderwirkende Hostien etwa schwollen fleischartig an oder tropften Blut, um die Gegenwart Christi zu belegen.[37] Die Orte, wo dies geschah, vervielfachten sich seit dem ausgehenden 12. Jh.; das erwähnte Hostienwunder von Bolsena war durchaus kein Einzelfall.

Eucharistische Wunder wurden nicht nur von ungebildeten Gläubigen bezeugt. Petrus Damiani († 1072) etwa meinte mit Blick auf solche Wunder, „wirkliches und festes Fleisch" *(vera ac solida caro)* wahrgenommen zu haben.[38] Der Zisterzienser Herbert von Clairvaux († 1178) berichtet von einer Messfeier, in deren Verlauf die Hostie „vollständig in die Substanz und das Aussehen von Fleisch verwandelt" wurde.[39] Und sein Ordensbruder Caesarius von Heisterbach († nach 1240) suchte den Glauben an die Realpräsenz

---

[36] Doch schon vorher gilt: „Das leibhaftige Blut erschien dem ganzen Mittelalter viel bedeutungsvoller als das eucharistische": A. Angenendt, Heilige und Reliquien. Die Geschichte ihres Kultes vom frühen Christentum bis zur Gegenwart, München ²1997, 214.

[37] Vgl. *P. Browe*, Die eucharistischen Verwandlungswunder (s. Anm. 29); K.-G. *Pfändtner*, Die Transsubstantiation in der Legendenbildung, in: U. Surmann/J. Schröer (Hrsg.) Trotz Natur und Augenschein. Eucharistie – Wandlung und Weltsicht, Köln 2013, 283–290.

[38] *Petrus Damiani*, De castitate, c. 2 (PL 145,712B).

[39] *Herbert von Clairvaux*, De miraculis III, c. 29: „in naturam et speciem carnis omnino conversam" (PL 185,1374D).

durch eine Liste von 21 Wundererzählungen zu festigen.[40] In dem für die Novizen seines Klosters verfassten *Dialogus miraculorum* betont er die physische Realität der eucharistischen Gegenwart und die wundertätige Kraft der Eucharistie.

Wie aber ließ sich das Zustandekommen solcher Wunder theologisch erklären? Nach Thomas von Aquin, der darin weitgehend seinem Lehrer Albertus Magnus († 1280) folgt,[41] ist dann, wenn ein eucharistisches Wunder von nur einer einzigen Person wahrgenommen wird, davon auszugehen, dass Gott in dieser Person ein entsprechendes Wahrnehmungsbild hervorgerufen hat, um ihren Glauben an die reale Gegenwart Christi in Brot und Wein zu stärken. Nehmen aber mehrere Personen über einen längeren Zeitraum eine wundersame Erscheinung wahr, dann muss sich in der Wirklichkeit objektiv etwas verändert haben.[42] Handelt es sich dabei aber nun tatsächlich um das Fleisch und das Blut Jesu Christi?

Seit Alexander von Hales († 1245) bemühte man sich um eine theologische Klärung dieser Frage. Alexander selbst wollte sich nicht festlegen, ob es sich bei dem wahrgenommenen Fleisch und Blut tatsächlich um Christus selbst („christus vel caro Christi et sanguis") handelt oder nicht.[43] Sein Ordensbruder Johannes Duns Scotus († 1308) hingegen machte darauf aufmerksam, dass die eucharistischen Wunder eine Glaubenswahrheit beglaubigen sollen; insofern liefe eine Sinnestäuschung ihrem Zweck zuwider.[44]

In ihrer Mehrheit freilich schlossen sich die mittelalterlichen Theologen der Meinung des Thomas an, wonach Christus auf Dauer nicht zeitgleich im Himmel und beispielsweise in einem Schaugefäß anwesend sein kann. Was deshalb bei einem eucharistischen Wunder

---

[40] Vgl. *W. Brückner*, Art. „Blutwunder", in: LexMA 2 (1981) 292f. – Vgl. auch Ders., Liturgie und Legende. Zur theologischen Theorienbildung und zum historischen Verständnis von Eucharistie-Mirakeln, in: Jahrbuch für Volkskunde, N.F. 19 (1996) 139–168.

[41] In IV Sent., dist. 13, art. 38. – Vgl. zum Folgenden *P. Browe*, Die scholastische Theorie der eucharistischen Verwandlungswunder [1929], in: Ders., Die Eucharistie im Mittelalter (s. Anm. 25), 251–263, bes. 252–259. Hier auch die entsprechenden Nachweise.

[42] Vgl. In III Sent., dist. 76, art. 8.

[43] In IV Sent., dist. 53 membr. 4 art. 3.

[44] Report. Paris. IV, dist. 10 in fine (Ed. Wadding 17, 312b). Vgl. dazu *D. Burr*, Scotus and Transsubstantiation, in: MS 34 (1972) 336–360.

wahrgenommen wird, ist also nicht das wahre Fleisch und das wahre Blut Christi, sondern nur ein durch die Veränderung der Akzidenzien von Brot und Wein hervorgerufenes Erscheinungsbild. Da mit diesem der Glaube an die reale Gegenwart Christi im Sakrament gestärkt werden soll, handele es sich keineswegs um eine böswillige Täuschung: „Hoc non est deceptio, quia fit in figuram cuiusdam veritatis".[45] Ziel der eucharistischen Wunder sei nämlich die Vertiefung des Glaubens und eine vertiefte Ehrfurcht vor dem eucharistischen Geheimnis.

Vor dem Hintergrund der seit Beginn des 13. Jh.s lehramtlich verpflichtenden Transsubstantiationslehre stellte sich nun allerdings die Frage, ob und inwieweit die eucharistische Präsenz Christi an die Gestalten von Brot und Wein gebunden ist. Eben diese sind ja in dem Augenblick verschwunden, wenn Fleisch und Blut erscheinen.[46] Die scholastischen Theologen erzielten angesichts dieses Problems keinen Konsens.[47] Bemerkenswert ist der Hinweis des Thomas auf die kirchliche Praxis: entzöge nicht eine Bestreitung der realen Gegenwart Christ im Zusammenhang mit den eucharistischen Wundern der Verehrung des Sakraments jede Grundlage?[48] Mit diesem Argument bringt Thomas die liturgische Praxis als eucharistischen *locus theologicus* zur Geltung.

Begrifflich suchte Thomas die eucharistischen Wunder dadurch zu erklären, dass er mit Blick auf Brot und Wein zweierlei Akzidenzien unterschied: einmal das der Ausdehnung *(dimensio)*, sodann

---

[45] In IV Sent., dist. 10, qu. 1 solut. 2; ferner Super Sent., lib. 4, dist. 10, q. 1, art. 4, qc. 2 co.: „Nec est deceptio; quia non fit nisi ad instructionem fidei, et devotionem excitandam."

[46] Umgekehrt galt in dem Fall, dass konsekriertes Brot und konsekrierter Wein verderben, dass auch die eucharistische Präsenz Christi endet: vgl. STh. III^a q. 77, a. 4, co: „Si vero fiat tanta immutatio quod fuisset corrupta substantia panis aut vini, non remanent corpus et sanguis Christi sub hoc sacramento. Et hoc tam ex parte qualitatum, sicut cum ita immutatur color et sapor et aliae qualitates panis aut vini quod nullo modo posset compati natura panis aut vini, sive etiam ex parte quantitatis, puta si pulverizetur panis, vel vinum in minimas partes dividatur, ut iam non remaneant species panis vel vini."

[47] Vgl. P. Browe, Die scholastische Theorie (s. Anm 41), 257f.

[48] STh. III^a q. 76, art. 8 sed contra: „Tali apparitione facta, eadem reverentia exhibetur ei quod apparet, quae et prius exhibebatur. Quod quidem non fieret si non vere esset ibi Christus, cui reverentiam latriae exhibemus. Ergo, etiam tali apparitione facta, Christus est sub hoc sacramento."

alle übrigen Akzidenzien. Bei einem eucharistischen Wunder seien lediglich die äußeren Akzidenzien wie Schwere, Farbe, Geruch, Geschmack verändert, nicht aber die Ausdehnung. Deshalb dürfe man weiter davon ausgehen, dass der wahre Leib Christi im Sakrament gegenwärtig ist.[49] Das eigentliche eucharistische Wunder besteht demnach in der Veränderung des äußeren Erscheinungsbildes durch die Verwandlung der sekundären Akzidenzien.[50] Auf die Problematik dieser Konzeption ist noch zurückzukommen.

Vorläufig und mit Blick auf die Gralsliteratur genügt die Feststellung, dass es im Hohen Mittelalter durchaus möglich war und theologisch gerechtfertigt schien, nicht nur von einer sakramentalen, sondern von einer leibhaftigen Gegenwart Christi in Fleisch und Blut zu sprechen – und dies, obwohl sich der 1059 Berengar abverlangte Sensualismus als eucharistietheologischer Irrweg erwiesen hatte.[51] Jedenfalls schien die realistische Interpretation der Eucharistie, wie sie in den verschiedenen Gralsdichtungen begegnet, theologisch durchaus vertretbar.

Allerdings ist mit Blick auf die Gralsdichtungen deren poetischer Charakter zu berücksichtigen. Robert de Boron beispielsweise will in seiner *Estoire dou Graal* sicher keine Theologie der Eucharistie vorlegen. Vielmehr evoziert seine Dichtung durch ihren Vortrag vor einer höfischen Zuhörerschaft eine fiktive Welt. Jenseits von Begriff und Vorstellung entsteht die Imagination einer Wirklichkeit, in der die Gegenwart einer heilenden Macht in der Gestalt des Heiligen Grals sinnenfällig veranschaulicht wird. Die Überzeugungskraft die-

---

[49] STh. III, q. 76, art. 8: „Remanentibus dimensionibus, quae sunt fundamenta aliorum accidentium, ut infra dicetur, remanet vere corpus Christi in hoc sacramento."

[50] Dass diese Konzeption zu neuen Schwierigkeiten führte, soll hier nur erwähnt werden; vgl. die Hinweise bei P. Browe, Die scholastische Theorie (s. Anm. 41), 258–260, sowie weiter unten.

[51] Eine römische Synode hatte 1059 Berengar das Bekenntnis abgenötigt, Christus werde bei der Kommunion von den Zähnen der Glaubenden „zermalmt": „... post consecrationem solummodo sacramentum et non verum corpus et sanguinem domini nostri Iesu Christi esse, nec posse sensualiter in solo sacramento manibus sacerdotum tractari vel frangi aut fidelium dentibus atteri" (DH 690). – Diese sensualistische Deutung des eucharistischen Geschehens sollte die nachfolgende Eucharistietheologie nachhaltig bestimmen (vgl. etwa Odo von Cambrai, Expositio in canonem missae: PL 160, 1062–1064); unter anderem fand sie Eingang in das Decretum Gratiani (p. III, d. 2, c. 42).

ser Fiktion speist sich nicht zuletzt daraus, dass sie mit dem in ihrer Epoche denkbar bedeutendsten sakralen Symbol verbunden ist, den eucharistischen Elementen. Nimmt man die wundertätige Wirkung der eucharistischen Wunder hinzu und bedenkt, dass auch der Gral eine heilende Kraft ausströmt, dann scheint eine gedankliche Verbindung von Gral und Eucharistie nahezu unvermeidlich.

2.3 Ästhetische Realpräsenz: das Bild der „Gregorsmesse"

Der „Blutkult" (Peter Dinzelbacher) des 12. Jh.s fügt sich in den epochalen Umschwung der kirchlichen Frömmigkeit im Hohen Mittelalter ein. Die Kirche selbst versteht sich nun vorrangig als eucharistische Gemeinschaft. Der in der Regel einmalige Kommunionempfang pro Jahr war durch eine Fülle vorbereitender Praktiken und Rituale gerahmt.[52] Die Personifikation der Ekklesia unter dem Kreuz, die seit ihrer erstmaligen Darstellung im karolingischen Drogo-Sakramentar (9. Jh.) das Blut aus der Seitenwunde Christi in einem Kelch auffängt, löst den im apokryphen Nikodemus-Evangelium als Longinus identifizierten Lanzenträger (vgl. Joh 19,34) und Stephaton ab, der dem Gekreuzigten Essig darreicht.[53]

Besonders Longinus ist mit der mittelalterlichen Verehrung des Blutes Christi eng verbunden. Diese wiederum ist mit der seit dem 12. Jh. vertieften Aufmerksamkeit für das heilbringende Leiden Christi verknüpft. Bernhard von Clairvaux vor allem hatte dazu eingeladen, nicht nur das Blut, sondern auch die Instrumente des Leidens Christi zu meditieren.[54] So sieht Bernhard beispielsweise das Haupt Christi „nicht mit der Glorie bekrönt, sondern umwunden mit den Dornen unserer Sünden".[55] Diese Anregung initiiert ein wesentliches Moment jener spätmittelalterlichen Passionsfrömmigkeit, aus welcher der Bildtypus des Schmerzensmanns und jener der „Gregorsmesse" hervorgegangen sind.[56]

---

[52] Vgl. *M. Rubin*, Popular Attitudes to the Eucharist, in: Levy u. a. (Ed.), A Companion (s. Anm. 28), 447–468.
[53] Vgl. Mt 27,48; Mk 15,36; Joh 19,29.
[54] Vgl. u. a. *Bernhard von Clairvaux*, Sermo am Mittwoch der Karwoche (Opera, ed. Leclercq V, 56–67, bes. 61–66/Sämtliche Werke VIII 182–204, bes. 193–203).
[55] In Fest. Om. Sanct. 5,9 (Opera V, 367f./Werke VIII 805).
[56] Anders als im Motiv des Schmerzensmanns erscheint Christus in der Visions-

Darstellungen der sogenannten „Missa Papae Gregorii" insbesondere auf Tafelbildern sind seit dem Beginn des 14. Jh.s nachgewiesen. Sie waren in der zweiten Hälfte des 15. Jh.s besonders nördlich der Alpen weit verbreitet. Ebenso unvermittelt verschwindet das Bildmotiv im Zeitalter der Reformation.[57]

Die zahlreichen Darstellungen der „Gregorsmesse" bieten ein ausgesprochen komplexes Bildthema.[58] Auch wenn Thomas Lentes mit Recht darauf hinweist, dass es „die" Gregorsmesse nicht gab, so kann doch ein zentrales Bildthema identifiziert werden: dargestellt ist stets eine Vision, die Papst Gregor dem Großen (540–604) zuteil geworden sein soll. Um dem während einer Messfeier aufkeimenden Zweifel Gregors an der realen Gegenwart von Leib und Blut Christi in Brot und Wein nach der Konsekration zu zerstreuen, erscheint Christus selbst als Schmerzensmann auf dem Altar und zeigt dem Papst seine Wundmale. Oft lässt Christus sein Blut in den Messkelch fließen. Hinzu kommen nicht selten die um den Schmerzensmann herum gruppierten sog. „Arma Christi", die den Leidensaspekt der Passion betonen und so das Motiv der Realpräsenz mit dem Motiv des Erlösungsleidens verknüpfen.[59]

---

darstellung zwar blutend und mit seinen Wundmalen, doch entsteigt er als soeben Auferstandener dem Grab. Vgl. aber zu den eucharistischen Konnotationen des Schmerzensmann-Motivs: Christian Hecht, Schmerzensmann und Gregorsmesse, in: Trotz Natur und Augenschein. Eucharistie – Wandlung und Weltsicht, Köln 2013, 277–282. Zum Bildtypus des „Schmerzensmanns" vgl. *P. Dinzelbacher*, Christus als Schmerzensmann, in: Inge Milfull/Michael Neumann (Hrsg.), Mythen Europas. Schlüsselfiguren der Imagination, Bd. 2: Mittelalter, Regensburg 2004, 200–225.

[57] Peter Blickle hat auf den bemerkenswerten Umstand aufmerksam gemacht, dass die Menschen noch um 1515 den Leib Christi sehen, aber nur zehn Jahre später das Wort Gottes hören wollten (vgl. *A. Angenendt*, Geschichte der Religiosität im Mittelalter, Darmstadt ²2000, 515; Ders., Grundformen der Frömmigkeit im Mittelalter, München 2003, 48).

[58] Vgl. *T. Lentes*, Verum Corpus und Vera Imago. Kalkulierte Bildbeziehungen in der Gregorsmesse, in: Ders./A. Gormans (Hrsg.), Das Bild der Erscheinung. Die Gregorsmesse im Mittelalter (KultBild. Visualität und Religion in der Vormoderne 3), Berlin 2005; *E. Meier*, Die Gregorsmesse. Funktionen eines spätmittelalterlichen Bildtypus, Köln u. a. 2006, 13–25. Vgl. bereits *U. Westfehling*, Die Messe Gregors des Großen. Vision – Kunst – Realität. Katalog und Führer zu einer Ausstellung im Schnütgen-Museum der Stadt Köln, Köln 1982.

[59] Vgl. *R. Suckale*, Arma Christi. Überlegungen zur Zeichenhaftigkeit mittelalterlicher Andachtsbilder, in: Städel-Jahrbuch 6 (1977) 177–208. „Arma Christi"

Als mögliche literarische Vorbilder der Gregorsmesse kommen jene Lebensbeschreibungen Papst Gregors in Frage, die Paulus Diaconus in der 2. Hälfte des 8. Jh.s und Johannes Diaconus um 873/74 verfassten. Jacobus de Voragine stützt sich in seiner um 1264 entstandenen *Legenda aurea* auf diese Überlieferung. Allerdings ist hier ein auf die Hostie bezogenes eucharistisches Verwandlungswunder bezeugt, nicht aber eine Erscheinung Christi selbst.[60] Darüber hinaus wird im Bild der Gregorsmesse das Blut betont, das nun im eucharistischen Kelch aufgefangen wird. Anders als im Frühen und Hohen Mittelalter ist es an dessen Ausgang freilich nicht mehr die personifizierte Kirche, die Jesu Blut in ihrem Kelch auffängt, sondern deren höchster Amtsträger, der Papst. Sein Zeugnis steht gegen jeden Zweifel und gegen jede Bestreitung durch Ketzer oder Häretiker für die Lehre von der realen Gegenwart Christi im Sakrament ein.[61]

Als „Bild der Erscheinung" explizieren die Darstellungen der Gregorsmesse die reale Gegenwart Christi in der Feier der Liturgie. Sie verbürgen eine Theophanie, indem sie veranschaulichen, was sich jeder Anschauung entzieht: die leibhaftige Gegenwart des Erlösers

---

werden u. a. in der römischen Kirche S. Croce in Gerusalemme verehrt. Diese Kirche birgt nicht nur eine für die spätmittelalterlichen Darstellungen des Schmerzensmann traditionsbildende Mosaikikone aus dem 13./14. Jh., sondern gilt auch als einer jener Orte, an denen Papst Gregor die Messe feierte, bei der sich das eucharistische Wunder zugetragen haben soll. Die Mosaikikone soll vom Papst selbst in Auftrag gegeben worden sein. Zu dieser Ikone vgl. u. a.: Ansichten Christi. Christusbilder von der Antike bis zum 20. Jahrhundert, Ausstellungskatalog Köln 2005, Hrsg. v. Roland Krischel u. a., Köln 2005, 120f. (Lit.).

[60] Vgl. *E. Meier*, Die Gregorsmesse (s. Anm. 58), 19f.; *Dies.*, Ikonographische Probleme: Von der „Erscheinung Gregorii" zur „Gregorsmesse", in: Lentes/Gormans (Hrsg.), Das Bild der Erscheinung (s. Anm. 58), 39–57.

[61] Während Uwe Westfehling die Darstellungen der Gregorsmesse als Bestätigung der Transsubstantiationslehre interpretiert und dazu u. a. auf deren Infragestellung durch John Wyclif verweist (Die Messe Gregors des Großen, 25), halten Claudia Gärtner und Esther Meier dieses Zielsetzung für unwahrscheinlich: Meier, Die Gregorsmesse, 96f.; *C. Gärtner*, Die „Gregorsmesse" als Bestätigung der Transsubstantiationslehre? Zur Theologie des Bildsujets, in: Lentes/Gormans (Hrsg.), Das Bild der Erscheinung (s. Anm. 58), 125–153. Die leibhaftige Erscheinung Christi über dem Altar veranschauliche gerade nicht eine „Transsubstantiation" der Elemente, insofern diese wesentlich durch den Fortbestand der Akzidenzien ausgezeichnet ist. Die Realpräsenz Christi vollziehe sich eher als Theophanie.

Jenseits von Begriff und Vorstellung

in der Eucharistie.⁶² Dirk van de Loo mutmaßt sogar, dass die andächtige Meditation der Erscheinungsdarstellung zeitgenössischer Auffassung zufolge eine real vollzogene Messe ersetzen kann.⁶³ In jedem Fall ordnet sich die „Gregorsmesse" mentalitätsgeschichtlich in die für das Späte Mittelalter charakteristische Devotions- und Schaufrömmigkeit ein.⁶⁴ Diese zielt aber gerade als solche auf eine Wirklichkeit, die den geschauten Gegenstand wesentlich transzendiert. Weil die Eucharistie Wahrheit und Bild zugleich ist *(veritas et imago)*,⁶⁵ verweist nicht nur sie selbst, sondern auch ihre Darstellung im Bild auf die weder in Begriff noch Anschauung erschöpfend zu erfassende Wirklichkeit des Mensch gewordenen und erhöhten Gottessohnes, der zum Heil der Menschen gelitten hat und am Kreuz gestorben ist.

---

⁶² Der Christustitel „Erlöser" ist hier mit Bedacht gewählt, da Christi unschuldiges Leiden und sein Kreuzestod frommen Betern im Mittelalter stets als die Eröffnung des Weges auch der Sünder zur ewigen Gottesschau interpretiert wurde. Auf die mit der Erwartung einer „visio beatifica" verbundenen Probleme hinsichtlich einer Schau Gottes „wie er ist" (vgl. 1 Joh 3,2) kann hier nicht eingegangen werden. Vgl. dazu *E. Meier*, Die Gregorsmesse (s. Anm. 58), 98–106.

⁶³ *Dirk van de Loo*, Zwischen Diakon und Dekoration. Zur bildtheologischen Hermeneutik von Engelsdarstellungen auf Einblattdrucken der Gregorsmesse, in: Lentes/Gormans (Hrsg.), Das Bild der Erscheinung (s. Anm. 58), 155–177, 167. Van de Loo betont in diesem Zusammenhang die Bedeutung der Bilder im Zusammenhang mit dem spätmittelalterlichen Ablasswesen. – Mit Blick auf spätmittelalterliche Darstellungen des Christusleibes im Kirchenraum spricht auch Heike Schlie von einem „sakramentalen Realismus". Diesen versteht sie als „überzeugende Vergegenwärtigung Christi im Bild nahe der Hostie": *H. Schlie*, Bilder des Corpus Christi. Sakramentaler Realismus von Jan van Eyck bis Hieronymus Bosch, Berlin 2002, 13.

⁶⁴ Zahlreiche Hinweise auf entsprechende Untersuchungen bietet *T. Frese*, Die Krise der sakramentalen Idee und die Wende zum Körper, in: Ders., Aktual- und Realpräsenz. Das eucharistische Christusbild von der Spätantike bis ins Mittelalter (Neue Frankfurter Forschungen zur Kunst 13), Berlin 2013, 253–262, bes. 259 Anm. 33–37; ferner *A. Angenendt*, Offertorium (s. Anm. 25), 420–422, sowie grundsätzlich *M. Rubin*, Corpus Christi. The Eucharist in Late Medieval Culture, Cambridge 1991.

⁶⁵ Vgl. z. B. *Thomas von Aquin*, STh. III, q. 75, a. 1 cp.: „Oportuit ut aliquid plus haberet sacrificium novae legis a Christo institutum, ut scilicet contineret ipsum passum, non solum in significatione vel figura, sed etiam in rei veritate."

3. Begriffliche Zugänge zur eucharistischen Realpräsenz im Mittelalter

Selbstverständlich fehlte es im Mittelalter nicht an theologischen Versuchen, sich dem Geheimnis der Eucharistie begrifflich zu nähern. So hatte etwa Thomas von Aquin mit Blick auf die eucharistischen Wunder die Ausdehnung (*dimensio* oder *quantitas dimensiva*) als eine Art Grundakzidenz hervorgehoben, das im Geschehen der Transsubstantiation zum Inhäsionssubjekt ihm nachgeordneter Akzidenzien wird. Die Frage, ob dies sinnvoll zu denken oder „nur" zu glauben ist, bewegte die Theologen der Scholastik bis an die Schwelle der Reformation.[66]

3.1 Wandel der Substanz und Fortbestand der Akzidenzien

Bereits im vierten Buch seiner *Sentenzen* (dist. 10–12) hat Petrus Lombardus († 1160) das eucharistische Geschehen nicht nur unter der Fragestellung betrachtet, wie die Art und Weise der Präsenz von Leib und Blut Christi in den Gestalten von Brot und Wein zu denken sei und wie sich die Wandlung vollziehe. Darüber hinaus problematisierte er den Fortbestand der Akzidenzien.[67] Im Ergebnis vertrat der Lombarde die These, dass die Akzidenzien des Brotes „sine subiecto" oder „per se subsistentia" gegeben seien. Beinhaltet aber nicht der Begriff abgetrennter Akzidenzien (*accidentia separata*) einen Selbstwiderspruch, insofern es für Akzidenzien nach Aristoteles wesentlich ist, einer Substanz zu inhärieren?[68]

Noch vor dem Einsetzen der eigentlichen Aristoteles-Rezeption im lateinischen Abendland in der zweiten Hälfte des 12. Jh.s hatte Berengar von Tours mit Blick auf die Eucharistie zwischen *materia* und *forma* sowie zwischen *subiectum* und *id quod in subiecto est* (d. h. *accidens*) unterschieden.[69] Allerdings ist diese Unterscheidung

---

[66] Vgl. *S. E. Lahey*, Late Medieval Eucharistic Theology, in: Levy u. a. (Ed.), A Companion (s. Anm. 28), 500–539, bes. 524–532; *M. McCord Adams*, Some Later Medieval Theories of The Eucharist. Thomas Aquinas, Giles of Rome, Duns Scotus, and William Ockham, Oxford 2010, bes. 179–226.

[67] In Sent. IV, dist. 12, c. 1 (66): „Ubi illa accidentia fundentur" (Ed. Gottaferrata 1981, 304).

[68] Vgl. *Aristoteles*, Metaph. V, Δ, c. 7, 1017a 7–22.

[69] Vgl. *H. Jorissen*, Die Entfaltung der Transsubstantiationslehre bis zum Beginn der Hochscholastik (MBTh 28,1), Münster 1965, 6f.

noch nicht im Sinne des aristotelischen Hylemorphismus verstanden. *Materia* ist bei Berengar gleichbedeutend mit *subiectum; forma* ist die Gesamtheit der sinnlich wahrnehmbaren Eigenschaften.[70] Gleichwohl ist terminologisch bereits der Weg für die Rezeption der aristotelischen Begrifflichkeit im Rahmen eucharistietheologischer Reflexionen gebahnt.[71]

Weil nach Berengar die sinnlich wahrnehmbaren Qualitäten eines Dinges wesentlich zu dessen Substanz gehören, bestreitet er die Möglichkeit einer Wesensverwandlung der eucharistischen Elemente; denn eine solche Wesensverwandlung wäre sinnenfällig wahrnehmbar. Deshalb ist für ihn die Deutung Lanfranks von Bec († 1089), wonach im Vollzug der Konsekration Christus an die Stelle von Brot und Wein tritt, nicht akzeptabel. Dann müsste sich nämlich das Erscheinungsbild der Elemente verändern. Schon sprachlogisch erscheint Berengar die Vorstellung unsinnig, dass Brot und Wein bei der Konsekration vernichtet werden. Heiße es doch in den Konsekrationsworten „hoc est ...". Das „hoc" setzt aber die Existenz eines Referenten voraus, dem nun eine bestimmte Seinsweise prädiziert wird.

Weil ihm Berengars Hinweis auf unterschiedliche Weisen der Gegenwart Christi im Himmel und in der Eucharistie nicht hinreichend erscheint, um die „substantielle" Präsenz des Erhöhten in den Gestalten von Brot und Wein sachgerecht zu erfassen, erklärt Lanfrank die Besonderheit der Präsenz Christi in der Eucharistie durch das Wirken der „höheren Macht" (*superna potentia*) Gottes: „Wir glauben, dass die irdischen Substanzen, die auf dem Tisch des Herrn durch den Dienst des Priesters von Gott geheiligt werden, *unsagbar, unfassbar* und *wunderbar* durch die Macht des Himmels in die Substanz des Leibes unseres Herrn verwandelt werden". Das Fortbestehen der äußeren Erscheinung von Brot und Wein sei lediglich ein Zugeständnis an die menschliche Schwachheit. Während nämlich Christi Leib „un-

---

[70] Vgl. zu Berengar neben den einschlägigen Lexikonartikeln bes. *K. Flasch*, Berengar von Tours: Rescriptum contra Lanfrancum, in: Ders. (Hrsg.), Interpretationen. Hauptwerke der Philosophie. Mittelalter, Stuttgart 1998, 108–128; *Jean de Montclos*, Lanfranc et Bérenger. La controverse eucharistique du XIe siècle (SSL, Études et documents 37), Louvain 1971. – Neuere Literatur zum Eucharistiestreit des 11. Jahrhunderts verzeichnet *M. G. Vaillancourt* (Hrsg.), On the body and blood of the Lord (Lanfranc of Canterbury)/On the truth of the body and blood of Christ in the Eucharist (Guitmund of Aversa), Washington (D.C.) 2009, xiii–xvi.
[71] Vgl. dazu *H. Jorissen*, Entfaltung (s. Anm. 69), 65–114.

sterblich, unverletzt, ganz, unbefleckt und unangetastet im Himmel zur Rechten des Vaters" ist, bleiben „das Aussehen und einige andere Eigenschaften der Dinge" unverändert, „damit man beim Essen nicht durch Rohes oder Blutiges abgeschreckt wird".[72]

Für unseren Zusammenhang wichtig ist der Hinweis, dass die Vergegenwärtigung Christi „durch göttliche Macht" erfolgt: „operante superna potentia" heißt es bei Lanfrank, „potestate divina" im Dekret des IV. Laterankonzils.[73] Der Vorgang der Vergegenwärtigung ist ein Geschehen, das in natürlichen Veränderungen keine Entsprechung hat. Es entsteht eine Wirklichkeit, deren Herkunft ganz unableitbar ist, in Bezug auf die der Glaube aber zugleich behauptet, sie sei für diejenigen, die sich von ihr in Anspruch nehmen lassen, schlechterdings wesentlich. Es geht um ein Geschehen, das sich begrifflicher Rekonstruktion entzieht und zugleich für seinen Adressaten höchst bedeutungsvoll ist.

Wo genau aber liegt die Analogielosigkeit des eucharistischen Geschehens? Je klarer den mittelalterlichen Theologen die aristotelische Ontologie vor Augen stand, umso deutlicher erfassten sie, dass diese nicht ohne weiteres imstande war, das zu leisten, was die seit 1215 lehramtlich sanktionierte Transsubstantiationslehre von ihr forderte. Bereits Albertus Magnus hat wahrgenommen, dass der Begriff abgetrennter Akzidenzien der aristotelischen Ontologie widerspricht, der zufolge es – wie bereits erwähnt – den Akzidenzien wesentlich ist, einem Subjekt zu inhärieren: „Esse accidentis est inesse".[74] Und des-

---

[72] De Corp. et Sang. Dom., 18: „Credimus terrenas substantias, quae in mensa Dominica per sacerdotale mysterium divinitus sanctificantur, ineffabiliter, incomprehensibiliter, mirabiliter, operante superna potentia, converti in essentiam Dominici corporis, reservatis ipsarum rerum speciebus, et quibusdam aliis qualitatibus, ne percipientes cruda et cruenta horrerent, et ut credentes fidei praemia ampliora perciperent, ipso tamen Dominico corpore existente in coelestibus ad dexteram Patris, immortali, inviolato, integro, incontaminato, illaeso: ut vere dici posset, et ipsum corpus, quod de Virgine sumptum est, nos sumere, et tamen non ipsum" (PL 150,430BC).

[73] „… Jesus Christus, cuius corpus et sanguis in sacramento altaris sub speciebus panis et vini veraciter continentur, transsubstantiatis pane in corpus, et vino in sanguinem potestate divina" (DH 802).

[74] Vgl. neben Anm. 68 auch *Aristoteles*, Topica (102b 4–7), transl. Boethii (Arist. lat. V,1–3, ed. L. Minio-Paluello, Leiden 1969, p.11, v.1–3); vgl. a. *Porphyrius*, Isagoge, transl. Boeth: Arist. lat. I,6–7 (ed. L. Minio-Paluello, Bruges – Paris 1966, p.20, v.7f). Vgl. *H. Jorissen*, Der Beitrag Alberts des Großen zur theologischen

halb gilt, dass losgelöste Akzidenzien nicht denkbar sind: „non possunt per se subsistere".
Wie also kann die Selbständigkeit einer Wirklichkeit gedacht werden, deren Wesen es doch ist, einer anderen zu inhärieren? Albert sieht hierin eine *quaestio gravissima* für die Eucharistietheologie.[75] Denn genau dies – den Fortbestand der Akzidenzien ohne Inhäsionssubjekt – behauptet die Transsubstantiationslehre, wenn sie zugleich mit der Wesensverwandlung den Fortbestand der Gestalten von Brot und Wein *(manentibus speciebus)* zu denken fordert.

Angesichts dieses Dilemmas schien es nahe zu liegen, zur begrifflichen Klärung der eucharistischen Wandlung auf die aristotelische Ontologie zu verzichten. Als der Pariser Bischof Étienne Tempier im Jahre 1277 gegen averroistische Tendenzen an der Artistenfakultät einschritt, bezogen sich vier der von ihm verurteilten 219 Thesen auf die Eucharistie. Satz 140 etwa verurteilte die These: „Zu bewirken, dass ein Akzidenz ohne Träger sei, ist seinem Wesen nach unmöglich, da es einen Widerspruch einschließt".[76] Und mit der Verurteilung der folgenden These 141, wonach selbst Gott nicht bewirken kann, dass ein Akzidenz ohne Träger ist,[77] scheint im Umkehrschluss die Behauptung einer zu gehen, dass Gott in seiner Allmacht auch das logisch in sich Widersprüchliche bewirken kann. Die gegenteilige Ansicht wird denn auch in These 147 verurteilt: „Was schlechthin unmöglich ist, kann Gott nicht machen".[78]

3.2 Das Wunder der Transsubstantiation

Noch vor den Verurteilungen von 1277 hat Thomas von Aquin im sakramententheologischen Teil seiner *Summa theologiae* die Transsubstantiationslehre diskutiert. Dazu hatte er sich maßgeblich des

---

Rezeption des Aristoteles am Beispiel der Transsubstantiationslehre (Lectio Albertina 5), Münster 2002.

[75] H. *Jorissen*, Der Beitrag (s. Anm. 74), 7f.

[76] Nr. 140: „Quod facere accidens esse sine subjecto, habet rationem impossibilis, implicantis contradictionem" (zitiert nach: Aufklärung im Mittelalter? Die Verurteilung von 1277. Das Dokument des Bischofs von Paris eingeleitet, übers. u. erklärt v. K. Flasch [excerpta classica 6], Mainz 1989, 210).

[77] Nr. 141: „Quod deus non potest facere accidens esse sine subiecto, nec plures dimensiones simul esse" (ebd., 210).

[78] Nr. 147: „Quod impossibile simpliciter non potest fieri a Deo" (ebd., 214).

pseudo-aristotelischen *Liber de Causis* bedient. Gleich im ersten Kapitel dieses Werkes, das im 13. Jh. an der Pariser Artistenfakultät zum grundlegenden Lehrbuch der Ontologie avancierte, wird die Position vertreten, dass die erste Ursache von allem, die *causa prima*, unter Umgehung der Zweitursachen *(causae secundae)* wirksam werden kann: „Wenn eine Zweitursache sich von dem Verursachten, das ihr folgt, trennt, so trennt sich die erste Ursache, die über ihr steht, doch nicht von ihm, weil sie Ursache für diese ist".[79] Im Folgenden identifiziert der *Liber de Causis* die „causa prima" mit Gott (Nr. 173). Demnach kann Gott in der Welt wirken, ohne an die natürliche Ursachenkette der *causae secundae* gebunden zu sein.[80] Bezogen auf die Eucharistie bedeutet dies: Gott kann in den eucharistischen Gestalten den Bestand der Akzidenzien von Brot und Wein unmittelbar erwirken, ohne dass es des Fortbestandes der Brot- und der Weinsubstanz bedarf. Die sakramentalen Gestalten bestehen dann ohne das ihnen eigentümliche Inhäsionssubjekt fort.[81]

Mit dem *Liber de Causis* also widerspricht Thomas der aristotelischen Ontologie, und er begründet dies mit der Notwendigkeit, die Transsubstantiation von Brot und Wein in Leib und Blut Christi begrifflich zu erhellen. Dabei sucht Thomas die Provokation seines

---

[79] Liber de Causis, c. 1: „Et quando separatur causa secunda a causato, quod sequitur ipsam, non separatur ab eo prima quae est supra ipsam, quoniam est causa ei" (Ed. [Anonymus], Liber de causis/Das Buch von den Ursachen. Lateinisch – Deutsch [PhB 553], Hamburg 2003, 2). – Die Auffassung des Liber de Causis von der unmittelbaren Wirksamkeit der ersten Ursache widerspricht der Metaphysik Plotins, wonach die erste Ursache stets vermittelt wirkt. Allerdings hatte bereits Proklos in seiner „Elementatio theologica" (Prop. 56 und 70) eine unvermittelte Ursächlichkeit der ersten Ursache angenommen. Vgl. A. *Fidora*/A. *Niederberger* (Hrsg.), Von Bagdad nach Toledo. Das „Buch der Ursachen" und seine Rezeption im Mittelalter. Lateinisch-deutscher Text, Kommentar und Wirkungsgeschichte des Liber de Causis (excerpta classica 20), Mainz 2001, 152–154.

[80] Vgl. C. Gent. III, c. 99, n. 2: „Agens per voluntatem statim sine medio potest producere quemcumque effectum qui suam non excedat virtutem".

[81] Im Jahr 1415 wird das Konzil von Konstanz die John Wyclif zugeschriebene These verurteilen, wonach „accidentia panis non manent sine subiecto" (DH 1152). – Zu Wyclifs Eucharistietheologie vgl. *I. C. Levy*, John Wyclif: Scriptural logic, real presence, and the parameters of Orthodoxy, Milwaukee 2003; *D. G. Denery*, From sacred mystery to divine deception. Robert Holkot, John Wyclif and the transformation of fourteenth-century Eucharistic discourse, in: JRH 29 (2005) 129–144; *S. Penn*, Wyclif and the sacraments, in: Ian Levy (Hrsg.), A Companion to John Wyclif, Leiden 2006, 241–272.

Widerspruchs durch die Annahme zu entschärfen – wir hatten es bereits gesehen –, dass von allen Akzidenzien Gott allein die *quantitas dimensiva*, die Ausdehnung also, auf wunderbare Weise im Sein erhält, während die übrigen Akzidenzien von der Ausdehnung als ihrem nächsten Subjekt getragen werden.[82]

Die Analogielosigkeit der eucharistischen Wandlung wird im Vollzug der Konsekration deutlich. Als „forma" des Sakraments bewirken die Einsetzungsworte nämlich eine „conversio … omnino supernaturalis, sola Dei virtute effecta".[83] Durch Gottes Allmacht wird Christus in Brot und Wein *per modum substantiae* gegenwärtig.[84] Anders als bei Berengar oder Lanfrank impliziert der Begriff der Substanz aber keinerlei körperliche Konnotationen mehr. Deshalb ist die „substanzhafte" Gegenwart Christi durch Unräumlichkeit, Unausgedehntheit und Unkörperlichkeit charakterisiert. Sie betrifft die intelligible Wahrheit der eucharistischen Präsenz und bewirkt zugleich den Fortbestand der *species* von Brot und Wein.

Der unmittelbar durch Gott bewirkte Fortbestand der Akzidenzien – oder doch zumindest der *quantitas dimensiva* – ohne ein Inhäsionssubjekt ist für Thomas ein analogieloses Geschehen. Die Annahme der Transsubstantiationslehre setzt deshalb den Glauben an die Allmacht Gottes voraus.[85] In diesem Sinne kann dann auch vom „Wunder" der Eucharistie gesprochen werden.[86]

---

[82] S.Th. III 77, q. a. 2 cp.: „Necesse est dicere accidentia alia quae remanent in hoc sacramento, esse sicut in subiecto in quantitate dimensiva panis vel vini remanente ,,".
[83] S.Th. III, q. 75, a. 4 cp.
[84] S.Th. III, q. 76, a. 5 cp.
[85] Vgl. De rationibus fidei, c. 8: „Deus, qui est substantiae et accidentis creator, potest accidentia sensibilia conservare in esse, subiectis in aliud transmutatis. Potest enim effectus secundarum causarum per sui omnipotentiam absque causis secundis et producere et in esse servare. Si quis vero Dei omnipotentiam non confitetur, contra talem in praesenti opere disputationem non assumpsimus, sed contra Saracenos, et alios qui Dei omnipotentiam confitentur. Alia vero huius sacramenti mysteria non sunt hic magis discutienda, quia infidelibus secreta fidei pandi non debent."
[86] Vgl. S.Th. III, q. 77, a. 5 cp.: „In ipsa consecratione miraculose datur quantitati dimensivae panis et vini quod sit primum subiectum subsequentium formarum. Hoc autem est proprium materiae. Et ideo ex consequenti datur praedictae quantitati dimensivae omne id quod ad materiam pertinet. Et ideo quidquid posset generari ex materia panis si esset, totum potest generari ex praedicta

Nun muss freilich dem Aquinaten zufolge auch ein Wunder dem Gesetz der Nicht-Widersprüchlichkeit genügen. Diese Bedingung sieht Thomas dadurch erfüllt, dass er das Wesen eines Akzidenz nicht in seiner tatsächlichen Inhärenz erblickt, sondern in seiner Disposition dazu. Damit folgt Thomas wie zuvor schon sein Lehrer Albertus Magnus der Auffassung des persischen Philosophen Avicenna († 1037). Nach Avicenna ist nicht das Sein der Dinge, sondern das Sein der ihnen zugrunde liegenden Wesenheit der eigentliche Gegenstand einer Definition. Weil die Existenz nicht zur Wesenheit der Dinge gehört, kann auch das Wesen eines Akzidenz losgelöst von seiner tatsächlichen Inhärenz bestimmt werden.[87]

Das Ringen des Thomas darum, im Geschehen der Transsubstantiation den Fortbestand der Akzidenzien ohne Inhäsionssubjekt zu plausibilisieren, ist nicht zuletzt seinem Bemühen geschuldet, die *dimensio extensiva* der Elemente zu wahren, ja als primäres Objekt göttlichen Wirkens zur Geltung zu bringen. Nur so ist die sinnenfällige Gestalt der Eucharistie zu wahren; nur so kann aber auch sichergestellt werden, dass die Elemente in der Devotion betrachtet oder in der Kommunion verzehrt werden können.

Wenn in der mittelalterlichen Theologie und Frömmigkeit immer wieder von der „Süße" der Eucharistie gesprochen wird,[88] dann ist dies nicht zuletzt Ausdruck dessen, dass die leibhaftige Realität der eucharistischen Gegenwart sich sinnenfällig zu „schmecken" gibt. Auch auf diese Weise wahrt die Präsenz Christi ihre Transzendenz gegenüber begrifflicher Reflexion und intentionalem Erkennen.

---

quantitate dimensiva panis vel vini, non quidem novo miraculo, sed ex vi miraculi prius facti."

[87] Vgl. In IV Sent., dist. 12, q. 1, a. 1, qc. 1 ad 2: „Sicut probat Avicenna in sua Metaph., per se existere non est definitio substantiae: quia per hoc non demonstratur quidditas ejus, sed ejus esse; et sua quidditas non est suum esse; alias non posset esse genus: quia esse non potest esse commune per modum generis, cum singula contenta in genere differant secundum esse; sed definitio, vel quasi definitio, substantiae est res habens quidditatem, cui acquiritur esse, vel debetur, ut non in alio". Dazu J. *Vijgen*, The Status of Eucharistic Accidents „sine subiecto". An Historical Survey up to Thomas Aquinas and Selected Reactions (QGDOD N.F. 20), Berlin 2013, 182f.

[88] Vgl. M. *Rubin*, Popular Attitudes (s. Anm. 52), 459.

3.3 Ein Wunder im strikten Sinne: Dietrich von Freiberg

Für die Vertreter eines radikalen Aristotelismus wie Boethius von Dacien oder Siger von Brabant († 1284) waren Versuche wie die des Thomas, die Trennung von Substanz und Akzidenz im Geschehen der eucharistischen Wandlung zu denken, begrifflich nicht nachvollziehbar. Wie Albert betont Boethius von Dacien in seinem Kommentar zur *Topik* des Aristoteles, dass das Inhärieren für Akzidenzien wesentlich sei. Deshalb könne die Wirklichkeit der Transsubstantiation nur als Wunder beschrieben werden.[89] Und sein Kollege, der Averroist Siger von Brabant, beantwortete die Frage, „utrum accidens posset separavi a substantia" mit dem Hinweis auf den *Liber de Causis,* wonach die *causa prima* ohne die Vermittlung von *causae secundae* wirken kann, weil sie von höherer Seinsqualität ist als jene.[90] Weder Boethius noch Siger zweifelten an der Realität der eucharistischen Wandlung. Doch ist ihrer Auffassung nach die Vergegenwärtigung Christi in der Eucharistie ein allein dem Glauben zugängliches Wunder: „Licet per miraculum credendum sit hoc posse fieri", so ein mit hoher Wahrscheinlichkeit Siger von Brabant zuzuschreibender Kommentar zur *Physik* des Aristoteles, der vermutlich vor 1277 verfasst worden ist.[91]

Der Dominikanertheologe Dietrich von Freiberg († 1318/20) geht noch einen Schritt weiter.[92] Auch er hält den Begriff eines abgetrennten Akzidenz für in sich widersprüchlich. Denn der Begriff des Akzidenz, so Dietrich, ist durch *Inhärenz* missverständlich bestimmt. Ist der Begriff der Substanz nach Averroës als „ens per se" zu fassen, so dem entsprechend der Begriff des Akzidenz als „ens per aliud". Das Wesen eines Akzidenz ist deshalb nicht sein „*in*

---

[89] Vgl. *Boethius von Dacien*, Quaest. sup. Lib. Topic. III, 6 (Ed. N. G. Pedersen/ Jan Pinborg, Kopenhagen 1976, 176–178).

[90] Vgl. *Siger von Brabant*, Quaest. super lib. De causis, q. 2 (Ed. A. Marlasca, Löwen/Paris 1972, 40f.).

[91] Text nach: A. Zimmermann, Ein Kommentar zur Physik des Aristoteles aus der Artistenfakultät um 1273 (QSGP 11), Berlin 1968, 25 Z. 11. – Zimmermann verweist in seiner Anmerkung zur Stelle auf die bereits erwähnten Sätze 140, 141 und 147 der Pariser Verurteilungen von 1277.

[92] Vgl. R. Imbach, Aristote au Latran. Eucharistie et philosophie selon Thomas d'Aquin et Dietrich de Freiberg, in: RThom 112 (2012) 9–30.

alio esse", sondern sein „*per aliud esse*".[93] Als „*ens per aliud*" aber kann ein Akzidenz schlechterdings nicht mehr als abtrennbar gedacht werden. Akzidenzien sind für Dietrich deshalb lediglich formelle, d. h. seinsbestimmende *Dispositionen* einer Substanz.[94] Gegen Thomas und Avicenna beharrt Dietrich darauf, dass jede Definition die Existenz des Definierten immer schon voraussetzt.[95] Dann aber ist ein Akzidenz nichts anderes als die seinsbestimmende Disposition einer existierenden Substanz.

Ausdrücklich wendet sich Dietrich gegen die Beanspruchung des *Liber de Causis* in Bezug auf die Eucharistie. Zu behaupten nämlich, dass Gott als *causa prima* unter Umgehung der *causae secundae* in der Welt wirken kann, missachte die Unterscheidung von *causa efficiens* und *causa materialis*. Zwar mag Gott sehr wohl als *causa efficiens* wirken – und dabei womöglich auch unter Umgehung der Zweitursachen. Doch wirkt Gott nie als *causa materialis*, so dass er an die Stelle der eucharistischen Substanzen träte. Gott trägt die Akzidenzien von Brot und Wein nicht als deren Inhäsionssubjekt, sondern bewirkt vielmehr als *causa efficiens* durch seine Allmacht das, was vor der Konsekration die Substanzen von Brot und Wein bewirkten. Die *Species* von Brot und Wein bestehen deshalb nach der eucharistischen Wandlung ohne Inhäsionssubjekt fort.[96]

---

[93] *Dietrich von Freiberg*, De accid. 9 (Ed. Pagnoni-Sturlese: Opera Omnia III, 64–66).

[94] De accid. 16 (2): „Ex his igitur manifestum est, quod accidens non habet essentiam absolutae quidditatis secundum se, sed tota eius essentia est esse dispositionem et aliquem modum substantiae, et quod in hoc per se et primo differt a substantia" (Opera III, 75). – Vgl. auch De quidditatibus 10 (6): „Haec est igitur essentia accidentis cuiuscumque esse dispositionem substantiae, sicut etiam dicit ibi Commentator [sc. Averroes] expresse et ratio concludit" (Opera III, 114).

[95] De accid. 22 (3): „Nec potest dici, quod accidentia dicantur esse dispositiones substantiae aptitudinaliter; non tamen oportet, quod semper in actu, et sic non necessarium et semper inesse, sed possunt virtute saltem supernaturali non inesse" (Opera III, 84).

[96] Vgl. De accid. 23 (Opera III, 86–89). – Bei Wilhelm von Ockham führt diese Position dazu, dass er die Lehre von der Konsubstantiation für philosophisch durchaus akzeptabel hält, an der „Transsubstantiationslehre" aber allein „wegen der Autorität der Kirche" festhält. Das Faktum der Transsubstantiation ist nach Ockham zu glauben, kann aber nicht begrifflich rekonstruiert werden; vgl. *E. Iserloh*, Gnade und Eucharistie in der philosophischen Theologie des Wilhelm

Dass Dietrich schließlich auch das Argument des Thomas, die Quantität alleine bestehe ohne Subjekt fort und übernehme für die übrigen Akzidenzien die Funktion der Substanz, nicht akzeptieren mag, kann kaum überraschen. Für ihn ist die Quantität ebenso ein Akzidenz wie alle anderen Akzidenzien auch. Würde die Quantität zum Subjekt der übrigen Akzidenzien, so Dietrich, dann müsste sie selbst als Substanz aufgefasst werden. Und dann ließe sich am Ende zwischen Substanz und Akzidenz überhaupt nicht mehr unterscheiden.[97]

Aus philosophischen Gründen bestreitet Dietrich deshalb, dass der Begriff abgetrennter Akzidenzien überhaupt gedacht werden kann. Und deshalb kann „nicht einmal Gott ... bewirken, dass ein Akzidenz ohne Subjekt Wirklichkeit ist".[98] In ihrer averroistischen Gestalt[99] bleibt für Dietrich die aristotelische Ontologie das maßgebliche Kriterium jeder Wissenschaftlichkeit. An ihr hat sich auch die Theologie der Eucharistie zu messen.[100]

Auch Dietrich zweifelt nicht an der realen Gegenwart Christi in Brot und Wein; deren Zustandekommen aber lässt sich seiner Auffassung nach nicht auf der Grundlage des aristotelischen Hylemorphismus als „Transsubstantiation" erklären. Die Vergegenwärtigung Christi in Brot und Wein ist für ihn deshalb eine rational nicht nachvollziehbare Wirkung göttlicher Allmacht, ein Wunder (*miraculum*) im strikten Wortsinn – und zwar auch und gerade dann, wenn keine an den eucharistischen Elementen wahrnehmbare Veränderung zu beobachten ist.

---

von Ockham. Ihre Bedeutung für die Ursachen der Reformation (VIEG, Abt. für abendländische Religionsgeschichte 8), Wiesbaden 1956, bes. 158f.

[97] De accid. 22 (4): „... destruit enim propriam rationem substantiarum et accidentium et eorum ad invicem differentias" (Opera III, 84).

[98] De accid., 22 (5): „Nulla igitur virtute vel naturali vel supernaturali potest hoc fieri, ut accidens sit sine omni subiecto" (Opera III, 85). Vgl. auch De quid. 12 (4): „Ergo stante accidente in esse suo et sua essentia impossibile est quacumque virtute posita fieri, ut non insit" (Opera III, 118).

[99] Vgl. *Averroës*, In Arist. metaph. IV, comm. 2; zit. von Dietrich in De accidentibus 22 (6).

[100] Das betont K. *Flasch*, Einleitung zu: Dietrich von Freiberg, Opera Omnia III, XXXVIII–LX. Vgl. auch R. *Imbach*, Pourquoi Thierry de Freiberg a-t-il critiqué Thomas d'Aquin?. Remarques sur le De accidentibus, in: FZPhTh 45 (1998) 116–129; Ders., Le traité de l'eucharistie de Thomas d'Aquin et les Averroïstes, in: RSPhTh 77 (1993) 175–193.

Ein „Wunder" ist die Transsubstantiation demnach nicht bloß im Sinne der Analogielosigkeit, sondern mehr noch deshalb, weil sich das, was mit Blick auf das Zustandekommen der realen Gegenwart Christi in der Eucharistie geglaubt wird, der rationalen Rekonstruktion entzieht. Die eucharistische Wandlung kann deshalb nur geglaubt werden. Gerechtfertigt ist dieser Glaube freilich erst dann, wenn alle Möglichkeiten der humanen Vernunft ausgeschritten worden sind. Denn „die Theologie der Eucharistie", so Alain de Libera, „steht der logischen Rationalität nicht als Fremdkörper gegenüber, sondern ist für sie Stachel und Provokation".[101] Stachel und Provokation aber ist die Theologie der Eucharistie aber auch deshalb, weil sich eucharistische Frömmigkeit und liturgische Praxis gegenüber der Rationalität des glaubenden Menschen als widerständig erweisen.

4. Eucharistische Realpräsenz – jenseits von Begriff und Vorstellung

Was lässt sich aus den skizzierten Zugängen zur realen Gegenwart Christi in der Eucharistie für eine zeitgemäße Theologie der Eucharistie gewinnen? Handelt es sich bei ihnen nicht lediglich um Ausdrucksgestalten einer längst vergangenen Frömmigkeit? Bedarf die Theologie der Eucharistie an der Schwelle zum 3. Jahrtausend nicht einer gegenüber dem Denken im Mittelalter wesentlich veränderten Begriffsform?[102]

Nicht zuletzt die eingangs erinnerte Kontroverse zwischen Notger Slenczka und Georg Hintzen hat die eucharistietheologische Herausforderung konturiert, eine Ontologie zu entwickeln, „die das Substanzdenken *und* das phänomenologisch oder transzendentalphilosophisch beeinflusste personalistische Denken umgreift und

---

[101] *Alain de Libera*, Die Rolle der Logik im Rationalisierungsprozess des Mittelalters, in: K. Flasch/U. R. Jeck (Hrsg.), Das Licht der Vernunft. Aufklärung im Mittelalter, München 1997, 110–122, 120f.
[102] Vgl. *S. Oster*, Person und Transsubstantiation [s. Anm. 4], 12: „Wenn wir auf dem Hintergrund dieser neuzeitlichen Erfahrung den philosophisch-theologischen Begriff ‚Transsubstantiation' als Erläuterung für das zentrale Geschehen der Wandlung hin zur Realpräsenz Christi in der Eucharistie hören, dann erhält dieses Wort einen Klang, der wie aus einer fernen wissenschaftlichen Welt zu kommen scheint".

unterfängt, um so beide in ein stimmiges Verhältnis zueinander zu bringen".[103] Bei diesem Bemühen, so Stefan Oster, sei der Begriff „Substanz" unverzichtbar, weil mit seiner Hilfe die reale Gegenwart Christi in der Eucharistie als eine Wirklichkeit benannt wird, die „unabhängig von unserem Denken"[104] gegeben ist.

Die vorausgehenden Hinweise auf ganz unterschiedliche Annäherungen an das „Ereignis" der realen Gegenwart Christi in der Eucharistie – poetisch, ästhetisch und begrifflich – haben verdeutlicht, wie sehr sich im Mittelalter Dichter, Künstler und Theologen an einer Wirklichkeit abgearbeitet haben, die sich ihrem Bemühen in vielfacher Hinsicht als widerständig erwiesen und auf diese Weise in ihrem auf das menschliche Bewusstsein nicht einfachhin zu reduzierenden An-sich-Sein gezeigt hat.

Folgt man Osters Interpretation des Begriffs der „Transsubstantiation", dann gründet die Unverfügbarkeit der eucharistischen Präsenz Christi in seinem Person-Sein. Von ihm her „verwandelt" sich die Natur der eucharistischen Elemente, insofern diese zum „Medium" seiner personalen Präsenz werden – dies aber so, dass die materiale Widerständigkeit als Brot und Wein auf die Unauslotbarkeit des personal in ihnen sich gebenden Christus verweist. Die Elemente werden in einer durch und durch personal bestimmten Weise zu Ausdrucksgestalten des sich in ihnen zum Heil der Menschen hingebenden Gottessohnes.[105]

Ist damit das eucharistietheologisch als „Transsubstantiation" Bezeichnete hinreichend erfasst? Oder gibt es nicht doch eine Widerständigkeit auch der Elemente selbst, die sich jeder personalen Rekonstruktion entzieht? Zutreffend weist Maria Weiland darauf hin, dass die sakramentalen Elemente „keine Fetische" sind und die sakramentalen Handlungen „keine Magie". Ebenso richtig ist es aber auch, dass sich in den sakramentalen Gestalten von Brot und Wein die „Dialektik zwischen dem materiell-sinnlich Wahrnehmbaren

---

[103] Ebd., 17.
[104] *Johannes Paul II.*, Enzyklika „Ecclesia de Eucharistia" (2003), Nr. 15.
[105] Vgl. *S. Oster*, Person und Transsubstantiation (s. Anm. 4), 584–587. Wenig später veranschaulicht Oster das Gemeinte an einem Beispiel: die „eigentliche Substanz" eines Buches ist nicht seine Materialität, sondern die Person des Autors, die sich in ihm ausdrückt (596–599). Allerdings weist Oster auch auf die Grenze des Beispiels hin: „Endliche Personen können sich nicht *bleibend* vermittels gegenständlicher Dinge mitteilen" (612).

und ihrer sinnhaft-personalen Wahrheit" manifestiert. Eben deshalb können die sakramentalen Elemente zu einem „Ort der heilsamen Irritation" werden.[106] Weiland verweist in diesem Zusammenhang auf Überlegungen des französischen Phänomenologen Jean-Luc Marion, dem zufolge die äußerlich-sinnenhafte Gestalt und die Materialität der eucharistischen Elemente „gegenüber einem rein bewusstseinsimmanenten Vergegenwärtigungsprozess die nicht einholbare Distanz und irreduzible Exterritorität der Gegenwart Christi gegenüber dem subjektiven Bewusstsein anmahnen kann".[107]

Letztendlich hat in der Perspektive des christlichen Glaubens die Uneinholbarkeit und Widerständigkeit der eucharistischen Präsenz Christi für das menschliche Bewusstsein ihren Grund darin, dass sich in Brot und Wein der unendliche Gott selbst den Menschen leibhaftig mitteilen will. Begreift man die Wirklichkeit Gottes nicht substanzontologisch als „summum ens", sondern – nicht zuletzt im Einklang mit der biblischen Offenbarung – als unbedingte Freiheit,[108] dann durchkreuzt schon die der Freiheit wesentliche formale Unbedingtheit jedes vorstellende Denken. Das bedeutet nicht, dass von Gott keinerlei Erkenntnis möglich wäre, wohl aber, dass Gottes Wesen menschlichem Erkennen prinzipiell entzogen bleibt. In diesem Sinne bleibt Gott auch in seiner Selbstgabe „unauslotbares Geheimnis" (Rahner), das nie anders als in symbolischen Gestalten

---

[106] *M. Weiland*, „Was kein Auge geschaut und kein Ohr gehört hat" (1 Kor 2,9). Materialität und Sakramentalität gottesdienstlichen Handelns, in: S. Wahle u. a. (Hrsg.), Römische Messe und Liturgie in der Moderne, Freiburg i.Br. u. a. 2013, 243–268, 254; 256f.

[107] Ebd., 257 Anm. 24. Weiland bezieht sich hier auf *Jean-Luc Marions* Monographie „Gott ohne Sein" (Dieu sans l'être, Paris 1982, ³2002), Paderborn 2004, 217–243 („Die Eucharistie als Ort der Theologie"). Vgl. ähnlich bereits *Hans-Joachim Höhn*, spüren. Die ästhetische Kraft der Sakramente, Würzburg 2002, zur Eucharistie bes. 51–53, sowie den sakramententheologischen Ansatz von *F. Schupp*, Glaube (s. Anm. 14), 201–224.

[108] Vgl. hierzu u. a. die sog. „Gnadenformel" Ex 33,19 („Wem ich gnädig bin, dem bin ich gnädig, und wessen ich mich erbarme, dessen erbarme ich mich"; zit. in Röm 9,15). Weitere Bibelstellen bei *Alfons Deissler*, Gottes Selbstoffenbarung im Alten Testament, in: MySal 2, 226–271; *T. Pröpper*, Art. „Freiheit Gottes", in: LThK 4 (³1995) 108–113 (auch in: *Ders.*, Evangelium und freie Vernunft. Konturen einer theologischen Hermeneutik, Freiburg i.Br. u. a. 2001, 294–299). Vgl. auch *M. Löhrer*, Dogmatische Bemerkungen zur Frage der Eigenschaften und Verhaltensweisen Gottes, in: MySal 2, 291–315, bes. 302–308.

vermittelt ist.¹⁰⁹ Die semantische Verwandtschaft von „Mysterium" und „Sakrament" verdeutlicht diesen Zusammenhang auch mit Blick auf die eucharistischen Elemente Brot und Wein.

Wenn einleitend vom Begriff des Wunders als einer „Chiffre" für das Wirken Gottes in der Welt die Rede war, dann kann dies nun insofern präzisiert werden, als damit auf die Erfahrung einer Wirklichkeit verwiesen ist, die zwar jenseits intentionalen Erkennens zu verorten ist, sich aber doch nicht jedem Erkennen entzieht. Stephan Winter hat gegenüber Thomas Freyers Kritik an Notger Slenczka zu bedenken gegeben:

> „Wir können gar nicht anders, als uns der Realität mit unserem Wahrnehmungsapparat anzunähern, und dies gilt auch für das personale, nicht raum-zeitlich verfasste Gegenüber, das Christen mit ‚Gott' bezeichnen, und dessen ‚Manifestationen' in Raum und Zeit. Das hat jedoch nichts damit zu tun, dass diese Realität von unserer Intentionalität *abhängig* ist".¹¹⁰

In ihrer Widerständigkeit ist die Materialität der Elemente Brot und Wein sinnenfälliger Ausdruck der sich in ihnen bekundenden Gegenwart Gottes. Als wesentlich personale Gegenwart entzieht sich diese jedem intentionalen Erkennen. Gerade deshalb können Brot und Wein zu Realsymbolen der Gegenwart Gottes und zugleich seiner bleibenden Transzendenz werden.

Bereits 1981 hat der Philosoph Franz von Kutschera die Frage erörtert, wie eine realistische Erkenntnistheorie angesichts der prinzipiell subjektiven Struktur jeden Erkennens begründet werden kann.¹¹¹ In einer Studie aus dem Jahr 2012 widmet sich von Kutschera Formen „ungegenständlichen Erkennens". Als solche benennt er religiöse Erfahrungen, mystische Erlebnisse oder auch ästhetische Stimmungen. Alle diese Formen des Erkennens vollziehen sich jenseits von Begriff und Vorstellung. In ihnen bekundet sich eine Wirk-

---

¹⁰⁹ Vgl. hier auch den Begriff des „Sakramentalen" in der Kirchenkonstitution des Zweiten Vatikanischen Konzils (LG 1). Schon in jeder zwischenmenschlichen Begegnung ist der Andere ein unauslotbares Geheimnis, und doch bleibt er nicht schlechthin unbekannt. Die personale Dimension der Eucharistie wird von *J. Hörisch* in seinem ansonsten überaus anregenden Essay „Brot und Wein. Die Poesie des Abendmahls" (Frankfurt a.M. 1992) völlig verkannt.

¹¹⁰ *S. Winter*, Eucharistische Gegenwart (s. Anm. 3), 43.

¹¹¹ *F. v. Kutschera*, Grundfragen (s. Anm. 9).

lichkeit, die das intentionale Erkennen transzendiert, ohne damit irrational zu sein.[112]

In diesem Sinne sind Poesie und Kunst, Gebet und Liturgie „Orte", an denen sich die Wirklichkeit Gottes auf eine Weise mitteilen kann, die Intentionalität und diskursive Rationalität transzendiert, gleichwohl aber und gerade so Menschen zutiefst berühren kann.[113] Auch jede personale Begegnung einander liebend zugewandter Menschen ist mehr und anderes als ein rationaler Diskurs. Das „Mehr" einer solchen Begegnung realisiert sich wesentlich – um nicht zu sagen „substantiell" – in ihrer symbolischen Vermittlung, in Materialität und Leiblichkeit bis hin zur intimen Zärtlichkeit.

Stimmungen, Wahrnehmungen, örtliche und zeitliche Bestimmtheit, materiale Medialität bestimmen zwischenmenschliche Begegnungen nicht nur äußerlich. Denn der Mensch ist Leib in Raum, Zeit und Geschichte. In diesem Sinne lassen sich die Legenden vom Heiligen Gral, die Berichte von Hostienwundern, die Darstellungen einer eucharistischen Theophanie, aber auch das Bemühen um eine begriffliche Fassung der Gegenwart des Auferstanden in Brot und Wein als je unterschiedliche Versuche verstehen, die Selbstgabe Gottes zum Heil der Menschen in Menschwerdung und Kreuz in ihrer inkarnatorischen und gerade so alles rationale Begreifen transzendierenden Wirksamkeit zu erfassen.[114]

Poesie, Ästhetik und theologische Reflexion verweisen je anders darauf, dass die reale Gegenwart des Auferstandenen in Brot und Wein immer zugleich auch eine entzogene Gegenwart ist. Damit würdigen sie den personalen Charakter sakramentaler Gegenwart. Personale Gegenwart wiederum bedarf der Verleiblichung und kann ohne sie nicht sein. Zugleich verfehlte sie sich in ihrem Wesenskern, verstünde man sie als bloße Anwesenheit, über die das Subjekt herrschend verfügen könnte. Doch gründet die bleibende Entzogenheit des Anderen schon darin, dass personale Gegenwart

---

[112] *Franz von Kutschera*, Ungegenständliches Erkennen, Paderborn 2012.
[113] Nicht zufällig sind in diesem Sinne die eucharistischen Dichtungen des Mittelalters „Theologie" nicht nur aufgrund ihrer Inhalte, sondern auch aufgrund ihrer Form. Vgl. *J.-H. Tück*, Gabe der Gegenwart. Theologie und Dichtung der Eucharistie bei Thomas von Aquin, Freiburg i.Br. u. a. 2009, 20–25.
[114] Vgl. hierzu auch die weiterführenden Überlegungen von *M. Henry*, Inkarnation. Eine Philosophie des Fleisches (2000), Freiburg i.Br. 2002 (³2011), bes. 265–395.

immer Gegenwart eines Unbedingten ist: der unbedingten Freiheit des Anderen. Personale Gegenwart geschieht deshalb immer nur als frei vollzogene Selbstgabe und als ebenso frei vollzogene Annahme. Deshalb fordert auch die sakramentale Gegenwart des Auferstanden in der Eucharistie glaubendes Vertrauen.

Dieses Vertrauen freilich ist nicht blind; es kann vielmehr Gründe nennen. Doch bleibt der Glaube an die reale Gegenwart Christ in der Eucharistie eine Zumutung, die allen jenen auferlegt ist, die nicht wie Thomas das Privileg haben, ihren Finger in die Seitenwunde Jesu zu legen, um sich von der realen Gegenwart des Auferstanden zu überzeugen. Die Realität dieser Gegenwart zu erfahren aber ist die Verheißung, die mit der Zusage Jesu gegeben ist, seiner Gegenwart in Zeit und Geschichte leibhaftig gewiss sein zu dürfen: „Ich bin bei euch alle Tage bis an der Welt Ende" (Mt 28,20).

Eucharistein – Gabe des Heiligen Geistes
Liturgietheologische Anmerkungen zum Verhältnis von
Christologie und Pneumatologie im eucharistischen Beten
und seiner räumlichen Disposition vor dem Hintergrund der
Liturgiekonstitution des II. Vatikanums

Albert Gerhards

1. Die Fragestellung

Die Liturgiekonstitution *Sacrosanctum Concilium* (SC) setzt bereits im Vorwort (SC 2) einen starken christologischen Akzent: In der Liturgie vollzieht sich *(exercetur)* das Werk unserer Erlösung und trägt so dazu bei, dass das Leben der Gläubigen Ausdruck und Offenbarung des Mysteriums Christi und des eigentlichen Wesens der wahren Kirche in ihrer sakramentalen, d. h. göttlich-menschlichen Struktur, ist.[1] Sie hat eine Innen- und eine Außenseite. Nach innen geht es um die Auferbauung der Gläubigen zum heiligen Tempel, zur Wohnung Gottes im Geist. Nach außen bildet die Liturgie die Sichtbarkeit der Kirche als „Zeichen, das aufgerichtet ist unter den Völkern". In einer an biblischen Bildern reichen Sprache werden einige später entfaltete Grundaussagen getroffen: die Einheit von Zeichen und Bezeichnetem, die Entsprechung von Gottesdienst und Leben, die eschatologische Grundorientierung. SC 5 nennt die inhaltliche Seite des „Werkes der Erlösung", das im Alten und Neuen Testament bezeugte göttliche Heilswerk. Der „Vollzug" des Erlösungswerkes – die Vergegenwärtigung des *mysterium paschale*[2] – und das antwortende Gebet in Lobpreis und Danksagung geschehen

---

[1] Vgl. *A. Gerhards*, Gipfelpunkt und Quelle. Intention und Rezeption der Liturgiekonstitution Sacrosanctum Concilium, in: Jan-Heiner Tück (Hrsg.), Erinnerung an die Zukunft. Das Zweite Vatikanische Konzil, Freiburg i.Br. ²2013, 127–146.

[2] Vgl. *W. Haunerland*, Mysterium paschale. Schlüsselbegriff liturgietheologischer Erneuerung, in: G. Augustin/K. Kardinal Koch (Hrsg.), Liturgie als Mitte des christlichen Lebens, Freiburg i.Br. u. a. 2012, 189–209.

als eine untrennbare Einheit in Christus und „durch die Kraft des Heiligen Geistes" (*per virtutem Spiritus Sancti*: SC 6). Die pneumatologische Dimension, hier an den Text angefügt, versteht sich als wichtige Ergänzung des stark christologisch geprägten Textes. Reiner Kaczynski merkt an:

„Es zeugt einmal mehr von der häufig beklagten Geistvergessenheit der westlichen Kirche, wenn der Heilige Geist in SC 5 und 6 in dem den Vätern vorgelegten Schema an keiner Stelle erwähnt wurde."[3]

Theologisch war das Problem der „Geistvergessenheit" schon in den 20er Jahren in der Diskussion, als im Zuge der Einführung des Christkönigsfestes (1925) der christologische Gedanke omnipräsent war. Dies hatte auch Auswirkungen auf das theologische Verständnis des Kirchenraums. Rudolf Schwarz schrieb in seinem Buch „Kirchenbau" von 1960 rückblickend darüber:

„Es gab damals das Wort von dem christozentrischen Kirchenbau, welches meinte, der Altar sei der Ort Christi, und die Gemeinde solle sich um ihn versammeln, das Abendmahl zu feiern. Das Wort war gefährlich, weil es nur die halbe Wahrheit enthielt, und hat viel Unheil gestiftet, bis heute. Guardini hat darauf hingewiesen, daß das Gebet der Kirche nicht christozentrisch ist, denn alle Gebete gehen ‚durch Christus' zum Vater. Mitte schon, aber offene Mitte. Der Kirchenbau ist nicht christozentrisch, sondern trinitarisch, hier der Wohnort des Geistes, der alles belebt und die Welt zu ihrer Schönheit erblühen läßt, dahinter die Schwelle, der Ort des Herrn, der bei den Seinen ist und doch fortging zum Vater, und dahinter die Räume der Ewigkeit."[4]

Die in der Liturgischen Bewegung vorbereitete und durch die Beschlüsse des Konzils sanktionierte Wiederentdeckung der Kirche als Versammlung der Gläubigen war eine große Errungenschaft jener Zeit. Dies führte bekanntlich zu einer explosionsartigen Verbreitung von „Volksaltären" sowie zur Aufstellung von Ambonen und Priestersitzen. Eine Zeit lang schien der in kurzer Zeit erreichte Standard

---

[3] R. *Kaczynski*, Theologischer Kommentar zur Konstitution über die heilige Liturgie Sacrosanctum Concilium, in: HThKzZVK 2 (2004) 3–227, 65.

[4] R. *Schwarz*, Kirchenbau. Welt vor der Schwelle, hrsg. v. M. Schwarz u. a., Nachdruck der 1. Auflage von 1960, Regensburg 2007, 28f.

unwidersprochen. Erst in jüngerer Zeit artikulierte sich von unterschiedlicher Seite ein Unbehagen gegenüber der standardisierten Anordnung der liturgischen Versammlung und ihrer Orte, wobei auch zunehmend die Gegensätze in der grundsätzlichen Auffassung zutage traten. Insbesondere der durch bloße Ummöblierung des liturgischen Raums erzeugte Bühnencharakter und die Inszenierung eines ständigen Gegenübers von Priester und Gemeinde erweist sich als ein Problem, das durch die „Wiederentdeckung" der Orientierung beim Gebet noch verschärft wird.[5] Es ist evident, dass viele konkrete Raumordnungen ein problematisches Verhalten der Akteure, besonders der priesterlichen Leiter der liturgischen Versammlungen, auf ungute Weise unterstützen. Dies gilt insbesondere für das rechte Verständnis des Priesters in seinem Handeln „in persona Christi". Die fortwährende Frontalsituation an der Sedilie, am Ambo und am Altar im Gegenüber zur Gemeinde suggeriert ein Rollenverhältnis, als sei der Priester ständiger Repräsentant Christi in allen Vollzügen. Dabei steht er wie die restliche Gemeinde als Sünder vor Gott, ruft den Kyrios Christus an, richtet das Gebet durch Christus an Gott, den Vater, ist Hörer des Wortes bei den Lesungen und – wenn ein Diakon mitfeiert – selbst beim Evangelium und bei der Homilie. Er ist Leiter, aber auch Mitbeter bei der *Oratio Fidelium*, spricht das Hochgebet im Namen der Kirche. Auch die *Verba Testamenti* sind keine isolierten Konsekrationsworte, sondern eingebunden in die *narratio* (Einsetzungsbericht), welche wiederum Teil des großen Dankgebetes durch Christus an den Vater im Heiligen Geist ist. Deren theologischen Nukleus bildet die Bitte über die Gaben und die Kommunikanten, damit letztere hineingenommen werden in die große Bewegung durch Christus im Hl. Geist zu Gott, dem Vater, wie dies die Schlussdoxologie in Wort und Geste zum Ausdruck bringt.[6] Dass der Priester bei der Kommunion Empfan-

---

[5] Vgl. *J. Ratzinger*, Der Geist der Liturgie. Eine Einführung, Freiburg i.Br. 2000; wiederabgedruckt in: *Ders.*, Theologie der Liturgie. Die sakramentale Begründung christlicher Existenz (JRGS 11), Freiburg i.Br. 2008, 29–194; dazu: *A. Gerhards*, Vom jüdischen zum christlichen Gotteshaus? Gestaltwerdung des christlichen Liturgie-Raumes, in: R. Voderholzer (Hrsg.), Der Logos-gemäße Gottesdienst. Theologie der Liturgie bei Joseph Ratzinger (Ratzinger-Studien 1), Regensburg 2009, 111–138.

[6] Vgl. *A. Gerhards*, Zum Lob und Ruhm seines Namens. Das Eucharistieverständnis der Alten Kirche nach der Überlieferung der Eucharistiegebete, in:

gender ist wie alle anderen auch, kommt heute leider nicht mehr zum Ausdruck wie noch im ersten Jahrtausend, als auch der Priester sich die Kommunion nicht selber nahm, sondern sie aus der Hand eines anderen (des Diakons) empfing.[7] Mit anderen Worten: Die Erscheinungsform der Messfeier heute, insbesondere ihre räumliche Disposition, hat nach wie vor ein trinitätstheologisches, insbesondere pneumatologisches Defizit, ist „christomonistisch".

Aus der Erkenntnis der Defizite gibt es seit langem Bemühungen um die angemessene Raumgestalt der Liturgie. In Auseinandersetzung mit den Ergebnissen von Burg Rothenfels sind neue Raumgestalten erprobt und weiterentwickelt worden, die unter der Bezeichnung „Communio-Raum" international bekannt sind, aber auch kontrovers diskutiert werden.[8] Gegenüber solchen „Communio-Räumen" gibt es Vorbehalte von verschiedener Seite.[9] Im Folgenden befasse ich mich mit der Kritik des Bonner Dogmatikers Karl-Heinz Menke an diesem Raumkonzept.[10]

U. Surmann/J. Schröer (Hrsg.), Trotz Natur und Augenschein. Eucharistie – Wandlung und Weltsicht, Köln 2013, 99–107.

[7] Vgl. dazu A. *Gerhards*, In persona Christi – in nomine Ecclesiae. Zum Rollenbild des priesterlichen Dienstes nach dem Zeugnis orientalischer Anaphoren, in: G. Augustin (Hrsg.), Priester sein in Christus, Paderborn 2010, 113–128. [bereits erschienen in: G. Augustin u. a. (Hrsg.), Priester und Liturgie (FS Manfred Probst), Paderborn 2005, 59–73; wiederabgedruckt in: A. *Gerhards*, Erneuerung kirchlichen Lebens aus dem Gottesdienst. Beiträge zur Reform der Liturgie (Praktische Theologie heute 120), Stuttgart 2012, 263–273]; *ders.*, Liturgiewissenschaft und Liturgiereform. Ergebnisse und Anfragen in Bezug auf die Wort- und Raumgestalt der Eucharistie, in: M. Klöckener u. a. (Hrsg.), Liturgie verstehen. Ansatz, Ziele und Aufgaben der Liturgiewissenschaft (ALw 50), Fribourg 2008, 251–267.

[8] Vgl. A. *Gerhards* u. a. (Hrsg.), Communio-Räume. Auf der Suche nach der angemessenen Raumgestalt katholischer Liturgie (Bild – Raum – Feier: Studien zu Kirche und Kunst 2), Regensburg 2003; *ders.*, La forma dell'ambiente liturgico: esperienze con „spazi-communio", in: G. Della Longa et al. (Hrsg.), Architetura e Liturgia nel Novecento. Esperienze europee a confronto, Venedig 2008, 129–141.

[9] Vgl. A. *Gerhards*, La forma dell'ambiente liturgico (s. Anm. 8), 139.

[10] Die folgenden Ausführungen sind teilweise identisch mit: A. *Gerhards*, ‚Frequentare mysteria'. L'orientamento della preghiera e la forma di assemblea liturgica, in: La sapienza del cuore. Omaggio a Enzo Bianchi, Turin 2013, 359–373.

2. Der Communio-Raum: Symptom für beschädigte Sakramentalität?

In seinem 2012 erschienenen Buch „Sakramentalität. Wesen und Wunde des Katholizismus", im Kapitel „Beschädigte Sakramentalität oder verwundeter Katholizismus", behandelt Karl-Heinz Menke die Communio-Räume unter dem Gesichtspunkt „Entsakralisierung."[11] Da seine hier vorgebrachte Argumentation einige grundsätzliche Fragen aufwirft, soll sie ausführlicher dargestellt werden.

Der Verfasser geht von der prinzipiellen Unversöhnbarkeit des katholischen und des „protestantischen" Kirchenverständnisses aus. Der trennende Unterschied liege im jeweiligen Konzept von Sakramentalität, letztlich infolge der protestantischen Ersetzung des historischen durch den pneumatischen Christus. Insofern die (katholische) Kirche in ihrer sakramentalen Struktur die Fortsetzung der Inkarnation darstelle, gebe es ein „Plus" der sakramentalen gegenüber der nichtsakramentalen Kommunikation mit Christus.

„Dieses ‚Plus' liegt darin, dass sakramentale Kommunikation sichtbare Kommunikation und also ein öffentliches Bekenntnis ist. Der sakramental kommunizierende Christ identifiziert sich öffentlich mit der Bekenntnisgemeinschaft, die der in jeder Eucharistiefeier namentlich genannte Ortsbischof und der in jeder Eucharistiefeier namentlich genannte Petrusnachfolger verkörpern."[12]

Die Eucharistiefeier wird hier primär als Selbstdarstellung der Kirche in ihrer universalen und episkopalen Struktur gesehen, die Kommunion auf den Aspekt des Bekenntnisses reduziert. Die Bekenntnisgemeinschaft der Kirche manifestiert sich jedoch sichtbar vor allem in der *hic et nunc* versammelten Gemeinde, deren *communio* mit Bischof und Papst zwar indispensabel ist, die aber als Gottesdienstgemeinde bereits Kirche ist.[13] Die Sakramentalität der Eucha-

---

[11] Vgl. *K.-H. Menke*, Sakramentalität. Wesen und Wunde des Katholizismus, Regensburg 2012, 277–294.
[12] Ebd., 127.
[13] Hier steht die nach wie vor nicht ausdiskutierte Kontroverse über die universalkirchliche oder ortskirchliche Vorordnung im Hintergrund, die auch liturgietheologische Implikationen hat; vgl. *A. Gerhards*, Liturgie – die ästhetische Gestalt der Kirche zwischen Sein und Werden. Anmerkungen zu neueren Entwürfen einer Theologie der Liturgie, in: G. Augustin/K. Kardinal Koch

ristie kommt zweifelsohne in der Kommunion zur vollen Entfaltung, daher legen die Dokumente der erneuerten Liturgie zu Recht großen Wert auf die regelmäßige Kommunion der Gläubigen. Die Sakramentalität erstreckt sich jedoch auf das Gesamt der Eucharistiefeier im engeren und im weiteren Sinn. Bezogen auf den eucharistischen Teil der Messe ist vor allem das Eucharistische Hochgebet in Gänze zu berücksichtigen mit seinen Grundvollzügen Anamnese, Epiklese und Doxologie, gesprochen vom Priester und getragen von der ganzen versammelten Gemeinde (Akklamationen, Sanctus, Amen). Die neuen Hochgebete bringen deutlicher als der Canon Romanus zum Ausdruck, dass der Akt der Umwandlung der Gaben in Leib und Blut Christi und folglich der Kommunikanten in seinen ekklesialen Leib Gabe Gottes, also geistgewirkt ist. Dies kommt in der sogenannte Kommunionepiklese des Canon Romanus, dem Abschnitt *supplices,* nur indirekt zum Ausdruck im Bild des „himmlischen Altars". Aber nicht erst im Eucharistieteil der Messe liegt öffentliches Bekenntnis vor. Bereits im ersten Hauptteil, dem Wortgottesdienst – nun nicht mehr als bloße „Vormesse" angesehen – ereignen sich reale Gegenwart Christi (vgl. SC 7) und öffentliches Bekenntnis in Akklamationen, Gesängen, Symbolum fidei und Allgemeinem Gebet. Nicht zuletzt hat die Liturgiekonstitution darauf hingewiesen, dass auch dem Wort Gottes sakramentale Qualität zukommt (vgl. SC 33), und folglich der Wortverkündigung einen zentralen Platz eingeräumt (z. B. SC 51) sowie eigene Wortgottesdienste (SC 35,4) empfohlen.

Die sogenannten Communio-Räume wollen in ihrer bipolaren Struktur dieser Korrektur durch das Zweite Vatikanische Konzil gegenüber der Verkürzung der tridentinischen Messe und des entsprechenden Kirchenraums auf den Aspekt der eucharistischen Anbetung[14] durch die Sichtbarmachung der beiden „Tische" (SC 48 und

---

(Hrsg.), Liturgie als Mitte des christlichen Lebens (Theologie im Dialog 7), Freiburg i.Br. u. a. 2012, 210–234; *ders.,* Universalität und Partikularität. Zum Stand der liturgischen Erneuerung 50 Jahre nach *Sacrosanctum Concilium,* in: D. Ansorge (Hrsg.), Das Zweite Vatikanische Konzil. Impulse und Perspektiven, Münster 2013, 349–374.

[14] Vgl. *A. Gerhards,* „Tridentinischer" und „vatikanischer" Feierraum. Reflexionen zum Erscheinungsbild der liturgischen Versammlung anlässlich eines Kongresses im Kloster Bose/Italien, in: Gottesdienst 42 (2008) 145–147; *ders.,* Gli spazi liturgici, in: *ders.,* La liturgia della nostra fede, Magnano 2010, 153–173.

51) Rechnung tragen. Die Aufgabenstellung besteht darin, die in ihrer Kommunikationsstruktur unterschiedenen Grundakte Verkündigung und Gebet in einer einzigen Raumgestalt angemessen zu vollziehen. Reinhold Messner spricht von drei Grundgestalten: Verkündigung, Gebet und Mahl.[15] Wie in der Publikation „Communio-Räume" ausführlich dargelegt, wird hier eine Raumstruktur aufgegriffen, die in paralleler Entwicklung von Synagoge und Ekklesia bis in die Neuzeit hinein bestimmend blieb: ein bipolares räumliches Prinzip von Konzentration und Ausrichtung, von Versammlung und Aufbruch. Es begegnet in der Bipolarität der Synagogen mit zentralem Lesepult *(Almemor)* und Thoraschrein *(Aron ha Kodesch)* an der Stirnwand, der syrischen Kirchen mit ebenfalls zentralem Verkündigungsort (Bema) und Altar im Osten[16] oder der mittelalterlichen Kirchen Italiens mit zentralem Ambo (oft gewaltigen Ausmaßes) und Hochaltar.[17]

3. Sakralität – inkarnatorisch oder inspiratorisch?

Menke geht in seiner Argumentation von einem Prinzip des Sakralen aus, das aufgrund der Fokussierung auf dem Inkarnatorischen anstelle des protestantisch konnotierten Inspiratorischen dinghafter Sakralgegenstände bedarf. Hier setzt er sich auch von der Position des Begründers der katholischen „Charismatischen Theologie", Heribert Mühlen, bewusst ab. Der Grund:

„Der Heilige Geist bewirkt die Sakramentalität der Kirche und ermöglicht so die Selbstüberschreitung der Gläubigen nicht auf ein unsichtbares Absolutum, sondern auf den *inkarnierten* Logos hin."[18]

Dem kann man entgegenhalten: Wo zeigt sich denn der inkarnierte Logos? Zeigt er sich nicht gerade auch in der betenden und singenden Gemeinde (vgl. SC 7), über die im Hochgebet der Geist Gottes herabgerufen wird, „damit wir ein Leib und ein Geist werden

---

[15] Vgl. *R. Meßner*, Gebetsrichtung. Altar und exzentrische Mitte der Gemeinde, in: Gerhards u. a. (Hrsg.), Communio-Räume (s. Anm. 8), 27–36.
[16] Vgl. *A. Gerhards*, Vom jüdischen zum christlichen Gotteshaus? (s. Anm. 5).
[17] Vgl. *G. Boselli* (Hrsg.), L'Ambone. Tavola della parola di Dio. Atti del III Convegno liturgico internazionale Bose, 2–4 giugno 2005, Magnano 2006.
[18] *K.-H. Menke*, Sakramentalität (s. Anm. 11), 283.

in Christus" (Eucharistisches Hochgebet III)? Mühlen sei, so Menke, „unabsichtlich zum theologischen Vordenker der inzwischen zahlreichen Kirchen, in denen der Altarraum nicht mehr abgegrenzt ist",[19] geworden. Hier werde das Gegenüber Christi

> „reduziert auf das wechselseitige Gegenüber der Gläubigen. Der Priester agiert nicht ‚in persona Christi', sondern als Repräsentant der Gläubigen, die wechselseitig im je Anderen Christus entdecken. Nicht gerade zufällig verbinden sich mit dem Experiment der Ellipse Schlagworte wie ‚Kirche von unten statt von oben', ‚Demokratie statt Hierarchie', ‚Reduktion des besonderen auf das gemeinsame Priestertum' und ‚Identifizierung von Logos und Pneuma'."[20]

Nachdem Menke das Konzept des Communio-Raums ohne Belege mit den zitierten Schlagworten in Verbindung gebracht hat, bezieht er sich auf meinen Beitrag in dem Band „Communio-Räume", in dem es um die Vermittlung der angesprochenen Polaritäten geht.[21] Er fragt an, was ich mit einem Communio-Raum meine, „der den Christomonismus eines auf Tabernakel, Altar und Kreuz ausgerichteten Raumes vermeidet? Und worin genau besteht die trinitätstheologische Korrektur der viel geschmähten Christozentrik von Sakralarchitektur und Liturgie?"[22]

Die Antwort wäre in den verschiedenen Beiträgen des Bandes zu finden gewesen, auch in meinem eigenen. Menke bezieht sich im Folgenden jedoch nur auf einige, aus dem Zusammenhang gerissene Aussagen in einem Beitrag des von ihm als „Ellipse-Künstler" bezeichneten Österreichers Leo Zogmayer:[23]

> „Hier plädiert ein theologisierender Künstler allen Ernstes für die Ersetzung des Christussymbols durch eine irritierende Leere – mit dem ausdrücklichen Postulat, man solle die eucharistische Sammlung von jedem Bezugspunkt der Anbetung befreien. Ein

---

[19] Ebd.
[20] Ebd., 284.
[21] Vgl. *A. Gerhards*, Wort und Sakrament – Zur Bipolarität von Liturgie und Kirchenraum, in: Ders. u. a. (Hrsg.), Communio-Räume (s. Anm. 8), 10–26.
[22] *K.-H. Menke*, Sakramentalität (s. Anm. 11), 284.
[23] Vgl. *L. Zogmayer*, Keine Inszenierung von Ferne, in: Gerhards u. a. (Hrsg.), Communio-Räume (s. Anm. 8), 161–176.

Mann, der im Auftrag der katholischen Kirche christliche Sakralräume gestaltet, hat offensichtlich nicht einmal ansatzweise verstanden, dass die Gebetsostung der christlichen Kirchen das Gegenteil von ‚statischer Ontologisierung' bedeutet. Andernfalls würde er das von ihm favorisierte ‚Communio-Modell' nicht als ‚dynamische Deontologisierung des Eschaton' charakterisieren. Was denn, so möchte ich ihn fragen, verleiht der christlichen Existenz mehr Dynamik als die Ausrichtung auf den wiederkommenden Herrn? Und was ist denn noch statischer als eine in sich abgeschlossene Ellipse?"[24]

Das fundamentale Missverständnis hinter dieser Äußerung liegt in der Verabsolutierung des gewohnten, nach Trient neu konstruierten katholischen Kirchenraums, der keineswegs eine organische Fortentwicklung der bisherigen Raumgestalt darstellte, sondern mit der ganzen vorhergehenden Tradition brach.[25] So befindet sich der Tabernakel erst seit der Trienter Reform generell auf dem Hochaltar im Scheitelpunkt des Chors. Im Mittelalter (und in den Bischofskirchen bis heute) befand er sich an unterschiedlicher Stelle im Kirchenraum oder in einer Seitenkapelle. Kirchengestühl im heutigen Sinne, das die Ausrichtung der Gemeinde fixiert, gibt es ebenfalls erst seit der katholischen Reform. Zuvor gab es aufgrund der Flexibilität sehr unterschiedliche Versammlungsgestalten, nicht zuletzt bestand auch eine unmittelbare Nähe zu den überall im Raum verteilten Altären, wie zeitgenössische Darstellungen belegen. Gegen eine statische Fixierung auf eine streng lineare An-betung *(ad-oratio)* gab und gibt es zu Recht Vorbehalte. Die Messe vor ausgesetztem Allerheiligsten wurde aus guten Gründen nach dem Zweiten Vatikanischen Konzil abgeschafft. Die von Zogmayer geforderte Reduktion (nicht Ersetzung!) von Christussymbolen um ihrer Bedeutung willen war unter anderem auch ein Anliegen des Kirchenbaus der Moderne längst vor dem Zweiten Vatikanum.[26] Der (relative) Ikonoklasmus entspricht einer permanenten Dialektik im Verhalten

---

[24] *K.-H. Menke*, Sakramentalität (s. Anm. 11), 284 f.
[25] Vgl. *A. Gerhards*, „Tridentinischer" und „Vatikanischer" Kirchenraum (s. Anm. 14).
[26] Vgl. *U. Pantle*, Leitbild Reduktion. Beiträge zum Kirchenbau in Deutschland von 1945 bis 1950 (Bild – Raum - Feier: Studien zu Kirche und Kunst 4), Regensburg 2003.

gegenüber der Ambiguität des Bildes auch in der katholischen Kirche (vgl. z. B. die Zisterzienserbewegung). Die Leere muss keineswegs das abstrakte Absolute intendieren, sondern kann sich im Kontext der liturgischen Feier wie auch der persönlichen Meditation mit einem authentischen inneren Bild füllen. Romano Guardini schrieb nach seinem ersten Besuch der 1930 von Rudolf Schwarz erbauten puristischen Fronleichnamskirche in Aachen: „Das ist keine Leere; das ist Stille! Und in der Stille ist Gott. Aus der Stille dieser weiten Wände kann eine Ahnung der Gegenwart Gottes hervorblühen."[27]

4. Orientierung versus communio?

An all diese Erfahrungen und Überlegungen knüpften die damaligen Suchbewegungen nach der angemessenen Raumgestalt katholischer Liturgie an. Das Thema der Orientierung war dabei immer präsent, nicht zuletzt aufgrund der Diskussionen um den „christozentrischen Kirchenbau" seit den zwanziger Jahren.[28] Vor allem die Arbeiten des ebenfalls „theologisierenden Künstlers" Rudolf Schwarz waren und sind hier richtungsweisend, der im Dialog mit Romano Guardini ein trinitarisches Raumkonzept entwickelte, in dem der Altar nicht bloße Mitte oder Ziel, sondern vor allem die Schwelle darstellte entsprechend einer liturgischen Christologie, nach der Christus der Weg zum Vater ist (vgl. die Schlussdoxologie des Eucharistischen Hochgebets).[29] Schwarz hatte aus diesem Grunde zeitlebens Vorbehalte gegen die in der Liturgischen Bewegung praktizierte Feier der Eucharistie „*versus populum*". Tatsächlich wird hier – wie auch Menke zu Recht kritisiert[30] – die gemeinsame Gebetsostung von

---

[27] Zitiert nach *W. Pehnt*, Rudolf Schwarz 1897–1961. Architekt einer anderen Moderne/Hilde Strohl, Werkverzeichnis, Ostfildern-Ruit 1997, 73.

[28] Vgl. *W. Zahner*, Rudolf Schwarz – Baumeister der Neuen Gemeinde. Ein Beitrag zum Gespräch zwischen Liturgietheologie und Architektur in der Liturgischen Bewegung (Münsteraner Theologische Abhandlungen 15), Altenberge 1992, 264–276; A. Marchesi, Dall'Abbazia di Beuron alla chiesa di San Lorenzo a Monaco. Mezzo secolo di liturgia e architettura in Germania (1906–1955), Bologna 2011, bes. 38–41.

[29] Vgl. *A. Gerhards*, Bauen als „Aussage religiöser Poesie". Ein theologischer Blick auf Rudolf Schwarz, in: Schwarz, Kirchenbau. (s. Anm. 4), XIII–XX.

[30] Vgl. *K.-H. Menke*, Sakramentalität (s. Anm. 11), 288.

Priester und Gemeinde aufgegeben. Daher wurde das Konzept des Communio-Raumes schon bald in Richtung der „orientierten Versammlung" weiterentwickelt, eine auf den jetzigen Mainzer Diözesanbaumeister Johannes Krämer zurückgehende Formulierung.[31] Anlass für die Suche nach neuen Raumgestalten waren Erfahrungen mit umgestalteten Räumen, die weder (eschatologische) Ausrichtung noch (präsentische) Communio ermöglichen, sondern eine Weise von Gegenüber, das keineswegs das Menke so wichtige Gegenüber des Hauptes Christi zum Leib der Kirche erfahrbar macht.

Impulse für die neuen Überlegungen gaben Erfahrungen aus Irland und dem englischsprachigen Raum, wo die Tradition des Chorgebetes als Gemeindegottesdienst teilweise lebendig geblieben ist.[32] Es ging und geht um räumliche Dispositionen, die Anstöße für die Liturgie sein sollen, „sich von der vorherrschenden Banalität dürftiger Belehrungsabläufe zu befreien und dem Kult ein Spielfeld adäquaten ästhetischen Ausdrucks zu erschließen."[33] Es ist ein verbreitetes, aber fatales Missverständnis, die Rolle des Priesters generell mit der des einladenden und in seiner Gemeinde Einzug haltenden Christus zu identifizieren. Das Gegenteil wäre allerdings die von Menke angeprangerte Reduktion des „Voraus" und „Gegenübers" Christi gegenüber seiner Kirche auf das Insein Christi in den Gläubigen: „Christus ist nicht identisch mit der Communio derer, die sich gegenseitig anblicken."[34] Auf diese Idee ist in jahrhundertelanger Praxis des Betens und Feierns im Chorgestühl klösterlicher bzw. klerikaler Gemeinschaften und auch laikaler Gruppen wohl kaum jemand gekommen! Der sogenannte Communio-Raum fußt aber auf eben dieser Tradition. Er ist, anders als Menke behauptet, keineswegs in sich geschlossen – was im Übrigen auch nicht für

---

[31] Vgl. *J. Krämer*, Gemeinschaftlich orientiert. Pfarrkirche St. Albert in Andernach, in: A. Gerhards (Hrsg.), Communio-Räume (s. Anm. 8), 191–196; sowie: *Ders./W. Zahner*, Realizzazioni di spazi liturgici in Germania, in: G. Boselli (Hrsg.), Spazio liturgico e orientamento. Atti del IV Convegno liturgico internazionale. Bose, 1–3 giugno 2006, Magnano 2007, 61–83. Die umfangreiche liturgiewissenschaftliche Diskussion zur Frage der Orientierung des Gebets nimmt Menke jedoch nicht zur Kenntnis.

[32] Vgl. *A. Gerhards* (Hrsg.), In der Mitte der Versammlung. Liturgische Feierräume (Liturgie & Gemeinde. Impulse & Perspektiven 5), Trier 1999.

[33] *L. Zogmayer*, Keine Inszenierung (s. Anm. 23), 176.

[34] *K.-H. Menke*, Sakramentalität (s. Anm. 11), 289.

den „geschlossenen Ring", dem ersten Kirchenmodell von Rudolf Schwarz gilt, da der „heilige Ring" seine Öffnung in vertikaler Richtung hat.[35] Vielmehr weist die elliptische (besser: ovale) Form in Richtung ihrer Achse entsprechend der gestreckten Raumgestalt über sich hinaus. Dies gilt insbesondere dann, wenn diese Versammlungsgestalt in historischen Gebäuden, in der Regel Basiliken, verwirklicht wird. Auch in einigen neu erbauten Kirchen (z. B. St. Christophorus, Westerland/Sylt) befindet sich der Tabernakel im Fluchtpunkt. Der freie Raum in der Mitte erhält durch die liturgischen Orte Ambo und Altar eine axiale Dynamik, die ja der Topik des basilikalen Raums entspricht. Die Konzeption der „freien Mitte" wäre zu bedenken im Vergleich zu den Räumen des Neokatechumenats, deren Mitte nicht frei gehalten, sondern vom Altar besetzt ist.[36] Die Christozentrik dieser Räume ergibt sich allein schon durch die Anordnung der liturgischen Handlungsorte: der Priestersitz im Scheitelpunkt (Christus, das Haupt), davor der Ambo (der Mund Christi), in der Mitte der Altar (das Herz), am unteren Ende das kreuzförmige Taufbecken (der Uterus der durch die Taufe gebärenden Kirche).[37] Auch hier schauen sich die Gläubigen einander ins Gesicht, doch scheint diesmal keine Entsakralisierung zu drohen. Allerdings fehlt gerade diesem Raum jegliche Orientierung *ad extra*.

---

[35] Vgl. *R. Schwarz*, Vom Bau der Kirche, Würzburg 1938; Neuauflage Salzburg u. a. 1998, 25–55, bes. 46: „Weit und dunkel wölbt sich Gottes Vorsehung und ganz in der innersten Mitte gebiert sie das lichte Kind. Wo dessen Licht in die Dunkelheit strahlt, wird heilige Erde." Es handelt sich also um ein inkarnatorisches Bild, das von Schwarz jedoch nie realisiert wurde. Für ihn hatte der christliche Kultraum stets eine Richtung.

[36] Vgl. *B. Anuth*, Der Neokatechumenale Weg. Geschichte – Erscheinungsbild – Rechtscharakter (Forschungen zur Kirchenrechtswissenschaft 36), Würzburg 2006, 365 f.

[37] Vgl. *M. Bergamo*, Spazi celebrative – figurazione architettonica – simbolismo liturgico. Ricerca per una chiesa contemporanea dopo il Concilio Vaticano II (=Quaderni di architettura), Il Cardo Ed., Anfione Zeto 1994; dazu: *B. Anuth*, Der Neokatechumenale Weg (s. Anm. 36), 361–367.

5. Opfer und Mahl

Ein weiteres Thema bildet der Opfercharakter der Messe. Aus einigen kritischen Bemerkungen Zogmayers zum Umgang mit Kreuzdarstellungen folgert Menke, dieser würde jede Art von Opferdarstellungen und -konnotationen ablehnen und wolle stattdessen die Eucharistie ausschließlich als Mahl verstanden wissen.[38] Dies ist keineswegs der Fall; vielmehr geht es Zogmayer um das Problem der „Zentralsetzung der Darstellung der Hinrichtung", die „zu einer eklatanten Verzerrung der christlichen Botschaft geführt" habe.[39] Bis in die Zeit der Gotik hinein war die Apsis meist beherrscht von der Darstellung Christi als Pantokrator. In der Alten Kirche befand sich dort allenfalls die kaiserliche *crux gemmata* (z. B. S. Apollinare in Classe, Ravenna). Auch das mittelalterliche Lettnerkreuz zwischen Schiff und Chor war zunächst noch das Triumphkreuz. Der Altar galt primär als Ort der Auferstehung, symbolisierte das *leere* Grab.[40]

Zweifellos gibt es vielfach ein Defizit im Verständnis des Opfercharakters der Eucharistiefeier. In diesem Zusammenhang bezieht sich Menke auf einige, seinerzeit in der Liturgiewissenschaft breit rezipierte Studien des evangelischen Exegeten Hartmut Gese, der das Herrenmahl der ersten Christen in der Tradition der jüdischen Dankopfer als „*toda* des Auferstandenen" bezeichnet hat.[41] Ich vermutete darin den *missing link* in der von Cesare Giraudo postulierten Überlieferungskette von der (literarischen) *toda* über die *beraka* zur *eucharistia*, nämlich den Hiatus vom geschichtlichen zum kultisch-sakramentalen Geschehen.[42] Die Opferdimension der Eucha-

---

[38] Vgl. *K.-H. Menke*, Sakramentalität (s. Anm. 11), 289.
[39] *L. Zogmayer*, Keine Inszenierung (s. Anm. 23), 172.
[40] Vgl. *A. Gerhards*, Teologia dell'altare, in: G. Boselli (Hrsg.), L'altare. Mistero di presenza, opera dell'arte. Atti de II Convegno liturgico internazionale Bose, 31 ottobre – 2 novembre 2003, Magnano 2005, 213–232; ders., Wo Gott und Mensch sich begegnen. Kirchenräume verstehen, Kevelaer 2011, 134–143.
[41] Vgl. *H. Gese*, Die Herkunft des Herrenmahles, in: Ders., Zur biblischen Theologie, München 1977, 107–127; ders., Psalm 22 und das Neue Testament. Der älteste Bericht vom Tode Jesu und die Entstehung des Herrenmahls, in: ZThK 65 (1968), 1–22; dazu *K.-H. Menke*, Sakramentalität (s. Anm. 11), 290–292.
[42] Vgl. *A. Gerhards*, Die literarische Struktur des Eucharistischen Hochgebets. Zu einer Studie über die alttestamentlichen Wurzeln der Anaphora und deren Entfaltung im jüdisch-christlichen Beten, in: LJ 33 (1983) 90–104. 99.

ristie steht in der Liturgiewissenschaft schon aufgrund ihrer historischen Perspektive außer Frage,[43] strittig ist (wie übrigens auch in der Dogmatik) allenfalls die Präzisierung der Kategorie „Opfer der Kirche".[44] Tatsächlich ist die Formulierung im IV. Hochgebet „*offerimus tibi eius Corpus et Sanguinem, sacrificium tibi acceptabile et toti mundo salutare*" in der gesamten Tradition eucharistischen Betens singulär.[45] Hier wurde in das Schema einer ostkirchlichen Anaphora sekundäre westliche Opfertheologie eingetragen, die auch nicht durch die Aussagen des Canon Romanus abgedeckt ist. Im ostkirchlichen Beten besteht die Darbringung vor allem im Gedächtnis des Opfers Christi, das durch das Kommen des Heiligen Geistes über Gaben und Gläubige wirkmächtig wird. Das „Scharnier" zwischen Lobpreis/Dank einerseits und Bitte andererseits ist dabei von höchster Bedeutung, wie Achim Budde in seiner Untersuchung der alexandrinischen Basiliusanaphora nachgewiesen hat. Die Verba Testamenti haben hier eine zwar indispensable, aber keine konsekratorische Funktion, sondern sind Bestandteil der auf die Geistepiklese hinführenden Christusanamnese.[46] Das Umschließende – und das gilt für alle Traditionen – ist der Lobpreis, die Doxologie.

Auf einer Tagung in Bonn (im Rahmen des Sonderforschungsbereichs „Judentum und Christentum") referierten die Innsbrucker Theologen Reinhard Meßner und Martin Lang über die ostsyrische Anaphora der Apostel Addai und Mari unter dem Titel „Die Freiheit zum Lobpreis des Namens." Diese vor allem aufgrund ihrer fehlenden Einsetzungsworte bekannte Anaphora kulminiert entsprechend dem ostsyrischen Anaphoraschema in der Epiklese unmittelbar vor der Schlussdoxologie.

---

[43] Vgl. *A. Gerhards/K. Richter* (Hrsg.), Das Opfer. Biblischer Anspruch und liturgische Gestalt (QD 186), Freiburg i.Br. 2000.
[44] Vgl. *A. Angenendt*, Die Revolution des geistigen Opfers. Blut – Sündenbock – Eucharistie, Freiburg i.Br. u. a. 2011; *ders.*, Offertorium. Das mittelalterliche Messopfer (LQF 101), Münster 2013; *H. Hoping*, Mein Leib für euch gegeben. Geschichte und Theologie der Eucharistie, Freiburg i.Br. u. a. 2011, 244–287.
[45] Vgl. *A. Gerhards*, In persona Christi (s. Anm. 7), Stuttgart 2012, 266.
[46] Vgl. *A. Budde*, Die ägyptische Basilios-Anaphora. Text – Kommentar – Geschichte (JThF 7) Münster 2004, 376.

„Nach der Aussage der Epiklese der Anaphora gereicht die Eucharistie durch den in ihr wirksamen Geist Gottes den Kommunizierenden ‚zum neuen Leben im Reich des Himmels' (Zeile 82)".[47]
Wie dieses neue Leben im Reich des Himmels verwirklicht wird, zeigt die Schlussdoxologie nach der Epiklese: im eucharistischen Handeln der Kirche als Antizipation des Reiches Gottes durch unaufhörliches Lobbekenntnis und in der Verherrlichung des Namens Gottes. Denn das Neue Leben besteht in Lobbekenntnis und Verherrlichung. Damit werden in Form einer Inklusion das Lobbekenntnis und die Verherrlichung Gottes zu Beginn („Präfation" und Sanctus) wieder aufgegriffen.
In der Textfassung von Meßner/Lang lautet die Passage des Übergangs vom Gedenken zur Bitte:

„Und auch wir, Herr (dreimal), deine niedrigen und schwachen und armseligen Knechte,
(70) die wir versammelt sind und stehen vor dir in dieser Stunde und empfangen haben durch Überlieferung den Typos, der von dir (kommt),
indem wir uns freuen und verherrlichen und erhöhen und gedenken und preisen
und dieses große und schauererregende Mysterium
des Leidens und des Todes und der Auferstehung
(75) unseres Herrn Jesus, des Messias, vollziehen.
Und es möge kommen, Herr, dein heiliger Geist,
und er möge ruhen auf dieser Darbringung (D: Seid in Ruhe) deiner Diener,
und er möge sie segnen und er möge sie heiligen,
dass sie uns sei, Herr, zur Vergebung der Verschuldungen
(80) und zum Nachlass der Sünden
und zur großen Hoffnung auf die Auferstehung aus dem Haus der Toten

---

[47] *R. Meßner/M. Lang*, Die Freiheit zum Lobpreis des Namens. Identitätsstiftung im eucharistischen Hochgebet und in verwandten jüdischen Gebeten, in: Albert Gerhards u. a. (Hrsg.), Identität durch Gebet. Zur gemeinschaftsbildenden Funktion institutionalisierten Betens in Judentum und Christentum (Studien zu Judentum und Christentum), Paderborn u. a. 2003, 371–411, 372; vgl. a. *A. Gerhards*, Liturgiewissenschaft (s. Anm. 7), 258 f

und zum neuen Leben im Reich des Himmels
mit allen, die wohlgefällig waren vor dir."[48]

Das „Opfer der Kirche" besteht demnach im Opfer des Lobes und der Bitte um die Kommunionfrüchte. In der eucharistischen Handlung der Kirche, dem von Gott empfangenen „Typos" (Zeile 71), vollzieht sich das Mysterium von Leiden, Tod und Auferstehung Christi. Fruchtbar wird es für die Kommunikanten durch das Kommen des Geistes auf die Darbringung. In dieser theologischen Perspektive wird klar, warum dieser Text ohne Rezitation der Einsetzungsworte auskommt. Der Priester spricht hier nicht „*in persona Christi*" im Gegenüber zur Kirche, sondern vollzieht den priesterlichen Dienst des Lobes mit dem Hohenpriester Jesus Christus, er ist Stellvertreter Christi als Vorbeter der Kirche.[49] Auch in Bezug auf die im Canon Romanus repräsentierte westliche Tradition ist zu bedenken, dass die Einsetzungsworte nicht absolut stehen, sondern als Relativsatz in das an Gott den Vater gerichtete Gebet eingefügt sind: *Qui pridie quam pateretur*. Die *Verba Testamenti* sind – in der Terminologie Cesare Giraudos – ein „prophetischer Embolismus" im epikletischen Teil des Canon, der ursprünglich nicht erst mit dem *Te igitur*, sondern bereits mit der anamnetischen Präfation und dem Sanctus beginnt. Erst im Verlauf des Mittelalters wurden die Konsekrationsworte in den Missalien aus dem Fließtext herausgehoben, parallel zu den nun einsetzenden Gesten der Anbetung (Zeigung, Kniebeuge, Inzens). Außerdem trennte die zum Kanonbild entfaltete T-Initiale den anamnetischen vom epikletischen Teil.[50] Die Reformation zog aus dieser Tendenz der Isolierung die Konsequenz, indem sie das Kanongebet als bloßes Menschenwort aus der Abendmahlsliturgie eliminierte.[51]

---

[48] *R.Meßner/M.Lang*, Freiheit zum Lobpreis (s. Anm. 47) 402.
[49] Ein solches Opferverständnis in einem von der katholischen Kirche anerkannten Text wäre möglicherweise auch ökumenisch konsensfähig, wenn man denn, anders als Menke, Konsensökumene positiv konnotiert. Vgl. auch: *A. Gerhards*, Liturgiewissenschaft: Katholisch – Evangelisch – Ökumenisch, in: Ders., Erneuerung (s. Anm. 7), 234–245.
[50] Vgl. *A. Gerhards*, Liturgiewissenschaft (s. Anm. 7) 257.
[51] Vgl. *M. Meyer-Blanck*, Gottesdienstlehre, Tübingen 2011, 154–161.

6. Eine notwendige Korrektur

Mit diesen geschichtlichen Hinweisen soll nicht einer Abkehr vom westlichen Weg im Verständnis der Konsekration und des priesterlichen Dienstes das Wort geredet werden. Jedoch haben das Zweite Vatikanische Konzil und seine Reform eine längst überfällige Kurskorrektur eingeleitet: Die Liturgie wird nicht mehr als exklusives kultisches Handeln der Kleriker verstanden, sondern als Tun der ganzen heiligen Versammlung, in deren Gedächtnisfeier sich „das Werk unserer Erlösung vollzieht". Nicht als rein passiv Empfangende, sondern als tätig Teilnehmende werden die Gläubigen in die Lage versetzt, „durch ihr Leben das Mysterium Christi und die eigentliche Natur der wahren Kirche zum Ausdruck zu bringen und anderen offenbar" zu machen (SC 2). Diese Vorgabe ist in entsprechende Raumgestalten zu übertragen und auch gegenüber der Kritik an solchen Raumgestalten einzubringen.

C. Eucharistie: Selbstgabe des Leibes

Gabe des Leibes

Florian Bruckmann

Eine Gabe ist niemals leiblos; vielleicht kann man manche Gabe als selbstlos bezeichnen, womit keine unpersönliche Gabe gemeint ist, die ein Subjekt ohne Selbst geben könnte. Ganz im Gegenteil: Eine selbstlose Gabe ist Gabe des Selbst, eine Gabe, die so sehr mit dem Subjekt identifiziert werden kann und muss, dass sie das Selbst vom Ich löst, so dass es sich nicht mehr um sich selbst sorgt und kümmert, sondern um den anderen. Eine selbstlose Gabe ist Gabe seiner Selbst, die das Ich aus seinem Kreisen um sich löst. Eine solche Gabe wird niemals leiblos sein, sondern immer leiblich-materiell vonstatten gehen. Marcel Mauss macht einen unleugbaren engen Zusammenhang zwischen der Gabe und dem Selbst aus, wenn er schreibt:

„Wenn man die Dinge gibt und zurückgibt, so eben deshalb, weil man sich ‚Ehrfurchtsbezeichnungen' und ‚Höflichkeiten' erweist und sie erwidert. Aber außerdem gibt man beim Geben sich selbst, und zwar darum, weil man sich selbst – sich und seine Besitztümer – den anderen ‚schuldet'."[1]

Mauss beschreibt das Geben von Dingen, wobei mit diesem Geben das Geben des Selbst verbunden ist. Ist dieses Selbstgeben, ist diese Selbstgabe leiblos? Handelt es sich um materielose Selbstsubstanz, die mittels der Dinge symbolisch gegeben wird? Was wäre aber, wenn das menschliche Subjekt niemals als materieloses Geistwesen gedacht werden darf, sondern grundsätzlich als alterndes Leibwesen verstanden werden müsste, das um sich selbst weiß?

Im folgenden Beitrag sollen die angesprochenen Fragen einer Klärung zugeführt werden, indem zuerst herausgearbeitet wird, was eine Gabe ist (1.); um diese als reine Gabe verstehen zu können, müssen (2.) die drei Positionen des Gebe-Prozesses einzeln betrachtet werden: Der Geber, der Empfänger und das Gabe-Objekt. Im Anschluss wer-

---

[1] M. *Mauss*, Die Gabe. Form und Funktion des Austauschs in archaischen Gesellschaften, übers. v. E. Moldenhauer (stw 743), Frankfurt a.M. 1990, 118. Vgl. ebd., 145.

den (3.) die Überlegungen zur reinen Gabe auf die Eucharistie-Theologie angewendet, wobei ein besonderer Augenmerk auf die Leiblichkeit der (Selbst)Gabe gelegt wird. Die vorliegenden Überlegungen werden (4.) abgeschlossen, indem die während der Argumentation vertretenen und gefundenen Thesen zusammengestellt werden.

1. Was ist eine Gabe?

Marcel Mauss hat 1925 seinen berühmten „Essai sur le don" über „Form und Funktion des Austauschs in archaischen Gesellschaften" veröffentlicht und damit eine Debatte ins Leben gerufen, die seitdem nicht verstummt ist und fächerübergreifend diskutiert wird. Der Essay ist gewiss nicht formvollendet und wirkt vielleicht gerade in dieser Unabgeschlossenheit so anregend. Um was geht es? Mauss war Anthropologe, Soziologe und Ethnologe in einem und hat in seinem Essay das Geschehen rund um das Geben und Empfangen vor allem bei indonesischen und nordamerikanischen Völkern untersucht. Seinen Essay beginnt er mit einem Stück aus den sogenannten Edda-Liedern, die wohl im 13. Jh. im christianisierten Island in Altnordisch niedergeschrieben wurden. Nach ein paar Strophen aus diesen Edda-Liedern fasst Mauss seine erste These programmatisch zusammen:

> „In der skandinavischen und in vielen anderen Kulturen finden Austausch und Verträge in Form von Geschenken statt, die theoretisch freiwillig, in Wirklichkeit jedoch immer gegeben und erwidert werden *müssen*."[2]

Gleich mit seiner ersten These verdeutlicht Mauss ein Problem, das seitdem den Gabe-Diskurs antreibt und schier unlösbar zu sein scheint: *Theoretisch* wird eine Gabe freiwillig erbracht, sie ist ein Geschenk, ist umsonst – *praktisch* muss jede Gabe erwidert werden, sie zieht einen Zwang nach sich. Theoretisch muss jemand, der zum Essen eingeladen ist, kein Gastgeschenk mitbringen; theoretisch würde es reichen, wenn er den Gastgeber und die anderen Gäste mit der Zeit seiner Anwesenheit ehrt. Praktisch kommt fast niemand ohne Gastgeschenk, so dass man unter ökonomischen Gesichtspunkten sagen könnte, dass Essen gegen Blumen getauscht werden. In dieser

---

[2] *M. Mauss*, Die Gabe (s. Anm. 1), 17.

Formulierung wird deutlich, dass Gastfreundschaft ökonomisch gesehen fast zynisch beschrieben werden kann und es gewiss schwer ist, sie zu gewähren bzw. für sich in Anspruch zu nehmen. Biblisch ist der erwähnte Erwiderungszwang bekannt, wenn Jesus seine Jünger trotz oder gerade im Hinblick auf die Goldene Regel (Mt 7,12) dazu auffordert, selbst ihr Tun nicht an der kalkulierten Gegenleistung auszurichten:

„⁴⁶Wenn ihr nämlich nur die liebt, die euch lieben, welchen Lohn könnt ihr dafür erwarten? Tun das nicht auch die Zöllner? ⁴⁷Und wenn ihr nur eure Brüder grüßt, was tut ihr damit Besonderes? Tun das nicht auch die Heiden?" (Mt 5,46f.)

Was bedeutet es, dass nach Mauss alle Gaben erwidert werden müssen,³ dass ihnen gleichsam ein Zwang zur Vergeltung innewohnt?⁴ Durch diesen Zwang verliert die Gabe ihre Unschuld und drei Dinge können daraus folgen: Entweder verweigert (1.) der Empfänger die Gabe und schlägt die ihm entgegengestreckte Hand aus. Oder (2.) der Geber beschämt den Empfänger durch seine überbordende Großzügigkeit, weil der Empfänger (finanziell) nicht in der Lage ist, eine angemessene Erwiderung zu ermöglichen. Dieses Phänomen ist aus dem sogenannten Potlatsch bekannt, den Mauss z. B. bei den Kwakwaka'wakw-Indianer beschreibt. Bei einem friedlichen Potlatsch verschenkt der Häuptling etwas von seinem Reichtum und zeigt dadurch einerseits an, dass er es sich leisten kann, seinen Stamm zu beschenken. Auf der anderen Seite erkauft er sich natürlich den Respekt und damit die Gefolgschaft seines Stammes, der ihn als Häuptling anerkennt.⁵ Neben diesem friedlichen Potlatsch

---

³ Caillé hat den hier implizierten totalitären Holismus des Gabe-Denkens kritisiert (A. *Caillé*, Weder methodologischer Holismus noch methodologischer Individualismus – Marcel Mauss und das Paradigma der Gabe, in: S. Moebius/ C. Papilloud [Hrsg.], Gift – Marcel Mauss' Kulturtheorie der Gabe, Wiesbaden 2006, 161–214.)
⁴ Nach Bourdieu „enthält" jede Gabe „eine Drohung" (P. *Bourdieu*, Praktische Vernunft. Zur Theorie des Handelns, übers. v. H. Beister, [es 1985, NF 985], Frankfurt a.M. 2004, 164), so dass auch im Hinblick auf die mögliche Gewaltbereitschaft im Potlatsch (M. *Mauss*, Die Gabe [s. Anm. 1], 77–119), von Vergeltung gesprochen werden kann.
⁵ M. *Mauss*, Die Gabe (s. Anm. 1), 92: „Und seinen Reichtum kann er nur dadurch beweisen, daß er ihn ausgibt, verteilt und damit *die anderen demütigt*, sie ‚in den Schatten seines Namens' stellt." (Hervorhebung F.B.)

gibt es aber auch die feindliche Variante, in der der eine Häuptling einen anderen Häuptling herausfordert, indem er einen wertvollen Gegenstand zerstört. Dieser andere Häuptling unterliegt nun im Ehr-streit, wenn er nicht in der Lage ist, einen mindestens gleichwertigen Gegenstand zu zerstören. Die letzte Möglichkeit ist nun (3.), dass eine Gabe entweder vom Geber oder vom Empfänger oder von beiden nicht als Gabe verstanden wird, sondern als der Beginn eines Tauschhandels und damit als Keimzelle der Ökonomie; diese lebt davon, dass sich der Empfänger von seiner Schuld freikaufen kann, indem er den Geber bezahlt – am besten mit einem möglichst abstrakten Zahlungsmittel, das jeglichen persönlichen Bezug und jede individuelle Geschichte vermissen lässt und von mehreren Menschen als Tauschmittel akzeptiert wird.

Offensichtlich können zwei Grundthesen für das Geschehen der Gabe festgehalten werden, wie sie von Mauss her in den Blick genommen wurde: Gaben sind 1. nur theoretisch freiwillig, müssen aber praktisch immer erwidert werden, weswegen sie unter dem Verdacht des Tausches stehen und damit der Ökonomisierung aller Lebensbereiche Tür und Tor öffnen. Und Gaben sagen 2. etwas über den aus, der sie gibt, sie hängen mit ihm und seiner Ehre zusammen – verpflichten aber gleichzeitig den Empfänger und sind deshalb auch von ihm nicht unabhängig.

Mauss drückt diese zwei Aspekte der Gabe mit dem bereits am Anfang dieses Artikels zitierten Gedankengang aus, der hier aufgrund seiner Wichtigkeit noch einmal wiederholt werden soll:

„Wenn man die Dinge gibt und zurückgibt, so eben deshalb, weil man sich ‚Ehrfurchtsbezeichnungen' und ‚Höflichkeiten' erweist und sie erwidert. Aber außerdem gibt man beim Geben sich selbst, und zwar darum, weil man sich selbst – sich und seine Besitztümer – den anderen ‚schuldet'."[6]

Wer gibt, gibt sich selbst, wer empfängt, muss erwidern. Im Prinzip klingt dies sehr einfach, es lässt aber eine Reihe von Fragen entstehen, von denen einige wenige kurz artikuliert sein sollen: Muss der Geber (etwas von) sich geben oder kann er auch geben, ohne selbst in seiner Gabe enthalten zu sein – z. B. Geld bei einer anonymen Spende? Kann man etwas Beliebiges geben, ohne sich damit selbst

---

[6] M. *Mauss*, Die Gabe (s. Anm. 1), 118.

zu geben, mit dem Problem, dass man sich damit im Gebe-Vorgang womöglich selbst verliert? Gibt man sich selbst, wenn man etwas gibt, ganz oder gibt man nur einen Teil von sich? Welcher Teil ist das? Kann man sich selbst oder etwas von sich geben, ohne dass ein Empfänger sichtbar ist? Was ist, wenn der Empfänger meine Gabe und damit mich oder einen Teil von mir gar nicht entgegen nehmen will, sondern sie und damit mich ablehnt? Ist eine solche abgelehnte Gabe immer noch eine Gabe oder wird sie durch die Ablehnung vernichtet? Wenn sich der Geber in der Gabe selbst gibt, wird er dann auch vernichtet, wenn die Gabe abgelehnt wird? Was ist aber, wenn der Empfänger überhaupt nicht in der Lage ist, die Gabe zu erwidern? Beschämt ihn der Geber und erkauft (billig) seine Anerkennung? Wie ist in einem solchen Fall das Geben und Empfangen auf Augenhöhe möglich, ohne Beschämung?

In einzigartiger Weise hat Jacques Derrida auf die Aporien der Gabe hingewiesen und die Unmöglichkeit reiner Gabe artikuliert. Reines Geben ist nach ihm nicht möglich, weil der Geber einer Gabe sich selbst beim Geben wenigstens die Anerkennung zukommen lässt, gegeben zu haben.[7] Derrida ist von der Unmöglichkeit der Gabe fasziniert, weil sie ihm die Möglichkeit gibt, Unmögliches zu denken.[8] Im Gegensatz zu Derrida soll im Folgenden aber nicht das Denken des Unmöglichen im Mittelpunkt stehen, sondern im Anschluss an seine Idee, die Gabe auf das Denken von Martin Heidegger anzuwenden und mit ihr über die „Seinsvergessenheit"[9] nachzudenken, sollen vielmehr Phänomene in den Blick genommen werden, die im Hinblick auf die drei Positionen des Gebe-Prozesses ein (Selbst)Vergessen zu denken ermöglichen. Wenn sich nämlich

---

[7] *J. Derrida*, Falschgeld. Zeit geben I, übers. v. A. Knop/M. Wetzel, München 1993, 25: „*Die Gabe als Gabe* dürfte *letztlich nicht als Gabe erscheinen*: weder dem Gabeempfänger noch dem Geber. Gabe als Gabe kann es nur geben, wenn sie nicht als Gabe präsent ist. Weder dem ‚einen' noch dem ‚anderen'. Wenn der andere sie wahrnimmt, sie als Gabe gewahrt und bewahrt, wird die Gabe annulliert. Aber auch der, der gibt, darf davon nichts merken oder wissen, sonst genehmigt er sich schon an der Schwelle, sobald er die Absicht hat zu geben, eine symbolische Anerkennung".
[8] Ebd., 17: „Und in diesem Sinne vielleicht ist die Gabe das Unmögliche. Nicht unmöglich, sondern *das* Unmögliche, die Figur des Unmöglichen selber. Die Gabe kündigt sich an als das Unmögliche, sie gibt sich als dieses zu denken".
[9] Ebd., 36.

eine reine Gabe nach Derrida dadurch auszeichnet, dass sie nicht präsent ist, dann gibt es reine Gabe, wenn sich der Geber beim Geben selbst vergisst, wenn sich der Empfänger nicht als Empfänger wahrnimmt und wenn die Gabe nicht als Gabe erscheint.

2. Das (Selbst)Vergessen von Geber, Empfänger und Gabe

Muss derjenige eine Gabe erwidern, der empfängt? Ich meine nein. Wenn derjenige, der empfängt, nicht unbedingt eine Gabe erwidern muss, kann eine erste These formuliert werden, deren systematischer Wert sich spätestens im Hinblick auf die Eucharistie zeigen wird. Diese erste These lautet: *Es gibt reine Gabe*.

Um zu verstehen, was eine reine Gabe ist, muss der Gabe-Vorgang einer methodischen Reduktion unterworfen werden, der sich auf den Geber, den Empfänger und auf die Gabe bezieht: 1. Im Akt des Gebens einer reinen Gabe vergisst der Geber, dass er gibt, weil er gar nicht anders kann als zu geben. 2. Im Akt des Empfangens einer reinen Gabe vergisst der Empfänger, dass er empfängt: Er wird weder zum Schuldner noch ermöglicht oder verunmöglicht er die Gabe dadurch, dass er sie nimmt oder die Annahme verweigert; vielmehr wird er selbst zum Geben ermächtigt. 3. Das „Objekt" einer reinen Gabe erhält ihren Wert nicht durch den Akt des Gebens und Empfangens, weil sie von sich her von Bedeutung ist.

In der gebotenen Kürze sollen die drei hier angedeuteten Reduktionsvorgänge expliziert werden.

2.1 Der Geber vergisst und empfängt sich selbst

Auf der Seite des Gebers setzt die reine Gabe das Selbstvergessen des Gebers voraus. Was ist damit gemeint? Ein Geber, der gibt, ohne anders zu können, vergisst, dass er gibt. Er gibt nicht, um Ehre und Anerkennung auf der Seite des Empfängers zu evozieren. Dergestalt kann der Empfänger die Gabe des Gebers auch nicht dadurch verunmöglichen, dass er ihre Annahme verweigert. Die Gabe ist hier unabhängig vom Empfänger und der Geber erhofft sich dergestalt auch keine Erwiderung. Er vergisst sich als Gebenden und gibt, ohne anders zu können, so dass er sich auch nicht die von Derrida angesprochene Selbstanerkennung im Akt des Gebens genehmigt. Es gibt Situationen des Gebens, in denen sich das Subjekt nicht selbst stärkt, weil es die eigene Großzügigkeit bewundert, sondern in denen das Subjekt über sich hinauswächst und verwandelt neu geboren wird, weil es nicht anders konnte als zu geben. Diese Art des Zwangs bedeutet dabei nicht, dass der Geber unfreiwillig handelt. Im Gegenteil muss man wohl vielmehr davon ausgehen, dass in Akten reinen Gebens die Freiwilligkeit und die Notwendigkeit in gleichem Maße wachsen, so dass sie sich nicht gegenseitig behindern, sondern bedingen.

Wie kann man sich eine freiwillige Notwendigkeit vorstellen, eine Situation, in der ein Subjekt über sich hinauswächst und durch den Akt des Gebens ein neues wird? Vielleicht ist Luthers (volkstümlich überlieferter) Ausspruch vor dem Wormser Reichstag vom 17.4.1521 ein gelungenes Beispiel für eine solche Art freiwilliger Notwendigkeit: „Hier stehe ich und kann nicht anders."[10] Natürlich hätte Luther faktisch anders handeln können. Aber dies ist nur theoretisch so gewesen, denn praktisch war er von seiner Persönlichkeit her und der Situation, in der er sich befand, dazu ‚gezwungen', so zu handeln. Gleichzeitig handelt er aber nicht unter Zwang, so dass er mildernde Umstände für sich in Anspruch nehmen könnte. Ganz im Gegenteil: Er handelt in vollem Bewusstsein und damit – bei aller Gefahr des Subjektivismus – in einem Akt höchster Freiheit. Gleiches dann angenommen werden, wenn ein Mönch sein Gelübde ablegt, wenn sich ein Mann zum Priester weihen lässt oder wenn sich Mann und Frau das Ehesakrament spenden: Hier stehe ich und kann nicht anders. Sie können von ihrer Persönlichkeit her nicht anders

---

[10] Der originale Wortlaut ist wegen der Praxis, Luthers Worte in modernes Deutsch zu übertragen, schwer erruierbar, so dass sich mehrere Varianten finden lassen, z. B.: „[I]ch bin uberwunden durch die schriften, so von mir gefurt, und gefangen im gewissen an dem wort gottes, derhalben ich nichts mag noch will widerrufen, weil wider das gewissen zu handeln beschwerlich, unheilsam und ferlich ist. Gott helf mir! Amen." (DRTA; JR 2, 581f.) „[S]o bleibe ich überwunden durch die von mir angeführten Stellen der Schrift und mein Gewissen gefangen durch Gottes Wort. Widerrufen kann und will ich nichts, denn es ist weder sicher noch heilsam, gegen das Gewissen zu handeln. Gott helfe mir, Amen." (*H. Fausel*, D. Martin Luther. Leben und Werk 1483 bis 1521, Stuttgart ²1996, Bd. 1, 198.) „[S]o bin ich an mein Gewissen und das Wort Gottes gebunden. Ich kann und will daher nichts widerrufen, weil gegen das Gewissen etwas zu tun weder sicher noch heilsam ist. Gott helfe mir." (*R. Friedenthal*, Luther – Sein Leben und seine Zeit, München 1967, 338.)

handeln, aber kein äußerer Zwang drückt sie in diese Entscheidungssituation, sondern vielmehr begeben sie sich selbst in diese Situation hinein und handeln in Freiheit.

Es gibt Akte der Freiheit, die von einer Persönlichkeit her ohne Alternative sind, auch wenn es andere Handlungsoptionen gäbe. In solchen Akten versagt die übliche Terminologie von aktiv und passiv, von Freiheit und Zwang; offensichtlich kann man sich nur mit Umschreibungen oder Hilfstermini behelfen. Aufgrund der Zwanghaftigkeit, die zu diesem Freiheitsakt hintreibt, scheint es mir sehr wichtig, darauf zu verweisen, dass nur die wenigsten Akte, die unter Zwang geschehen, Akte höchster Freiheit sind. Auch ein Mörder mag sich zu seiner Tat gezwungen fühlen; Angehörige der Wehrmacht sahen sich z. T. aufgrund des Fahneneides, der Gehorsamspflicht oder einer erschreckenden Gruppendynamik gezwungen, an völkerrechtswidrigen Massenerschießung teilzunehmen. Das meiste, was Menschen unter Zwang tun, ist nicht Ausdruck höchster Freiheit, auch wenn sie aufgrund ihrer Zurechenbarkeit für ihre Taten voll verantwortlich sind.

Vor dem Hintergrund dieser Überlegungen zu freiwilliger Notwendigkeit kann für einen Geber, der sich zu einer Gabe (seiner selbst) gezwungen fühlt, bei deren Gebung er sich selbst vergisst und aufgrund der Freiheit der Gebung selbst empfängt, formuliert werden: *Frei sind ‚Zwangs-Taten' nur, wenn sie 1. nicht geschuldet sind und wenn der Täter 2. in ihnen weniger sich selbst als vielmehr den anderen im Blick hat.*

Diese These muss kurz erläutert werden. Geschuldet ist eine Tat dann, wenn es keine andere Möglichkeit zu ihr gibt. Dann hat sich der Täter entweder in eine Situation gebracht, in der er alle Handlungsoptionen bis auf diese eine verloren oder vernichtet hat. Dies ist immer dann der Fall, wenn er sich von den Erwartungen seiner Mitmenschen so sehr in die Enge getrieben fühlt, dass er gar nicht mehr anders handeln kann, als zu handeln, wie von ihm erwartet wird. Geschuldet ist eine Tat aber auch dann, wenn man sie um seiner selbst willen tut: Ich will mein Gesicht nicht verlieren, ich will mir selbst treu sein, ich bin Manns genug, das zu tun und die Konsequenzen zu tragen. Hier verliert man den anderen aus dem Blick und kümmert sich um das eigene Gesicht, die Ehre vor sich selbst und dem eigenen Spiegelbild.

Was ist eine ‚Zwangs-Tat' reiner Gebung? Das Subjekt könnte anders handeln, tut es aber nicht, weil es um den anderen besorgt ist.

Je länger Emmanuel Levinas geschrieben hat, um so mehr wurde diese Sorge um den anderen zur Besessenheit durch ihn. Er spricht davon, dass das Subjekt dem Anderen den Bissen Bort gibt, das es selbst zum Überleben nötig hätte.[11] Jean-Luc Marion beschreibt die positive Sorge um den anderen,[12] wenn er das „Erotische Phänomen" u. a. unter den Gesichtspunkten von Fleisch/Leib und Angesicht reflektiert, die er selbst an anderer Stelle als „saturierte Phänomene" bezeichnet hat[13] und in den Zusammenhang mit der Möglichkeit von Offenbarung bringt.[14] Dabei ist das erotische Phänomen nach Marion kein „phénomèn saturé", sondern lediglich ein „phénomèn raturé", ein durchgestrichenes Phänomen, weil es, wenn man es sichtbar macht, zur Pornographie verkommt.[15] Beim leiblichen Phänomen der Erotik verschwindet der Unterschied von Berühren und Berührtwerden, so dass wiederum die metaphysisch-on-

---

[11] *E. Levinas*, Jenseits des Seins oder anders als Sein geschieht, übers. v. T. Wiemer, Freiburg i.Br. u. a. 1998, 134: „Geben, für-den-Anderen-sein, wider Willen, doch dabei das Für-sich unterbrechend, heißt: sich das Brot vom Munde reißen, den Hunger des Anderen mit meinem eigenen Fasten stillen." Vgl. ebd., 149, 164, 166, 168f., 174f., 178, 304, 312. *Ders.*, Gott und die Philosophie, übers. v. R. Funk, in: B. Casper (Hrsg.), Gott nennen. Phänomenologische Zugänge, Freiburg i.Br. u. a. 1981, 81–123, 114: „Rückbezüglichkeit des Erwachens, das man als das Erschauern der Inkarnation beschreiben kann, durch welche das Geben einen Sinn erhält – ursprünglicher Dativ des *Für-den-Anderen*, wo das Subjekt Herz, Empfindsamkeit und austeilende Hand wird." Dazu: *F. Bruckmann*, Gut und Gabe. Ethisch Sprechen als Geburt des Subjektes bei Emmanuel Levinas (‚Autrement qu'être'), in: ThGl 96 (2006) 437–459. (ebenfalls abgedruckt in: N. Fischer/J. Sirovátka [Hrsg.], „Für das Unsichtbare sterben". Zum 100. Geburtstag von Emmanuel Lévinas, Paderborn 2006, 61–83.)

[12] *J.-L. Marion*, Das Erotische. Ein Phänomen. Sechs Meditationen, übers. v. A. Letzkus, Freiburg i.Br. 2011, 187: „Ich kann also zu recht daraus den Schluss ziehen, dass ich den anderen genieße, anstatt ihn einfach nur zu gebrauchen … Ich hafte an ihm um seinetwillen, weil ich mich an ihn drücke, um ihm seinen eigenen Leib zu geben … Ich hänge an seinem Leib um seinetwillen – damit er ihn empfängt." Dazu: *K. Wolf*, Philosophie der Gabe. Meditationen über die Liebe in der französischen Gegenwartsphilosophie (Ursprünge des Philosophierens 13), Stuttgart 2006, 135–160.

[13] *J.-L. Marion*, Étant donné. Essai d'une phénoménologie de la donation (Épiméthée), Paris 1997, 314–325.

[14] Vgl. *T. Alferi*, „Worüber hinaus Größeres nicht ‚gegeben' werden kann …" Phänomenologie und Offenbarung nach Jean-Luc Marion (Phänomenologie Kontexte 15), Freiburg i.Br. u. a. 2007, bes. 348–352.

[15] *J.-L. Marion*, Das Erotische (s. Anm. 9), 201.

tologische Sprache mit ihrer Aufteilung in aktiv und passiv versagt:[16] Anders als in der epistemischen und der ontologischen Reduktion geht Marion mit einer erotischen Reduktion davon aus, dass sich das Ich selbst empfängt, weil es geliebt werden will und sich deshalb nur in der leiblichen Liebe eines anderen seiner selbst gewiss werden kann.[17] Im Sich-Schenken und Sich-Hingeben ist der berührende Liebende dabei nicht um eine Autoaffektion bekümmert,[18] sondern vergisst sich in der freiwilligen Ganzhingabe an den anderen und wird gerade dadurch er selbst.[19]

Die reine Gabe ist auf Seiten des Gebenden dadurch gekennzeichnet, dass er vergisst, dass er gibt, weil er sich selbst und sein Geschenk in einem Akt höchst ‚zwanghafter Freiwilligkeit' gibt. Hier stehe ich und kann nicht anders.[20]

---

[16] Ebd., 179: „Ich werde gerade als derjenige angespornt, der sich als affiziert anerkennt; ich lasse mich umso mehr affizieren, je mehr ich meinem Begehren nachgebe; der andere affiziert mich gerade dadurch, dass er mich seine Passivität erfahren lässt."

[17] Ebd., 36–41. Ebd., 48: „Der Liebende steht folglich in einem Gegensatz zum Denken. Zuerst, weil er die Suche nach Gewissheit durch die nach Sicherheit ersetzt; weil er anstelle der Frage ‚Bin ich?' (auch in ihrer Variante des ‚Bin ich geliebt?') die bereits reduziert Frage ‚Werde ich geliebt?' setzt; weil er nicht ist, insofern er denkt, sondern, und vorausgesetzt, dass er noch sein soll, insofern man ihn liebt." Ebd., 61: „Die erotische Reduktion setzt jede Identität mit sich selbst außer Kraft, die sich auf ein Denken seiner selbst gründen würde."

[18] Ebd., 180: „Im Gegensatz zu dem, was Handel und Kommerz uns bis zum Überdruss einzutrichtern versuchen, macht die Auto-Erotisierung überhaupt keinen Sinn, noch hat sie auch nur die geringste Wirkung, genauso wenig wie die Selbststimulierung: denn immer braucht man dazu – und sei es nur in der Vorstellung oder Einbildung – den anderen, der mir meinen eigenen Leib gibt, den er jedoch nicht hat, und den ich mir, der ich ihn werde, dennoch nicht selbst geben kann. Ich affiziere mich in meinem eigenen Leib ausnahmslos durch den anderen".

[19] Ebd., 162f.: „Der Liebende individualisiert sich letztlich durch die Passivität ... Ich individualisiere mich selbst nicht dadurch, dass ich mich durch mich bejahe oder auf mich reflektiere, sondern *per procura*, in Stellvertretung – durch die Sorge, die der andere für mich trägt, dadurch dass er mich affiziert und mich durch diesen Affekt selbst erst entstehen lässt."

[20] J. *Werbick*, Gnade (Grundwissen Theologie), Paderborn 2013, 154 kommt zu einer sehr ähnlichen Formulierung: „Gott ... ‚kann' gar nicht anders, als sich den Menschen im Elend ihrer Menschen-Zwiespältigkeit zu schenken; und in diesem Geschenk ist er dennoch ganz frei, weil er in ihm ganz da ist, für die Beschenkten wirklich ist".

Natürlich kann ein solches Geschenk reinen Gebens abgelehnt werden, was schon manchem Liebhaber widerfahren ist, wenn sich die Geliebte plötzlich zurückzieht oder die Braut am Altar nein sagt. Durch die Ablehnung wird aber die Gabe nicht zerstört und der Geber nicht vernichtet. Ja, er wird traurig sein, aber der Akt des selbstvergessenen Sich-Hingebens bleibt bestehen. Dieser Akt wird natürlich von der positiven Annahme gekrönt, ist aber von der Disposition des Gebers her nicht an die positive Annahme geknüpft.[21] Oder um es mythisch-theologisch zu sagen: Hört Luzifer auf, ein Engel und Geschöpf Gottes zu sein, nur weil er das Leben bei Gott ablehnt? Wohl kaum.[22] Er bleibt Geschöpf, also einer, dem das Leben gegeben worden ist und der sich dieses Leben nicht selbst genommen hat.

2.2 Der Empfänger vergisst und gibt sich selbst

Am Beispiel von Luzifer wird deutlich, dass eine reine Gabe nicht durch die Ablehnung verunmöglicht oder prinzipiell annulliert wird. Die Gabe des Lebens an ein Kind bleibt Gabe, auch wenn das Kind an der Aufgabe verzweifelt und sich das Leben nimmt. Die Eltern werden sich größte Vorwürfe machen, aber die Gabe bleibt Gabe, Gabe der Eltern aneinander und gemeinsam an das Kind. Kinder wissen um diese Gabe, die nicht verschuldet, denn sie nehmen die Sorge der Eltern um ihr Wohl einfach als gegeben hin. Diese Sorge entsteht aus der Hingabe der Eltern aneinander, durch ihr Sichempfangen durch einander, durch ihr selbstvergessenes Geben und Emp-

---

[21] B. Liebsch, Umsonst: Die Gabe als nachträglich zu bewahrheitende Gegebenheit. Eine Zwischenbilanz der fragwürdigen Karriere der Gabe in kulturwissenschaftlichen, philosophischen und politischen Diskursen der Gegenwart, in: Allgemeine Zeitschrift für Philosophie 38, Nr. 1 (2013) 29–59, 53 fragt mit entgegengesetzter Intention: „(Warum sollte man sich, zugespitzt gefragt, also nicht von vornherein vornehmen, mit Verlust zu lieben, d. h. aus der Liebe ein Verlustgeschäft zu machen?) Was ist aber von einer Liebe zu halten, die sich nicht im Leben des oder der Geliebten als solche zu bewahrheiten hätte, d. h. in der Erfahrung des Geliebtwerdens, die allein die Anderen machen können?" Gabe muss offensichtlich nicht nur als Gabe angenommen werden (worum Liebsch weiß; s. Anm. 23), sondern muss m. E. auch als Gabe gegeben werden, allerdings als reine Gabe, d. h. ohne Berechnung und ohne darauf angewiesen zu sein, vom Empfänger als Gabe erkannt (und damit weitergegeben) zu werden.

[22] Bei J.-L. Marion, Das Erotische (s. Anm. 9), 37f. findet sich eine analoge Überlegung in philosophischem Kolorit.

fangen. Kindliche Schuldgefühle kommen, wenn überhaupt, erst später, wenn die Kinder beginnen zu erahnen, was die Eltern für sie getan haben. Bis dahin bleibt diese Gabe ohne Schulden – und bleibt es auch weiterhin, wenn sich die Kinder als Geliebte in einem sich selbst vergessenden Gabeprozess verstehen lernen. Kinder sind keine Rentenoption, sondern Gabeempfänger, die auch selbst vergessen können, dass sie empfangen. Dieses Vergessen gelingt, wenn der Geber unvoreingenommen gibt und nicht beabsichtigt, den anderen dadurch in ein Schuldverhältnis zu zwängen.[23]

Wer eine reine Gabe empfängt, wird nicht zum Schuldner und ist nicht gezwungen, in Zukunft etwas anders als Gegengabe zu leisten. Ein solches Empfangen reiner Gabe ermöglicht vielmehr das ungeschuldete Weiterschenken. Offensichtlich sind an diesem Punkt die Zuordnungen und Bedingungsverhältnisse sehr komplex, aber wichtig, um reine Gabe richtig zu verstehen: Es wird nicht gegeben, *damit* weitergegeben wird. Das wäre teleologisch-kausal gedacht. Sondern aus der Gabe, aus dem ersten Geschenk erwächst die Kraft, selbst zum Schenkenden zu werden. Nicht weil man etwas erwidern müsste und auch nicht, weil man gezwungen wäre, zu geben. Dann wäre das Gegebene keine Gabe, keine reine Gabe mehr. Wer unverschuldet empfangen hat, kann selbst zum Geber einer reinen Gabe werden.

Gegen den Vorwurf der Idealisierung reinen Gebens und Empfangens darf die Theologie auf die pneumatologische Dimension des Gabegeschehens aufmerksam machen. Der Empfänger einer reinen Gabe nimmt sich selbst nicht als Empfangenden wahr, weil er selbst – gleichsam sofort – zum Gebenden wird. Hier fallen Empfang und Weitergabe fast in eins, sind vielleicht sogar ein- und derselbe Vorgang. So ist es z. B. bei Paulus eine Gabe, zu heilen (1 Kor 12,9). Diese Gabe ist aber nicht irgendein Besitz des Arztes oder eine eingeübte Fähigkeit, die ausgeübt wird. Vielmehr ereignet sich das Wunder der Heilung wie von selbst. Natürlich muss der Arzt etwas dazu tun, muss sein Handwerk verstehen, aber dass eine klaffende Wunde verheilt, die er genäht hat, wird doch immer wieder Erstaunen erregen. Die Gabe des Heilens erweist sich also nicht dadurch, dass der Arzt sie für sich empfängt und verwaltet, sondern dass er sie an ei-

---

[23] Vgl. *B. Liebsch*, Umsonst (s. Anm. 21), 54–57.

nem anderen anwendet. Gleiches gilt für die Gabe des Lehrens (1 Kor 12,8). Natürlich kann es dabei zu ungesunden Abhängigkeitsverhältnissen zwischen Arzt und Patient oder Lehrer und Schüler kommen. Wenn aber Arzt und Lehrer sich dessen bewusst werden, dass sie selbst eine Gabe empfangen und weitergeben, werden sie die Dankbarkeit des Patienten oder Schülers nicht auf sich beziehen, sondern wissen, dass sie „nur" weitergeben, was sie selbst empfangen, aber nicht verursacht haben. Ein erster Gebender kann in diesen Vorgängen nur theologisch benannt werden, ohne dass man die Gaben des Heilens und Lehrens kausal auf ihn zurückführen könnte. Hier ereignet sich reine Gabe, so dass alle Beteiligten vergessen, wer gerade empfängt und wer gibt.

Das beschriebene Selbstvergessen von Geber und Empfänger im Gabevorgang muss dabei von dem reflexiven Wissen, Empfänger einer Gabe geworden zu sein, unterschieden werden. Wer darum weiß, empfangen zu haben, wird von der Dankbarkeit darüber erfüllt und durchströmt.[24] Im selbstvergessenen Akt des Gebens und im selbstvergessenen Akt des Empfangens gibt es allerdings noch kein reflexives Wissen darüber, beschenkt worden zu sein. Dementsprechend unterscheidet z. B. Leonardo Boff die „habituelle Gnade", die als „Bewegung ... in ihrer Gesamtrichtung betrachtet werden kann" und damit ein Erfahrungs-Phänomen reflexiver Spiritualität ist, von der „aktuellen Gnade", „die in ihrer konkreten *Aktion* in den Schritten eines Lebensweges gesehen werden kann".[25] Während eine Gesamtrichtung nur durch Reflexion erkannt werden kann, dürfen konkrete Einzelaktionen in diese eingeordnet werden, sind aber im Moment der Aktion bzw. ihres Erlebens noch nicht in diesem Rahmen verortet. Aktuell ist die Gnadenerfahrung selbstvergessen – und damit auch ambivalent[26] –, in der nachträglichen Reflexion kann sich ein Glaubensweg als Gnadenweg erweisen. Karl Rahner betont seinerseits den Unterschied zwischen dem reflexiven Wissen um die

---

[24] Zum Problem der rezeptiven Dankbarkeit: Liebsch, Umsonst (s. Anm. 21). K. *Bauer*, Einander zu erkennen geben. Das Selbst zwischen Erkenntnis und Gabe, Freiburg i.Br. u. a. 2012, 44; 186f. u. ö.
[25] L. *Boff*, Erfahrung von Gnade. Entwurf einer Gnadenlehre, übers. v. H. Goldstein, Düsseldorf 1978, 200.
[26] Paulus ist nach seinem Bekehrungserlebnis erst einmal mit Blindheit geschlagen, bevor er wieder (neu) sehen lernt (Apg 9,8f.18).

Gnade und der jeweiligen Situation, in der Gnade erfahren und gelebt wird.

„Transzendentale Erfahrung ... einerseits und reflektierte transzendentale Erfahrung andererseits sind genausowenig begrifflich dasselbe, wie Selbstbewußtsein und gegenständlich gemachte satzhafte Gewußtheit des Bewußtseins dasselbe sind."[27]

2.3 Der Selbstwert der ‚Objekte' reiner Gabe

Nachdem herausgearbeitet ist, dass in einem Geschehen reiner Gabe sowohl der Geber als auch der Empfänger sich selbst vergisst, indem sie ihr Eigeninteresse aus dem Blick verlieren und um des anderen willen handeln, und auch deutlich wurde, dass sie ihre Positionen im Gabegeschehen nicht einmal richtig benennen können, weil der Geber zum Empfänger und der Empfänger zum (Weiter)Geber wird, soll im Folgenden hervorgehoben werden, warum die Gabe von sich her bedeutsam ist und ihre Bedeutung nicht erst durch das Geschehen von Geben und Empfangen erhält.

Im Geschehen reiner Gabe geht es um nichts anderes als gerade um diese Gabe. Sowohl der Geber vergisst, dass er gibt und was er gibt – sich selbst, einen Teil von sich oder etwas –, er kann nicht anders und weiß nicht einmal recht, ob er nicht selbst der eigentlich Empfangende ist. Auch der Empfänger vergisst, dass er empfängt, weil er sofort selbst zum Gebenden wird und weder den Gebenden noch sich selbst in eine Schuldrelation entlässt. Wenn also die Bedeutung des Geschehens reiner Gabe weder vom Geber gespendet wird noch vom Empfänger entgegengenommen wird, dann liegt sie entweder im Geschehen des Gebens und Empfangens oder in der Gabe. Diese zweite Option soll nun als These vertreten und in ihrer

---

[27] *K. Rahner*, Grundkurs des Glaubens. Einführung in den Begriff des Christentums, Freiburg i.Br. u. a. 1976, 136. Vgl. dazu: *E.-M. Faber*, Art. Gnadenerfahrung, in: LThK 4 (^{3}1995) 792–794, 793: „In transzendentaltheol[ogischer] Reflexion zeigt K. Rahner, daß der Mensch als Wesen der Transzendenz aufgrund seiner alle Einzelgegenstände übersteigenden Finalität immer schon auf den gnädigen Gott als das unbegreifl[iche] Geheimnis verwiesen ist. Dieser Horizont wird apriorisch ungegenständlich erfahren u[nd] vermittelt sich kategorial durch die Welt- u[nd] Selbsterfahrung des Menschen."

Relevanz untersucht werden: *Die Bedeutung einer Gabe liegt in ihr selbst und nicht im Geschehen des Gebens und Empfangens.*

Diese These ist von sich her nicht sofort einsichtig und muss deshalb erläutert werden. Das Geschehen des Gebens und Empfangens ist selbst noch davon kontaminiert, ein Gabe-Geschehen zu sein. Es erhält seine Bedeutung also von den Relationen zwischen Geber, Empfänger und Gabe. Außerhalb dieses gewussten Zusammenhanges hätte das, was gegeben und empfangen wird, aber keinerlei Bedeutung, weil sich diese nur aus dem Gabe-Geschehen heraus entwickeln lässt. So beschreibt Mauss im Rückgriff auf Franz Boas sehr eindrücklich, dass sich der Wert der bei einem Potlatsch zu zerstörenden Kupferplatten aus ihrer Teilnahme an einem solchen ergibt:[28] Der Wert wird gleichsam nicht wertneutral ermittelt, sondern ergibt sich aus den symbolischen Zusammenhängen und der mit ihnen verbundenen Vorstellungen und Geschichte, in denen ein Gegenstand benutzt wird.[29] Bedeutung und Wert einer Sache ergeben sich nur aus dem Gabe-Prozess, den Mauss deshalb als Totalität beschreibt,[30] so dass es für die an ihm Beteiligten (Dinge) kein (gesellschaftliches) Außerhalb zu ihm geben kann, weil sie sich einzig aus ihm heraus verstehen.

Die von Mauss beschriebene Totalität erscheint nicht plausibel, weswegen im Folgenden die These vertreten wird, dass einem Gabe-Objekt auch außerhalb des ihm eigenen Gabe-Prozesses ein bestimmter Selbstwert zukommt. So hat z. B. eine zugewachsene Wunde als Narbe durchaus eine Bedeutung, auch wenn sich Arzt und Patient längst vergessen haben sollten; ihnen wurde zwar das Geschenk der Heilung zuteil – diese hat ihren Wert aber auch über das Erinnerungsvermögen der Beteiligten hinaus. Wo eine gute Tat passiert ist, wo also jemand einem anderen ohne Nutzenkalkül geholfen hat, dort wird in den Büchern des Lebens ein messianisch glücklich geglückter Augenblick verzeichnet. Mit dieser etwas vollmundigen Formulierung soll angedeutet werden, dass eine gute Tat nicht ver-

---

[28] *M. Mauss*, Die Gabe (s. Anm. 1), 114, Anm. 222.
[29] Ebd., 147f.: „*Alles beruht auf Etikette; es ist nicht wie auf einem Markt, wo man objektiv, zu einem bestimmten Preis, eine Sache nimmt.*" (Hervorhebung F.B.)
[30] Ebd., 22: „Wir haben vorgeschlagen, all dies das *System der totalen Leistungen* zu nennen." Vgl. ebd., 25; 90; 101; 119; 164; 176; 177: „Wir haben es mit ‚Ganzheiten' zu tun, mit gesellschaftlichen Systemen in ihrer Gesamtheit."

gessen wird, auch wenn es niemanden mehr gibt, der sich an sie erinnert. Es wäre doch zu seltsam, wenn eine solche Tat wie das Zucken eines Elektrons beim Umkreisen seines Atomkerns einfach bedeutungslos ist und in den Weiten des Universums untergehen würde. Eine gute Tat und damit das für alle unvermittelte Geschehen reiner Gabe wird nicht vergessen sein. Dies zeigt z. B. innerhalb eschatologischer Überlegungen die Metapher des Gedächtnisses Gottes, der alles sieht und nichts vergisst. Eine nicht berechnende Gabe und das empfangende Weitergeben gehören zu den blitzartig augenblickshaften Anfängen der Königsherrschaft Gottes, nach deren vollendetem Durchbruch sich die Christenheit so sehr sehnt.

Es zeigt sich dabei offenbar ein fundamentaler Unterschied zwischen dem (Selbst)Vergessen von Geber und Empfänger und der eschatologisch geltenden Erinnerung an die reine Gabe: Diese darf und wird gerade *nicht* vergessen und sie darf sich selbst nicht vergessen machen. Es wär nur zu schön, wenn man behaupten könnte, dass neben dem Geber und dem Empfänger auch die Gabe vergessen werden sollte, zumal diese im Hinblick auf das große Geschehen der Königsherrschaft Gottes verschwindend klein zu sein scheint.

Dass eine Gabe Bedeutung auch außerhalb des gewussten Gabe-Prozesses hat, soll an einem weiteren Beispiel gezeigt werden. Hat ein Wunder als Zeichen der anbrechenden Köngisherrschaft Gottes nur deshalb Bedeutung, weil Jesus es gewirkt hat? Nicht nur, denn auch andere haben Wunder gewirkt (Mk 9,38). Hat das Wunder Bedeutung, solange es eine Schuldrelation zwischen Geber und Empfänger bewirkt? Wohl kaum, denn auch Jesus ist nicht einfach Geber des Wunders, wenn z. B. eine Macht von ihm ausgeht, die er gleichsam nur vermittelt, aber nicht bewirkt (Mk 5,30). Das Wunder hat also Bedeutung als Wunder. Diese Bedeutung ist noch einmal anders als die Behauptung, dass das Wunder Bedeutung hat als Zeichen der anbrechenden Königsherrschaft Gottes. Denn als solches müsste es erst identifiziert werden. Bei Jesu Wundern war nicht klar, ob er sie mit dem Finger Gottes oder der Macht Beelzebuls wirkt (Mt 12,24–28). Ein Wunder muss also erst eingeordnet und verstanden werden. Von dieser Deutung hängt aber nicht ab, dass der Geheilte gesund ist. Das Wunder hat also seine Bedeutung von sich her. Und so ist es auch mit den anderen Geschehnissen reiner Gabe. Ihre Bedeutung liegt zuerst einmal darin, dass sie geschehen, nicht darin, wie sie verstanden werden – ob als Gabe, als Anbruch der Königsherrschaft Gottes, als naturwissenschaftliche Kuriosität oder als Wirken unheimlicher Kräfte.

Nachdem herausgearbeitet worden ist, dass es 1. reine Gabe gibt und dass sich in ihr 2. der Geber selbst vergisst, weil er nicht anders kann als zu geben, und dass sich in ihr 3. der Empfänger vergisst, weil er nicht zum Schuldner wird, sondern zum Geben ermächtigt wird, und dass 4. die Gabe ihre Bedeutung von sich her hat und nicht nur als Gabe wertvoll ist, soll im Folgenden das Geschehen reiner Gabe im Hinblick auf die Eucharistie verdeutlicht werden, wobei besonders der Aspekt der Leiblichkeit im Mittelpunkt des Interesses steht.

3. Die Leiblichkeit der eucharistischen Gaben

Im Deutschen unterscheidet man zwischen Leib und Körper. Der Körper ist die eher materielle Seite, wohingegen der Leib umfassender ist. Manche Körperteile kann ein Mensch entbehren, ohne Leib kann niemand leben. Der Mensch *ist* ein leibliches Wesen das altert und sich dessen bewusst ist, dass er von Materie und damit von anderem abhängt, weil er einen Körper *hat*, der aus Knochen und Fleisch besteht. Das Englische kennt für Körper und Leib nur body, und den romanischen Sprachen sieht man die Abhängigkeit vom Lateinischen corpus gut an: französisch corps, spanisch cuerpo, italienisch corpo.

Welche Bedeutung hat die deutsche Unterscheidung von Fleisch, Körper und Leib für die Eucharistie-Theologie? Aufgrund der analogen Unterscheidung zwischen Fleisch und Leib im Griechischen und Deutschen könnte der Verdacht aufkommen, dass es eine grundlegende Differenz zwischen leiblich-somatischer Eucharistie und fleischlich-sarkischer Inkarnation gibt.[31] In diesem Fall wäre die antignostische und antidualistische johanneische Rede, dass der göttliche Logos Fleisch (σάρξ – sarx) wurde (Joh 1,14: „ὁ λόγος σάρξ ἐγένετο.") und das himmlische Brot ebenso als Fleisch bezeichnet und zum Essen gereicht wird (Joh 6,51: „καὶ ὁ ἄρτος δὲ ὃν ἐγὼ

---

[31] Ist eine solche Gegenübersetzung angedeutet, wenn *P. Fiedler*, Das Matthäusevangelium (ThKNT 1), Stuttgart 2006, 389 formuliert: „Dabei bezeichnet *soma* ‚Leib' – das Ich in seiner leibhaftigen Ganzheit – das Gegenüber zu Blut wäre ‚Fleisch' (vgl. Joh 6,51c–56)."

δώσω ἡ σάρξ μού ἐστιν"), ein deutlicher Hinweis auf die *Fleischwerdung* des göttlichen Logos,[32] der Brot als lebensspendendes Fleisch zum Essen gibt.[33] Im Gegensatz dazu wären dann die bei Paulus und den Synoptikern überlieferten Abendmahlsworte der Hinweis darauf, dass Jesus nicht sein Fleisch oder gar etwas von seinem Fleisch zu essen gibt, sondern seinen Leib (σῶμα) und damit sich selbst.

Um dieser krassen Gegenüberstellung zu entgehen, lohnt es sich, die angesprochene sprachliche Dualität zwischen Fleisch und Leib um die Vorstellung des Körpers zu erweitern. Im Vergleich zum Fleisch ist der Körper schon differenzierter, er ist ein ganzer, ist etwas Zusammengesetztes, etwas das aus unterschiedlichen Gliedern besteht und funktioniert. Der Körper wird im Deutschen dem Geist entgegengesetzt, der zu ihm ein anderes Prinzip darstellt: Die beiden können nicht vermischt werden. Im Gegensatz dazu ist der Leib ein beseelter Körper, so dass zwischen Leib und Seele unterschieden wird, ohne dass diese beiden getrennt werden könnten.[34]

Maurice Merleau-Ponty hat das fast unentwirrbare Zueinander von Seele, Körper und Leib beschrieben und seine Überlegungen

---

[32] Zum Begriff „Fleischwerdung" vgl. R. *Bultmann*, Das Evangelium nach Johannes (KEK 2), Göttingen [21]1986, 38–43; R. *Schnackenburg*, Das Johannesevangelium (HThKNT IV,1), Freiburg i.Br. u. a. [2]1967, 241–244; H. *Thyen*, Das Johannesevangelium (HbzNT 6), Tübingen 2005, 89–91. K. *Wengst*, Das Johannesevangelium, 1. Teilbd.: Kapitel 1 10 (ThKNT 4,1), Stuttgart 2000, 61–68, bes. 61: „Die Aussage, dass ‚das Wort Fleisch ward', legitimiert nicht die christlich beliebt gewordene Redeweise von der ‚Menschwerdung Gottes'. Johannes spricht genauer von der Fleischwerdung des Wortes."

[33] M. *Theobald*, Das Evangelium nach Johannes (RNT), Regensburg 2009, 477 betont, dass Jesus nicht sich als Brot gibt, sondern das Brot gibt als „*Fleisch für das Leben der Welt*"', so dass es zu einer Parallelität zur Inkarnation kommt, „*welche ‚der Welt Leben gibt*"'. Wengst, Johannesevangelium (s. Anm. 32), 249f. hat dies ebenso interpretiert: „Mit der Identifizierung des Brotes, das Jesus gegeben hat, als seines ‚Fleisches' kann die Gabe des Brotes als seine Hingabe kenntlich gemacht werden. Indem auf Jesus bezogen vom ‚Fleisch' gesprochen wird, klingt damit auch die Aussage des Prologs in 1,14 an: ‚Das Wort ward Fleisch' – und dieses ‚Fleisch' geht den Weg in den Tod. Das ‚Brot Gottes', das ‚der Welt Leben gibt' (V.33), wird nun kenntlich als Hingabe Jesu ‚für das Leben der Welt'."

[34] T. *Borsche*, Art. Leib, Körper, in: HWP 5 (1980) 173–178, 174: „So dient der Ausdruck ‚Leib' eher zur Erörterung des Leib-Seele-Verhältnisses; Körper dagegen wird allgemeiner von Geist unterschieden, ohne daß damit eine Vereinigung beider ausgesprochen sein muß."

sollen helfen, die scheinbare Differenz zwischen Eucharistie und Inkarnation als zu vordergründig zu entlarven.

„Finden sich nicht im Körper [corps] Verbindungen der Organe zum Hirn, von der Natur dazu eingerichtet, der Seele eine Empfindung des ihr eigenen Leibes [corps] möglich zu machen? So werden Leibbewußtsein [conscience du corps] und Seele von neuem zurückgedrängt und stellt sich der Leib [corps] doch wieder als die wohlgereinigte Maschine dar, deren Funktionieren der zweideutige Begriff des Verhaltens vergessen zu machen drohte. Wenn etwa bei einem Amputierten sich an die Stelle der vom Bein ausgehenden Reize solche setzen, die auf der Leitung vom Stumpfende zum Gehirn lokalisiert sind, so empfindet der Amputierte ein Phantomglied, weil eben die Seele unmittelbar eines ist mit dem Gehirn, und mit ihm allein."[35]

Nach Merleau-Ponty hat der Mensch ein Leibbewußtsein, das auf physiologischen Grundlagen aufbaut, aber nicht auf dieses beschränkt werden darf, wofür er das Beispiel des Phantomgliedes anführt: Dieses ist objektiv nicht mehr da, wird aber subjektiv noch als da-seiend empfunden, wird weiterhin in das vom Leib erzeugte Körperschema hinzugerechnet[36] und kann sogar quälende Schmerzen verursachen. „Der Leib [corps] ist" für Merleau-Ponty „das Vehikel des Zur-Welt-seins", das dem Subjekt das In-der-Welt-Sein ermöglicht und ihm die Gegenstände der Welt zuhanden sein lässt.[37] Dies geschieht dabei nicht durch eine intellektuelle Abstraktionsleistung, sondern durch den beseelten Leib:

„Mein Leib [corps] hat seine Welt oder begreift seine Welt, ohne erst den Durchgang durch ‚Vorstellungen' nehmen oder sich einer ‚objektiviernden' oder ‚Symbol-Funktion' unterordnen zu müssen."[38]

Ganz offensichtlich ist es nach Merleau-Ponty nicht möglich, den Körper auf die Ebene des tumben Fleisches herabzuziehen, weil bei

---

[35] M. Merleau-Ponty, Phänomenologie der Wahrnehmung, übers. u. eingeführt durch eine Vorrede v. R. Boehm (Phänomenologische-psychologische Forschungen 7), Berlin u. a. 1966, 100.
[36] Ebd., 123.
[37] Ebd., 106.
[38] Ebd., 170.

der Betrachtung der physiologischen Grundlagen des Phantomgliedes und seiner Schmerzen der Leib selbst als Maschine erscheint, wohingegen er doch gleichzeitig auch ein eigenes Bewusstsein für den Menschen entwickelt und dessen Zur-Welt-Sein darstellt. So bildet nach Merleau-Ponty der Körper eine Art Schnittmenge zwischen Fleisch und Leib und kann je nach Diskurskontext eher die physiologisch-materielle Grundlage bezeichnen oder im Hinblick auf das Körperschema die leibliche Unversehrtheit einer Person, die mittels ihres Leibes ihre Welt begreift.

Das von Merleau-Ponty vorgetragene Leib-Verständnis erlangt dann seine volle Bedeutung, wenn man es mit dem christlichen Gedanken der Inkarnation des göttlichen Logos in Verbindung bringt. Der Leib ist nach Merleau-Ponty das entscheidende Ausdrucksmedium des Menschen, er ist sein Ausdruck, so dass die Bedeutungshaftigkeit menschlichen Seins nicht auf seiner Sprachfähigkeit aufruht, sondern auf seiner materiebasierten Leibhaftigkeit.[39] In diesem Sinne betont der Johannes-Evangelist in seinem berühmten Prolog gegen jeden Dualismus die reale Körperwerdung des Logos: Dieser wird wirklich Körper und umkleidet sich nicht mit einem ihm äußerlichen Fleisch, weil dieser Gedanke der Äußerlichkeit des Fleisches auf einer einseitigen Interpretation des Subjekt-Objekt-Gegensatzes und der Geistigkeit der Seele bei Descartes innerhalb der Moderne aufruht.[40]

Um nicht der folgenschweren Verwechslung zu unterliegen, dass man beim Abendmahl das Fleisch Jesu von Nazareth isst, betonen die sogenannten Einsetzungsworte, dass Jesus seinen Jüngern nicht sein Fleisch, nicht seine σάρξ reicht, sondern sein σῶμα, seinen Leib. „τοῦτό ἐστιν τὸ σῶμά μου. – Das ist mein Leib." (Mk 14,22 parr Mt 26,26; Lk 22,19; vgl. 1 Kor 11,24) Weil Jesus Brot in die Hand nimmt, wird unmittelbar deutlich, dass er den Jüngern keinesfalls sein Fleisch zum Essen gibt: Er gibt ihnen nicht seine Hand zum Essen, sondern das Brot in der Hand. Joachim Gnilka schreibt:

---

[39] Ebd., 207–235. Merleau-Ponty resümiert diesen Abschnitt wie folgt: „Daß Gebärde und Sprache den Leib gleichsam über sich selbst hinausheben, hat man seit je schon bemerkt, doch begnügte man sich mit der Meinung, sie müßten noch ein anderes Vermögen entfalten oder bekunden, das Denken oder die Seele. Man sah nicht, daß letzten Endes der Leib selbst das Denken, die Intention werden muß, die er uns je bedeutet, soll er sie ausdrücken können. Er ist es, der zeigt, er ist es, der spricht – dies eben ist es, was wir in diesem Abschnitt gelernt haben."
[40] Vgl. ebd., 47–74.

„Jesus bezieht das Brot unmittelbar auf sich selbst bzw. seinen Leib. Da Soma die Person umschreibt, ließe sich das Wort auch wiedergeben mit: Das bin ich selbst."[41] Jesus gibt sich selbst, aber er gibt nicht sein Fleisch. Die Verwechslung, Jesu gebe nicht sich, wenn er seinen Leib gibt, sondern gebe vielmehr etwas von seinem Fleisch zu essen, legt sich dabei nicht nur aufgrund der einseitigen Interpretation von Descartes in der Moderne nahe, sondern wurde von den Synoptikern und von Paulus schon in der griechisch-hellenistischen Welt „gespürt", wohingegen die johanneische Rede von der sarx wohl auf der semitischen Vorstellung von בשׂר aufruht, womit aber nicht das äußerliche Fleisch, sondern der ganze Mensch bezeichnet worden ist.[42] Außerdem macht z. B. Alexander Gerken darauf aufmerk-

---

[41] J. Gnilka, Das Evangelium nach Markus, EKK II/2, Einsiedeln u. a. 1979, 244.
[42] J. Betz, Eucharistie. In Schrift und Patristik, in: HDG IV/4a, 23: „Der Terminus σάρξ (statt σῶμα) bleibt auffällig. Ob er erst vom Evangelisten selbst gewählt oder bereits übernommen wurde, läßt sich nicht ausmachen, er könnte an sich auch Übersetzungsvariante des hebräischen Grundwortes basar sein. Sachlich bedeutet er – auch in der Verbindung mit αἷμα – nicht den beim Opfer vom Blut getrennten Bestandteil Fleisch, sondern wie in 1,14 und wie der Doppelausdruck ‚Fleisch und Blut' den ganzen Menschen, was die Weiterführung durch das Personalpronomen ‚mich' in 6,57 bestätigt. Der Begriff σάρξ unterstreicht antidoketisch die Wirklichkeit des Menschlichen und hat von 1,14 her eine inkarnatorische Note". Ganz in diesem Sinne schreibt U. Wilckens, Das Evangelium nach Johannes (NTD 4), Göttingen 1998, 106: „Und weil seine Kreuzigung zugleich seine Erhöhung ist, gibt er den Glaubenden an seinem Auferstehungsleben teil, indem er, der erhöhte ‚Menschensohn', sich in der ganzen Wirklichkeit seines ‚Fleisches' ihnen hingibt, so daß sie im Essen des eucharistischen Brotes mit ihm selbst, dem Lebendigen, zuinnerst verbunden werden." Womöglich aus sakramententheologischen Überlegungen heraus vertritt H. Thyen, Das Johannesevangelium (s. Anm. 33), 365 eine ganz andere Deutung: „Darum muß der gesamte V. 51 einschließlich des Prädikats φάγῃ der Protasis des Bedingungssatzes *metaphorisch* verstanden werden, das heißt: Wer immer (ἐάν τις) Jesu Wort hört, der darf es sich nicht zum einen Ohr hinein- und zum andern wieder herausgehen lassen, sondern muß es sich ‚einverleiben', so wie Ezechiel die ihm von Gott gereichte Buchrolle ‚aß' (Ez 2,8–3,3)." Vgl. J. Heilmann, Wein und Blut. Das Ende der Eucharistie im Johannesevangelium und dessen Konsequenzen (BWANT 4); Stuttgart 2014, 170f.: „Daraus resultiert der zentrale Unterschied, dass bei Paulus und den Synoptikern ‚das Essen des Brotes und das Trinken aus dem *Becher* im eigentlichen Sinne' [Mira *Stare*, Durch ihn Leben. Die Lebensthematik in Joh 6 (NTA N.F. 49), Münster 2004, 217; Herv. JH] vollzogen werden kann, bei Johannes das Essen des *Brotes* bzw. *Fleisches* und das Trinken des *Blutes* auf einer metaphorischen Ebene verbleibt." Vgl. ebd., 239: „Vielmehr lassen sich

sam, dass das johanneische Fleisch nicht außerhalb seiner pneumatologischen Dimension verstanden werden darf: „Der Geist ist es, der lebendig macht, das Fleisch nützt nichts." (Joh 6,63)[43]

Wenn man einmal diese zwei Missverständnisse ausgeräumt hat (johanneischer Fleisch-Realismus im krassen Gegenüber zur synoptisch-paulinischen Ganzhingabe in Verbindung mit einer einseitigen Descartes Interpretation in der Moderne und ihrem Gegensatz von Körper und Seele), stellt sich die Frage, wie eine leiblich-körperliche Selbstgabe verstanden werden kann.

Zuerst einmal muss entschieden werden, ob man das Abendmahlsgeschehen mit dem darauffolgenden Geschehen der Kreuzigung in Verbindung bringt. Dies wird im Folgenden getan, weil die biblische Überlieferung von dieser Verbindung berichtet: Es gibt – liturgisch gesprochen – kein Zeugnis über das letzte Abendmahl, das nicht von der Reflexion über die Zusammenhänge von Gründonnerstag bis Ostersonntag bzw. Pfingsten geprägt wäre. Deshalb gehe ich von einer engen Verbindung der Abendmahlsworte, der sogenannten *verba testamenti* mit dem Gang Jesu nach Gethsemani und Golgotha aus. Jesus gibt sich,[44] er gibt sich ganz, gibt seinen Leib und nimmt in einem Akt der Stellvertretung den Tod auf sich – für uns.

Josef Wohlmuth interpretiert die Abendmahlsworte von Emmanuel Levinas her. Mit ihm arbeitet er heraus, dass alles Sagen nicht nur eine Informationsebene beinhaltet, sondern von einer leiblich-materiellen Basis her getragen ist, dem Atmen. Damit wird alles Sprechen auch zu einer leiblichen Gabe des Selbst, weil sich das Sub-

---

die Motive vom Trinken des Blutes Jesu und vom Essen/Kauen seines Fleisches plausibel innerhalb des in Joh 6 entfalteten metaphorischen Netzwerkes verstehen, dem die konzeptuelle Metapher ESSEN/TRINKEN IST ANNAHME VON LEHRE zugrunde liegt. Sowohl das Bort als auch das Fleisch und Blut stehen für den inkarnierten *logos*, den die Jünger bzw. Glaubenden in Form seiner Lehre essen und trinken, also annehmen können."

[43] *A. Gerken*, Theologie der Eucharistie, München 1973, 53: „Gerade die Realpräsenz ist eingebettet in die Wirklichkeit, die der erhöhte Herr durch seinen Geist schenkt und die nur im Glauben empfangen werden kann. Von daher verbietet es sich von vornherein, die Realpräsenz außerhalb der pneumatischen, d. h. außerhalb einer personal-dialogischen Dimension auszulegen, etwa in einem naturphilosophischen Sinne."

[44] *T. Schneider*, Zeichen der Nähe Gottes. Grundriss der Sakramententheologie, Mainz 1979, 167: „Opfer meint jetzt Selbsthingabe".

jekt in der Anrede des anderen diesem zuwendet und ihm seinen Atem spendet. So schreibt Wohlmuth:

> „Sprache hat … eine der Verständigungsfunktion voraus- und zugrundeliegende Dimension, die mit ihrer leiblichen Verfasstheit zusammenhängt. Durch Sprache teilt der Sprechende nicht nur etwas mit, sondern er teilt als leibhaftiges Wesen zuerst *sich selbst* mit. Sprache wird zur Gabe … Die Einsetzungsworte der Eucharistie sind nicht zuerst Deuteworte, sondern *Gebe*-Worte. Sprache erweist sich hier in ihrer Tiefendimension als leibhaftiges Geben. Das Wort wird zum Brot des Lebens, indem Jesu Leib *gegeben* wird."[45]

Diese Interpretation der Abendmahlsworte gibt zu denken. Jesus gibt sich und interpretiert dabei weniger die Gabe-Geste mit deutend erklärenden Worten, als dass er vielmehr sich selbst leiblich-sprechend in seinen Worten gibt und dies mit einer zusätzlichen körperlichen Gabe-Geste unterstreicht.[46] So wird deutlich, dass er nichts für sich behält, dass er sein Leben für seine Jünger gibt, dass er sich ihnen gibt und sich dann auch für sie hingibt. Wie bereits an anderer Stelle betont,[47] kann dies meiner Meinung nach mit folgenden Worten einigermaßen deutlich umschrieben werden:

Ich will, dass Du lebst und deshalb gebe ich Dir alles was ich habe, auch wenn dies bedeutet, dass mein Leben dadurch verkürzt wird. Ich

---

[45] J. Wohlmuth, An der Schwelle zum Heiligtum. Christliche Theologie im Gespräch mit jüdischem Denken (Studien zu Judentum und Christentum), Paderborn, u. a. 2007, 277; vgl. 201; ders., „… mein Leib, der für euch gegebene" (Lk 22,19): Eucharistie – Gabe des Todes Jesu jenseits der Ökonomie, in: V. Hoffmann (Hrsg.), Die Gabe. Ein ‚Urwort' der Theologie?, Frankfurt a.M. 2009, 55–72, 63.
[46] Vgl. U. Luz, Das Evangelium nach Matthäus (EKK I/4: Mt 26–28), Düsseldorf u. a. 2002, 112f.: „Ist dies richtig, so kann gar keine wie auch immer geartete Identität zwischen Brot und Leib gemeint sein, sondern dies, daß sich der *Vorgang* des Brotbrechens, Verteilens und Essens auf Jesu Leib bezieht … Das Brot wird nicht nur interpretiert, sondern vor allem gebrochen, verteilt und gegessen."
[47] F. Bruckmann, in Ihm erkannt: Gott und Mensch. Grundlagen einer anthropologischen Christologie im Angesichte Israels (Studien zu Judentum und Christentum 28), Paderborn u. a. 2014, 138f.; ders., Hingegeben für die vielen – Stellvertretung zwischen ätiologischer Metonymie und Kontiguität, in: W. Schweidler (Hrsg.), Zeichen – Person – Gabe. Metonymie als philosophisches Prinzip, Freiburg i.Br. u. a. 2014, 267–297, 288.

gebe nicht nur, was ich habe, sondern was ich bin; ich gebe mich, mit Leib und Blut. Ich bin ein sterbliches Wesen und ich wende mich Dir zu, ich gebe Dir, Du empfängst von mir und hier wird deutlich, wenn wir uns der Ernsthaftigkeit und Tiefe dieses Geschehens wirklich bewusst werden, dass ich mich für Dich gebe, weil ich meine Zeit an Dich verschwende. Dies ist Liebe, dies ist Freundschaft, dies ist Hinwendung zum notleidenden Anderen hin: ich habe nur dieses eine Leben und ich habe nur eine sehr begrenzte Anzahl von Minuten und Sekunden. Jede einzelne verfliegt und ist unwiederbringlich verschwunden, wenn sie vorbei ist. Jede Sekunde, die ich Dir widme, kann ich nicht einem anderen Menschen widmen, so dass ich mich in jeder Hinwendung zu Dir verschwende, Dich wert schätze und anderen meine Zeit vorenthalte. Du bist mir so teuer und wichtig, dass ich mich auf Dich hin weggebe. Ich widme Dir meine Zeit, meinen Atem, mein Leben. Man könnte sogar so weit gehen, zu sagen, dass ich es Dir opfere. Hier zeigt sich der ganze Ernst der Zuwendung, auch der freundschaftlichen und liebenden Zuwendung zu einem anderen Menschen hin: ich habe nur dieses eine Leben, diese eine Zeit. Ich kann diese Zeit nicht anhalten, sie entgleitet mir, ich bin nicht Herr über meine Zeit. Deshalb ist jede Sekunde für Dich mein Geschenk an Dich, mein Leben. So kann Jesus Brot und Kelch nehmen, ihn seinen Jünger geben und dazu sagen: Nehmt, das ist mein Leib, nehmt, das ist mein Blut.

Ich will die Deutung von Josef Wohlmuth, dass die Abendmahlworte Gebe-Worte sind, im Folgenden vertiefen, indem ich auf zwei Aspekte aufmerksam mache.

Erstens handelt es sich bei den Einsetzungsworten nicht um einen beliebigen Sprechakt. Phänomenologisch wäre es gleichgültig, *was* Jesus sagt, es käme nur darauf an, *dass* er etwas sagt. Es ist allerdings für das gesamte Geschehen der Eucharistie und seine (Be)Deutung von größter Wichtigkeit, dass Jesus von seinem (körperlichen) Leib und seinem Blut spricht, das gegeben wird. Er sagt inhaltlich das aus, was er im Sagen tut und was ihn am nächsten Tag ans Kreuz bringen wird.

Und zweitens muss m. E. beachtet werden, dass die Gebe-Worte über Brot und Wein gesprochen werden, also über Nahrung.[48] Nah-

---

[48] Den Aspekt der Nahrung betont z. B. *B. J. Hilberath*, Art. Eucharistie, III. Systematisch-theologisch, in: LThK 3 (^{3}1995) 949–951, 950: „Nicht das Brot, inso-

rung und Leib gehören dabei aufs Engste zusammen, weil der Leib nicht ohne Nahrung leben kann. Natürlich könnten auch das Fleisch und der Körper nicht ohne Nahrung leben; dies trifft aber auf den Leib in besonderem Maße zu. Der Mensch ist kein beliebiger Materiehaufen, der frisst und säuft, sondern er ist ein Leibwesen, das ein Mehr als Energie bedarf, um zu überleben. Man lebt dabei auch von dem, was über die bloße Existenzerhaltung hinausgeht.[49] Die Ernährung des Leibes hat einen doppelten Aspekt: Der Körper wird erhalten und gleichzeitig wird der Geist gestärkt.[50] Mit Emmanuel Levinas könnte man formulieren:

> „Das Leben besteht nicht darin, die durch die Atmung und die Nahrung gelieferten Brennstoffe zu suchen und zu verbrauchen, sondern, wenn man so sagen darf, irdische und himmlische Nahrung zu verzehren."[51]

Irdische und himmlische Nahrung bezeichnen hier die materielle und die geistige Seite des Ernährungsvorgangs. Mit der Nahrung wird deutlich, dass sich der Mensch nicht selbst am Leben erhalten kann, sondern dass er sich anderes zuführen muss. Der Mensch wird am Leben erhalten, er ist darauf angewiesen, dass er etwas erhält, dass er etwas zur Verfügung gestellt bekommt, dass ihm gegeben wird. „Eine andere Energie, eine Energie, die als andere erkannt wird … wird im Genuß meine Energie, meine Kraft, Ich." schreibt Levinas.[52] Der Mensch ist auf Nahrung angewiesen und Nahrung bedeutet oft, dass anderem ein Ende bereitet wird, damit es mich näh-

---

fern es an sich, in seiner physikalisch-chem[ischen] Substanz (schol.: Akzidentien), betrachtet wird, sondern insofern es für uns Nahrung ist, Frucht der Erde u[nd] der menschl[ichen] Arbeit, Schöpfungsgabe, die ausgeteilt wird u[nd] z[um] Segen gereicht, wird in seinem Wesen gewandelt".

[49] Vgl. *E. Levinas*, Totalität und Unendlichkeit. Versuch über die Exteriorität, übers. v. N. Krewani, Freiburg i.Br. u. a. 1987, 152f.

[50] *F.-J. Nocke*, Spezielle Sakramentenlehre, in: T. Schneider (Hrsg.), Handbuch der Dogmatik, Bd. 2, Düsseldorf ²1995, 226–376, 269: „In der lebensnotwendigen Nahrungsaufnahme realisiert der Mensch, daß die Quelle des Lebens nicht in ihm selbst liegt und daß das Empfangen eine Grundbedingung des Daseins ist. Über die bloße Ernährungsfunktion von Essen und Trinken hinaus haben die meisten Völker eine Kultur des Mahlhaltens entwickelt: Durch gemeinsames Essen und Trinken wird Gemeinschaft dargestellt und hergestellt."

[51] *E. Levinas*, Totalität (s. Anm. 49), 158.

[52] Ebd., 153.

ren kann. Ich lebe vom Leben anderer. Dies wird besonders deutlich im Fleischgenuss, weil für diesen wirklich getötet werden muss. Deshalb macht Blut deutlich, dass ich eines anderen bedarf, dass ich mich nicht selber am Leben erhalten kann und dass mein Leben davon abhängt, dass u. U. ein anderer für mich sein Leben gibt. Blut wird für den anderen vergossen, so wie man sein Herzblut für etwas gibt, auch wenn es den eigenen Tod bedeutet.

Es wäre kaum im Sinne von Josef Wohlmuth, würde man die Eucharistie auf das Hören der Einsetzungsworte reduzieren wollen. Eucharistie darf nicht nur gehört werden, sie muss vollzogen werden, Brot und Wein müssen genossen werden. Hier zeigt sich die grundlegende Leiblichkeit des Menschen. Levinas schreibt lapidar: „Von Brot leben heißt also nicht, sich das Brot vorstellen".[53] Man kann sich nicht die Eucharistie nur vorstellen, man muss sie genießen. Es wäre zu wenig in diesem Zusammenhang nur von „essen" zu sprechen, denn das Essen hat die einfache Intention, sich zu ernähren, um etwas anderes zu tun. „Genießen" bedeutet etwas anderes. Der Mensch genießt um des Genießens willen, nicht damit er weiterarbeiten kann. Wahrscheinlich könnten sich Menschen auch von Haferschleim, Vitaminextrakten und Wasser ernähren. Das würde sie am Leben erhalten. Aber genießen würden sie ein solches Leben mit solcher Nahrung nicht. Essen um zu arbeiten würde Sklaverei bedeuten, Genuss befreit dagegen, worum auch Levinas weiß: „Das, wovon wir leben, versklavt uns nicht, wir genießen es."[54] Der Genuss bezeichnet gleichsam den geistigen Überschuss über das rein materielle Erhalten hinaus, ohne dass es von diesem getrennt werden kann und darf. Eine solche Trennung wäre Idealisierung, wäre im vorliegenden Kontext, sich die Eucharistie nur vorzustellen, sie geistig zu vollziehen, aber nicht auch körperlich-materiell. Gegen eine solche Spiritualisierung hat sich das Christentum immer gewandt, weil die Eucharistie dann zu etwas werden würde, was den eigenen Gedanken und Vorstellungen entspringen würde, sie wäre reine Intentionalität, wäre abhängig vom denkenden Subjekt. Im Gegensatz dazu muss Nahrung genossen werden, sie ist etwas widerständig anderes, das gekaut und zerkleinert werden muss. In diesem Sinne schreibt Levinas:

---

[53] Ebd., 154.
[54] Ebd., 159.

„Dieser Biß, dieser Zugriff auf die Sachen, der in ausgezeichneter Weise zum Akt des Essens gehört, ermißt das Mehr dieser Wirklichkeit der Nahrung gegenüber der vorgestellten Wirklichkeit".[55]
Eucharistie muss genossen werden, sie muss verzehrt werden, sie bedarf der materiellen Andersheit gegenüber einem nur denkenden Ich. Gleichzeitig bleibt deutlich, dass sich der Mensch mit der Nahrung ernährt, dass er von ihr lebt, ohne dass er sie sich so einverleibt, dass zwischen ihr und seinem fleischlichen Leib keine Differenz mehr ausgemacht werden könnte.

4. Thesenhafte Zusammenfassung

Im Laufe des vorliegenden Artikels wurden mehrere Thesen entwickelt und vertreten, die zum Schluss noch einmal zusammengefasst werden sollen.

1. Im Akt des Gebens einer reinen Gabe vergisst der Geber, dass er gibt, weil er gar nicht anders kann als zu geben.
2. Im Akt des Empfangens einer reinen Gabe vergisst der Empfänger, dass er empfängt: Er wird weder zum Schuldner noch ermöglicht oder verunmöglicht er die Gabe dadurch, dass er sie nimmt oder die Annahme verweigert; vielmehr wird er selbst zum Geben ermächtigt.
3. Das Gabe-Objekt einer reinen Gebung erhält ihren Wert nicht durch den Akt des Gebens und Empfangens, sondern ist von sich her von Bedeutung.
4. Der Mensch ist ein alterndes Leibwesen, das durch Nahrung am Leben erhalten werden muss und darum weiß, dass er auf andere(s) angewiesen ist.
5. Jesus gibt sich und verdeutlicht seine sagende Selbstgabe durch das Reichen von Brot und Wein.
6. Jesus gibt sich stellvertretend und geht für seine Botschaft der anbrechenden Königsherrschaft Gottes in den Tod.
7. In der Eucharistie feiert die Kirche die Erinnerung der Selbstgabe Jesu und genießt den Leib des Herrn als das, was sie am Leben erhält, ohne dass sie ihn (ernährungstechnisch) nötig hätte.

---

[55] Ebd., 181.

Der Tod als Gabe (an das Kind)
Das Opfer Abrahams, die Eucharistie und der Essay
Donner la mort von Jacques Derrida

Florian Bruckmann

Die folgenden Ausführungen nehmen ihren Anfang bei Jacques Derridas Essay *Donner la mort* (1.) und werden diesen Essay mittels einer dort zu findenden, prominenten Wendung – „Abraham gibt seinem Sohn den Tod" – neu zu verstehen versuchen; dabei wird diese Wendung gegen die normale Leserichtung nicht auf die bevorstehende Opferung, sondern vielmehr rückwärts gelesen, so dass sie auf die Zeugung und Empfängnis des geliebten Sohnes angewandt wird. Danach (2.) wird auf die eucharistie-theologischen Implikationen des Gedankens der Gabe des Todes an das Kind hingewiesen, um so Derridas Ablehnung der reinen Gabe entgegentreten zu können.

1. Jacques Derrida: *Donner la mort*

Jacques Derridas großer Essay *Donner la mort – Den Tod geben*[1] ist von einer sublimen Zweideutigkeit geprägt. Auf der einen Seite zeichnet er jüdisch-christlich-islamisches Opferdenken nach. Dieses entzündet sich in der Auseinandersetzung mit der erschütternden Bereitschaft Abrahams, Gott seinen geliebten Sohn Isaak darzubringen, sprich zu opfern. Auf der anderen Seite macht Derrida deutlich,[2] dass diese Auseinandersetzung mit dem Opferdenken den

---

[1] *J. Derrida*, Donner la mort, in: J.-M. Rabaté/M. Wetzel (Hrsg.), L'éthique du don. Jacques Derrida et la pensée du don, Paris 1992, 11–108; dt.: Den Tod geben, übers. v. H.-D. Gondek, in: A. Haverkamp (Hrsg.), Gewalt und Gerechtigkeit. Derrida – Benjamin (es 1706, NF 706), Frankfurt a.M. 1994, 331–445. Seitenangaben ohne weitere Literaturangabe beziehen sich im folgenden Kapitel auf die dt. Übersetzung.

[2] „Als eine evangelische und ketzerische zugleich läßt sich die Hyperbel dieser internen Kritik des Christentums an einem kurzen Pamphlet von Baudelaire, *L'École païenne* (1852), illustrieren." (435)

Zweck erfüllt, dieser Art des Denkens den Spiegel vorzuhalten, um einerseits der Faszination seiner Anziehungskraft nachzuspüren und andererseits bereits zu Anfang der 1990er Jahre vor der Radikalität der Nachahmung bzw. den Folgen solchen Denkens zu warnen.

Der Essay ist im Rahmen einer Tagung entstanden, die sich mit Derridas Begriff der Gabe und dessen Implikationen für die Ethik beschäftigt hat. In vier unterschiedlich langen Kapiteln stellt Derrida seine Überlegungen zum Begriff der Gabe vor, die in Teilen bereits vor der Tagung bekannt waren:[3] Im ersten Kapitel (331–363) setzt sich Derrida mit dem Aufsatz *Ist die technische Zivilisation zum Verfall bestimmt?* aus Jan Patočkas Sammlung der *Ketzerischen Essais zur Philosophie der Geschichte*[4] auseinander. Im zweiten Kapitel (363–380) arbeitet Derrida in einer Konfrontation mit Martin Heidegger und Emmanuel Levinas seine zentrale Fragestellung heraus. Das dritte Kapitel (380–408) widmet sich dem Opfer Isaaks in der Lesart von Søren Kierkegaard. Das vierte Kapitel (408–440) ist eine ausführliche Auseinandersetzung mit christlichem Gabe-Denken anhand der Bergpredigt.

Im Folgenden kann keine ausführliche Auseinandersetzung mit dem gesamten Essay erfolgen;[5] es sollen vielmehr aus eucharistietheologischer Perspektive einige Überlegungen zu Derridas Begriff

---

[3] *J. Derrida*, Donner le temps I. La fausse monnaie, Paris 1991; dt. Falschgeld. Zeit geben I, übers. v. A. Knop/M. Wetzel, München 1993.

[4] *J. Patočka*, Ist die technische Zivilisation zum Verfall bestimmt?, in: Ders., Ketzerischen Essais zur Philosophie der Geschichte und ergänzende Schriften, übers. v. P. Sache, Stuttgart 1988, 121–145.

[5] *K. Busch*, Geschicktes Geben. Aporien der Gabe bei Jacques Derrida (Phänomenologische Untersuchungen 18), München 2004; *J. D. Caputo/M. J. Scanlon* (Ed.), God, the Gift and Postmodernism (The Indiana Series in the Philosophy of Religion), Bloomignton 1999; *M. L. Frettlöh*, Der Charme der gerechten Gabe. Motive einer Theologie der Ethik der Gabe am Beispiel der paulinischen Kollekte für Jerusalem, in: J. Ebach (Hrsg.), „Legt Anmut in das Geben": Zum Verhältnis von Ökonomie und Theologie (Jabboq 1), Gütersloh 2001, 105–161; *H.-D. Gondek/B. Waldenfels* (Hrsg.), Einsätze des Denkens. Zur Philosophie von Jacques Derrida (stw 1336), Frankfurt a.M. 1997; *R. Horner*, Rethinking god as gift. Marion, Derrida, and the limits of phenomenology, New York 2001; *J. Wohlmuth*, Vom Tausch zur Gabe – Die theologische Bedeutung des neueren Gabediskurses, in: Ders., An der Schwelle zum Heiligtum. Christliche Theologie im Gespräch mit jüdischem Denken (Studien zu Judentum und Christentum), Paderborn u. a., 194–224; *P. Zeillinger/M. Flatscher* (Hrsg.), Kreuzungen Jacques Derridas. Geistergespräche zwischen Philosophie und Theologie, Wien 2004.

der Gabe angestellt werden. Diesen entwickelt Derrida nicht systematisch, was bei Derrida auch nicht zu erwarten ist. Vielmehr muss sein Gabe-Begriff als Hintergrundfolie für seine Auseinandersetzung und Kritik verstanden und deshalb aus dem Argumentationsgang des Essays „herausgeschält" werden. Bei dieser Lesart und Vorgehensweise ist es allerdings nicht möglich, jeder Facette des Denkens Derridas zu folgen. Um Derrida trotzdem einigermaßen gerecht zu werden, soll im ersten Abschnitt (1.) relativ grob der Argumentationsgang des Essays nachgezeichnet werden, bevor im nächsten Abschnitt (2.) sehr viel kleinteiliger auf einen einzigen Gedanken Derridas eingegangen wird, der auf seine eucharistie-theologische Relevanz geprüft werden soll.

1.1 Verdrängter Konstruktionspunkt abendländisch-christlicher Ethik (Jan Patočka)

Derrida entwickelt in *Donner la mort* seinen Begriff der Gabe im Rahmen der abendländisch europäischen Ethik. Patočka grenzt in seinen *Ketzerischen Essais* den Begriff der Verantwortung vom „Mysterium des Sakralen" (331) ab: Es gelte nach Patočka „das dämonische Geheimnis ebenso wie das orgiastische Sakrale" (332) zu überschreiten, zu beherrschen, zu integrieren und zu unterwerfen.[6] An diesem Punkt setzt Derrida an, um Patočkas Gedankengang aufzufalten, indem er psychoanalytische Interpretationstermini anwendet. ‚Integrieren' und ‚unterwerfen' haben mit *„Einverleibung* und *Verdrängung"* (339) zu tun. Es gelingt der Religion, hier dem Christentum, nicht, das Orgiastisch-Mysterische zu bewältigen, indem es dieses zu überwinden versucht,[7] sondern dieses bleibt, wenn auch verborgen, in ihm enthalten. Patočka macht nach Derrida in seiner Analyse den Fehler, dass er nicht die Kategorie oder Ebene wechselt, sondern nur ein Mysterium durch ein anderes vertauscht,[8] so dass

---

[6] „Das Subjekt der Verantwortung wäre das Subjekt, das es vermocht hat, sich das orgiastische oder dämonische Mysterium zu unterwerfen." (332)

[7] *Patočka*, Ist die technische Zivilisation (s. Anm. 4), 130, zitiert 341: „Die Höhle ist ein Nachklang unterirdischer Mysterienorte, sie ist der Schoß der Mutter Erde. Platons neuer Gedanke beruht auf dem Willen, den Schoß der Mutter Erde zu verlassen und den lauteren ‚Weg des Lichtes' zu beschreiten".

[8] „Doch die platonische Anabase liefert nicht den Übergang vom orgiastischen

die Entwicklung bzw. Genealogie der Verantwortung aus dem Orgiastisch-Mysterischen über das (bewahrend) Platonische hin zum (verdrängend) Religiös-Christlichen kein reinigendes Moment enthält, sondern stets infiziert bleibt von der anfänglichen, nicht zu verantwortenden Geheimnishaftigkeit.

> „Die Logik dieses bewahrenden Bruchs ähnelt der *Ökonomie eines Opfers,* welches bewahren würde, was es preisgibt ... Die Verdrängung zerstört nicht, sie verschiebt von einem Ort des Systems zu einem anderen." (338)

Während sich der Platonismus etwas vom „dämonischen Mysterium" bewahrt, kommt es in der Auseinandersetzung mit diesem im Christentum zur Idee des „*mysterium tremendum*" (337). Spätestens dieses hängt nach Derrida mit Ökonomie, mit Opfer und damit mit Gabe zusammen.[9] Und so hat Derrida den geheimen Konstruktionspunkt von Patočkas *Ketzerischen Essais* gefunden, der seinem eigenen Essay den Namen gegeben hat. Nach ihm handelt es sich bei der Geschichte der Verantwortung um eine Geschichte des Geheimnisses, sei es nun bewahrt oder verdrängt. Diese Geschichte ist „an die verschiedenen Figuren des gegebenen Todes gebunden." (340) Derrida spürt deshalb in seinem gesamten Essay den verschiedenen Figuren und weitläufigen Facetten des Gedankens ‚den Tod geben' nach. Für ihn hat die Wendung „*donner la mort* – den Tod geben" (ebd.) mindestens zwei Bedeutungsrichtungen, wenn man sie in diesem Fall reflexiv als *sich* den Tod geben liest. Einerseits kann man sich selber den Tod geben und Selbstmord begehen. Auf der anderen Seite kann man einem Anderen den Tod geben, indem man sein eigenes Leben aufopfert und für ihn stirbt, so dass man dem eigenen Tod einen Sinn gibt.[10] Die erschreckendste Alternative ergibt sich aus

---

Mysterium zu einem Nicht-Mysterium. Sie ist die Unterordnung eines Mysteriums unter ein anderes, Konversion eines Geheimnisses in ein anderes." (338)

[9] Vgl. 335; 337.

[10] „Was heißt im Französischen *donner la mort*, den Tod geben? Wie gibt man *sich* den Tod? Wie gibt man ihn sich in dem Sinne, wo sich den Tod geben heißt, so zu sterben, daß man die Verantwortung für seinen Tod auf sich nimmt, Selbstmord zu begehen, aber eben auch, sich für den Anderen zu opfern, *für den Anderen zu sterben*, also vielleicht sein Leben zu geben, indem man sich den Tod gibt, indem man den gegebenen Tod akzeptiert, wie das auf so verschiedenartige Weise Sokrates, Christus und einige andere zu tun vermocht haben?" (340)

der Nicht-Bewältigung des Geheimnisses, so dass das *mysterium tremendum* zur Gabe, der Gabe des Todes wird.

Diese Tatsache wäre vielleicht nicht weiter erwähnenswert, wenn es nicht größte Folgen für religiös motiviertes Handeln hätte. Religion ist von ethischem Handeln und damit von Verantwortung nicht zu trennen.[11] Und diese Verantwortung setzt ein freies Subjekt voraus.[12] Trotzdem bleibt in der erwähnten Einverleibung und Verdrängung des Geheimnisses ein Rest des Nicht-Bewältigbaren und damit Nicht-Verantwortbaren bestehen. Einerseits ist die Zähmung des Dämonischen, Orgiastischen, Geheimen die Voraussetzung für Verantwortung, andererseits muss in der Verantwortung ein Rest von Unverantwortung, von Geheimnis bestehen bleiben, weil dieses gleichsam die Bedingung der Möglichkeit von Verantwortung darstellt.[13] In ihrem innersten Kern ist Verantwortung unverantwortlich; es gibt nicht-verantwortliches verantwortliches Handeln. Dieses nicht-verantwortbare verantwortliche Handeln ist – religiös – das Opfer, wenn es sich bei ihm nicht um das Opfer des eigenen Lebens handelt, sondern um das Leben des Anderen. Dem Anderen den Tod zu geben, diese Gabe des Todes, das Opfer ist nicht verantwortbar und lässt sich nach Derrida auf die Genese der Verantwortung zurückführen, die sich über den Platonismus bis zum Orgiastischen zurückverfolgen lässt.[14]

---

[11] „Die Religion ist Verantwortung oder sie ist nicht." (332)
[12] „Die Religion setzt den Zugang zur Verantwortlichkeit eines freien Ichs voraus." (331)
[13] „Das Geheimnis der Verantwortung bestünde darin, das Geheimnis des Dämonischen geheim (einverleibt) zu bewahren und damit in sich einen Kern von Unverantwortlichkeit oder absolutem Unbewusstsein ... zu beherbergen." (349) „Man muß unaufhörlich daran erinnern, daß eine gewisse Unverantwortlichkeit sich überall einschleicht, wo Verantwortung verlangt wird" (354).
[14] „Die grundsätzliche politische Dimension dieser Krypto- oder Mysto-Genealogie wird damit deutlicher. Sie scheint genau den Einsatz zu bilden, um den es in diesem Übergang vom platonischen Geheimnis (das mit dem einverleibten dämonischen Mysterium schwanger geht) zum christlichen Geheimnis als *mysterium tremendum* geht." (350) Die politische Dimension der Überlegungen von Patočka und Derrida kann hier nicht verfolgt werden, obwohl sie einen wichtigen Argumentationsstrang innerhalb des Essays darstellt. Im Prinzip geht es darum, zu einer vom Platonismus gereinigten und damit verantwortbaren Politik zu gelangen (vgl. 352; 357f.).

„Die Behauptung, eine verantwortliche Entscheidung müsse sich nach einem Wissen richten, scheint zugleich die Bedingung der Möglichkeit der Verantwortung (man kann eine verantwortliche Entscheidung nicht ohne Wissen und Bewußtsein fällen, ohne zu wissen, was man tut, aus welchem Grund, mit welcher Absicht und unter welchen Bedingungen man es tut) und die Bedingung der Unmöglichkeit der sogenannten Verantwortung (wenn eine Entscheidung gemäß diesem Wissen getroffen wird, das zu befolgen oder zu entwickeln sie sich begnügt, so ist dies keine verantwortliche Entscheidung mehr – es ist die technische Umsetzung eines kognitiven Dispositivs, die bloße maschinelle Entfaltung eines Theorems) zu definieren." (353)

Derrida stellt die Aporien des religiösen Verantwortungsbegriffes klar vor Augen: Nur ein freies Subjekt kann verantwortlich handeln, indem es seine Handlungen nach bestem Wissen und Gewissen ausführt. Wenn es allerdings sein Handeln nach diesem Wissen ausrichtet, dann ist seine Handlung nicht mehr verantwortlich, weil es die Einsicht in die Zusammenhänge geradezu zwingt, so zu handeln, wie es handelt. Auch diese Paradoxie des Verantwortungsbegriffes stellt eine Figur des gegebenen Todes dar, weil sie sich aus der Idee des christlichen *mysterium tremendum* ergibt. Religiöses Handeln erfolgt als Antwort auf einen Ruf (355), wobei der Rufer entzogen bleibt und nicht gesehen werden kann: er bleibt geheim (356).

Im Rückblick auf den ersten Abschnitt des Essays *Donner la mort* kann festgehalten werden: Derrida beginnt seinen Gedankengang mit einer intensiven Auseinandersetzung mit Patočka und erarbeitet in dieser die Aspekte, die im vorliegenden Zusammenhang von Bedeutung sind. Nach ihm hängt die Vorstellung des Opfers, nicht des eigenen Opfers, sondern des Opfers des (eines?) Anderen, von der Figur des gegebenen Todes ab, das sich aus der Weiterentwicklung und Verdrängung des Geheimnisses in der Religion ergibt. Ethisches Handeln wird hier konzipiert als Antwort auf einen erfolgten Ruf, dessen Ausgangspunkt unzugänglich ist. Weil der Gläubige die Herkunft des Rufes nicht benennen kann, handelt er verantwortlich unverantwortlich. Mit der gleichen Figur des gegebenen Todes ist auch das Opfer zu verstehen, das sowohl das Selbst- als auch das Fremdopfer bedeuten kann und vom Gläubigen als verantwortbar erfahren wird, weil es ihm aufgegeben wird und damit als Gabe begegnet.

1.2 Jeder andere ist Gott (Martin Heidegger und Emmanuel Levinas)

Aufgrund des Gedankenganges des ersten Kapitels muss sich das zweite notwendigerweise mit der Ambivalenz des Opfers beschäftigen und fragen, inwiefern es als Gabe verstanden werden kann.

„Die Gabe, die mir durch Gott widerfährt, insofern er mich unter seinen Blick und in seine Hand nimmt, während er mir unzugänglich bleibt, die furchtbar dissymmetrische Gabe dieses *mysterium tremendum* gibt mir zu antworten, erweckt mich zu der Verantwortung, die sie mir gibt, nur, indem sie mir den Tod, das Geheimnis des Todes, eine neue Erfahrung des Todes gibt. Ob dieser Diskurs über die Gabe und über die Gabe des Todes ein Diskurs über das Opfer und über den *Tod für den Anderen* sei oder nicht, wäre das, was wir uns nun zu fragen hätten." (362)

Um die religiöse Eigenart der Figur ‚den Tod geben' im Zusammenhang mit dem *mysterium tremendum* herauszuarbeiten, beginnt Derrida das zweite Kapitel mit einer Erinnerung an den Philosophen Martin Heidegger. Dieser denkt das Sein zum Tode, so dass sich bei ihm das Subjekt den Tod dadurch gibt, dass es den eigenen Tod vorwegnimmt. Durch diese Vorwegnahme des eigenen Todes gelangt das heideggersche Subjekt zur Freiheit (368). Im Gegensatz zu Heidegger denkt Religion bei Patočka (in den Augen von Derrida) den gegebenen Tod als Gabe, die von dem gegeben wird, der das Subjekt sieht, ohne dass dieses wiederum ihn sähe. „Die christliche ‚Wendung', die *ihrerseits* die platonische Konversion konvertiert, ist der Einbruch einer Gabe." (368) Der Gläubige empfängt seine Freiheit, sein Subjektsein und die Möglichkeit, ethisch zu handeln, von einem Anderen her, so dass er den eigenen Tod als Gabe der Güte empfängt.[15] Diese Güte wiederum verpflichtet den Gläubigen, so dass sie ihm Gesetz ist. Da nur ein Sterblicher verantwortlich sein kann, weil er einzig in seinem Tod unvertretbar ist, sind in der Lesart von Derrida Gabe, Güte, Gesetz und Tod für den Gläubigen in eigentümlicher Weise miteinander verwoben.

„Meine Unvertretbarkeit wird also vom Tod verliehen, gestiftet, man könnte sagen, gegeben. Es ist dieselbe Gabe, dieselbe Quelle,

---

[15] „Das Gegebene – und dieses wird auch ein gewisser Tod sein – ist nicht etwas, sondern die Güte selbst" (368).

man müßte sagen, dieselbe Güte und dasselbe Gesetz ... In diesem Sinne ist einzig ein Sterblicher verantwortlich." (369) Derrida greift wieder auf Heidegger zurück, um den Gedankengang von Patočka zu akzentuieren: Während Heidegger (wie Kant) von der Unmöglichkeit *anstelle* des Anderen zu sterben spricht, so dass das Subjekt ihn nicht in einer Art Tausch mit der Gabe seines Lebens von seinem Tod erlösen und ihm keine Unsterblichkeit geben kann, ist das nach Derrida bei Patočka und Levinas womöglich etwas anders.[16] Derrida sieht den Unterschied zwischen Heidegger[17] und Patočka / Levinas darin, dass im Rahmen des Denkens der Sorge um sich niemand mir den Tod abnehmen oder geben kann, weil es jeweils der je meinige Tod ist, den das Ich sterben muss.[18] Im Umkehrschluss gilt, dass Ich auch nicht dem Anderen den Tod nehmen und ihn ihm auch nicht geben kann. Heidegger denkt in diesem Sinne nur die Möglichkeit, *sich* den Tod zu geben, indem man ihn auf sich nimmt, ohne die Möglichkeit, dass mir ein Anderer den Tod gibt oder nimmt, und ohne die Möglichkeit, dass Ich einem Anderen den Tod gebe oder nehme.[19] Von diesem jemeinigen Tod bei Heidegger hebt Derrida die Verantwortlichkeit für den Tod des Anderen bei Levinas ab (374). Levinas frag nicht nach dem Tod des Ich, sondern in erster Linie nach dem Tod des Anderen: Dieser ist für das Ich das viel dringendere Problem.

---

[16] „Nur ein Sterblicher kann geben, haben wir oben gesagt. Wir müssen jetzt hinzufügen: und dieser Sterbliche kann nur Sterbliches geben, weil er alles geben kann außer der Unsterblichkeit, außer dem Heil als Unsterblichkeit – und damit halten wir uns offenkundig an die Heideggersche Logik des Opfers, die vielleicht weder die von Patočka, der ihr bis zu diesem Punkt zu folgen schien, noch die von Levinas ist." (371)

[17] Derrida interpretiert hier (371f.) zwei Sätze aus *M. Heidegger, Sein und Zeit*, Tübingen [17]1993, 240: „Solches Sterben für ... kann aber nie bedeuten, daß dem Anderen damit sein Tod im geringsten abgenommen sei. Das Sterben muß jedes Dasein jeweilig selbst auf sich nehmen."

[18] „Jeder muß – und das ist die Freiheit und das ist die Verantwortung – seinen eigenen Tod auf sich nehmen, die einzige Sache in der Welt, die niemand *weder geben noch nehmen* kann. Denn man könnte im Französischen sagen, daß in dieser Logik zumindest niemand weder mir den Tod geben noch mir den Tod nehmen kann." (372)

[19] „Doch wenn er [der Tod; F.B.] weder sich nehmen noch sich geben lässt, dann *vom* Anderen und *dem* Anderen – weshalb ihn nur *sich* geben kann, indem man ihn *auf sich (selbst)* nimmt." (373)

„Dieser Tod [als Sterben *für* den Anderen; F.B.] gibt sich nicht zunächst als Vernichtung. Er stiftet die Verantwortung als ein *Sich-den-Tod-geben* oder *seinen Tod, das heißt sein Leben anbieten,* in der ethischen Dimension des Opfers." (375)

Von diesen zwei mehr oder minder nicht-christlichen Gedankengängen zum Tod[20] setzt Derrida denjenigen Patočkas ab, von dem ausgehend er trotz aller Differenzen und geäußerten Kritik einen christlichen Gedankengang ‚re-konstruiert'.[21] Das eigentümliche des christlichen Gedankens zum gegebenen und damit zum verantworteten Tod ist nun, dass er nicht ohne den Begriff der Gabe gedacht werden kann,[22] die eine personale Relation zwischen Geber und Empfänger impliziert. Christliche Verantwortung ist immer „Bezug auf den Anderen, eine Antwort auf den Anderen", was Derrida abhebt von der Güte, die nichts anderes als „objektive Transzendenz sei", und damit reduzierbar auf ein „Kalkül" (378). Wenn er sich aber auf den christlichen Gedanken des Ursprungs der Verantwortung einlässt, dann muss es in den Augen von Derrida ganz notwendig zum Gedanken der Inkarnation kommen, den er folgendermaßen nachspricht, ohne von ihm überzeugt zu sein[23]:

„Unter welchen Bedingungen gibt es [im christlichen Sinne; F.B.] Güte, jenseits des Kalküls? Unter der Bedingung, daß die Güte sich selbst vergißt, daß die Regung Regung einer auf sich selbst verzichtenden Gabe sei, also Regung unendlicher Liebe. Es ist eine unendliche Liebe vonnöten, um auf sich zu verzichten und um endlich zu werden, sich zu verleiblichen, um so den Anderen und zwar den Anderen als endlichen Anderen zu lieben." (378)

In krassen Worten schildert Derrida die notwendigen Folgerungen aus dieser Art zu denken. Wenn wirklich eine unendliche Liebe gedacht wird, die sich selber schenkt und die somit zur Gabe wird,

---

[20] Derrida weiß sehr genau, dass die Ab- oder gar Ausgrenzung Heideggers und Levinas' vom/aus dem Christentum sehr schwierig ist; vgl. 376.
[21] „Patočka sagt das so nicht, und ich schließe das etwas fernab von ihm oder von seinem Buchstaben." (379)
[22] „Die christlichen Themen können um die *Gabe* als Gabe des Todes ... herum versammelt werden." (377)
[23] Derrida vermerkt seine eigene Verwunderung über diese Wendung seines Essays mit den Worten: „Wir haben somit die Möglichkeit eines Sterblichen *hergeleitet*" (379; Hervorhebung F.B.).

dann ist der Beschenkte zur Antwort und zur Widergabe gezwungen, ohne die Möglichkeit zu haben, nicht zu antworten oder wider zu schenken. Der Beschenkte wird, weil er auf den Anderen hin verpflichtet ist, in die Verantwortung für den Anderen hineingezwungen, ohne sich dieser Verantwortung entziehen zu können. Gleichzeitig ist klar, dass niemand dieser Verantwortung gewachsen ist, weil sie vom Unendlichen ausgeht und deswegen unendlich überfordert.[24]

Mit der Lektüre von Kierkegaards *Furcht und Zittern* arbeitet Derrida nun heraus, wie sich christlicherseits die Überforderung durch einen entzogenen Anderen auswirkt, auf den man verpflichtet ist, weil er der Gesetzgeber ist.

1.3 Verantwortungslose Ethik (Søren Kierkegaard)

Ein Mysterium regt zum Zittern an, weil es als Geheimnis[25] undurchschaubar und unbewältigbar ist.[26] So wird das Mysterium zum *mysterium tremendum* bzw. als solches erfahren und wird christlicherseits mit Gott assoziiert (394), der seinerseits unbekannt und unsichtbar, transzendent vorgestellt wird. So kommt es nach Derrida im Christentum wie im Judentum und im Islam (391) zu einer (unheilvollen) Allianz zwischen dem *mysterium tremendum* und der Gabe des Todes,[27] die noch durch die Dissymmetrie zwischen göttlichem Geber und menschlichem Empfänger verstärkt wird.

> „Was macht im *mysterium tremendum* zittern? Es ist die Gabe der unendlichen Liebe, die Dissymmetrie zwischen dem göttlichen Blick, der mich sieht, und mir selbst, der denjenigen genau nicht sieht, der mich erblick, es ist der gegebene und erlittene Tod des

---

[24] „Ich bin dieser unendlichen Güte und der Unermeßlichkeit der Gabe ... niemals gewachsen gewesen und werde es niemals sein. Dieses Schuldigsein ist so ursprünglich wie die Ursünde. Vor jedem bestimmten Vergehen: insofern ich verantwortlich bin, bin ich schuldig." (379)
[25] „Ein Geheimnis *macht* stets zittern." (380)
[26] „Zumeist wissen wir nicht und sehen wir nicht, woher das kommt, was uns überkommt, dessen Ursprung uns also verborgen bleibt ... Ich zittere vor dem, was über mein Sehen (*voir*) und mein Wissen (*savoir*) hinausgeht".
[27] „Gott ist die Ursache des *mysterium tremendum*, und der gegebene Tod ist stets das, was zittern macht" (382).

Unvertretbaren, die Disproportion zwischen der unendlichen Gabe und meiner Endlichkeit, die Verantwortung als Schuldigsein, die Sünde, das Heil, die Buße und das Opfer." (383) Derrida macht gleichsam die Achillesferse christlicher Ethik darin aus, dass das freie Subjekt von einem Gott in die Verpflichtung gerufen wird, der seinerseits nicht sichtbar ist, so dass das Subjekt im Letzten keinen für andere nachvollziehbaren Grund für sein Handeln angeben kann, weil es dem Prinzip der Verpflichtung widersprechen würde, den unsichtbaren, verpflichtenden Anderen, sichtbar und verstehbar zu machen (400). Der verpflichtende Andere ist geheimnisvoll und seine Geheimnishaftigkeit muss gewahrt bleiben. Dies geht nach Kierkegaard so weit, dass der verpflichtende Andere selber nicht einmal Gründe für seinen Auftrag nennen muss, die vom verpflichteten Subjekt verstanden werden könnten, was sich an Gottes Auftrag an Abraham besonders gut sehen lässt (384).

Das Problem ist nun, dass Ethik davon lebt, dass sie Gründe nennen kann. In diesem Sinne verlässt Abraham den Rahmen der Ethik,[28] wenn er Gottes Prüfung gehorcht, seinen geliebten Sohn Isaak zu opfern. Trotzdem muss nach Kierkegaard davon gesprochen werden, dass Abraham zwar nicht ethisch, aber doch verantwortlich handelt, weil jede ethische Handlung aus einer Entscheidung folgt, die vom freien Subjekt selber getroffen werden muss, ohne dass ihm ein anderer diese Entscheidung abnehmen könnte.[29] Somit baut jede ethische Handlung in einem gewissen Sinne auf et-

---

[28] „Weil er so nicht [für andere nachvollziehbar; F.B.] spricht, überschreitet er die Ordnung des Ethischen … Indem er das Geheimnis wahrt, verrät Abraham das Ethische." (386) In einer luziden Interpretation arbeitet *E. Dirscherl*, Die Bindung Isaaks und die Bindung an Gott. Abraham und die Intrige des Opfers im Dialog mit S. Kierkegaard und E. Levinas, in: Ders., Das menschliche Wort Gottes und seine Präsenz in der Zeit (Studien zu Judentum und Christentum 26), Paderborn u. a. 2013, 89–109, heraus, dass Kierkegaard mit seiner Interpretation, die Bindung Isaaks sei eine Geschichte der Dispension von Ethik nicht recht hat, weil diese vielmehr mit Levinas als die Erkenntnis im Angesicht des Anderen verstanden werden darf, nicht töten zu dürfen.

[29] „Die Entscheidung Abrahams ist absolut verantwortlich, insofern sie sich vor dem absoluten Anderen verantwortet, Paradoxerweise ist sie auch unverantwortlich, insofern sie weder von der Vernunft noch von einer vor den Menschen oder vor dem Gesetz irgendeines universellen Tribunals zu rechtfertigende Ethik geleitet wird." (404)

was auf, das unethisch, weil undelegierbar und damit auch nicht mitteilbar ist (388). So unterscheidet Derrida bei Kierkegaard zwischen einer absoluten Pflicht, die dem Subjekt von Gott aufgelegt wird, und dem Handeln aus Pflicht, das der zwischenmenschlichen Ethik entspricht. Die absolute Pflicht wird noch dadurch verstärkt, dass Abraham nicht das von ihm Gehasste töten darf, sondern Opfer nur dort ist, wo das einzig Geliebte geopfert wird (391).[30] Dadurch ergibt sich aber das neue Paradox, dass das Opfer die Liebe zum Geliebten bestätigt, weil das Töten eines Gehassten kein Opfer wäre.[31]

Derrida radikalisiert das hier aufgezeigte Problem im weiteren Argumentationsgang noch durch den Hinweis, dass Ethik universalisierbar sein müsste.[32] Wegen der Universalisierbarkeit ist das freie Subjekt nicht nur auf einen einzigen anderen verpflichtet, sondern im Prinzip auf alle anderen. Die Verpflichtung auf alle anderen macht aber die Überforderung des Subjektes durch die Ethik deutlich,[33] so dass nach Derrida Ethik immer an der Existenz der vielen anderen scheitert – jeden Tag.[34]

„Doch opfere ich, sie in jedem Augenblick verratend, alle meine anderen Verpflichtungen: im Hinblick auf die anderen anderen, die ich nicht kenne oder die ich kenne, die Milliarden meinesglei-

---

[30] Das Opfer des Geliebten wird durch seine Unumkehrbarkeit auch zum Opfer der Ökonomie, weil Abraham für das Opfer nichts erwartet und nichts erwarten kann (421).

[31] „[D]amit es Opfer gibt, muß die Ehtik ihren vollen Wert bewahren, muß die Liebe zum Sohne unangetastet bleiben ... Die absolute Pflicht fordert, daß man sich auf unverantwortliche Weise (perfide oder eidbrüchig) verhält, dabei doch genau das anerkennt, bekräftigt und wiederbehauptet, was man opfert" (393).

[32] Seine Formel dafür lautet: *„Jeder andere ist jeder andere/Jeder andere ist ganz anders (Tout autre est tout autre).“* (395) Für Derrida ergibt sich dies aus dem Gedanken, dass Gott der ganz Andere ist: „Wenn Gott der ganz andere ist, die Figur oder der Name des ganz anderen, *so ist jeder andere ganz anders/ist jeder andere jeder andere (tout autre est tout autre)*. Diese Formel ... schließt mit ein, daß Gott als ganz anderer überall ist, wo es ganz anderes/dergleichen wie jeden anderen gibt." Vgl. 413.

[33] „Ich kann nicht dem Ruf, dem Verlangen, der Verpflichtung und noch nicht einmal der Liebe eines anderen antworten, ohne ihm den anderen anderen, die anderen anderen zu opfern." (395)

[34] „Übersetzt in eine außergewöhnliche Erzählung, zeigt sie die tatsächliche Struktur des Alltäglichen. Sie sagt in ihrem Paradoxon die Verantwortung jeden Augenblicks für jeden Mann und jede Frau aus." (405)

chen ..., die an Hunger oder Krankheit sterben. Ich verrate meine Treue oder meine Verpflichtungen im Hinblick auf andere Mitbürger" (396).[35]
Monotheistische Ethik, die sich von einem Gott her begründet, der selber entzogen und nicht mitteilbar ist, ist Perpetuierung des Opfers Abrahams – in allen drei monotheistischen Religionen – weil auch die ethischste Entscheidung auf der Unvertretbarkeit des Subjektes aufruht und damit von einem Punkt herrührt, der vor-ethisch ist.[36]

1.4 Die neue Ökonomie der Bergpredigt (Matthäus)

Mit einer minutiösen und sehr verstörenden Lektüre von Texten aus dem Matthäusevangelium unterstreicht Derrida seine These, dass Ethik überfordern muss, wenn man Gott als ganz Anderen denkt, so dass Begegnung mit einem anderen immer Gottesbegegnung ist: Wenn der andere wie Gott ist, dann überfordern mich alle anderen anderen. Derrida macht Levinas und Kierkegaard gleichermaßen den Vorwurf, dass sie Ethik und Religion nicht auseinanderhalten können und dadurch den Menschen überfordern (410). Diese Kritik Derridas an christlicher und (in seinen Tagen hochaktueller) bewunderter religiöser Ethik kommt auch daher, dass er sich selber gegen den Vorwurf wehren musste, mit seinem Denken keine Ethik zu ermöglichen (411). Dementsprechend deutlich fällt die Auseinandersetzung mit denen aus, die ihm Beliebigkeit vorwerfen – was bis dahin geht, dass er auf die religiösen Motive im ersten Irakkrieg hinweist (413).

Um den Konstruktionspunkt von *Furcht und Zittern* mit all seinen erschreckenden Folgen für die christliche Ethik aufzudecken, setzt Derrida am Ende des Textes an, wo sich Kierkegaard auf Mt 6,4 bezieht: „Dein Vater, der auch das Verborgene sieht, wird es dir

---

[35] „Ich kann dem einen (oder dem Einen), das heißt dem Anderen nur antworten, indem ich den anderen opfere ... Und ich werde dieses Opfer niemals rechtfertigen können, ich werde, was es betrifft, immer schweigen müssen." (397) Vgl. 412.

[36] „Das Opfer des Isaak währt alle Tage fort ... Die Front läuft nicht zwischen Verantwortung und Unverantwortlichkeit, sondern zwischen verschiedenen Aneignungen desselben Opfers" (397).

vergelten."[37] Derrida weist zuerst auf die Ambivalenz des Verses hin,[38] um dann die Dissymmetrie zwischen Sehendem und Gesehenem zu betonen, die Derrida auch bei Patočka (419–421) und bei Kierkegaard (421f.) ausfindig macht:

„Gott sieht mich, er sieht in das Verborgene in mir, aber ich sehe ihn nicht … Es gibt kein Von-Angesicht-zu-Angesicht und keinen Blickwechsel zwischen Gott und mir, zwischen dem Anderen und mir. Gott erblickt mich und ich sehe ihn nicht, und von diesem mich erblickenden Blick her setzt meine Verantwortung ein." (417)

Neben dieser Dissymmetrie ist der Vers aus dem Matthäusevangelium von derselben Hoffnungslosigkeit gekennzeichnet wie die Abrahamsgeschichte aus der Genesis: Abraham will seinen geliebten Sohn opfern und indem er das Messer hebt, tut er es auch, so dass er alle Hoffnung auf Zukunft bzw. die ihm von Gott gegebene Verheißung abschneidet. Gott entscheidet im Augenblick der Entscheidung des Abraham, seinen Sohn wirklich zu opfern, dieses Opfer nicht anzunehmen und statt dessen ein Opfertier zu schicken. In der gleichen Weise sieht bei Matthäus Gott in den Menschen und vergilt ihm aufgrund von Dingen, Entscheidungen, Gemütsregungen etc., die nicht sichtbar sind (422).

Durch das Opfer ist eigentlich alle Hoffnung auf Zukunft erledigt, so dass Abraham mit nichts mehr rechnet, und hier entscheidet Gott, dass er das Opfer wieder in den Rahmen des Kalkulierbaren, der Ökonomie zurückdrängt. Nach Derrida ist nun die gesamte erste Hälfte des sechsten Kapitels von Matthäus davon gekennzeichnet, dass hier eine neue Ökonomie eingerichtet wird. Diese neue, matthäische Ökonomie muss einerseits als Ökonomie des Opfers verstanden werden, die genauso unethisch ist wie jedes Opfer, weil sie sich gleichsam in einer „heterogene[n] Innerlichkeit"[39] abspielt. Gleichzeitig handelt es sich aber um eine neue Ökonomie, weil

---

[37] *S. Kierkegaard*, Furcht und Zittern, übers. v. Emanuel Hirsch (Kierkegaard, Sören: Gesammelte Werke 4), Düsseldorf u. a. 1962, 138.
[38] Im Lateinischen bedeutet er eher, dass etwas, das prinzipiell gesehen werden kann, verborgen ist, wohingegen das Griechische von etwas spricht, das überhaupt nicht gesehen werden kann, z. B. das Lautliche oder Riechende (415–417).
[39] Eigentlich würde man hier erwarten, dass es sich um eine Innerlichkeit handelt, die heteronom ist; vgl. 417.

„mit dem Tausch als einfacher Reziprozität zu brechen ist" (427), wofür Derrida zusätzlich auf Mt 5,27–30.38f. verweist und das Anstößige der Bergpredigt kurz zusammenfasst: „Es geht darum, die strenge Ökonomie, den Tausch, das Zurückgeben ... außer Kraft zu setzen" (428), wofür besonders das Gebot der Feindesliebe Zeugnis ablegt (Mt 5,44–46; zitiert 431f.). In der Bergpredigt gipfelt somit nach Derrida das christliche Denken einer neuen Ethik, die sich auf eine neue Art der Ökonomie beruft: Geben, ohne zu kalkulieren, „eine Ökonomie, die den Verzicht auf den kalkulierbaren Lohn ... miteinschließt." (432) Nach Matthäus soll der Christ nicht nur im Verborgenen, also unter Verzicht auf Anerkennung durch eine größere Öffentlichkeit, gerecht sein, sondern sogar selber nicht um die eigene Gerechtigkeit wissen, wenn beim Almosengeben die rechte Hand nicht weiß, was die linke tut (Mt 6,1–4; zitiert 433). Allerdings rechnet die neue Ökonomie mit einer noch viel größeren Vergeltung, nämlich der Vergeltung bei Gott, so dass Derrida nachgewiesen zu haben meint, dass christliche Ethik doch nicht das Denken des Tausches und damit der Ökonomie verlassen kann (435). Wegen dieser Unmöglichkeit, den Tausch nicht zu denken und ihn (besser) einzukalkulieren, kritisiert Derrida explizit den „evangelischen Spiritualismus" (436), also die auf das Evangelium zurückgehende Innerlichkeit als den Ort, an dem das Subjekt mit einer um so größeren Vergeltung der eigenen Taten durch den Gott rechnet, der auch das Verborgene sieht, selbst wenn es dem Subjekt selber verborgen und unbekannt bleibt. Somit spricht sich Derrida wieder wie in *Donner le temps* für die Unmöglichkeit der Gabe aus, weil diese zumindest mit Anerkennung rechnet (sogar in der Bergpredigt), weswegen nach Derrida eine reine Gabe dadurch gekennzeichnet wäre, dass sie objektlos stattfindet, sich also nur als Gebe-Intention erweisen würde: „von der Gabe nur das Geben bewahren, den Akt und die Absicht zu geben, nicht das Gegebene ... Man sollte geben ... ohne Objekt." (437)

Um ganz sicher zu gehen, dass seine Kritik verstanden worden ist, beendet Derrida seinen Essay mit einem Hinweis auf Nietzsche. Christliche Verantwortung und Gerechtigkeit fußen demnach auf dem Glauben daran, dass Gott um die im Täter verborgene Intention des Tuns weiß (437). Aufgrund dieses Wissens Gottes darf der Täter mit einer um so größeren Vergeltung für sein Tun rechnen. Und umgekehrt, wenn der Täter um seine Sündigkeit weiß, dann darf er auf eine noch größere Vergeltung hoffen, weil in der Gnade die Barmherzigkeit Gottes über die Gerechtigkeit siegt, woraus sich letztlich christliche Opferhybris entwickelt: die Vorstellung, dass Gott selber sich aus Liebe für den Menschen opfert, um ihn zu erlösen.

1.5 Zusammenfassung

Derridas Analyse ist genauso streng wie verworren, schwer verständlich, überlang, detailreich und grundsätzlich. Viel gäbe es aus dem Essay zu Derridas Verständnis von Gabe und Geheimnis zu lernen, über den Zusammenhang von Gewalt und Metaphysik, über überfordernde Ethik, Opferbereitschaft und über die Idee, Gott sei ein unsichtbarer Geheimnisseher. Für die weiteren Ausführungen sollen folgende Aspekte noch einmal festgehalten werden:

(1.) Es gibt – im Moment, d. h. im überkommenen Denken und der ihm verhafteten Ethik – keine Gabe, auch wenn sich diese denken lässt: Derrida erhärtet seine bereits in *Donner le temps* vorgetragene These, dass es (vor ihm) keine echte, reine Gabe gibt, weil der Geber mindestens auf Anerkennung hofft – im religiösen Kontext auf die Anerkennung Gottes, der im Jenseits auch das vergelten wird, was im Diesseits verborgen geblieben ist.

(2.) Ethik entspringt einem vor-ethischen Bereich: Abendländisch-christliche Ethik speist sich aus den griechischen und den jüdischen Quellen, die im Christentum eine ganz eigene Prägung und Zusammenführung erfahren haben. Mit Patočka weist Derrida darauf hin, dass die griechische Ethik ein unbewältigtes und verdrängtes dämonisches Erbe in sich trägt, das auf einen nicht-rationalen Einsatzpunkt der Ethik hinweist. Dieser ist auch im jüdischen Erbe zu finden, auf das Derrida über Kierkegaards Lektüre von Gen 22 zurückgreift. Natürlich handelt es sich hierbei nicht um eine genuin jüdische Lektüre, aber doch wird deutlich, dass Derrida auch das Judentum (und vereinzelt den Islam) in den Blick nimmt, wenn er sich z. B. explizit an Levinas abarbeitet. Auch hier macht Derrida das Problem sichtbar, dass Ethik sich nicht unter Rückgriff auf Gott rechtfertigen lässt, weil Gottes Anruf an den Menschen in diesem und damit im Verborgenen passiert und Gott dabei auch noch selber als verborgener verborgen bleibt und seine Verborgenheit gewahrt werden muss, indem über seinen absolut verpflichtenden Anruf geschwiegen werden muss. Gleichzeitig ist der verpflichtende

Anruf Gottes von einer absoluten Dissymmetrie gekennzeichnet, weil der Angerufene nicht nicht antworten kann, sondern schon vor seiner freien Entscheidung, dem Anruf zu folgen, auf diesen verpflichtet ist, so dass Ethik auch in dieser Hinsicht auf etwas aufruht, das nicht verantwortet werden kann. Mit der Dissymmetrie zwischen Gott und dem Subjekt hängt auch dessen Überforderung durch den Anruf zusammen, weil Gott als Anderer jedem anderen gleicht, so dass das Subjekt eigentlich auf jeden anderen verpflichtet ist, ohne allen anderen gerecht werden zu können. Aus dieser Überforderung entwickelt sich im Christentum das Bewusstsein von Schuld und Sünde, ja von Ursünde, weil der Mensch schon vor jeder persönlichen Handlung qua Mensch-Sein schuldig ist.

(3.) Opfer und Tausch-Ökonomie: Das Opfer ist gleichsam der religiöse Versuch, dem Tausch-Zusammenhang zu entkommen. Dies gelingt nicht, weil Opfer immer Opfer des Geliebten sein muss, so dass das Opfer die Bestätigung der Liebe zum Geliebten ist, dem zwar der Tod gegeben wird, dieser Tod aber auch den Opfernden selber betrifft und als Opfer Gott dargebracht werden kann. Das Opfer ist nur innerhalb der Ökonomie zu verstehen, weil der Opfernde sich gegen die ihm anvertrauten Seinen richtet, gegen sein Haus, sein *oikos,* ja mehr noch gegen das Gesetz des eigenen Hauses, gegen das *nomos* des *oikos,* so dass die Öko-nomie der notwendige Rahmen für das Verständnis des Opfers ist. Gleichzeitig bedeutet jede exklusive Hinwendung zu einem einzigen anderen, dass das Subjekt alle anderen anderen verrät und die ihnen mögliche Zuwendung nur dem einen anderen zukommen lässt, so dass das Subjekt dem einen alle anderen opfert.

(4.) Das Geheimnis als Gott: Mit all dem hängt zusammen, dass der verpflichtende Anruf der Ethik einem Geheimnis entspringt, das mit dem Namen Gott gekennzeichnet wird. Gott selber ist Geheimnis, er lebt im Geheimen und er sieht in alle Verborgenheit. Das Geheimnis ist gleichsam das Medium oder die herausragendste Eigenschaft Gottes, der selber unsichtbar und unnennbar ist. Damit hängt das Problem zusammen, dass Ethik die zwischenmenschlichen Beziehungen ordnen und deshalb kommunizierbar und nachvollziehbar sein muss. Wie soll dies aber geschehen, wenn der verpflichtende Andere in sich Geheimnis ist und nicht kommuniziert werden darf? Aufgrund der Geheimnishaftigkeit Gottes entspringt die Ethik also einem vor-ethischen Bereich, so dass monotheistische Ethik immer vor dem Problem steht, dass sie ihren letzten Grund nicht aussagen und damit auch nicht rechtfertigen kann.

Trotz dieser harschen Kritik monotheistischer Ethik sind in Derridas Essay immer wieder Spuren zu finden, dass nur in der Bearbeitung und Neuentdeckung der überkommenen Ethik-Begründung eine dann neue Ethik gesucht und gefunden werden kann. Die ganze Kraft seiner Argumentation ruht ja auf dem Paradox auf, dass es zwar keine reine Gabe gibt, dass es sie aber geben müsste, weil sie sich denken lässt. Derrida leidet darunter, dass er in den irdischen, den religiösen und politischen Zusammenhängen keinen findet, der der Reinheit der Gabe entspräche. Nichtsdestotrotz käme es genau auf die Verwirklichung dieser Grundidee monotheistischer Ethik an.

„Und dies auf den Wegen eines messianischen und nichtsdestoweniger unabtrennbar phänomenologischen Eschatologismus. Etwas ist noch nicht angekommen: im Christentum, aber auch durch das Christentum. Was nicht einmal im Christentum angekommen ist, ist das Christentum." (357)

2. Eucharistie-theologische Implikationen von *Donner la mort*

Natürlich ist es nicht möglich, in der notwendigen Genauigkeit auf die Argumentation Derridas zu reagieren. Dazu müsste vor allem der Ansatzpunkt christlicher Ethik herausgestellt werden, was im vorliegenden Zusammenhang nicht geschehen soll. Allerdings ist deutlich, dass christliche Ethik nicht von ungefähr durch das Geschehen von Kreuzigung und Auferstehung mitbedingt ist, die in der Eucharistie sakramental anamnetisch gefeiert werden. Ohne den Zusammenhang von Ethik und Eucharistie, von Vernunft und Religion, von Ökonomie und Opfer zu vergessen oder gar zu verdrängen, gehen die folgenden Überlegungen auf einen ganz bestimmten Aspekt der Argumentation von Derrida ein. Ich folge gleichsam Derridas Vorliebe, einen Text an einem scheinbaren Nebenstrang zu packen, um ihn von dorther noch einmal überraschend anders und neu zu verstehen. Dies geschieht im Ausgang vom Begriff des „phänomenologischen Eschatologismus" (357). Es folgt also eine phänomenologische Interpretation eines winzigen (übersehenen oder unbewusst mitlaufenden, unwichtigen und doch bezeichnenden) Aspektes der Argumentation, der mit der noch ausstehenden Erfüllung der Hoffnung und der nicht kalkulierbaren, plötzlich hereinbrechenden und alles umwälzenden Zukunft zusammenhängt.

Diskurstheoretisch gäbe es dabei mehrere Möglichkeiten, mit Derridas aufgedeckten, erschreckenden Konstruktionspunkten monotheistischer Ethik umzugehen. Man könnte schreiben: So ist es nicht (und bei Dir selber ist es ja noch viel schlimmer – was Derrida viele vorgeworfen und ihn der Beliebigkeit schuldig gesprochen haben); man könnte schreiben: So ist es und so ist es gut; man könnte schreiben: So ist es und wir werden es verbessern/verändern, weil es sich falsch entwickelt hat (der Monotheismus ist bei genauer Betrachtung doch gar nicht gewaltätig); oder man könnte schreiben: So ist es und es muss so sein, weil es sich anders nicht denken lässt. Weil die folgenden Ausführungen ganz bewusst keine systematische Antwort auf Derridas Kritik christlich-monotheistischer Ethik geben wollen, bewegen sie sich gleichsam quer zu den diskurstheoretischen Antwortmöglichkeiten. Dies bedeutet nicht, dass sie sich ‚gummiartig' gegen Derridas Anfragen immunisieren, sondern diese in der Weise ernst nehmen, dass sie an einem ganz bestimmten Punkt ansetzen, diesen kleinteilig durchbuchstabieren, um von dort her einen gewandelten Blick auf den Essay zu werfen.

2.1 Anknüpfungspunkt

Den Anknüpfungspunkt bietet eine Stelle, in der Derrida sowohl bei Patočka als auch bei Kierkegaard eine verdeckte Kantische Tradition ausmacht. Es geht um die „Aufopferung der Leidenschaften" aus absoluter Pflicht. Demnach fällt Abraham das Opfer seines Sohnes schwer, weil er zu diesem in einem liebenden Vaterverhältnis steht, so dass das eigenhändig ausgeführte Opfer des Sohnes auch dem Vater Schmerz und Kummer bereitet. Ja, für den Vater ist es der größtmögliche Ausweis absoluter Unterwerfung unter den Willen Gottes, wenn er ihm den Sohn opfert.

> „Abraham ... tut sich so das schlimmste Leid an, er gibt sich selbst den Tod, den er seinem Sohn gibt, und den er auch, anders, Gott gibt; er gibt seinem Sohn den Tod und bietet den gegebenen Tod Gott an" (419).

Es wäre wohl zu kurz gegriffen, würde man die Verbindung zwischen Vater und Sohn, zwischen einem Elternteil und einem Kind, rein naturalistisch-evolutionsbiologisch verstehen wollen. Auf dieser Ebene müsste nämlich das Argument lauten: Ach, ist doch egal, wenn er den einen opfert; erstens hat er ja noch einen anderen Sohn und außerdem sollte es ihm doch irgendwie möglich sein, noch weitere zu zeugen; immerhin hat ihm ja Gott, der Schöpfer aller Dinge, schon diesen einen Sohn aus Sara geschenkt, warum nicht noch einen? In diesen kruden Fragen wird sehr schnell deutlich, dass Kindschaft und Elternschaft mehr und anderes bedeuten und be deuten müssen, als die bloße Weitergabe des eigenen Genoms. Was bedeutet Elternschaft, zumal verantwortete Elternschaft in phänomenologischer Perspektive?

2.2 Verantwortete Elternschaft als Gabe des Todes

Wer einen anderen Menschen zeugt oder gebiert, gibt ihm den Tod. Da menschliches Leben immer sterbliches Leben ist, muss jeder Mensch sterben. Das bedeutet aber im Umkehrschluss, dass Ich meinem Kind zumute, sterben zu müssen. Mutter und Vater geben somit einem Kind nicht nur das Leben, sondern sie geben ihm sterbliches Leben, geben nicht bloß Leben, sondern geben mit dem Leben auch den Tod. Zeugen, empfangen und gebären sind somit andere Ausdrücke für die eine Figur ‚den Tod geben'. Wie kann Ich es verantworten, den Tod zu geben? Es ist etwas anderes, den eigenen Tod zu akzeptieren, den Tod des geliebten Anderen zu akzeptieren oder dem anderen den Tod zu geben. Den eigenen Tod muss man akzeptieren, auch wenn es schwer fällt. Hierbei geht es nicht nur um die heideggersche Sorge um sich selbst, die angeblich das gesamte menschliche Dasein durchdringt.[40] Dies ist geradezu nietzscheanisch-existentiell gedacht und wirft den Menschen in psychoanalytisch/psychopathologisch-augustinischer Figur auf sich selbst zurück. Neben dieser archaischen Sorge um mein eigenes Dasein, um mein eigenes Denken und meinen eigenen Genius gibt es – mit Levinas geschrieben – noch viel grundsätzlicher die Sorge um den anderen. Wenn ich den Anderen als denjenigen begreifen darf, der

---

[40] M. *Heidegger*, Sein (s. Anm. 17), 191–196.

mich nicht nur als Schöpfer ins Dasein ruft, sondern der mir als der mir begegnende andere Mensch mein Mensch-Sein ermöglicht, weil er derjenige ist, den ich in freier Entscheidung und Verantwortung lieben kann – erotisch oder ethisch –, dann wird der Andere für das Subjekt zur Bedingung der Möglichkeit: Ohne den Anderen kann ich nicht sein, weil nur der Andere mir die Möglichkeit gibt, ich selber zu werden, indem ich mich auf den anderen hin entwerfe und bemerke, dass ich auf ihn verpflichtet bin und auf ihn schon verpflichtet war, bevor ich war. Wenn ich so den Anderen als den mich Verpflichtenden erkennen muss, dann betrifft mich der Tod des Anderen mehr als mein eigener, weil mit dem Tod des Anderen der Grund meines eigenen Subjekt-Seins wegbricht, weil ich nur vom Anderen her selber bin und sein kann.

Von diesem Punkt aus stellt sich die Frage nach dem Opfer noch einmal in ganz neuer Art: Wenn Ich – mit Heidegger – um mich selber besorgt bin, dann bedeutet mein Selbstopfer für den Anderen meine Wertschätzung für ihn: „Sieh her, wie lieb und teuer Du mir bist, dass ich mein eigenes Leben, das mir das Wertvollste ist, was ich habe, für Dich hingebe, damit Du leben kannst." Wenn Ich – mit Levinas – um den Anderen besorgt bin, dann bedeutet das Opfer des Anderen das Opfer des Wertvollsten, weil mit dem Tod des Geopferten auch mein eigenes Leben wegbricht und annulliert wird, weil ich ohne den Andere nicht sein kann.

In erneut anderer Weise stellen sich die Fragen von Existenzentwurf, Existenzgrundlage, von Leben und Tod, wenn man erkennen muss, dass nicht nur das eigene Leben sterblich ist und auch nicht nur das Leben des geliebten oder bedürftigen Anderen sterblich ist, sondern auch das Leben des ungeborenen Anderen. Die Sterblichkeit des anderen Lebens schafft einerseits den Raum der Güte, weil das Subjekt die Möglichkeit des Verzichtes hat, um dem Anderen Raum und Leben zu gewähren. Ich kann mich für den Anderen opfern, indem ich mich auf ihn hin aussage, ihm meine Zeit, meinen Atem, mein Brot schenke. Somit ist der Andere die Bedingung der Möglichkeit meines Selbstopfers, meiner leiblich vollzogenen Gabe an ihn. Aber auch diese Gedankenfigur geht wieder auf das Selbst und das Ich und Mich zurück. Sie wird noch einmal verändert und verschärft, wenn Ich auf den noch nicht gezeugten, noch nicht empfangenen und noch nicht geborenen Anderen blicke – schon allein, weil hier die Frage nach der Zeit noch einmal viel komplexer ist als

Der Tod als Gabe (an das Kind) 173

im Hinblick auf Mich und den geliebten bzw. bedürftigen Anderen. Wie kann Ich es verantworten, einen mir vollkommen unbekannten Anderen zu zeugen, zu empfangen oder zu gebären, obwohl Ich doch weiß, dass Ich ihm damit (in Verbindung oder aus der Verbindung mit dem geliebten Anderen) den Tod zumute? Darf Ich vom Anderen verlangen, dass er sterben muss? Dass er sterben muss, weil Ich lebe? Weil Ich mich dem Anderen hingebe, der die Gabe meiner Leiblichkeit akzeptiert und mit derselben Gegengabe reagiert?

Es ist natürlich, den Anderen zu zeugen und zu empfangen, aber es ist keine Naturnotwendigkeit. Zeugung und Empfängnis ist nur aus evolutionär-darwinistischer Sicht notwendig, aber der Mensch ist mehr als ein Triebwesen, das einfach nicht anders kann als zu zeugen und zu empfangen. Zeugen und Empfangen sind bewusste Akte menschlichen Selbstvollzuges oder menschlichen Selbstentwurfes. Bei Zeugung und Empfängnis geht es aber nicht nur um die zwei Subjekte von Mann und Frau, sondern um ihre Offenheit auf den Unbekannten hin. Diesem Unbekannten wird das Leben zugemutet und wird der Tod zugemutet. Kann Ich dem unbekannten Anderen etwas zumuten, was mich selber betrifft, ohne dass Ich damit an ein Ende kommen kann, weil es mich in der Art des Vorgriffs betrifft, da Ich zwar das eigene Altern und somit die eigene Sterblichkeit und Vergänglichkeit, das eigene Sterben kenne, aber nicht den eigenen Tod? Das mich betrifft, weil der bei Zeugung und Empfängnis anwesende, sich mir schenkende und mich als Geschenk annehmende Andere mich betrifft, weil sein Tod mir ständig vor Augen steht und Ich nichts mehr fürchte als genau diesen Tod? Kann Ich dem Anderen zumuten, mich zu lieben, mich, der ich ja mein eigenes Leben nicht in den Händen halte, so dass Ich ihm nicht die Liebe bis in alle Ewigkeit versprechen kann – und es auch nicht sollte? Dem Ich nur versprechen kann, mit ihm gemeinsam alt werden zu wollen? Dem Ich also das Geschenk meiner Vergänglichkeit mache und ihm damit sage, dass Ich ihn liebe, weil meine Vergänglichkeit eben alles ist, was Ich habe, da das Subjekt in seiner Leiblichkeit nichts anderes ist als Vergänglichkeit, vergehender Leib, Subjekt, das sich nicht selber konstituiert, sondern dem Anderen das Geschenk der begrenzten eigenen Lebenszeit anbietet? Kann Ich darüber hinaus auch noch verantworten, dass der unbekannte Andere wird sterben müssen? Betrifft mich der Tod des Zeugungs-Anderen nicht schon so sehr, dass er mir den Atem raubt, warum muss Ich auch noch den Tod des Gezeugt-Anderen verantworten müssen, den Ich noch gar nicht kenne? Dessen Leben und Charakter mir unbekannt ist, so dass Ich nicht weiß, ob er die Freude am Leben verspürt oder ob dieses ihm reine Last sein wird bzw. gewesen ist? Im Überschwang kann Ich dem Zeugungs-Anderen ewige Liebe versprechen, weil Ich mir meine eigene Freiheit nicht mehr anders vorstellen kann als in der Bindung an ihn, so dass Ich nur mit ihm frei bin und deshalb in der Bindung an ihn Freiheit geschieht und somit Ewigkeit wie ein Blitz und augenblickshaft in die Zeit einbricht. Aber den unbekannt Anderen zu zeugen oder zu empfangen bedeutet nichts anderes als ihm den Tod zu geben. Ich gebe den Tod. Ich gebe den Tod, indem ich zeuge oder empfange. Somit verantworte Ich den Tod des unbekannten Anderen. Wird er mich dafür hassen oder lieben? Oder beides? Leben zu geben bedeutet Tod zu geben.

Ist es ein Trost oder eine Verschärfung, dass immer zwei Subjekte in der gegenseitigen Erkenntnis des geliebten Anderen dem unbekannten Anderen den Tod geben? Wäre diese Schuld und Last für einen zu viel? Auf mein eigenes Leben kann Ich verzichten, wenn Ich dem bedürftigen Anderen meinen letzten Bissen Brot gebe, den Ich zum Überleben nötig hätte. Aber es bedeutet für mich keinen Verzicht auf eigenes Leben, wenn Ich mich dem Zeugungs-Anderen so nähere, dass der Gezeugt-Andere entsteht. Die Nähe zum geliebten Zeugungs-Anderen ist Gabe der Zeit an ihn, die mit seiner Gabe an mich korrespondiert. Zeugungs-Nähe ist Gabe des Lebens an den geliebten Anderen in der Form der Gabe meines Todes, meiner Sterblichkeit an ihn und im Empfangen seiner Zeit, seines Todes und seiner Sterblichkeit an mich. Zeugungs-Nähe ist damit Gabe des Todes, so dass auch der Gezeugt-Andere Zeuge dieser Nähe ist, dieser Gabe des Lebens als Gabe des Todes. Im Zusammenhang der Zeugungs-Nähe kann die Gabe meines eigenen Lebens an den Anderen nicht als Verzicht auf das eigene Leben verstanden werden und auch nicht als Minderungsvorgang. Diese Nähe und dieses Geschenk, meine Gabe an den Anderen ist Gabe all dessen, was Ich bin. Somit ist die Gabe meiner Sterblichkeit und meines Todes an den Anderen Gabe meines Lebens an ihn.

Der Gezeugt-Andere ist gleichzeitig Zeuge der Gabe meines sterblichen Lebens an den Geliebt-Anderen und der überbordenden Fülle des geliebten Lebens. Nicht meines geliebten Lebens, also das

Leben des Subjektes, das sich an sich selber erfreut. Sondern des geliebten Lebens des Anderen: Der Mann liebt die Frau und sie liebt ihn; anders gewendet: das Zeugungs-Subjekt liebt das Leben des Empfängnis-Subjektes. Deshalb ist der Gezeugt-Andere, ist das Kind, Zeuge der überbordenden Fülle des geliebten Lebens, weil die Liebe zweier sich Gebender nicht auf diese beschränkt bleibt. Diese Vorgabe lastet auf dem Gezeugt-Anderen; er kann sie annehmen oder an ihr verzweifeln, aber er kann sie nicht wirklich los werden. Gezeugt- und Empfangen-Sein bedeutet Zeuge zu sein für die Nähe der mir Nächsten. Diese Nähe ist die Voraussetzung für Leben und Tod, so dass die Annäherung an den Geliebt-Anderen, weil man stets auch Kind und damit Zeuge der überbordenden Fülle geliebten Lebens bleibt, immer ambivalent ist: Ich gebe nicht nur mich und mein Leben an den Geliebt-Anderen hin, nehme nicht nur seine Selbstgabe an mich in Empfang, sondern weiß in diesem Mich-Hingeben und Empfangen-Werden und An-mich-Weggeben des Anderen und ihn Empfangen um den unbekannten Anderen, für den die Nähe der Liebenden Leben und Tod gleichermaßen bedeutet. Den Tod des unbekannten Anderen muss Ich also nicht alleine verantworten und doch bin Ich für ihn verantwortlich, weil Ich mich dem Geliebt-Anderen entziehen könnte.

Muss Ich mich dem Geliebt-Anderen entziehen, meine Gabe an ihn und seine Gabe an mich verweigern und zurückstoßen, um den Tod des unbekannt Anderen nicht verantworten zu müssen? Welche Liebe rechtfertigt den Tod des Unbekannten? Ist es meine Liebe zum Geliebt-Anderen, zum unbekannten Anderen oder gar zu mir? Ist es die Liebe des Geliebt-Anderen oder gar des unbekannten Anderen? Kann diese Liebe den Tod rechtfertigen? Den Tod, den ein noch unbekannterer Anderer womöglich noch mehr fürchten wird als der unbekannte Andere selber? Oder wird der Tod nur billigend in Kauf genommen, weil Ich mich mit der Unsterblichkeit der Seele oder der Auferstehung der Toten über den Tod hinwegtröste? Kann Ich den Tod des Anderen wollen? Vielleicht muss Ich ihn wollen, weil Ich erkenne, dass Zeit nur dann ein Geschenk an den Anderen ist, wenn sie begrenzt ist. Wäre Nahrung und Zeit nicht begrenzt, gäbe es dann Güte? Ist der Tod also die notwendige Voraussetzung für die Güte? Hier unterscheiden sich die Lösungsansätze, je nachdem, ob man von der Endlichkeit oder der Unendlichkeit der Materie ausgeht. Die Unendlichkeit der Materie und damit die Unbegrenztheit der Optionen und die ewige Wiederkehr des Gleichen kann die Güte nicht kennen, weil immer genug da ist, was Ich mir selber nehmen kann. Im Gegensatz dazu kennt die Idee der Endlichkeit die Idee der Güte, weil Ich nur auf begrenzte Güter verzichten kann und weil nur im Verzicht Güte lebbar ist. Somit ist die Begrenztheit und Kontingenz der Liebenden die Bedingung der Möglichkeit ihrer Liebe: Ihre Nähe wächst mit dem Bewusstsein, dass Ich dem Geliebt-Anderen eben nicht die Ewigkeit meiner Liebe versprechen kann, sondern ihm im vollen Bewusstsein meiner eigenen Begrenztheit meine Liebe zusage. Nur wenn Ich sterblich bin, ist meine Hingabe an den Anderen als Liebe zu erkennen. Muss der Liebe-Empfangende selber sterblich sein, um Liebe empfangen zu können? Auch daran wird kein Weg vorbei führen, denn wäre er ewig, könnte er in Ewigkeit Liebes-Angebote „sammeln", so dass die Exklusivität der Liebes-Annahme dieses einen und nur dieses einen empfindlich gestört wäre. Liebende müssen demnach sterblich sein, sie geben einander Zeit und Leben und empfangen vom Anderen den Tod des Anderen, weil dieser sich ihm hingibt, ihm die eigene beschränkte Zeit opfert. Ich muss den Tod vom Geliebt-Anderen empfangen wollen, weil Ich sonst seine Liebes-Gabe verweigere. Der Geliebt-Andere gibt mir seinen Tod und Ich empfange seinen Tod von ihm her und willige damit in seine Sterblichkeit ein: Nur weil Ich weiß, dass Du sterblich bist, weiß Ich, was es bedeutet, dass Du mir Deine Liebe, Deine Zeit, Dein Leben schenkst. Deshalb muss Ich Deinen Tod wollen, weil sie die Bedingungen für Deine Liebe sind. Nur im Wissen darum, dass der Tod des Geliebt-Anderen die Bedingung der Möglichkeit seiner Liebe zu mir ist, kann ich den Tod des unbekannten Anderen verantworten. Müsste Ich ihn alleine verantworten, wäre Ich heillos überfordert. Aber im Hinblick auf den Geliebt-Anderen ist der Tod des unbekannten Anderen tragbar, weil die Nähe der Liebenden auf ihrer Kontingenz aufbaut und sie vom jeweils Anderen nicht nur dessen Leben, sondern vielmehr auch dessen Tod annehmen müssen. Nur wer die Liebe des Geliebt-Anderen erträgt, weil er dessen Tod will, wird den Tod des unbekannten Anderen, den Tod, den er in der Nähe zum Geliebt-Anderen will, als Nicht-Schuld verstehen können.

Von hierher wäre noch einmal zu prüfen, ob der Ausdruck gerechtfertigt ist, dass der Tod der Preis des Lebens ist. Wem soll dieser Preis gezahlt werden? Ich nehme den Tod des Anderen ja nicht in Kauf und Ich versuche weder mich noch den Geliebt-Anderen vom Tod frei zu kaufen. Ich muss den Tod des Geliebt-Andern wollen, so wie ich meinen eigenen Tod wollen muss, um zu lieben und geliebt zu werden. Muss Ich auch den Tod des unbekannten Anderen wollen, um ihn zu lieben? Hier durchbricht sich die Zeit, weil Ich den unbekannten Anderen schon liebe, bevor er ist. Somit nehme Ich auch nicht seine Zeit als seine Gabe für mich im Geschehen der Nähe entgegen. Der Tod des unbekannten Anderen ist also noch einmal von meinem eigenen Tod und vom Tod des Geliebt-Anderen verschieden, weil er einem anderen Zeitkonnex unterliegt. Ich weiß um seine Zeit, die meine Zeit überschreiten wird; und Ich liebe ihn schon im Voraus, bevor er überhaupt ist und bevor er weiß, dass er ist. Ich gebe dem unbekannt Anderen den Tod, in der Hoffnung, dass auch er wird lieben können und dass auch er geliebt sein wird. Nicht nur von mir und meinem Geliebt-Anderen, sondern von einem noch unbekannteren Anderen. Somit ist der unbekannte Andere nicht die Bedingung der Möglichkeit meiner Liebe und schon gar nicht das Produkt meiner Liebe, sondern der unbekannte Andere ist mit seinem Tod die Bedingung der Möglichkeit der Liebe des unbekannteren Anderen. So gebe Ich dem unbekannten Anderen den Tod nicht um meinetwillen und auch nicht um seinetwillen oder um der Geliebt-Anderen willen, sondern um des unbekannteren Anderen willen. Ich will den Tod des unbekannt Anderen um der unbekannteren Anderen willen – Ich gebe den Tod, auf dass Liebe möglich sein wird.

2.3 Eucharistie und das Problem, (dem Kind) den Tod zu geben

Man könnte, z. B. wegen der traditionsgeschichtlichen Wirkung von Joh 13,1b („Da er die Seinen, die in der Welt waren, liebte, erwies er ihnen seine Liebe bis zur Vollendung."), versucht sein anzunehmen, dass die Eucharistie nur die Gabe des Lebens für die Anderen bedenkt.[41] Stimmt dies in dieser Exklusivität? Könnte es vielleicht sein, dass die Kirche in der Eucharistie auch andere Aspekte der Gabe des Todes, so z. B. die Gabe des Todes zwischen Eltern und Kindern bedenkt, wenn nämlich das Opfer Abrahams erwähnt wird? Im Fol-

---

[41] J. Wohlmuth, Vom Tausch (s. Anm. 5) interpretiert Emmanuel Levinas und Jean-Luc Marion in erster Linie in diese Richtung; s. z. B. 222: „Eucharistie gabetheologisch verstehen würde also heißen: Die reine Gabe, die wir werden, ist Teilhabe an Jesu Lebensantwort in ihrer äußersten Ausgesetztheit."

genden kann dieser Frage nur sehr kurz nachgegangen werden, wofür es mehrere Gründe gibt: Neben der komplexen Frage des Opfers an und für sich – zumal im religiösen Kontext[42] – wird dieses nicht nur sehr kontrovers im Hinblick auf die Soteriologie diskutiert,[43] sondern auch im Zusammenhang mit der Eucharistie;[44] zusätzlich gerät wiederholt (speziell vor dem Hintergrund des jüdisch-christlichen Gespräches) nicht nur die Bindung Isaaks in den Blick,[45] son-

---

[42] R. *Girard*, La violence et la sacré, Paris 1972 (dt. Das Heilige und die Gewalt, übers. v. E. Mainberger-Ruh, Düsseldorf 2006); B. *Janowski* (Hrsg.), Opfer. Theologische und kulturelle Kontexte (stw 1454), Frankfurt a.M. 2000; R. *Schwager*, Brauchen wir einen Sündenbock? Gewalt und Erlösung in den biblischen Schriften, ²1986; *ders.*, Jesus im Heilsdrama. Entwurf einer biblischen Erlösungslehre (ITS 29), Innsburck u. a. ²1996.

[43] I. U. *Dalferth*, Art Opfer VI. Dogmatik, in: TRE 25 (1995) 286–293, 291: „Doch diese kirchliche Tradition hat nur den Wortlaut, nicht die Pointe der neutestamentlichen Aussagen auf ihrer Seite. Die Rede von Jesu Opfertod besagt nicht, daß die Kreuzigung als eine rituelle Tötung verstanden worden wäre." B. A. *Zimmermann* (Hrsg.), Versöhnt durch den Opfertod Christi? Die christliche Sühnopfertheologie auf der Anklagebank (paz 4), Zürich 2009; B. *Janowski*, Sühne als Heilsgeschehen. Traditions- und religionsgeschichtliche Studien zur Sühnetheologie der Priesterschrift (WMANT 55), Neukirchen-Vluyn ²2000; H. G. *Janßen*, „Denn durch dein heil'ges Kreuz hast du die Welt erlöst"? Genugtuung und Sühnopfer auf dem Prüfstand, in: WiWei 64 (2001) 214–231; K.-H. *Menke*, Stellvertretung. Schlüsselbegriff christlichen Lebens und theologische Grundkategorie (Sammlung Horizonte, NF 29), Einsiedeln 1991.

[44] A. *Gerhards/K. Richter* (Hrsg.), Das Opfer. Biblischer Anspruch und liturgische Gestalt (QD 186), Freiburg i.Br. 2000. J. *Negel*, Ambivalentes Opfer. Studien zur Symbolik, Dialektik und Aporetik eines theologischen Fundamentalbegriffs, Paderborn u. a. 2005, 281–328. W. *Pannenberg*, Systematische Theologie, Bd. 3, Göttingen 1993, 338–357.

[45] M. *Biebe*, Religiöser Wahn oder Urerfahrung des Glaubens? Die Deutung des Abraham-Opfers im neuzeitlichen Denken, in: Una Sancta 51 (1996) 316–328. B. *Greiner* (Hrsg.), Opfere deinen Sohn! Das „Isaak-Opfer" in Judentum, Christentum und Islam, Tübingen 2007. H. *Hoping* u. a. (Hrsg.), Die Bindung Isaaks. Stimme, Schrift, Bild (Studien zu Judentum und Christentum), Paderborn u. a. 2009. H.-J. *Klauck*, Abraham und Kierkegaard. Variationen zum Thema der Aqedah, in: T. Schmeller (Hrsg.), Neutestamentliche Exegese im 21. Jahrhundert. Grenzüberschreitungen (FS Joachim Gnilka), Freiburg i.Br. 2008, 216–233. E. *Noort/E. Tigchelaar* (Hrsg.), The sacrivice of Isaac: the Aquedah (Genesis 22) and its interpretations (Themes in Biblical narrative 4), Leiden u. a. 2002. J. A. *Steiger/U. Heinen* (Hrsg.), Isaaks Opferung (Gen 22) in den Konfessionen und Medien der frühen Neuzeit (Arbeiten zur Kirchengeschichte 101), Berlin u. a. 2006.

dern ebenso die Frage der typologischen Deutung (auch im Zusammenhang der Hochgebete).[46] Aufgrund der angedeuteten Breite und Vielschichtigkeit der Diskurslage soll im Folgenden lediglich die Facette angerissen werden, ob innerhalb der Eucharistietheologie Opfer[47] auch als Gabe des Todes an das Kind verstanden werden könnte und ob dieser Gedanke dort vielleicht schon verankert ist.

2.3.1 Eucharistie als Gabe des Todes an das Kind

Wenn das Thema der Gabe des Todes an das Kind innerhalb der Eucharistie überhaupt gefunden werden kann, dann wohl am ehesten im sogenannten ersten Hochgebet, dem römischen Messkanon (canon romanus). In diesem wird nach den Einsetzungsworten um die Annahme der Gaben gebetet, mit dem Gebet *Supra quae propitio*,[48] das bis zum Ende des 4. Jh. zurückverfolgt werden kann:[49]

> „Blicke versöhnt und gütig darauf nieder und nimm sie an wie einst die Gaben *(munera)* deines gerechten Dieners Abel, wie das Opfer *(sacrificium)* unseres Vaters Abraham, wie die heilige Gabe *(sanctum sacrificium),* das reine Opfer *(immaculatam hostiam)* deines Hohenpriesters Melchisedek."[50]

Drei Namen aus der biblisch-israelitischen Tradition werden genannt: Abel, Abraham und Melchisedek. Alle drei Namen werden

---

[46] *J. Kardinal Ratzinger*, Glaube – Wahrheit – Toleranz. Das Christentum und die Weltreligionen, Freiburg i.Br. u. a. ³2004, 78–81. *M. Reiser*, Bibelkritik und die Auslegung der Heiligen Schrift (WUNT 217), Tübingen 2007, 182. *W. Slenczka*, Heilsgeschichte und Liturgie: Studien zum Verhältnis von Heilsgeschichte und Heilsteilhabe anhand liturgischer und katechetischer Quellen des dritten und vierten Jahrhunderts (AKG 78), Berlin u. a. 2000.
[47] Zur Problematik der Opferterminologie innerhalb der neuen Hochgebete s. *W. Haunerland*, Sicut munera Abel? Zur Opferkategorie in den Gabengebeten des Messbuches, in: LJ 50 (2000) 90–97.
[48] *H. auf der Maur*, Feiern im Rhythmus der Zeit I, Regensburg 1983, 72; 93. *J. A. Jungmann*, Missarum Sollemnia, Bd. 2, Wien ⁵1962, 282–287.
[49] Vgl. *Ambr.*, de sacr. IV 6,27 (CSEL 73,57).
[50] *A. Hänggi/I. Pahl*, Prex eucharistica, Bd. 1, cur. A. Gerhards/H. Brakmann (Spicilegium Friburgense 12), Freiburg/Schweiz ³1998, 435: „Supra quae propitio ac sereno vultu respicere digneris et accepta habere, sicuti accepta habere dignatur es munera pueri tui iusti Abel et sacrificium patriarchae nostri Abrahae et quod tibi obtuli summus sacerdos tuus Melchisedech, sanctum sacrificium, immaculatam hostiam."

mit Darbringung in Verbindung gebracht, wobei zwischen Gaben *(munera)*, Opfer *(sacrificium)* und Sühnopfer *(hostia)* unterschieden wird. Alle drei Darbringungsvorgänge verdeutlichen von ihrem biblischen Zusammenhang her unterschiedliche Aspekte.

(A) Die *Gabe Abels* zeichnet sich im Gegensatz zur Gabe Kains dadurch aus, dass sie das Opfer eines lebenden Tieres ist, also als Gabe des Todes bezeichnet werden kann. Während Kain Feldfrüchte als Opfer (מִנְחָה / θυσία / munera) verbrennt, opfert Abel ein junges Lamm. Die Feldfrüchte müssen, wenn sie fruchtbar sein sollen, vergehen, wohingegen das Lamm nur fruchtbar sein kann, wenn es lebt und als lebendes mit einem Schaf Nachkommen zeugt. Während Kain also einen Vorgang nachvollzieht, der sich natürlicherweise auch vollzieht (das Korn stirbt und ist so fruchtbar), zeigt sich bei Abel die ganze Ambivalenz von Tod und Leben: Er opfert ein Lebendes, das nur als Lebendes Leben und damit auch Tod (weiter)geben kann, indem es ein anderes Lebendes schwängert.

(B) Welche Ambivalenz dem *Opfer Abrahams* (עֹלָה / ὁλοκάρπωσις / holocaustum) innewohnt, dürfte inzwischen klar geworden sein. Er gibt seinem Sohn auf jeden Fall den Tod, er gibt ihm den Tod, indem er ihn zeugt. Isaak empfängt von seinem Vater nichts als den Tod und deshalb kann auch der Entschluss Abrahams, Isaak zu opfern, bereits als Opfer bezeichnet werden, weil Abraham schon mit der Zeugung Isaaks in dessen Tod eingewilligt hat und nun auch noch meint, selber über den Zeitpunkt seines Todes verfügen zu dürfen.

(C) Die *Gaben Melchisedeks* werden in Hebr 5–7 nicht mit der Eucharistie in Verbindung gebracht, weil es sich bei ihnen um Brot und Wein handelt,[51] sondern vielmehr gilt der Abram segnende Melchisedek dort als Unterbrechung des Zeugungs- und Zeitkontinuums, weil von ihm kein Stammbaum bekannt ist. Während die natürliche Gabe des Todes durch Zeugung, Empfängnis und Geburt erfolgt, ist dies bei dem stammbaumlosen und damit zeit- und elternlosen Melchisedek anders (Hebr 7,3). Deswegen wird auch die Abgabe des Zehnten von Abram an Melchisedek als die Anerkennung oder gar Einsetzung eines Priestertums gedeutet, das sich nicht auf Abstammung gründet. Abraham hat als Stammvater der Stäm-

---

[51] Cyprian von Karthago zieht diese Verbindung; vgl. ep. 63,4 (PL 4 373, A13–B4).

me dem Melchisedek den Zehnten gegeben, so dass in ihm gleichsam auch der priesterliche Levi, dem üblicherweise der Zehnten zustand, weil ihm kein Land gegeben wurde (Dtn 10,8f.; 18,1f. u. ö.), den Zehnten gegeben hat (Hebr 7,9). So wird erklärt, dass Jesus von Nazareth als Hoherpriester fungieren kann, obwohl er kein geborener Levit, sondern Judäer gewesen ist (7,14).[52]

Trotz der Verschiedenheit der Gaben, des Opfers und des Sühnopfers liegt hier im israelitischen Kontext jeweils ein Opfervorgang vor, der – offen oder verdeckt – mit der Gabe des Todes zu tun hat. Während Abel sein Opfertier tötet und Abraham es ihm gleich tut, ohne gezögert zu haben, das Messer über seinen Sohn zu erheben, verändert sich diese Linie sichtlich bei Melchisedek: Dieser bringt als Segensgaben Brot und Wein und erlangt in der christlichen Eucharistietheologie bzw. -frömmigkeit nur deshalb Bedeutung, weil er aus dem Zusammenhang von Zeugung und Empfängnis herausgenommen zu sein scheint, wobei die Gabe des Zehnten von Abram an Melchisedek als Anerkennung eines nicht auf Abstammung beruhenden Priestertums gedeutet wird, so dass der stammbaumlose, lebende Melchisedek Jesu Makel der falschen Abstammung ausgleichen kann, weil das Priestertum nicht auf Abstammung beruht, Jesus aber nur zur Opfergabe werden kann, wenn ihm der Tod gegeben worden ist.

Zusätzlich wird deutlich, dass im *canon romanus* ‚*sacrificium*' auf die beiden Figuren beschränkt bleibt, die leibhaftig mit dem Vorgang von Zeugung und Empfängnis in Verbindung gebracht werden müssen: Während Abraham seinem Sohn zeugend den Tod gibt und den Tod des Sohnes auch als Opfergabe an Gott vollziehen würde, ist Melchisedek auf seltsame Weise aus dem Zusammenhang von Zeugung und Gezeugt-Sein herausgenommen.

---

[52] Das Verhältnis zwischen dem stammbaumlosen und deshalb ewig lebenden Melchisedek und Christus als dem empfangenen Judäer wird dogmengeschichtlich noch einmal interessanter, wenn man die beginnenden Auseinandersetzungen über die Vaterlosigkeit Jesu mit hinzuzieht. Es blieb ja immer klar, dass Jesus empfangen und geboren worden ist (Mt 1,18; Lk 1,31; 2,7), so dass er Leben und Tod zumindest von seiner Mutter empfangen hat, die eingewilligt hat, Mutter zu werden und somit den Tod ihres Sohnes nicht nur in Kauf genommen, sondern bewusst gewollt hat. Der ungezeugte, aber im Stamm Juda Geborene kann nur als solcher selber zur Opfergabe werden, wenn ihm mit der menschlichen Natur auch der Tod gegeben worden ist. Das unterscheidet ihn von Melchisedek, der nicht stirbt.

Wenn man das Gebet *Supra quae propitio* in dieser Weise liest, dann lässt sich durchaus die These vertreten, dass sich hier – sublim – der Gedanke der Gabe des Todes finden lässt mit der Zuspitzung der Gabe des Todes an das selbstgezeugte (und in der – marianischen – Erweiterung auch das selbstempfangene) Kind. Diese Linie kann hier gefunden werden, weil nicht zu leugnen ist, dass (1.) die Gabe Abels auch deshalb anerkannt wird, weil er unfruchtbaren Tod darbringt, indem er das Lamm dem Zeugungsvorgang entzieht, (2.) Abraham seinem Sohn nicht nur als Zeugender, sondern auch als Opfernder den Tod gibt / gegeben hat / geben wollte und (3.) Melchisedeks Besonderheit darin besteht, dass ihm keiner den Tod gegeben hat, weil er weder gezeugt noch empfangen ist, weswegen der im Stamm Juda geborene Jesus als Hoherpriester über Melchisedek hinausragt und als empfangener und geborener sogar sterben kann: In der priesterlichen Rangordnung überragt Christus den ungezeugten Melchisedek und kann im Gegensatz zu ihm selber zum Opfer werden, weil ihm mit der Empfängnis der Tod gegeben wurde, der ihm am Kreuz gegeben worden ist.

Wenn man diese Linie bedenkt, dann erschließt sich auch die Reihenfolge der Nennung der Namen, denn dem biblischen Zeugnis gemäß müsste Melchisedek doch vor dem Abrahamsopfer genannt werden. Dies könnte zum einen auf den besonderen Stellenwert hinweisen, den der *canon romanus* auf den priesterlichen Opferzusammenhang legt und dabei den Glauben Abrahams eher in den Hintergrund rückt, so dass der Hebräerbrief mehr Gewicht erlangt als die genuin paulinische Theologie. Auf der anderen Seite wird durch die Reihenfolge eine Klimax erzeugt,[53] die auf die Überwindung des Todes in der Auferstehung hinweist, an der die Gläubigen durch die Feier der Eucharistie Anteil erhalten – allerdings nicht ohne (sakramental) in der Taufe vorher gestorben und auferstanden zu sein.

---

[53] *Abel* entzieht durch die Gabe des Todes das Lamm dem Zusammenhang von Zeugung und Empfängnis, *Abraham* gibt seinem Sohn den Tod, indem er ihn zeugt, und ist einverstanden mit seinem endgültigen Tod, indem er ihn dem Zusammenhang von Zeugung und Empfängnis entziehen will, *Melchisedek* segnet als ungezeugter Abram, der ihn als den ihm überlegenen anerkennt und somit Zeugnis ablegt für ein nicht abstammungsmäßiges Priestertum, das auf den Hohenpriester Christus zutrifft, der selber als gezeugter und geborener sein Leben geben kann.

2.3.2 Theologiegeschichtliche Vergewisserung (Väterzeit)
2.3.2.1 Das Opfer Abrahams

Ambrosius von Mailand (339–397) kommt im achten Kapitel seines ersten Buches über *Abraham* auf Gen 22 zu sprechen und legt den Text Vers für Vers aus.[54] Weil Gott nicht das Opfer des Sohnes will, geht Ambrosius davon aus, dass es um eine Prüfung geht, ob Abrahams Gehorsam größer sei als seine Vaterliebe.[55] Auf diese Vaterliebe geht Ambrosius in Vers 7 ein, wenn sich Vater und Sohn gegenseitig mit Vater und Sohn anreden, so dass nicht vorstellbar ist, dass der Vater gegenüber dem Sohn etwas im Schilde führt.[56]

Ambrosius' Auslegung ist dabei noch ganz von der Christenverfolgung und Märtyrerzeit bestimmt, weil sich der himmlische Vater ein Opfer *(hostia)* ausgesucht hat, das den später Geborenen und Geopferten echte Hoffnung schenken kann:

> „*Quotidie offerunt patres filios suos, ut moriantur in Christo, et consepeliantur in Domino.* – Täglich opfern Väter ihre Söhne, auf dass sie in Christus sterben und mitbegraben werden mit dem Herrn."[57]

So überdeckt der gewaltsame Tod in der Verfolgung die Tatsache, dass der Vater dem Sohn auch dann den Tod gibt, wenn dieser nicht für den Glauben geopfert werden muss.

In seiner vielleicht 375–378 entstandenen Schrift *Cain et Abel* wirft Ambrosius Kain vor, dass er sein Opfer zögerlich (nach einigen Tagen) gegeben hätte und dass seine Opfergabe von minderer Qualität gewesen ist, weswegen sie nicht angenommen worden ist.[58] Um die rechte Geisteshaltung beim Opfern herauszustellen, vergleicht Ambrosius den zögerlichen Kain nicht mit Abel, sondern mit dem entschlossen handelnden Abraham in Gen 22, weil dieser ohne zu zögern bereit war, zu opfern.[59] Die Minderwertigkeit der Gaben beurteilt Ambrosius danach, dass Abel von den Erstlingen seiner Herde gab, wohingegen ein solcher Zusatz bei den Feldfrüchten von

---

[54] *Ambr.*, Abr. I VIII, 66–79 (PL 14, 467 A14–472 A13 = CSEL 32 545,13–553,19).
[55] *Ambr.*, Abr. I VIII, 66 (PL 14, 467 C10–D1 = CSEL 32 546,4–8).
[56] *Ambr.*, Abr. I VIII, 73 (PL 14, 469 C14–470 A9 = CSEL 32 550,3–11).
[57] *Ambr.*, Abr. I VIII, 74 (PL 14, 470 B12–14 = CSEL 32 551,1f.).
[58] *Ambr.*, cain et abel I VII, 25 (PL 14, 348 A2f = CSEL 32 361,13f.).
[59] *Ambr.*, cain et abel I VIII, 29 (PL 14, 349 C4f = CSEL 32 364,5f.).

Kain fehlt, die zudem auch noch unbelebt sind.[60] Ambrosius bringt im Folgenden das Opfer Abels mit Ex 13,11–13 in Verbindung, so dass es eindeutig in den Zusammenhang von Zeugen und Gebären eingeordnet wird, weil im heiligen Land jede männliche Erstgeburt dem Herrn geweiht werden soll. Die weiteren Ausführungen zu diesen Versen gleiten allerdings sehr vom Text ab und erscheinen recht skurril, weil Ambrosius in einem sexuell sehr aufgeladenen Text zu einer grundsätzlichen Gegenüberstellung weiblicher und männlicher Eigenschaften ansetzt.[61]

Augustinus von Hippo (354–430) schreibt wohl 391 seine Sermo 2. In ihr widmet er sich ganz der Frage nach der Versuchung Abrahams und betont den scheinbaren Widerspruch zwischen der Verheißung, Abraham werde durch Isaak zum Vater der Völker, und dem von Gott geforderten Opfer. Abraham aber ist fest im Glauben und weiß, dass der Schöpfer ihm nicht nur im Alter einen Sohn geschenkt hat, sondern ihm diesen auch wiederschenken kann.[62] Augustinus fasst die Hoffnung Abrahams in einen ganz knappen Satz zusammen und vereint in fast unnachahmlicher Weise Abrahams Sicht auf Geburt und Tod, die sich bei ihm allerdings nicht im Hinblick auf die Zeugung, sondern das von ihm geforderte Opfer ergibt.

> „*Sed credidit nasciturum, et non plangit moriturum.* – Er hat geglaubt, dass er geboren werden wird, und er hat sich nicht beklagt, dass er sterben wird."[63]

Im Schrifttum des Origenes (185–254) lässt sich eine sehr wirkmächtige Homilie zu Gen 22 finden, die Homilie 8, die auch auf die westliche Theologie Einfluss ausgeübt hat.[64] Die Auslegung des

---

[60] *Ambr.*, cain et abel I X, 41f. (PL 14, 355 B6–C14 = CSEL 32 373,8–374,5). Zum Opfer eines Lebendigen ebd. II V, 17 (PL 14, 368 B6–C9 = CSEL 32 393,18–393,2).

[61] *Ambr.*, cain et abel I X, 43–47 (PL 14, 355–358 = CSEL 32 374,23–377,18).

[62] *Aug.*, s. 2,1 (CCSL XLI 9f,30–34): „'Occide mihi filium tuum'. Sed erat in corde eius semper fides inconcussa et nullo modo deficiens. Cogitavit enim Abraham, deum qui dedit ut ille de senibus nasceretur qui non erat, posse etiam de morte reparare. – Töte deinen Sohn für mich. Er aber hatte in seinem Herzen immer einen unerschütterlichen Glauben, der in keiner Weise geschwächt war. Abraham wusste nämlich, dass der Gott, der ihm gegeben hatte, dass ihm jener im Alter geboren wird, der nicht war, ihn auch durch den Tod wieder herstellen könne."

[63] *Aug.*, s. 2,1 (CCSL XLI 9,16).

[64] D. Lerch, Isaaks Opferung christlich gedeutet. Eine auslegungsgeschichtliche Untersuchung (Beiträge zur historischen Theologie 12), Tübingen 1950, 50–67.

Origenes ist erstens dadurch gekennzeichnet, dass Abraham von Anfang an von der Auferstehung sowohl seines Sohnes als auch Christi im Glauben wusste,[65] so dass der Widerspruch zwischen der Verheißung, er werde durch Isaak zum Vater der Völker, und dem Auftrag, er solle diesen seinen Sohn als Opfer darbringen,[66] für ihn zu einer Prüfung des Glaubens an die Auferstehung wurde. Dieser Glaube wird zweitens als der Glaube des Geistes den natürlichen Neigungen des Fleisches gegenübergestellt,[67] so dass Origenes die drei Tage dauernde Reise (gut moralisch bzw. spirituell) als die Zeit des Kampfes zwischen Glaubensgehorsam bzw. Gottesliebe und Vaterliebe interpretieren kann.[68] Das dritte prägende Motiv ist die Typologie Isaak – Christus: Isaak trägt selber das Holz, so dass er als Opfer und Priester zugleich gedeutet werden kann, weil es nach Lev 1,7 und 6,5 Aufgabe der Leviten ist, für das Brennholz zu sorgen.[69] Die spiritualisierende Auslegung mit der konsequenten Entgegensetzung von Leib – Geist ist besonders dort wirksam, wo der fleischlichen Geburt eine geistige gegenübergestellt ist, die von allem Fraulichen befreit werden muss.[70]

---

[65] Orig., hom. gen. 8,1; *Origenes*, Homilien zum Buch Genesis, übers. u. hrsg. v. T. Heither (Edition Cardo 90), Köln ²2005, 125. Für die dt. Übersetzung wird im Folgenden auf diese Ausgabe mit Seitenangaben in Klammern hingewiesen. Vgl. Orig., hom. gen. 8,5 (dt. 128).

[66] Orig., hom. gen. 8,1 (dt. 124): „Erwägst du vielleicht in deinem Herzen: Wenn mir die Verheißung mit Isaak zuteil wurde, ich diesen Sohn aber als Brandopfer darbringe, bleibst nichts anderes übrig, als die Hoffnung auf die Verheißung aufzugeben?"

[67] Orig., hom. gen. 8,2 (dt. 125): „Streitkräfte des Fleisches gegen den Glauben des Geistes".

[68] Orig., hom. gen. 8,3 (dt. 126): „Worauf soll das hinaus? Es geschieht deshalb, damit Abraham beim Hinweg, unterwegs auf der ganzen Strecke von seinen Gedanken hin und her gezerrt wird, einerseits bedrängt der Auftrag, andererseits wehrt sich die Liebe zum einzigen Sohn, und so wird er gequält. Darum wird ihm also auch noch die Wegstrecke und die Besteigung des Berges auferlegt, damit während dieses ganzen Weges Liebe und Glaube, die göttliche und die fleischliche Liebe, die Anziehung des Gegenwärtigen und die Hoffnung auf das Zukünftige Zeit haben, um gegeneinander zu kämpfen."

[69] Orig., hom. gen. 8,6 (dt. 128f.); 8,7 (dt. 133).

[70] Orig., hom. gen. 8,10 (dt. 134): „Wie in Gott nichts körperlich ist, so sollst auch du im Geist einen Sohn, Isaak, zur Welt bringen ... So muß auch aus deiner Seele alle weibliche Schwäche verschwinden, nichts Weibliches und Verweichlich-

Diese drei Leitmotive kulminieren in einer direkten Anrede der Hörer: „Viele unter euch, meine Zuhörer in der Kirche Gottes, sind Väter."[71] Diesen Vätern mit ihrer unterstellten natürlichen, fleischlichen Liebe zu ihren Söhnen stellt der Prediger Origenes die Hochherzigkeit des Patriarchen Abraham gegenüber, der nicht zögerte, seinen Sohn zu binden und das Messer über ihn zu erheben, um ihn zu opfern, sprich zu töten.

„All diese Vollzüge werden von dir nicht gefordert. Sei also wenigstens in deiner Einstellung und Gesinnung standhaft, und bring im Glauben gefestigt Gott deinen Sohn freudig als Opfer dar. Sei Priester für die Seele deines Sohnes! Ein Priester aber, der Gott ein Opfer darbringt, darf nicht weinen."[72]

Origenes besänftigt seine Zuhörer, dass von ihnen nicht die gleiche Schwere und Größe der Prüfung verlangt wird, wie von Abraham. Andererseits kann er aber die selbstgestellte Frage, was wirklich von den Vätern verlangt wird, nicht beantworten. Die Väter sollen ihre Söhne voll Freude als Opfer darbringen, ohne dass Origenes beschreiben kann, was dies bedeutet. Er kann nur sagen, dass diese Art des Opfers über das Fleisch siegt.

„Beweise, dass der Glaube an Gott stärker ist als die fleischliche Liebe. Die Schrift sagt: Abraham liebte zwar seinen Sohn Isaak, doch zog er die Gottesliebe der fleischlichen Liebe vor."[73]

An der entscheidenden Stelle verlässt den sonst so wortgewaltigen Prediger der Zugriff auf den biblischen Text und er kann seine Zuhörer nicht erreichen. Vielleicht sagt diese Leerstelle mehr aus, als Origenes gedacht hat. Es wird deutlich, dass hier die einfache Gegenüberstellung Leib – Geist nicht greift, weil die Hörer der Predigt einerseits in ihrem Glauben an die Auferstehung des Fleisches gefestigt werden sollen, Origenes andererseits aber in seiner Liebe zum Geistigen das Fleischliche nicht zu hoch bewerten will und auch den Patriarchen Abraham in seiner Glaubensfestigkeit über den Glauben des einfachen Volkes erheben will. Es zeigt sich also bei Ori-

---

test darfst du mehr in deiner Seele haben ... Wenn es also deiner Seele nicht mehr nach Frauenart ergeht, wirst du von deinem Gatten einen Sohn empfangen".

[71] Orig., hom. gen. 8,7 (dt. 130).
[72] Orig., hom. gen. 8,7 (dt. 130).
[73] Orig., hom. gen. 8,7 (dt. 130).

genes aufgrund seiner hermeneutischen Vorentscheidungen eine gewisse Schwäche in der Auslegung, indem er keine für ihn stimmige Anwendung der Geschichte für das Leben seiner Zuhörer konstruieren kann. Andererseits ist die Anweisung des Origenes konkret genug, um in ihr das Axiom mitzuhören, dass das Verhältnis von Vater und Sohn per se durch die Gabe des Todes gekennzeichnet ist. „Sei also wenigstens in deiner Einstellung und Gesinnung standhaft, und bring im Glauben gefestigt Gott deinen Sohn freudig als Opfer dar." Origenes verlangt nicht das Opfern des Sohnes von seinen Zuhörern, wie Gott von Abraham das Opfern seines Sohnes verlangt hat. Somit spricht sich Origenes gleichsam für das objektlose Opfer aus, das Derrida als das reine Opfer bezeichnet hat. Was aber bedeutet dann das Opfer des Sohnes? Geht es nur um den Blick in die Zukunft und das noch nicht vollzogene rituelle Töten oder geht es u. U. auch um den Blick in die Vergangenheit, die auf Zukunft hin ausgerichtet war? Vielleicht bedeutet das von Origenes insinuierte objektlose Opfer des Sohnes die im Glauben an die Auferstehung des Fleisches vollzogene Zeugung, weil diese ja nichts anderes ist als die freudige Gabe des Todes. Diese Gabe des Todes erfolgt aber nicht um des eigenen Heiles willen, sondern um des Heiles des Sohnes willen, weil nur ein Sterblicher zur Auferstehung gelangen kann. So zeigt sich, dass das Axiom der Gabe des Todes einerseits Leerstellen erzeugt – Origenes ist irgendwie sprachlos – und andererseits hilft, diese Leerstellen zu interpretieren und zu verstehen, weswegen es sich lohnen würde, mit diesem Axiom eine sehr viel größere Breite an Texten der Tradition zu lesen.

2.3.2.2 Taufe und Eucharistie

Die vorgetragene These, dass es durchaus lohnenswert ist, das Axiom der Gabe des Todes (an das Kind) auf theologische Texte anzuwenden, erhärtet sich, wenn man sie über Gen 22 hinaus (wieder) auf die Tauf- und Eucharistietheologie ausweitet. Obwohl Origenes die mystisch-mystagogische Bedeutung des dritten Tages der Reise Abrahams und Isaaks zum Opferberg durchaus bewusst ist,[74] bringt er sie zwar mit der Auferstehung zusammen, aber nicht mit der Taufe oder gar der Eucharistie. Im Gegensatz zu ihm sieht Clemens von

---

[74] *Orig.*, hom. gen. 8,4 (dt. 127).

Alexandrien (150–215) diese Verknüpfung. Er verbindet das Opfer Abrahams bzw. die Bindung Isaaks ausdrücklich mit der Taufe, indem er die drei Tage der Reise nicht als drei Tage der Seelenprüfung versteht, sondern sie mit den drei Tagen des Todseins Jesu vergleicht. Hier wird die Typologie Isaak – Christus so verstanden, dass der Täufling, der auf den Tod Jesu getauft ist, gleich wie Isaak mit Leben beschenkt wird, wie ja auch Jesus aus den Toten erstanden ist.[75] Der Vergleich des Täuflings mit Isaak wird noch dadurch gestärkt, dass Isaak nicht wirklich sterben musste, sondern nur im Entschluss seines Vaters Abraham gestorben ist, wohingegen Jesus wirklich gestorben ist und begraben wurde. Dem Täufling ergeht es mehr wie Isaak als wie Jesus, denn Tod und Wiedergeburt des Täuflings sind spiritueller bzw. sakramentaler Natur.

Dass die Taufe eine spirituelle Wiedergeburt ist und so sakramental an Tod und Auferstehung Jesu Anteil verleiht, ist in der Vätertheologie breit belegt.[76] So hat z. B. Theodor von Mopsuestia (350–428) ein typologisches Sakramentenverständnis,[77] das auf die Wirksamkeit des Sakramentenvollzugs abhebt, so dass die Gläubigen durch die Teilnahme an der Eucharistie die Hoffnung auf Unsterblichkeit erlangen,[78] weil Brot und Wein in der Wandlung durch die Gabe des Heiligen Geistes genauso unsterblich werden, wie die menschliche Natur Jesu in der Auferstehung unsterblich geworden

---

[75] *Clem. v. Alex.*, str. V 11,73 (SC 278, 146f.).
[76] Vgl. z. B. *Cypr. v. Karth.*, ep. 74,6: „Baptisma enim esse in quo homo vetus moritur et novus nascitur – Die Taufe bedeutet nämlich, dass in ihr der alte Mensch stirbt und der neue geboren wird" (CSEL 3/2, 804,2f). Ambr. v. Mail., de myst. 7, 35 : „lavacrum regenerationis – Bad der Wiedergeburt" (PL 16, 400 A6f). Ders., de paen. 2,9: „Illud quoque evidens, quod in eo, qui baptizatur, crucifigitur filius dei, quia non potuit caro nostra abolere paccatum, nisi crucifixa esset in Christo Jesu. – Das wird daraus ersichtlich, dass in dem, der getauft wird, der Sohn Gottes gekreuzigt wird, weil es nicht möglich ist, unser Fleisch von der Sünde zu befreien, außer dass es in Christus Jesus gekreuzigt wird." (PL 16, 498 B15–C3) Aug., c. Faust. 19,10: „consepelire nos sibi per baptismum in mortem – wir sind durch die Taufe auf seinen Tod mit ihm mitbegraben" (PL 42, 354). Bas. v. Caes., lib. de. Spirit. Sanct. 15,35: „Wie kommen wir auf den Weg zur Welt des Todes? Indem wir durch die Taufe wie der Herr begraben werden. Der Leib der Täuflinge wird gleichsam im Wasser begraben." (PG 32, 129 B3–6)
[77] S. G. Hall, Art. Typologie, in: TRE 34 (2002) 208–224, 212.
[78] *Theod. v. Mops.*, cat. hom 16,29f (FC 17/2, 444f.); 16,12 (FC 17/2, 431).

ist.⁷⁹ Bei Theodor zeigt sich ein sehr enger Zusammenhang zwischen Zeugung, Geburt, Tod und Nahrung, den er durch eine Verknüpfung von Taufe und Eucharistie entwickelt.

„Sinnbildlich (τυπικῶς) sind wir also mit ihm durch die Taufe begraben, damit wir, wie wir hier im Glauben an seinen Tod Anteil erhalten haben, auch Anteil an der Auferstehung erhalten. Wie wir also durch den Tod Christi, unseres Herrn, die Geburt der Taufe erlangen, so empfangen wir auch die Nahrung sinnbildlich (τυπικῶς) durch diesen Tod ... Paulus ... tut kund, daß die Annahme des Opfers und die Teilnahme (κοινωνία) an den Geheimnissen (μυστήρια) das Gedächtnis des Todes unseres Herrn bewirken, von dem wir die Auferstehung und den Genuß der Unsterblichkeit empfangen. Da wir durch den Tod unseres Herrn Christus eine sakramentale (μυστικός) Geburt empfangen haben, ziemt es sich für uns, durch ebendiesen Tod auch die sakramentale (μυστικός) Speise der Unsterblichkeit zu empfangen. Wir sollen von ebendort gespeist werden, von wo wir auch geboren wurden, nach der Gewohnheit aller geborenen Lebewesen, die auf natürliche Weise von ihren Erzeugern auch ernährt werden."⁸⁰

Im Zusammenhang mit der Taufe wird deutlich, dass Eucharistie nicht einfach das Gedächtnis oder die Gabe der Unsterblichkeit bedeutet, weil Teilhabe an der Eucharistie durch die sinnbildliche Gabe des Todes in der Taufe bedingt ist und die Eucharistie auf der tatsächlichen Gabe des Todes Jesu aufruht. Taufe bedeutet sinnbildlich vollzogenen, also sakramentalen Tod und ebensolche (Wieder)Geburt.⁸¹ Wie die Erzeuger ihre Kinder speisen, so tut es ihnen Christus

---

⁷⁹ *Theod. v. Mops.*, cat. hom. 16,12 (FC 17/2, 431): „Denn auch der Leib unseres Herrn Christus, der von unserer Natur (φύσις) ist, ist zuvor von Natur (φύσις) aus sterblich gewesen, durch die Auferstehung aber ist er zur unsterblichen und unwandelbaren Natur (φύσις) hinübergegangen. Wenn also der Priester sagt, sie (*sc.* Brot und Wein) seien Leib und Blut Christi, dann macht er überaus klar, daß sie es durch Ankunft des Heiligen Geistes geworden sind und durch ihn unsterblich geworden sind".
⁸⁰ *Theod. v. Mops.*, cat. hom 15,6 (FC 17/2, 391).
⁸¹ Vgl. *Cyrill v. Jeru.*, Myst. cat. II,4–7 (Über die Taufe): „Das heilsame Wasser wurde für euch zugleich Grab und Mutter ... Ein Zeitpunkt bewirkte beides: Gleichzeitig mit dem Tod geschah eure Geburt ... Vielmehr wissen wir ganz sicher, daß die Taufe so, wie sie Mittel zur Reinigung von Sünden und Vermittlung der Gabe des Heiligen Geistes ist, auch Abbild der Leiden Christi ist ... Für uns

gleich, der seine Kinder im Glauben speist: „Und mit einem gewissen Gefühl natürlicher Mutterliebe sorgte er dafür, daß er uns mit seinem eigenen Leib ernährte."[82] Von hierher darf man die Eucharistie wohl auch als Gabe des Todes und speziell als Gabe des Todes an das eigene Kind verstehen, wobei diese Todesgabe durch die Hoffnung auf das Leben, das neue Leben bei Gott durchkreuzt wird.

2.3 Zusammenfassung

Der Anknüpfungspunkt für die Auseinandersetzung mit Derrida bot dessen Formulierung, dass Abraham seinem Sohn den Tod gebe. Auch Derrida blickt dabei nur auf das Opfer bzw. die im Raum stehende sakrale Tötung Isaaks durch den eigenen Vater. Allerdings hat sich herausgestellt, dass es zu kurz greifen würde, die Gabe des Todes an das Kind nur im Hinblick auf ein mögliches Opfer zu durchdenken. Vielmehr zeigte es sich, dass es in der christlichen Tradition durchaus Spuren dafür gibt, schon das (phänomenologisch verstandene) Zeugen, Empfangen und Gebären mit dem Gedanken der Gabe des Todes an das Kind zu verbinden. Dies hängt natürlich mit der Sterblichkeit allen menschlichen Lebens zusammen und ist sogar im Hinblick auf die Erlösung am und durch das Kreuz von größter Bedeutung, weil Jesus von Nazareth nach dem Zeugnis des Hebräerbriefes im Unterschied zu Melchisedek nicht der Zeit enthoben ist, sondern vielmehr sterben konnte und tatsächlich zum Heil der Menschen gestorben ist und auferweckt wurde.

Vor dem Hintergrund dieser Überlegungen liest sich Derridas Kritik am Gabe-Denken in christlicher bzw. monotheistischer Provenienz noch einmal ganz anders. Dies soll im Folgenden in der gebotenen Kürze verdeutlicht werden.

---

aber gibt es ein Gleichbild des Todes und der Leiden". (FC 7, 114–121) Taufe ist also sakramental vollzogene Gabe des Todes. Ders., cat. 5: „In die Netze der Kirche bist du geraten: leben sollst du, Gefangener, entfliehe nicht! Jesus fängt dich mit der Angel, nicht um dich zu töten, sondern um dir durch den Tod das Leben zu geben. Sterben sollst du und auferstehen!" (BKV 1 41,19f) Vgl. *Aug.*, De civ dei XXI,16. Nicht nur die Taufe, sondern auch das Taufbecken konnte als Grab und Mutter bezeichnet werden: Ps.-Dionysios, e.h. 2,7 (PG 3, 396 C). Vgl. Aug, s. 119,4: „Ecce sunt (filii Dei): sed ex Deo nati sunt. Vulva matris, aqua baptismatis". (PL 38, 674).

[82] *Theod. v. Mops.*, cat. hom. 16,25 (FC 17/2, 441).

(1.) Es gibt Gabe: Während Derrida darauf aufmerksam macht, dass es eigentlich keine reine Gabe gibt, weil der Geber zumindest auf Anerkennung hofft (auch wenn diese nur im Jenseits geschehen sollte), ist die Gabe des Lebens immer mit der Gabe des Todes verknüpft. Eltern dürfen für die Gabe des Lebens relativ leicht auf Anerkennung hoffen, was aber bei der Gabe des Todes nicht so einfach zu begründen ist. Ist es dennoch möglich, von einer verantwortbaren Gabe des Todes zu reden, weil ohne diese die Zeit nicht der Knappheit unterläge und dem Kind Liebe und Geliebt-Werden nicht möglich wäre? Würde man diesen Gedanken denken dürfen, dann gäbe es durchaus Gabe und zwar als reine Gabe, die nichts für sich selber will, sondern wirklich den unbekannten Gezeugt/Empfangenen-Anderen das Leben *und* den Tod im Hinblick auf den noch unbekannteren Anderen schenkt. Eine solche Gabe wäre auch vom Verdacht der Gegenwärtigkeit befreit, weil es sich um Gabe in die Zukunft hinein handelt, so dass sie den Kriterien des messianischen bzw. phänomenologischen Eschatologismus entspräche.

(2.) Ethik entspringt der nicht rationalisierbaren Liebe: Wenn Ethik über die Gabe des Selbst hinaus, die einer traditionellen eucharistischen Haltung des Selbstopfers entspricht,[83] auch die Gabe des Todes an das Kind in den Blick nimmt, die ebenfalls in der Eucharistie anklingt, dann entspringt sie einem vor-ethischen und nicht zu rationalisierendem Raum. Die Bedingung der Möglichkeit von Ethik ist rationales Leben, das seinen Anfang nimmt in der unverfügbaren Gabe des Lebens an zwei sich aneinander weggebende Liebende. Somit kommt die Ethik von der Liebe her und darf nicht vergessen, dass Kinder nicht produziert werden und nicht das Produkt ihrer Eltern sind. Dies zeigt sich auch im Hinblick auf die technischen Reproduktionsversuche moderner Medizin, die von dem Recht des Menschen auf eigene Fruchtbarkeit durchdrungen sind. Es soll also im Extremfall etwas erzwungen werden, was nicht einklagbar ist, weil der Mensch zwar potentiell fruchtbar ist und dieser

---

[83] *Johannes Chrysostomus*, hom. in ep. Phil. 13,1: „Ahme Du ihn so nach, wenn Du es auf seine Weise nicht kannst: Kreuzige Dich selbst, wenn Dich kein anderer kreuzigt! Kreuzige dich selbst, sage ich, nicht damit Du Dich selbst tötest (das sei ferne, denn das wäre frevelhaft), sondern halte es wie Paulus, der sagt: ‚Mir ist die Welt gekreuzigt und ich der Welt!' (Gal 6,14) Wenn Du Deinen Herrn liebst, dann stirb seinen Tod!" (PG 62, 277)

Fruchtbarkeit auf die Sprünge helfen kann, aber keine Instanz existiert, bei der man sein Recht auf eigene Fruchtbarkeit einklagen könnte – Fruchtbarkeit ist Geschenk. So gesehen zeigt sich hier das Geschenk der Fruchtbarkeit und die nur zu empfangende Gabe des Lebens, auf der dann das ethische Leben des Kindes aufruht, so dass sich Ethik immer aus der Begrenztheit menschlichen Lebens entwickelt, aus der Begrenztheit elterlicher Liebe, für die Fruchtbarkeit Geschenk ist, und aus der Begrenztheit kindlichen Lebens, das immer vom Tod gekennzeichnet sein wird.

(3.) Opfer als sakramentaler Vollzug der Sterblichkeit: Opfer ist nur im Rahmen von Ökonomie zu verstehen, weil es in der Verschärfung des Opfers des eigenen Kindes deutlich vor Augen führt, dass Eltern ihren Kindern zwar den Tod geben, indem sie ihnen das Leben schenken, sie über diesen Tod aber nicht verfügen dürfen. Das gegebene Leben entzieht sich – wie auch das eigene, empfangene Leben – der Verfügungsmacht. Vor diesem Hintergrund ist das Opfer des Geliebten Erinnerung an die das Leben konstituierende Tatsache, dass der Mensch zwar gewaltsam den anderen zu Tode bringen könnte, dass er damit aber gegen sein eigenes Subjekt-Sein verstößt, weil der Mensch weder das Ablaufen seiner eigenen Zeit, noch das Ablaufen der Zeit des anderen, noch das Anlaufen der Zeit des unbekannten anderen in der Hand hat. Der Mensch erhält also nichts für das Opfer, nicht einmal Anerkennung, sondern er erinnert sich im sakramentalen Opfer der schlichten Tatsache, dass er sterblich und sein Tod unausweichlich ist. Die Abrahamsgeschichte führt somit vor Augen, dass der Entzogenheit des Gabenursprungs nicht die Beliebigkeit menschlichen Handelns entspricht, sondern das schlichte Eingeständnis, dass der Mensch weder das eigene noch das fremde Leben in der Hand hat, weswegen er über beide im Letzten nicht verfügen kann, soll und darf.

(4.) Geheimnishaft sich entziehender Ursprung: Von hierher erschließt sich dann auch die Geheimnishaftigkeit Gottes. Gott ist Geheimnis, weil und insofern der Mensch ein sterbliches Wesen ist. Das soll nicht bedeuten, dass Gott weniger geheimnishaft wäre, hätte er den Menschen unsterblich geschaffen. Biblisch gesprochen hat er ihn an den Baum des Lebens gesetzt, aber der Mensch aß vom Baum der Erkenntnis. Nicht weil die Verheißung des Lebens keine Verlockung für ihn dargestellt hätte, sondern weil der Mensch erst lernen musste, was es bedeutet, sterblich zu sein. Das konnte er aber nur als Erkennender. So aß er vom Baum der Erkenntnis und wusste fortan, was es bedeutet, sterblich zu sein. Der Mensch hat sich in seiner Sterblichkeit erkannt, weswegen er Gott um so mehr als Geheimnis erkennen musste und durfte, weil ihm so klar wurde, dass der Schöpfer den Menschen als endliches, sterbliches Wesen geschaffen hat. Der Mensch ist sterblich und durch den Tod des einen kam die Hoffnung auf anderes Leben (Röm 5,17). Dies Geheimnis der Heilsgeschichte ist schlechterdings nicht zu ergründen; ihm kann nur nachgedacht werden, indem es erinnernd gefeiert wird.

3. Ausblick

Die vorausgehenden Ausführungen haben der These nachgespürt, was es bedeutet, wenn man die Wendung: „Abraham gibt seinem Sohn den Tod" nicht im Hinblick auf die bevorstehende, von Gott befohlene Opferung des geliebten Kindes versteht, sondern sie vielmehr in den Gesamtzusammenhang von Zeugen, Empfangen und Gebären einordnet. Tut man dies, dann muss einerseits Derridas Ablehnung der Möglichkeit reiner Gabe noch einmal anders gelesen werden, weil die Gabe des sterblichen Lebens durchaus als Gabe, als reine Gabe verstanden werden darf. Dies zeigt sich in der Eucharistie-Theologie, wenn sie mit der Tauf-Theologie verbunden wird: Wir sind auf den Tod Christi getauft, um mit ihm zum ewigen Leben zu gelangen (Röm 6,3f.). Die Gabe der Taufe ist also Gabe des Todes und des Lebens, wie die Gabe des Lebens der Eltern an ihr Kind auch Gabe der Todes an dieses Kind ist, so dass diese Gabe nicht nur ambivalent bleibt, sondern auch nicht auf Anerkennung aus ist, weil sie im Hinblick auf die Möglichkeit der Liebe zwischen dem noch unbekannten Gezeugt/Empfangen-Anderen und einer noch unbekannteren ganz Anderen geschieht. Von daher ist die Gabe des Lebens und des Todes an das Kind reine Gabe. Wenn Ethik, eucharistische Ethik von hier her ihren Anfang nehmen würde, dann würden ihr wohl einige Irrungen erspart bleiben, weil die eigene Begrenztheit nicht verdrängt, sondern vielmehr offener Konstruktionspunkt des Denkens würde, auch wenn dieser Punkt rational nicht eingeholt, sondern ihm nur nachgedacht werden kann.

D. Eucharistie: Gabe der Zeit?

Christus praesens
Die Gabe der Eucharistie und ihre Zeitlichkeit

Helmut Hoping

Hoc est enim corpus meum, das Wort zur Konsekration des Brotes war bis zum Zweiten Vatikanischen Konzil ein fester Bestandteil des Römischen Kanons. Im Zuge der Liturgiereform kam es auch im Zentrum der Eucharistie, bei den Einsetzungsworten *(Verba Testamenti),* zu Änderungen. Das Brotwort erhielt im Messbuch Pauls VI. (1970) die erweiterte Fassung *Hoc est enim corpus meum, quod pro vobis tradetur* – entsprechend dem Vulgatatext von 1 Kor 11,24. Die traditionelle Fassung des Brotwortes unterstreicht den Gedanken der Realpräsenz.[1] Die Erweiterung betont zugleich den Charakter der Eucharistie als Gabe. Dazu schreibt Joseph Ratzinger: Der Leib Christi kann „Gabe werden, weil er hingegeben wird. Durch den Akt der Hingebung wird er mitteilungsfähig, sozusagen selbst in eine Gabe verwandelt"[2].

Mit seinem „Essai sur le don" (1925) hat der Soziologie und Ethnologe Marcel Mauss (1872–1950) einen Gabendiskurs angestoßen, der sich seitdem über die Sozialwissenschaften hinaus bis in die Ethnologie, Anthropologie, Philosophie[3] und Theologie[4] hinein ver-

---

[1] Vgl. A. *Bugnini,* Die Liturgiereform (1948–1975). Zeugnis und Testament. Deutsche Ausgabe von J. Wagner u. Mitarb. v. F. Raas, übers. v. H. Venmann, Freiburg i.Br. u. a. 1988, 485.

[2] *J. Ratzinger,* Eucharistie – Communio – Solidarität (2002), in: *Ders.,* Theologie der Liturgie (Gesammelte Schriften 11), Freiburg i.Br. u. a. 2009, 425–442, 440.

[3] Vgl. A. *Caillé,* Anthropologie der Gabe (Theorie und Gesellschaft 65), hrsg. u. übers. v. F. Adolff/C. Papilloud, Frankfurt a.M. 2007; *M. Hénaff,* Der Preis der Wahrheit. Gabe, Geld und Philosophie, übers. v. E. Moldenhauer, Frankfurt a.M. 2009; *P. Bourdieu,* Marginalia. Some Additional Note on the Gift, in: The Logic of the Gift. Towards an Ethic of Generosity, ed. by A. D. Schrift, New York 1997, 231–244.

[4] Vgl. *O. Bayer,* Art. Gabe II. Systematisch-theologisch, in: RGG 3 ([4]2000) 445f.; *ders.,* Ethik der Gabe, in: V. Hoffmann (Hrsg.), Die Gabe – ein „Ur-wort" der Theologie, Frankfurt a.M. 2009, 99–123; *J. Wohlmuth,* „... mein Leib, der für euch gegebene" (Lk 22,19). Eucharistie – Gabe des Todes Jesu jenseits der Öko-

zweigt hat. Beachtung finden auf theologischer Seite vor allem Beiträge der französischen Phänomenologie. Von phänomenologischen Zugängen zur Eucharistie versprechen sich Theologen, das Zentrum christlicher Liturgie besser zu verstehen.[5] Die von Edmund Husserl (1859–1938) begründete Phänomenologie hat zu ihrem Gegenstand das, was erscheint. Seit Martin Heidegger (1889–1976) hat die Phänomenologie zahlreiche Weiterentwicklungen erfahren. Hier sind vor allem Michel Henry (1922–2002) und Jean-Luc Marion zu nennen.[6] Einen wichtige Beitrag zum Gabendiskurs hat auch Jacques Derrida (1930–2004) geliefert.[7]

Josef Wohlmuth hat im deutschsprachigen Raum als einer der ersten den Gabendiskurs für die Theologie der Schöpfung, die Anthropologie und vor allem die Theologie der Eucharistie fruchtbar gemacht.[8] Einen Schwerpunkt in den Veröffentlichungen Wohlmuths spielt seit seiner Dissertation über die Lehre von der Realpräsenz und Transsubstantiation auf dem Konzil von Trient[9] die Theo-

---

nomie, in: Ebd., 55–72; *J. Milbank*, Can a Gift be Given? Prolegomena to a Future Trinitarian Metaphysic, in: Modern Theology 11 (1995) 119–161; *C. Büchner*, Wie kann Gott in der Welt wirken? Überlegungen zu einer theologischen Hermeneutik des Sich-Gebens, Freiburg i.Br. u. a. 2010; *I. U. Dalferth*, Umsonst. Eine Erinnerung an die kreative Passivität des Menschen, Tübingen 2011; *V. Hoffmann*, Skizzen zu einer Theologie der Gabe. Rechtfertigung – Opfer – Eucharistie – Gottes- und Nächstenliebe, Freiburg i.Br. u. a. 2013.

[5] Vgl. *H. Zaborowski*, Enthüllung und Vergebung. Phänomenologische Zugänge zur Eucharistie, in: HerKorr 57 (2003) 580–584.

[6] Vgl. *J.-L. Marion*, Etant donné. Essai d'une phénoménologie de la donation, Paris 1997 (engl. Being Given. Toward a Phenomenology of Givenness, transl. by Jeffrey L. Kosky, Standford 2002).

[7] Vgl. *J. Derrida*, Zeit geben I. Falschgeld, übers. v. A. Knop/M. Wetzel, München 1993; *ders.*, Jahrhundert der Vergebung. Verzeihen ohne Macht – unbedingt und jenseits der Souveränität, in: Lettre International, Frühjahr 2000, 10–18.

[8] Vgl. *J. Wohlmuth*, Zur Phänomenologie Jean-Luc Marions – eine Einführung, in: Ruf und Gabe. Zum Verhältnis von Phänomenologie und Theologie (Kleine Bonner theologische Reihe), Bonn 2000, 2–12; *ders.*, Die theologische Bedeutung des Gabendiskurses bei Emmanuel Lévinas, Jacques Derrida und Jean-Luc Marion, in: M. Rosenberger (Hrsg.), Geschenkt – umsonst gegeben? Gabe und Tausch in Ethik, Gesellschaft und Religion (Linzer philosophisch-theologische Beiträge 14), Frankfurt a.M. 2006, 91–120.

[9] Vgl. *J. Wohlmuth*, Realpräsenz und Transsubstantiation auf dem Konzil von Trient. Eine historisch-kritische Analyse der Canones 1–4 der Sessio XIII, 2 Bde., Frankfurt a.M. 1975.

logie der Eucharistie.[10] Ziel des vorliegenden Beitrags ist es, einige vertiefende Überlegungen zur Gabe und Zeitlichkeit der Eucharistie vorzutragen.[11] Als Ausgangspunkt meiner Überlegungen wähle ich dabei die eucharistische Hermeneutik im Frühwerk von Marion.[12] Wie wird der erhöhte Herr unter uns und in der Liturgie gegenwärtig? Wie ist seine Gegenwart im Sakrament der Eucharistie zu denken?

1. Die verklärte Gegenwart Christi und die Zeitlichkeit der Liturgie

Wenn Christus, der auferweckte Gekreuzigte, nicht mehr sichtbar anwesend ist, wie wird er dann gegenwärtig? Wie war er damals für Petrus, Johannes und Jakobus, oder für Maria, seine Mutter, und Maria von Magdala nach seiner Auferstehung gegenwärtig? Jean-Luc Marion nennt die Gegenwart des auferstandenen Christus seine „verklärte Gegenwart" – so in einem gleichnamigen Beitrag von 1983.[13] Marion spricht darin auch von der „auferstandenen" Form der Gegenwart Christi.[14] Gemeint ist damit nicht nur die Zeit Christi zwischen Ostern und Himmelfahrt, sondern seine bleibende Gegenwart bei sichtbarer Abwesenheit aufgrund des *transitus* vom Tod zum ewigen Leben. Es handelt sich um die Gegenwart Christi für

---

[10] Vgl. z. B. J. *Wohlmuth*, Noch einmal: Transsubstantiation oder Transsignifikation?, in: ZkTh 97 (1975) 430–440; *ders.*, Eucharistie als liturgische Feier der Gegenwart Jesu Christi. Realpräsenz und Transsubstantiation im Verständnis katholischer Theologie (Themen der katholischen Akademie in Bayern), Regensburg 2002, 87–119.
[11] Ich greife dabei auf Überlegungen aus dem Schlusskapitel meines Eucharistiebuches zurück. Vgl. *H. Hoping*, Mein Leib für euch gegeben. Geschichte und Theologie der Eucharistie, Freiburg i.Br. u. a. 2011, 437–471: XII. Convivium paschale. Die Eucharistie als Sakrament der Gabe.
[12] Es überrascht, dass Veronika Hoffmann bei der Rekonstruktion von Marions Phänomenologie der Gebung (*donation*) die eucharistische Hermeneutik seines Frühwerks vollständig ausblendet, zumal ihre Habilitationsschrift das Ziel verfolgt, Skizzen zu einer Theologie der Gabe vorzulegen und dabei die Eucharistie als Gabe einen zentralen Raum einnimmt. Vgl. *dies.*, Skizzen (s. Anm. 4), 91–104.
[13] Vgl. *J.-L. Marion*, Verklärte Gegenwart, in: IKaZ „Communio" 12 (1983) 223–231. Wiederabdruck in: J. Kardinal Ratzinger/Peter Henrici (Hrsg.), Credo. Ein Lesebuch, Köln 1992, 181–190.
[14] Vgl. *J.-L. Marion*, Verklärte Gegenwart (s. Anm. 13), 182.

jene, die Søren Kierkegaard (1813–1855) die „Jünger zweiter Hand" nennt. Die Gegenwart Christi schwindet nicht mit seinem *transitus*, sondern vollendet sich als Gabe in den Herzen seiner Jünger, die er sendet. „Ihr habt gehört, dass ich euch sagte: *Ich gehe weg* (ὑπάγω) *und komme zu euch* (ἔρχομαι πρὸς ὑμᾶς)" (Joh 14,28). Darin ist das Paradox von Abstand und Nähe Christi begründet. Sein Abstand, sein Weggehen, ist Voraussetzung für eine neue Nähe, die keine Grenzen kennt. Zustimmend zitiert Marion aus einem Lexikonartikel Joseph Ratzingers: „Christus ist, kraft der Himmelfahrt, nicht der von der Welt Abwesende, sondern der auf neue Weise in der ihr ‚Anwesende'"[15].

Wäre Christus gegenwärtig wie vor seinem *transitus*, könnte er den Menschen aller Orten und Zeiten nicht gegenwärtig sein.[16] Christus schenkt sich uns mit einer Liebe von „jenseits der Welt"[17]. Schon in seinem theologischen Erstlingswerk „L'idol et la distance" (1977) sprach Marion von der Selbstgabe Gottes aus einer „Distanz", aus der auch der Sohn, der am Kreuz starb, vom Vater das neue Leben empfängt.[18] In „Dieu sans l'être" (1982) hat Marion den Versuch unternommen, Gott – in radikaler Alterität zum Sein – als Gabe der Liebe *(agape)* zu denken.[19] Marion ist in seinem Frühwerk von Hans Urs von Balthasar (1905–1988) inspiriert[20], besonders von „Schau der Gestalt" (1961)[21], dem ersten Band der theologischen Ästhetik „Herrlichkeit", und der Programmschrift „Glaubhaft ist nur Liebe" (1963)[22]. Nach von Balthasar hat sich die Theologie am „Phänomen Christi", der „Offenbarungs-Gestalt der Liebe"[23], auszurichten und

---

[15] *J. Ratzinger*, Art. Himmelfahrt II. Systematisch, in: LThK 5 (²1960), Sp. 360–362, 361. Vgl. *J.-L. Marion*, Verklärte Gegenwart (s. Anm. 13), 186.
[16] Vgl. *J.-L. Marion*, Verklärte Gegenwart (s. Anm. 13), 188.
[17] Ebd., 188.
[18] Vgl. *J.-L. Marion*, L'idol et la distance. Cinq études, Paris 1977.
[19] Vgl. *J.-L. Marion*, God without Being, translat. by Thomas A. Carlson. With a Forword by D. Tracy, Chicago u. a. 1991; Gott ohne Sein, übers. v. Alwin Letzkus, hrsg. u. m. e. Nachw. vers. v. Karlheinz Ruhstorfer, Paderborn 2014.
[20] Vgl. *T. Alferi*, „… Die Unfasslichkeit der uns übersteigend-zuvorkommenden Liebe Gottes …". Von Balthasar als Orientierung für Marion, in: H.-B. Gerl-Falkowitz (Hrsg.), Jean-Luc Marion. Studien zum Werk, Dresden 2013, 103–125.
[21] Vgl. *H. U. v. Balthasar*, Herrlichkeit. Eine theologische Ästhetik, Bd. 1: Schau der Gestalt, Einsiedeln 1961.
[22] Vgl. *ders.*, Glaubhaft ist nur Liebe, Einsiedeln 1963.
[23] Ebd., 36; 58.

daran Maß zu nehmen. In Jesus Christus macht der Mensch die Erfahrung einer „absoluten Liebe"[24], des „reinen Umsonst"[25], der „Rückhaltslogkeit der Gabe"[26]. Im zweiten Band seiner „Theologik" hat sich von Balthasar kritisch zu Marions Werk „Dieu sans l'être" geäußert. Er wirft dem französischen Phänomenologen vor, nicht den Aktcharakter des göttlichen Seins bedacht zu haben. Die Liebe Gottes sei nicht vor oder jenseits des Seins, sondern sein höchster Akt.[27]

Wenn Marion von „Gott ohne Sein" spricht, orientiert er sich an der Tradition negativer Theologie, etwa bei Ps. Dionysius Areopagita, der Gott als „über-seiend" betrachtet. Es ist auch ein Einfluss von Emmanuel Levinas (1905–1995) mit seinem zweiten Hauptwerk „Autrement qu'être ou au-delà de l'essence" (1974)[28] zu vermuten. Nach von Balthasar sind in Gott Freiheit, Liebe und Sein zusammenzudenken. So nennt er Gott die „subsistierende Freiheit des absoluten Seins"[29] oder die „Fülle des Seins ... im Zustand ihres Gegebenseins"[30]. Marion ist auf von Balthasars Kritik, so weit zu sehen, nicht eingegangen. Doch haben ihn Einwände einzelner Thomisten und Vertreter der „Radical Orthodoxy" dazu gebracht, Ende der 90er Jahre seine Position zur Seinsfrage zu präzisieren: Bei der Seinsfrage müsse man zwischen dem *ens commune* und dem *actus essendi* unterscheiden.[31] Über das Verhältnis Gottes zum Sein könne erst entschieden werden, „wenn wir über ein Verständnis von *esse* verfügen,

---

[24] Ebd., 66.
[25] Ebd., 67.
[26] Vgl. *H. U. v. Balthasar*, Herrlichkeit. Eine theologische Ästhetik, Bd. 2/2: Theologie Neuer Bund, 249ff.; ders., Theodramatik, Bd. 2/1: Die Personen des Spiels. Der Mensch in Gott, 260ff.
[27] Vgl. *H. U. v. Balthasar*, Theologik, Bd. 2: Wahrheit Gottes, Einsiedeln 1985, 163.
[28] Vgl. *E. Levinas*, Autrement qu'être ou au-delà de l'essence, La Haye 1974 (dt. Jenseits des Seins oder anders als Sein geschieht, übers. v. T. Wiemer, Freiburg i.Br. ²2011).
[29] *H. U. v. Balthasar*, Herrlichkeit, Bd. 3/1: Im Raum der Metaphysik, Einsiedeln 1965, 954f.
[30] Ebd., 961.
[31] Vgl. *J.-L. Marion*, La science toujours recherchée et toujours manquante, in: J. M. Narbonne/L. Langlois (Ed.), La métaphysique, son histoire, sa critique, ses enjeux, Paris 1999, 13–36, 24.

das so geartet wäre, dass es das, was wir Gott nennen, [zwar] nicht zu erreichen, aber wenigstens anzugehen beanspruchen könnte"[32].

Die seinskritische Position Marions macht sich auch in seinem philosophische Hauptwerk „Etant donné" (1997) bemerkbar. Nach Marion ist die Phänomenologie als Lehre von den Erscheinungen an eine unsichtbare Dimension verwiesen, nämlich die jenseits der Erscheinungen stehende Gebung der Erscheinung. Marions phänomenologische Reduktion zielt auf das, was er *donation* nennt, die reine Gebung. Marion spricht von *présent sans présence*, wobei er mit den beiden französischen Worten *présent* für Geschenk und *présence* für Gegenwart spielt. Eine *donation* ist keine *gegenständliche Präsenz*, nicht die Gegenwart der Substanz oder des intentionalen Bewusstseins, sondern die Gegenwart einer Gabe, die nicht in einem Objekt erscheint[33], sondern „jenseits des Seins" gegeben wird.[34] Die Gabe, die nicht in einem Objekt besteht, wird für Marion in Phänomenen erfahren, die er gesättigte Phänomene[35] nennt, wie das epochale Ereignis, das Kunstwerk (Idol/Blick), den Leib (*chair*/Fleisch) und die Ikone (Antlitz).

Die reine Gegebenheit *par excellence* ist für Marion das mögliche Ereignis einer göttlichen Offenbarung: das Maximum gesättigter Phänomenalität *(le maximum de la phénoménalité saturée)* als die äußerste Möglichkeit des Phänomens *(possibilité ultime du phénomène)*.[36] Die phänomenale Möglichkeit einer göttlichen Offenbarung denkt Marion als Koinzidenz der gesättigten Phänomene des Ereignisses, des Idols, des Leibes und der Ikone. Im Phänomen Christi werden die genannten Phänomene noch einmal überstiegen, da sich Jesus Christus ganz den Phänomenen öffnet, bis dahin, sich in der Kenosis jeder Anschaulichkeit zu entledigen. Marion sieht in der Offenbarung Jesu Christi den einmaligen Fall einer reinen Gebung, ein „phénomène abandonné"[37]. Die Möglichkeit von Offenbarung

---

[32] J.-L. Marion, Saint Thomas d'Aquin et l'onto-théo-logie, in: RThom 95 (1995) 31–66, 65.

[33] Vgl. J.-L. Marion, Etant donné (s. Anm. 6), 150.

[34] Vgl. ebd., 171.

[35] Vgl. J.-L. Marion, De surcroit. Etudes sur les phénomènes saturés, Paris 2001; ders., Etant donné (s. Anm. 6), 360–374.

[36] Vgl. J.-L. Marion, Etant donné (s. Anm. 6), 326f.

[37] Ebd., 341: „Nous nomerons les phénomènes de révélation (saturation de saturation), où l'excès du don peut endosser l'aspect de la pénurie, du titre de l'*abandonné*".

ist für Marion ein Gabe-Geschehen höchster Reinheit.[38] Es ist ein Phänomen, „worüber hinaus Größeres nicht gegeben werden kann – *id quod nihil manifestius donari potest*"[39], wie Marion im Anschluss an den Gottesbegriff Anselms von Canterbury sagt.
Marion weiß natürlich, dass eine Gabe ohne eine Form von Gegenwart nicht mehr wäre als eine transzendentale Illusion. Für die Gegenwärtigkeit der Gabe für den, der sie empfängt, rekurriert Marion auf eine präreflexive Ursprünglichkeit des transzendentalen Subjekts, in der es sich in der Position des „Dativs" befindet. Das Subjekt ist sich schon präreflexiv, nicht erst im bewussten Leben, gegeben und ist so empfänglich für die sich gebende Wirklichkeit. In seiner Präreflexivität ist das Ich der Hingegebene. Das Subjekt ist nach Marion von seinem ursprünglichen Hingegebensein zu denken. „L'adonné, se livrant sans restriction à la donation"[40]. Hier zeigt sich der Einfluss der transzendentalen Lebensphänomenologie Michel Henrys.[41] Eine mögliche Offenbarung der Liebe Gottes, wie sie nach christlichem Glauben in Jesus von Nazareth gegeben wird, konzentriert gleichsam in sich die saturierten Phänomene des geschichtlichen Ereignisses, des Idols (Blick), des Fleisches (chair) und der Ikone (Antlitz).[42] Für die Frage nach der Gegenwart des erhöhten Herrn, des *Christus praesens*, bedeutet dies: Bei der Gegenwart Christi handelt es sich um eine spezifische Form nichtintentionaler Präsenz.

„Was an unserem Erlöser sichtbar war, ist in die Mysterien übergangen"[43] sagt Papst Leo der Große (440–461) in einem seiner „Sermones". Weil Christus hinübergegangen ist in die zeitübergreifende und zugleich zeitgebende Ewigkeit Gottes, kann er sich in Wort und Sakrament schenken. In den Mysterien ist Christus weder in sichtbarem Fleisch gegenwärtig noch wie ein Abwesender bloß in menschlicher Erinnerung. Christus ist uns gegeben wie die Zeit, die

---

[38] Vgl. ebd., 325.
[39] Ebd., 339.
[40] Ebd., 390.
[41] Vgl. *T. Alferi*, „Worüber hinaus Größeres nicht ‚gegeben' werden kann …" Phänomenologie und Offenbarung nach Jean-Luc Marion (Phänomenologie Kontexte 15), Freiburg i.Br. 2007, 292.
[42] Vgl. *J.-L. Marion*, Etant donné (s. Anm. 6), 327.
[43] *Leo der Große, Sermo LXXIV*, 2.

auf uns zukommt, aber für sich nicht greifbar, nicht anschaubar ist. Eine Phänomenologie, die als letzten Horizont nicht das Bewusstsein oder das Sein, sondern die Gebung hat, würde es für Marion erlauben, das Sakrament der Eucharistie besser zu verstehen.[44] Denn der Begriff des Sakraments verbindet Sichtbares und Unsichtbares, die im Sakrament untrennbar zusammengehören, in verdichteter Form beim Sakrament der Eucharistie. Denn – scholastisch gesprochen – ist Christus darin nicht nur mit seiner Kraft gegenwärtig, wie in der Taufe, sondern schenkt sich uns in verklärter Leiblichkeit. Das Sakrament der Eucharistie ist daher das Sakrament der Gabe *par excellence*.

In welcher Zeitlichkeit feiern wir Liturgie? In der im Wintersemester 1920/1921 gehaltenen Vorlesung „Einleitung in die Phänomenologie der Religion" bringt Martin Heidegger die urchristliche Lebenserfahrung auf den Begriff der „zusammengedrängten Zeitlichkeit". Die aus der Begegnung mit dem auferweckten Gekreuzigten und der Erwartung seiner Wiederkunft resultierende urchristliche Lebenserfahrung erschließt dem Glaubenden die Faktizität seines Lebens, deren Vollzugssinn die Zeitlichkeit des Daseins mit ihrem Primat der Zukunft ist. Dies führt Heidegger zu der These, dass der Glaubende die Zeitlichkeit als solche lebe. Giorgo Agamben und Christian Lehnert haben diesen Gedanken vertieft, der italienische Philosoph in seinem Werk „Die Zeit, die bleibt. Ein Römerbriefkommentar"[45], der evangelische Theologe und Dichter in seinem Paulusessay „Korinthische Brocken"[46].

Durch die Erfahrung einer Verzögerung der Parusie Christi, die sich in den Briefen des Apostels Paulus niederschlägt, kam es zu einer Dehnung der „zusammengedrängten Zeitlichkeit". Geblieben ist die mit der Erwartung des auferweckten Gekreuzigten verbundene eschatologisch befristete Zeit. Zur Zeitlichkeit christlicher Existenz gehört neben der eschatologisch befristeten Zeit die pneumatische

---

[44] Vgl. *J.-L. Marion*, Die Phänomenologie des Sakraments. Wesen und Gegebenheit, in: M. Gabel/H. Joas (Hrsg.), Von der Ursprünglichkeit der Gabe. Jean-Luc Marions Phänomenologie in der Diskussion (Scientia & Religio), Freiburg i.Br. u. a. 2007, 159–191, 162–164.

[45] Vgl. *G. Agamben*, Die Zeit, die bleibt. Ein Kommentar zum Römerbrief, übers. v. D. Giuriato (es 2453), Frankfurt a.M. 2006.

[46] Vgl. *C. Lehnert*, Korinthische Brocken. Ein Essay über Paulus, Frankfurt a.M. 2013.

Gegenwart Jesu Christi in seiner Gemeinde, vor allem in der Liturgie. Wäre Gottes Ewigkeit die Negation der Zeit, könnte er kein Verhältnis zur Zeit haben. Die Liturgie wäre nur ein menschliches Gedenken vergangener Ereignisse, nicht aber die Feier der Zeit, die Gott für uns hat. In der Liturgie ist eine andere Zeit im Spiel als die lineare Zeit. Die Liturgie unterbricht die Zeit des Alltäglichen. Die Zeit der Liturgie ist die besondere, von Gottes Nähe gefüllte Zeit, welche die Zeit des Tages, des Jahres und des Lebens dadurch gliedert und ordnet, dass sie sich zugleich aus der alltäglichen Zeit heraushebt. In der Liturgie feiern wir die göttliche Nähe in menschlicher Gegenwart.[47] Das Gedächtnis, das sich in der Feier der Eucharistie im Vollzug der eigenen leiblichen Existenz ereignet, ist nicht nur *retentional* im Sinne eines von uns wiedererinnerten Christus.[48] In der Feier der Eucharistie rufen wir uns nicht nur den Tod und die Auferstehung Jesu in Erinnerung, als ob wir sie als Christen vergessen könnten. Ohne dass Gott seiner Heilstaten gedenkt und Christus in seinem Geist gegenwärtig wird, wäre das liturgische Gedächtnis nur Teil eines „kulturellen Gedächtnisses". In der Liturgie geht es um ein Zueinander von menschlichem und göttlichem Gedenken.

Menschliches Gedenken ist nicht ohne ein „synthetisierendes Zeitbewusstsein"[49] möglich. Voraussetzung für die Feier der Liturgie ist daher die „Sammlung" aus der Vielfalt der Zeitbezüge für die Zeit, die Gott für uns hat. Schon Thomas von Aquin (um 1225–1274) hat die Sakramente als „dreidimensionales Zeit-Zeichen"[50] betrachtet, in dem Vergangenes, Gegenwärtiges und Zukünf-

---

[47] Vgl. *S. Wahle*, Gedenken Gottes – Gottes Gedenken. Die liturgisch-theologische Dimension christlicher Anamnese, in: Rainer Berndt (Hrsg.), Wider das Vergessen und für das Seelenheil. Memoria und Totengedenken im Mittelalter (Studien zum Mittelalter und zu seiner Rezeptionsgeschichte IX), Münster 2013, 41–51, 46.

[48] Vgl. *R. Kühn*, Gabe als Leib in Christentum und Phänomenologie, Würzburg 2004, 82f.

[49] Der Begriff knüpft an die Phänomenologie der Zeit bei *Edmund Husserl* an. Vgl. ders., Zur Phänomenologie des inneren Zeitbewusstseins (1893–1917) (Husserliana 10), Hrsg. von R. Boehm, Den Haag 1966. Vgl. dazu *S. Wahle*, Gottes-Gedenken. Untersuchungen zum anamnetischen Gehalt christlicher und jüdischer Liturgie (ITS 73), Innsbruck 2006, 175–177.

[50] *J. Knop*, „Bist du kommst in Herrlichkeit". Zeit-Zeichen Eucharistie, in: IKaZ „Communio" 42 (2013) 281–290, 284.

tiges im synthetisierenden Zeitbewusstsein ineinander verschränkt sind. Als *signum rememorativum* ist die Eucharistie Gedächtnis des Paschamysteriums Christi. *Signum demonsstrativum* ist die Feier der Eucharistie, weil in ihr das in Christus begründete Heil gegenwärtig wird. Sofern die Eucharistie Zukünftiges präfiguriert, ist sie ein *signum prognosticum*.[51]

Liturgie kann nur feiern, wer Zeit hat und sich Zeit nimmt, ohne über die Zeit verfügen zu wollen. Gottes Zeit für den Menschen, die wir in der Liturgie feiern, können wir nur empfangen. Wo aber das Subjekt zum empfangenden Subjekt wird, zeigt sich die Grenze der menschlichen Zeitsynthesis.[52] Doch wie kann der ewige Gott uns gegenwärtig werden? Dies ist nur möglich, weil der offenbare Gott nicht das zeitlos Andere der Ewigkeit ist. Gott hat in seiner Ewigkeit ein Verhältnis zur Zeit. Ohne ein solches Verhältnis wäre Gottes Nähe in der Liturgie nicht verständlich. In der christlichen Liturgie geht es nicht darum, vergangene Ereignisse als solche zu vergegenwärtigen. Die Feier der Liturgie ist weder die kultische Vergegenwärtigung einer heiligen Zeit des mythischen Ursprungs noch die (unmögliche) Iteration vergangener Ereignisse. Was in der Liturgie gefeiert wird, ist die Nähe Gottes in der pneumatischen, verklärten Gegenwart des auferweckten Gekreuzigten in der Erwartung seiner Wiederkunft. Alles hängt hier an der nicht mehr zeitgebundenen Existenzweise des auferweckten Gekreuzigten, des erhöhten Christus.

In seinen Reflexionen zur Zeitstruktur der christlichen Liturgie spricht Josef Wohlmuth davon, dass die Liturgie „weder in die Kategorie der normalen Zeit eingeordnet werden noch in die Ewigkeit entschwinden darf". In der Feier der Liturgie gehe es um eine „Gegenwärtigkeit des Heils", die aber keine „Ewigkeit der Gleichzeitigkeit" bedeutet, sondern den Einbruch der Transzendenz in die Zeit. Doch das liturgische Gedenken durchbricht weder die Irreversibilität des Vergangenen noch die Ausständigkeit des Zukünftigen. Die Nähe Gottes resultiert „nicht zuerst aus der Kraft eines synchronisierenden kirchlichen Sprechakts, sondern aus der Kraft dessen, der aus

---

[51] Vgl. *Thomas von Aquin*, STh III, q.60, a.3; q. 73, a.4.
[52] Vgl. *B. Casper*, Das Ereignis des Betens. Grundlinien der Hermeneutik des religiösen Verstehens (Phänomenologie 1, Texte 3), Freiburg i.Br. 1998, 59–64; *S. Wahle*, Gedenken Gottes (s. Anm. 47), 48.

dem Nichts erschaffen kann"⁵³. Und so durchkreuzt der erhöhte Christus in seiner pneumatischen Selbstvergegenwärtigung unser synthetisierendes Zeitbewusstsein. Anders gesagt: Im synthetisierenden Vollzug des *opus operantium* gilt es, die Zeitnähe Gottes, das *opus operatum*, zu entdecken.⁵⁴

Das Phänomen der Offenbarung zeichnet sich für Marion durch „Ikonizität" aus, indem sich Sichtbares und Unsichtbares überschneiden. Marion greift dabei auf die Aussage des Kolosserbriefes zurück, wonach Christus „das Ebenbild des unsichtbaren Gottes" (Kol 1,15) ist. Gegenüber der theologischen Phänomenologie in Marions Frühwerk, in dem die Ikone Christi im Mittelpunkt stand, bleibt die Phänomenologie einer möglichen Offenbarung in „Etant donné" vage. Ebenso wenig kommt Marion auf seine frühe Phänomenologie der Eucharistie zurück. Thomas Alferi hat in Marions Werk einige offenbarungstheologische Leerstellen ausgemacht: Reflexionen über das Phänomen der Schuld oder die Geschichte, wie sie sich etwa im Werk von Paul Ricœur (1913–2005) finden⁵⁵, aber auch die Einzigartigkeit und Universalität der Offenbarung Jesu Christi.

2. Die reine Gabe der Eucharistie und die Form ihrer Gegenwart

„Die Eucharistie ist eine besondere Form der Gegenwart Christi im Geiste, die seinen Todesabschied und damit sein ‚Fortgehen' dauernd als Grund in sich trägt und bezeugt."⁵⁶ Die Eucharistie steht wie jede liturgische Feier in der Spannung von *Anwesenheit* und *Abwesenheit*. Ausgehend von der Gegenwart des auferstandenen Herrn

---

⁵³ J. *Wohlmuth*, Zeiterfahrung. Eine phänomenologisch-theologische Problemanzeige, in: M. Beintker u. a. (Hrsg.), Rechtfertigung und Erfahrung (FS Gerhard Sauter), Gütersloh 1995, 246–268, 265.
⁵⁴ Vgl. ebd., 264; S. *Wahle*, Gedenken Gottes (s. Anm. 47), 50.
⁵⁵ Vgl. P. *Ricœur*, Phänomenologie der Schuld, Bd. 1: Die Fehlbarkeit des Menschen; Bd. 2: Symbolik des Bösen, übers. v. M. Otto, Freiburg i.Br. u. a. ³2002 (Studienausgabe); *ders.*, Gedächtnis, Geschichte, Vergessen, übers. v. H.-D. Gondek, München 2004; *ders.*, Das Rätsel der Vergangenheit: Erinnern – Vergessen – Verzeihen, übers. v. A. Breitling/H. R. Lesaar, m. e. Vorw. v. B. Lieb, Göttingen ⁴2004; *ders.*, Le mal: un défi à la philosophie et à la théologie. Avant-propos de Pierre Gise, Genf ³2004.
⁵⁶ A. *Gerken*, Theologie der Eucharistie, München 1973, 30.

in der versammelten Gemeinde ist auch seine Gegenwart in Brot und Wein zu denken. Die Gegenwart Christi in der Eucharistie erschließt sich von seiner leiblichen Auferstehung. Den inneren Zusammenhang von Ostern und Eucharistie belegen die neutestamentlichen Erzählungen vom Mahl des Auferstandenen mit seinen Jüngern (Lk 24,13–35; Joh 21). Die leibliche Auferstehung Jesu bedeutet für seine Jünger eine neue Form seiner Gegenwart, die in seinem Fortgehen gründet. Wäre Jesus physisch unter uns, könnte er nicht allen Menschen aller Orten und Zeiten im Sakrament der Eucharistie gegenwärtig sein.[57]

Wurde die Gegenwart Christi in den Gaben von Brot und Wein früher substanzontologisch gedacht, so fasst man sie heute verstärkt als personale Gegenwart im Kontext einer relationalen Ontologie auf. In den fünfziger Jahren des letzten Jahrhunderts wurden mit Blick auf den dominierenden naturwissenschaftlichen Substanzbegriff verschiedene Neuinterpretationen der Lehre von der somatischen Realpräsenz Christi auf der Grundlage phänomenologischer Positionen vorgelegt. Zur Vermeidung von Missverständnissen, die der Begriff der *Transsubstantiation* vielfach hervorruft, haben Piet Schoonenberg (1911–1999)[58] und Edward Schillebeeckx (1914–2009)[59] vorgeschlagen, von *Transsignifikation* (Umbezeichnung, Umwidmung) bzw. *Transfinalisation* (Umwandlung des Zwecks) zu sprechen.[60] In der Feier der Eucharistie werden die Gestalten von Brot und Wein durch das eucharistische Gebet geheiligt und gewinnen so eine neue Bedeutung *(significatio)* und eine neue Sinn- bzw. Zweckbestimmung *(finis)*.

Eine neue Bedeutung gewinnen Brot und Wein aber, weil sie eine neue Wirklichkeit erhalten.[61] Die Gaben von Brot und Wein werden

---

[57] Vgl. ebd., 178f.
[58] Vgl. P. *Schoonenberg*, De tegenwoordigheid van Christus, in: Verbum 26 (1959) 148–157; *ders.*, Tegenwoordigheid, in: Verbum 31 (1964) 395–415; *ders.*, Inwieweit ist die Lehre von der Transsubstantiation historisch bestimmt?, in: Concilium (1967) 305–311.
[59] Vgl. E. *Schillebeeckx*, Die eucharistische Gegenwart. Zur Diskussion über die Realpräsenz, Düsseldorf 1967, 71f.
[60] So auch im Holländischen Katechismus. Vgl. Glaubensverkündigung für Erwachsene. Deutsche Ausgabe des Holländischen Katechismus, Nijmwegen – Utrecht 1968, 385.
[61] Vgl. *Paul VI.*, Enzyklika „Mysterium fidei" (3. September 1965): DH 4413: „Nach Vollzug der Wesensverwandlung nehmen die Gestalten von Brot und

nicht nur in ihrer Bedeutung für uns verwandelt.[62] Die Gegenwart Christi in Brot und Wein ist unabhängig von menschlicher Intentionalität, andernfalls wäre sie durch das Bewusstsein der Gemeinde konstituiert.[63] Mit der eucharistischen Wandlung hören Brot und Wein auf, in sich selbst zu stehen, sie werden „zu reinen Zeichen Seiner [Christi] Anwesenheit"[64]. Um bei der eucharistischen Realpräsenz jede intentionale, gegenständliche Präsenz auszuschließen, ist es sinnvoll, am Begriff *Transsubstantiation* festzuhalten[65] bzw. besser von einer *Substantiation* zu sprechen.[66] So wird deutlich, dass die Gabe der Eucharistie keine substanzlose sein kann, es in einer nichtaristotelischen Ontologie nicht so etwas wie eine Brotsubstanz gibt.[67]

„Die Dialektik von Nähe und Ferne, von Anwesenheit und Abwesenheit, die für unsere Gemeinschaft mit dem auferstandenen Herrn bestimmend ist, wird durch seine gabenhafte, substantierte Präsenz in der Eucharistie nicht aufgehoben."[68]

Doch um welche Gegenwart handelt es sich, wenn es nicht die Zeitlichkeit des *Hier und Jetzt* ist?

Wein zweifellos eine neue Bedeutung und einen neuen Zweck an; denn sie sind nicht mehr gewöhnliches Brot und gewöhnlicher Trank, sondern Zeichen für eine heilige Sache und Zeichen für eine geistige Speise; sie nehmen aber deshalb eine neue Bedeutung und einen neuen Zweck an, weil sie eine neue ‚Wirklichkeit' erhalten, die wir zu Recht ontologisch nennen."

[62] Vgl. *H. Jorissen*, Die Diskussion um die eucharistische Realpräsenz und die Transsubstantiation in der neueren Theologie, in: Beiträge zur Diskussion um das Eucharistieverständnis. Referate und Vorträge im Rahmen des Arbeitskreises „Eucharistie" im Collegium Albertinum, Bonn 1970, 33–57, 46f.
[63] Vgl. *R. Kühn*, Gabe als Leib (s. Anm. 48), 84.
[64] *J. Ratzinger*, Das Problem der Transsubstantiation und die Frage nach dem Sinn der Eucharistie, in: *ders.*, Gesammelte Schriften 11, Freiburg i.Br. u. a. ³2010, 271–298, 292.
[65] Vgl. *J. Wohlmuth*, Eucharistie als liturgische Feier (s. Anm. 10), 108–11.
[66] Vgl. *H. Hoping*, Mehr als Brot und Wein. Zur Phänomenologie der Gabe, in: T. Böhm (Hrsg.), Glaube und Kultur. Begegnung zweier Welten?, Freiburg i.Br. u. a. 2009, 187–202, 196.
[67] Vgl. jetzt auch *R. Spaemann*, Substantiation. Zur Ontologie der eucharistischen Wandlung, in: IKaZ „Communio" 43 (2014) 199–202.
[68] *H. Hoping*, Mehr als Brot (s. Anm. 66), 196.

Die Gegenwart Christi in Brot und Wein ist für Marion keine räumliche oder intentionale Präsenz, sondern die Gegenwart einer Gabe, die in Freiheit gegeben wird. Es handelt sich um die „irreduzible Exteriorität"[69] der Selbstgabe Christi. Die Gegenwart Christi in Brot und Wein ist die Gegenwart der Selbstgabe Christi, die uns nach Marion *instantan* geschenkt wird. Die eucharistische Gegenwart kommt zu uns in jedem Augenblick als die Gabe des Leibes Christi, in den wir inkorporiert werden.[70] Nach Marion kann die Gegenwart Christi in der Eucharistie nicht als permanente Präsenz einer Substanz aufgefasst werden, da sie unser synthetisches Zeitbewusstsein überschreitet. Marion formuliert daher Vorbehalte gegenüber einer Substanzverwandlung von Brot und Wein in den Leib und das Blut Christi. Die eucharistische Gegenwart Christi ist für Marion die Insistenz der Selbstgabe Christi: sich selbst zu geben ohne aufzuhören zu geben.[71] Das Sakrament der Eucharistie ist die Gabe der göttlichen Liebe.[72] Da die reale Gegenwart Christi im Sakrament der Eucharistie keine Gegenwart ist, die in der Zeit unserer sinnlichen Phänomene erscheint, spricht Marion vom mystischen Leib Christi bzw. der mystischen Realität der eucharistischen Gabe. Damit greift er auf die ursprüngliche eucharistische Bedeutung des Ausdrucks *Corpus Christi mysticum* zurück, von dem man anfänglich den *Corpus Christi verum* der sichtbaren Kirche unterschied.[73] Im Zuge der mittelalterlichen Eucharistiekontroversen wurde es üblich, nicht mehr den Leib der Kirche, sondern den Leib der Eucharistie *Corpus Christi verum* zu nennen.[74]

Marion hat seine eucharistische Hermeneutik von „Dieu sans l'être" in „Etant donné" nicht wieder aufgenommen. Einige Jahre später hat er sich dagegen in der theologischen Zeitschrift „La Maison-Dieu" erneut der Frage der Realpräsenz zugewendet.[75] Die Gegenwart

---

[69] J.-L. *Marion*, God without Being (s. Anm. 19), 169.
[70] Vgl. ebd., 175.
[71] Vgl. ebd., 177f.
[72] Vgl. ebd., 178.
[73] Vgl. ebd., 179f.
[74] Vgl. *H. de Lubac*, Corpus mysticum. Eucharistie und Kirche im Mittelalter. Eine historische Studie, übers. v. H. U. v. Balthasar, Einsiedeln ²1995 (1959; franz. 1949).
[75] Vgl. *J.-L. Marion*, Réaliser la présence réelle, in: La Maison-Dieu 225 (2001) 18–28.

Christi in Brot und Wein beschreibt Marion erneut als saturiertes Phänomen, in dem eine Gabe gegeben wird, die nicht als Objekt erscheint.[76] Für die Frage der Verwandlung der Gaben von Brot und Wein in den Leib und das Blut Christi hängt für Marion alles davon ab, wer spricht, wenn der Priester die *Verba Testamenti* rezitiert. Nach Marion ist es Christus selbst, der „Meister der Bedeutung" *(maître de signification),* der auch der „Meister aller Dinge" *(maître de toutes choses)*[77] ist. Er spricht und hat dafür mit seiner Liebe bezahlt. Wir sind daher in der Feier der Eucharistie gehalten, den *Verba Christi* unser ungeteiltes Vertrauen zu schenken.[78] Das sinnliche Auge sieht nur Brot und Wein, die „Augen des Glaubens" erkennen die göttliche Gabe, die uns in Brot und Wein geschenkt wird. Wir brauchen daher die Haltung eucharistischer Kontemplation nicht nur bei der eucharistischen Anbetung, sondern auch bei der Feier und beim Empfang der Eucharistie.[79] Damit greift Marion einen Gedanken auf, der bei ihm erstmals Ende der 60er Jahre in dem Beitrag „La splendeur de la contemplation eucharistique"[80] begegnet.

Nur Gottes schöpferisches Wort, durch das alles geschaffen wird, hat die Kraft, Brot und Wein zu verwandeln.[81] Der menschliche Priester, der den Sprechakt der eucharistischen Kernhandlung von der Gabenepiklese bis zu den *Verba Testamenti* vollzieht, kann daher den erhöhten Herrn nicht einfach in seiner Abwesenheit vertreten, er muss vielmehr *in persona Christi* handeln, der in der zur Eucharistie versammelten Gemeinde als primärer Träger des gottesdienstlichen Handelns gegenwärtig ist. Als recht verstandene *Ikone Christi* macht der menschliche Priester deutlich, dass die göttliche Gabe der Eucharistie alle menschliche Gabe und Vollmacht übersteigt.[82] Tho-

---

[76] Vgl. ebd., 26.
[77] Ebd., 27.
[78] Vgl. ebd.
[79] Vgl. ebd., 27f.
[80] Vgl. *J.-L. Marion*, in: Résurrection 31 (1969) 84–88. Nach *P. W. Roseman* ist das Werk Marions in seinem Kern „eucharistisch". Vgl. *ders.,* Postmodern Philosophy and J.-L. Marion's Eucharistic Realism, in: J. McEvoy/M. Hogan (Ed.), The Mystery of Faith: Reflections of the Encyclical Ecclesia de Eucharistia, Blackrock 2005, 224–244.
[81] Vgl. *J. Wohlmuth*, Zeiterfahrung (s. Anm. 53), 265.
[82] Vgl. *W. Haunerland* (Hrsg.), Mehr als Brot und Wein. Theologische Kontexte der Eucharistie, Würzburg 129.

mas von Aquin drückt es so aus: Der menschliche Priester stellt „das Bild Christi *(imago Christi)* dar, in dessen Person und in dessen Kraft er die Konsekrationsworte spricht"[83]. Es ist also der erhöhte Herr selbst, der in seiner pneumatischen Gegenwart die Gaben von Brot und Wein konsekriert. Allein aus sich heraus könnte der menschliche Priester die heilige Handlung, zu der er geweiht wird, nicht vollziehen. Daher ruft er den Heiligen Geist auf die Gaben von Brot und Wein herab.

Nach Thomas von Aquin kann die Verwandlung der Gaben von Brot und Wein in den Leib und das Blut Christi nur *instantan* geschehen, da es sich nicht um eine Veränderung von Brot und Wein handelt, die in der Zeit erfolgt. Dies gilt unabhängig von der Ontologie der Transsubstantiationslehre. In einem Augenblick, *instantan*, geschieht, was wir nicht bewirken können: Brot und Wein werden zu Leib und Blut Christi. Josef Wohlmuth spricht von der „Reduktion des empirisch Gegebenen auf das Wunder des sich in aller Freiheit Gebenden"[84]. Die Eucharistie ist die Gegenwart der Gabe, die dem geoffenbarten Gottesnamen die Bestimmung „*Mich für euch*" gibt[85] oder, wie wir auch mit dem Brotwort der erneuerten Form der Messfeier sagen können: *Mein Leib für euch gegeben*. Die vom menschlichen Priester *in persona Christi* gesprochenen *Verba Testamenti* bezeichnet Wohlmuth mit Recht als *Gebeworte*. Sie sind aber zugleich *Deuteworte*. Bei den *Verba Testamenti* handelt es sich um einen doppelten Sprechakt: einen identifizierenden Sprechakt (Das *ist* mein Leib ...) und einen performativen Sprechakt, nämlich das Geben der Gabe (für euch *gegeben* ...).[86] Schon Martin Luther (1483–1546) bezeichnete die *Verba Testamenti* als *Stiftungs-, Konsekrations-* und *Distributionsworte*.[87]

Die eucharistische Gabe, die gegeben wird, setzt ein inkarniertes Subjekt voraus, das leiblich und zeitlich existiert. Andernfalls könnte

---

[83] *Thomas von Aquin*, STh III, q.83, a.1, ad3.
[84] *J. Wohlmuth*, Vom Tausch zur Gabe, in: Ders., An der Schwelle zum Heiligtum. Christliche Theologie im Gespräch mit jüdischem Denken (Studien zu Judentum und Christentum), Paderborn u. a. 2007, 194–224, 221.
[85] Vgl. ebd.
[86] Vgl. *A. Saberschinsky*, Einführung in die Feier der Eucharistie, Freiburg i.Br. u. a. 2009, 151, bestreitet eine indikativische Funktion der *Verba Testamenti*.
[87] Vgl. *H. Hoping*, Mein Leib für euch gegeben (s. Anm. 11), 252.

die Gabe nicht in den Zeichen von Brot und Wein empfangen werden. In „Etant donné" ist es das hingegebene Subjekt *(l'adonné),* dem etwas erscheint und darin gegeben wird. Zur Erfahrung von Gegenwart gehört der Selbstbezug unseres bewussten Lebens und die damit verbundene Idee der Präsenz. Die Gegenwart Christi im Sakrament der Eucharistie überschreitet allerdings jede Form intentionaler Präsenz. Sie ist bestimmt durch eine Dialektik von Nähe und Ferne, von Anwesenheit und Abwesenheit, wie sie für unsere Gemeinschaft mit dem auferstandenen Herrn charakteristisch ist. Es gehört zur Definition des Sakraments, dass es das, was es bezeichnet, schenkt und wir das empfangen, was es bezeichnet.

Nach Marion sind die konsekrierten Gaben der Eucharistie „ikonisch" zu verstehen. Die Gegenwart Christi in den Gaben von Brot und Wein ähnelt seiner Erscheinung in der gemalten Ikone.[88] Worin aber besteht das Besondere der Gegenwart Christi in Brot und Wein gegenüber seiner Präsenz in der Ikone? Beide Male spricht Marion von saturierten Phänomenen. In der Ikone kommt es zur Umkehrung des intentionalen Blicks durch den, der mich ansieht: durch das menschlichen Antlitz oder die gemalte Ikone. Handelt es sich beim Sakrament um einen besonderen Fall von Ikonizität? Es geht hier um nichts Geringeres als um die Frage nach der Differenz zwischen sich gebenden Phänomenen hinsichtlich der Intensität des Sichgebens. Phänomenologisch kann der Unterschied nur in der Weise der Gegenwart Christi in der Ikone und im Sakrament des Altares liegen. Die Eucharistie ist das Sakrament der reinen Selbstgabe Christi, die Ikone das Zeichen einer Manifestation seines Antlitzes.

Nach Jacques Derrida besteht die Aporie der Gabe darin, dass sie mit zeitlichem Aufschub die Gegengabe hervorruft. In der Ökonomie der Gabe aber kündigt sich für Derrida die reine, nichtökonomische Gabe als unmögliche Möglichkeit an.[89] Derrida wirft Marcel Mauss vor, die Gabe nicht ursprünglich genug gedacht zu haben. Marion und Ricœur haben sich dieser Kritik an Mauss angeschlossen, auch wenn sie in ihrer Gabentheorie andere Wegen ge-

---

[88] Vgl. *J.-L. Marion,* God without Being (s. Anm. 19), 175.
[89] Vgl. *J. D. Caputo/M. J. Scanlon* (Ed.), On the Gift. A Discussion between Jacques Derrida and Jean-Luc Marion, in: God, the Gift and Postmodernism (The Indiana Series in the Philosophy of Religion), Bloomington u. a. 1999, 59f.

hen.⁹⁰ Derrida entwickelt seine Gabentheorie im Kontext seiner dekonstruktivistischen Hermeneutik, verbunden mit zum Teil paradoxen Aussagen, zum Beispiel: die Gabe dürfe nicht als solche von dem, der sie empfängt, anerkannt werden.⁹¹ Derrida bestreitet nicht die Möglichkeit der reinen Gabe. Gegenüber der Ökonomie der Gabe will er vielmehr die unmögliche Möglichkeit der reinen Gabe retten.⁹² Doch kann die reine Gabe für Derrida „als solche" nicht erscheinen. Es gibt für Derrida aber *Spuren* der reinen Gabe.⁹³

Derridas Idee der reinen Gabe orientiert sich neben dem Lobpreis Gottes am Almosengeben, bei dem „die linke Hand nicht weiß, was die rechte tut" (Mt 6,3), an der Feindesliebe, die Liebe schenkt, ohne jede Erwartung auf Gegenliebe, auch wenn sie diese hervorrufen kann; sie orientiert sich daran zu vergeben, ohne dass der Täter um Vergebung gebeten hätte, schließlich auch daran, sein Leben zu geben oder wie Derrida sagt, „den Tod geben" *(donner la mort).*⁹⁴ Derrida will die Möglichkeit des Unmöglichen denken – wie er die unbedingte Vergebung denken will, für die es „keine Begrenzung" gibt, „keine Mäßigung, kein *bis dahin*"⁹⁵. Eine Vergebung, die ihren Namen verdient, müsste für Derrida „das Unverzeihbare" verzeihen können, „ohne Bedingung"⁹⁶.

---

⁹⁰ Vgl. *T. Alferi*, „Worüber hinaus Größeres nicht ‚gegeben' werden kann ..." (s. Anm. 41), 416–418; 426–437.
⁹¹ Vgl. *J. Derrida*, Zeit geben I (s. Anm. 7), 25; 36.
⁹² Vgl. *J. D. Caputo/M. J. Scanlon* (Ed.), On the Gift (s. Anm. 89), 59: „Derrida: I never concluded that there is no gift."; *Robyn Horner*, Rethinking God as Gift. Marion, Derrida and the Limits of Phenomenology, New York 2001, 18: „Yet Derrida claims not that there can be no gift but that a gift cannot be known as such; in other words he claims that no phenomenon of gift can be known."
⁹³ Das übersieht *I. U. Dalferth*, Alles umsonst. Zur Kunst des Schenkens und den Grenzen der Gabe, in: M. Gabel/H. Joas (Hrsg.), Von der Ursprünglichkeit (s. Anm. 44), 159–191; 162–164; *ders.*, Weder möglich noch unmöglich. Zur Phänomenologie des Unmöglichen, in: Archivio di Filosofia/ Archives of Philosophy LXXVIII (2010) 49–66; *ders.*, Umsonst. Eine Erinnerung an die kreative Passivität des Menschen, Tübingen 2011, 92–98.
⁹⁴ Vgl. *J. Derrida*, Den Tod geben, übers. v. Hans-Dieter Gondek, in: A. Haverkamp (Hrsg.), Gewalt und Gerechtigkeit. Derrida – Benjamin, Frankfurt a.M. 1997, 331–445.
⁹⁵ *J. Derrida*, Jahrhundert der Vergebung (s. Anm. 7), 17.
⁹⁶ Ebd., 12. – Von Veronika Hoffmann wird die Breite der theologischen Bezüge in Derridas Reflexionen zur Gabe nicht deutlich. Hoffmann konzentriert sich

In der Eucharistie empfangen wir den für uns *in den Tod gegebenen Leib Christi* (Lk 22,19). Das Wesen des Opfers Christi am Kreuz ist die Selbstgabe seines Lebens.[97] Die Eucharistie ist das Sakrament der größten Liebe *(sacramentum maximae caritatis)*. „O einzigartige und bewundernswerte Freigebigkeit, da der Schenker zum Geschenk wurde und die Gabe völlig gleich mit dem Geber ist" – so Papst Urban IV. (1261–1264) in seiner Konstitution „Transiturus de hoc mundo" (1. August 1264) zur Einführung des Fronleichnamsfestes. Im Brot des Lebens und im Kelch des Heils gibt sich Christus uns zur Speise, „jede Fülle der Großzügigkeit übersteigend, jedes Maß der Liebe überschreitend"[98]. Die Gabe der Eucharistie ist die reine Gabe, auf die wir nicht mit einer Gegengabe, sondern nur mit Dank antworten können.

Die Gabe der Eucharistie können wir aber nur empfangen, wenn sie uns gegenwärtig wird. In den Zeichen von Brot und Wein schenkt sich uns der auferweckte Gekreuzigte als Gabe, wodurch wir zu „einem Leib werden in Christus" *(unum corpus in Christo)*, wie es im 3. Hochgebet heißt (vgl. Joh 6,56). Der recht verstandene „mystische", ekstatische Charakter der Eucharistie ist darin begründet, dass wir durch die Teilhabe *(koinonia)* an Leib und Blut Christi schon jetzt Anteil (vgl. 1 Kor 10,16f.) erhalten am ewigen Leben. Dies kommt in den an der Brotrede Joh 6 orientierten Kommuniongebeten der Messfeier zum Ausdruck. Die Rede von der Gegenwart des auferweckten Gekreuzigten in der Feier der Eucharistie macht eine Aussage über Gottes Verhältnis zur Zeit, das dort gegeben ist,

---

ausschließlich auf Derridas Reflexionen zum Opfer Abrahams (Bindung Isaaks). Vgl. *dies.*, Skizzen (s. Anm. 4), 86–89.

[97] Veronika Hoffmann unterstellt mir einen Opferbegriff, der „durch die Dimensionen von Gewalt und Verzicht geprägt" sei *(dies., Skizzen* [s. Anm. 4], 386 Anm. 281). Damit verzeichnet sie meine Position. In meinen zahlreichen Texten zum Tod Jesu und zur Eucharistie als Opfer, die Hofmann bis auf einen Beitrag in der „Herder Korrespondenz" nicht zu kennen scheint, habe ich immer wieder betont, dass das Wesen des Opfers nicht die Viktimisierung des Opfers *(victima, victim)* oder der Gewaltakt ist (der Mensch als *homo necans*), sondern die Gabe des Lebens *(sacrificium)* – im Falle des Sterbens Jesu also die Selbstgabe seines Lebens am Kreuz, die in der Eucharistie sakramental gegenwärtig wird. Vgl. H. Hoping, Gottes äußerste Gabe. Die theologische Unverzichtbarkeit der Opfersprache, in: HerKorr 56 (2002) 247–251; Einführung in die Christologie, Darmstadt ³2014, 156–159; *ders.*, Mein Leib für euch gegeben (s. Anm. 11), 13–16; 274–287; 438–449.

[98] DH 847.

wo er in unserer Zeit zeichenhaft verhüllt gegenwärtig wird. Die Identität von Gastgeber und Gabe der Eucharistie zeigt, dass mit einem allein an Dia-chronie, Unter-brechung, Dis-kontinuität und Ek-statik orientierten Zeitverständnis die Begegnung mit dem auferweckten Gekreuzigten in der Eucharistie nicht verständlich gemacht werden kann.

Die eucharistische Gegenwart Christi ist eine besondere Weise der Selbstvergegenwärtigung Gottes. Gott ist der Zeit auf vielfältige Weise gegenwärtig: durch seinen schöpferischen Geist, in seinen geschichtlichen Manifestationen, in der Person Jesu Christi, durch die pneumatische Nähe des auferweckten Gekreuzigten in seiner Gemeinde und schließlich, zeichenhaft verdichtet und verhüllt, in der Gegenwart des auferweckten Gekreuzigten unter den Gestalten von Brot und Wein durch die Selbstidentifikation Jesu Christi mit Brot und Wein, die meint: „das bin ich selbst für euch in meinem Sterben". Eine reale Gegenwart des auferweckten Gekreuzigten in der Eucharistie unterliegt nicht der Idol- und Bildkritik, da es sich um eine unverfügbare Selbstvergegenwärtigung Christi handelt, die nicht zur Vernichtung der Zeit führt, sondern Orientierung und Gestaltung der Zeit ermöglicht.

Die Feier der Eucharistie ist ausgerichtet auf die innige Vereinigung mit Christus. Die Kommunion, der Empfang des Leibes Christi, sei er geistlich oder sakramental, setzt die Anbetung voraus. Darauf hat schon Aurelius Augustinus (354–430) aufmerksam gemacht. Den Leib und das Blut Christi könne man nicht empfangen, ohne vorher angebetet zu haben:

> „Und weil er in diesem Fleisch hier auf Erden gelebt hat, so gab er uns dieses Fleisch zur Speise des Heils. Niemand isst nun aber von diesem Fleisch, ohne zuvor angebetet zu haben."[99]

Beten ist seinem Wesen nach Aufmerksamkeit für Gott: Sei es in der Meditation des Wortes Gottes, im stillen Gebet, die schweigende Anbetung oder im gesprochen Gebet. Im Werk der politischen Mystikerin Simone Weil (1909–1943) spielt die Aufmerksamkeit im Warten *(attente)* eine zentrale große Rolle.[100]

---

[99] *Aurelius Augustinus*, Ennarationes in Psalmos XCVIII, 9 (CCL 38, 1385): „Et quia in ipsa carne hic ambulavit, et ipsam carnem nobis manducandam ad salutem dedit; nemo autem illam carnem manducat, nisi prius adoraverit."
[100] Zu Simone Weil und ihrer Bedeutung für die Theologie vgl. *I. Abbt*/

„Die Aufmerksamkeit besteht darin, das Denken auszusetzen, den Geist verfügbar, leer und für den Gegenstand offen zu halten, das heißt wartend, nichts suchend, aber bereit, den Gegenstand, der in ihn eingehen wird, in seiner nackten Wahrheit aufzunehmen"[101].

Die Eucharistie zielt auf die *attente* in der Bereitschaft zu empfangen: „Wer die Leere einen Augenblick lang erträgt – empfängt entweder das übernatürliche Brot, oder er fällt."[102] Die Aufmerksamkeit des Betens ist die Bereitschaft zu empfangen. Ohne die Bereitschaft zu empfangen, kann die Liebe Christi im Sakrament der Eucharistie nicht in uns eingehen. Marion spricht im Anschluss an Phil 3,13 von der *Epektasis: ausgerichtet* sein auf das, was im Zeichen des Brotes geschenkt wird.[103]

Brot und Wein werden zu Zeichen der Gegenwart Christi, der sich uns im eucharistischen Mahl schenkt. Die Eucharistie wird uns geschenkt, damit wir verwandelt werden. Dabei geht es um nichts weniger als einen Subjektwechsel. Im Unterschied zur Einverleibung durch körperliche Nahrungsaufnahme werden wir durch den gläubigen Empfang der Kommunion in den Leib Christi verwandelt. Dazu schreibt Augustinus: „Nicht du wirst mich in dich verwandeln, gleich der Speise deines Leibes, sondern du wirst in mich gewandelt werden"[104]. Mit einem modernen Theologen können wir sagen: „Wie die Nahrung einverleibt wird und vollständig im Essenden aufgenommen wird, so innig und nahe geschieht die Verbindung des Glaubenden mit Christus"[105]. Im Sakrament der Eucharistie erhalten wir Anteil an jenem Leben, das Jesus am Kreuz für uns dahingegeben hat und das durch seine Auferstehung von den Toten für immer bei Gott vollendet ist. In seinem Johanneskommentar schreibt Augustinus:

W. W. Müller (Hrsg.), Simone Weil. Ein Leben gibt zu denken, St. Ottilien 1999; *W. W. Müller*, Simone Weil. Theologische Splitter, Zürich 2009.
[101] *S. Weil*, Das Unglück und die Gottesliebe, übers. v. Friedhelm Kemp, m. e. Einf. v. T. S. Elliot, München ²1961, 104.
[102] *S. Weil*, Cahiers/Aufzeichnungen, Bd. II, Hrsg. u. übers. v. Elisabeth Edl/Wolfgang Matz, München – Wien 1993, 182.
[103] Vgl. *J.-L. Marion*, God without Being (s. Anm. 19), 173f.
[104] *Aurelius Augustinus*, Confessiones VII, 10: „Nec tu me in te mutabis sicut cibum carnis tuae, sed tu mutaberis in me."
[105] *G. Bachl*, Eucharistie. Macht und Verlust des Verzehrens (Essays zu Kultur und Glaube), St. Ottilien 2008, 116.

„O Sakrament der Liebe Gottes! Wer leben will, hat einen Ort, wo er leben kann, und hat etwas, von dem er leben kann. Er möge hinzutreten, glauben und teilhaben an dem Leib, um lebendig zu werden."[106]

In der Eucharistie empfangen wir, wovon wir wahrhaft leben können. So entlässt uns die Feier der Eucharistie an ihrem Ende auch in die Zeit, in der wir uns alltäglich vorfinden, damit in der Zeit des Alltags unser Leben gleichsam selbst Eucharistie wird: das heißt *Gabe*.

---

[106] *Aurelius Augustinus*, In Iohannis Evangelium tractatus XXVI, 13: „O sacramentum pietatis! ... Qui vult vivere, habet ubi vivat, habet unde vivat. Accedat, credat, incorporetur ut vivificetur."

Realpräsenz und Diachronie
Die Eucharistielehre in zeittheoretischer Perspektive

René Dausner

Einleitung

Die eucharistische Zeitstruktur, der ich mich im vorliegenden Beitrag widmen möchte, lässt sich – so scheint es wenigstens – formal leicht umschreiben: In der Eucharistie wird anamnetisch der Opfertod Jesu vergegenwärtigt, der nach christlichem Selbstverständnis die eschatologische Erlösung prospektiv und proleptisch vorwegnimmt.[1] Realpräsenz ist daher – neben dem Opferbegriff – einer der beiden entscheidenden Aspekte der Eucharistie.[2] Es geht um nichts weniger als um die Vergegenwärtigung des Heils in den eucharistischen Gestalten von Brot und Wein. Die Frage nach der Denkbarkeit der wirklichen Gegenwart, der realen Präsenz Jesu Christi, ist gerade darum eine der vordringlichsten Aufgaben der Theologie, weil die Eucharistie die Teilhabe *(participatio)* der Gläubigen an dem durch Jesus Christus gewirkten Heil bedeutet. Mit anderen Worten: Realpräsenz ist kein beliebiger Begriff, sondern Inbegriff und Sinn des christlichen Glaubens, eines Glaubens, der in der Eucharistie nicht nur ästhetisch ausgedrückt wird, sondern in existentieller Weise an den Gläubigen vollzieht, was von den Gaben geglaubt wird: Verwandlung. Papst Leo d. Gr. (440–461) hat diesen Gedanken der Verwandlung des glaubenden Subjekts in einer Predigt über das Leiden des Herrn höchst konzise formuliert:

---

[1] Vgl. *Thomas von Aquin*, STh III, q. 60a, art. 3. Vgl. dazu: *J. Wohlmuth*, Vorüberlegungen zu einer theologischen Ästhetik der Sakramente, in: H. Hoping/B. Jeggle-Merz (Hrsg.), Liturgische Theologie. Aufgaben systematischer Liturgiewissenschaft, Paderborn u. a. 2004, 85–106, v. a. 96f.

[2] Vgl. *D. Sattler*, Art. Eucharistie, in: W. Beinert/B. Stubenrauch (Hrsg.), Neues Lexikon der katholischen Dogmatik, Freiburg i.Br. 2012, 197–203, 197: „Die überlieferten theol. Konzepte nehmen vor allem Fragen nach dem Verständnis der E.[ucharistie] als Opfer und Mahl sowie nach der wahren Gegenwart Jesu Christi (Realpräsenz) in den Blick."

„Bewirkt doch der Genuß des Fleisches und Blutes Christi nichts anderes, als daß wir in das verwandelt werden, was wir kosten, und den beständig in unserem Leibe und in unserer Seele tragen, mit dem wir Tod, Grab und Auferstehung teilen."[3]

Achten wir auf das hier verwendete *tempus verbi*, so fällt unschwer das Präsens ins Auge. Wir *kosten* und *werden verwandelt,* wir *tragen* und *teilen* und nehmen leibhaftig in Empfang, was in den Geboten Jesu als Realpräsenz benannt wird: Das *ist* mein Leib, das *ist* mein Blut.[4] Die beschriebene Gegenwart ist so stark, dass sie Vergangenheit

---

[3] *Leo d. Große,* Sermo LXIII. 12. Predigt über das Leiden des Herrn, in: BKV 1. Reihe, Bd. 55, übers. v. T. Steeger, München 1927, 141–147, 147.

[4] In der Liturgie des Gründonnerstags wird diese reale Gegenwart auf einmalige Weise ausdrücklich zur Sprache gebracht durch den erläuternden Einschub: ... *das ist heute.* Vgl. auch: *J. Wohlmuth,* Gründonnerstag – Jesu Abschiedsvermächtnis im Heute der Gemeinde: Eucharistie und Diakonie, in: *Ders.,* Jesu Weg – unser Weg. Kleine mystagogische Christologie, Würzburg 1992, 123: „In der Mitte der Eucharistiefeier erhalten die *Einsetzungstexte* wie sonst nicht im Laufe des Jahres eine unüberhörbare Aktualisierung, wenn es heißt: ‚Denn in der Nacht, da er verraten wurde – *das ist heute* – ...' (Drittes Eucharistiegebet, ähnlich in den anderen). Damit wird verdeutlicht, was von jeder eucharistischen Feier gilt: sie geschieht im Stundenschlag der Zeit, der das Kontinuum der Zeit durch das *Heute* des Heilsangebotes unterbricht. Heute wird nicht mehr nur historisch informiert oder Vergangenes erzählt, um es mental in Erinnerung zu halten. Es wird vielmehr in die Stunde hineinzitiert und in einer Erzählhandlung ästhetisch aktualisiert, was die versammelte Gemeinde mit den Sinnen wahrnehmen, mit den Händen empfangen und im Glauben an-nehmen soll. Indem sie – als feierndes Subjekt – der Selbstübergabe (traditio) Jesu ästhetische Gestalt verleiht, wird sie zugleich in einen Wandlungsprozess hineingezogen, dem sie sich nur schuldhaft entziehen könnte. So kann das *Heute* zur Stunde der Gnade *oder* des Gerichts werden." „Im Blick auf das Ganze der Gründonnerstagsliturgie muß ich das Verständnis des liturgischen *Heute* noch etwas vertiefen. Es spielt nicht nur am Gründonnerstag, sondern auch sonst in der Liturgie der großen Feste eine bedeutsame Rolle. So heißt es etwa in der großartigen Antiphon zur Zweiten Weihnachtsvesper ‚*Heute* ist Christus geboren ...' (*Hodie* Christus natus est ...); entsprechend heißt es im Exsultet der Osternacht: ‚*Dies* ist die Nacht' (*Haec* nox est) und im Responsorium der Zweiten Ostervesper ‚*Dies* ist der *Tag,* den der Herr gemacht hat' (*Haec dies,* quam fecit Dominus ...)". (125) „Christlich verstanden tritt die Gegenwart in der liturgischen Feier in eine Korrespondenz zur Jesus-Zeit." (127) Nicht zuletzt in dieser Zeitstruktur besteht eine Gemeinsamkeit mit dem Judentum, insofern an Pessach ebenfalls eine Vergegenwärtigung zum Ausdruck kommt, durch die der Auszug aus Ägypten als heutige Gegenwart verstanden wird. Vgl. *Stephan Wahle,* Gottes-Gedenken. Untersuchungen zum anamnetischen Gehalt christlicher und jüdischer Liturgie (ITS

und Zukunft in sich zu versammeln vermag; denn *Tod, Grab* und *Auferstehung* Jesu sind Ereignisse der Vergangenheit, während unser eigener Tod und die Auferstehung noch ausstehend ist – und auch für Leo war, als er diese Predigt formulierte. Dass dabei Realpräsenz gedacht ist, also die wirkliche Gegenwart Jesu in den eucharistischen Gaben, zeigt die Formulierung, die bereits von *Fleisch* und *Blut Christi* spricht; wir *kosten* nicht mehr Brot und Wein, sondern *Fleisch* und *Blut*. Wie ist diese Gegenwart Christi näherhin zu verstehen? Ist wirklich und wahrhaftig Jesus Christus, mit Fleisch und Blut, Haut und Haar präsent? Präsenz, von lat. *prae sensu,* bedeutet: vor den Sinnen. Wie kann Jesus Christus vor unseren Sinnen erscheinen, wenn wir doch immer noch und weiterhin Brot und Wein sehen, tasten, schmecken? Handelt es sich um eine Glaubenssache, die keiner rationalen Vermittlung mehr fähig ist?

Wenn die Eucharistie mit dem berühmt gewordenen Wort des Zweiten Vatikanischen Konzils (1962–1965) als „Quelle und Höhepunkt des ganzen christlichen Lebens" (LG 11,1[5]) verstanden werden soll, dann steht eine Reflexion auf die konkrete Lebenswelt im Vordergrund. Zum Verstehen der Lebenswelt – einem Schlüsselbegriff innerhalb der Philosophie von Edmund Husserl (1859–1938) – gehört das Verstehen der Zeit. Es ist daher kein Wunder, dass gerade E. Husserl, der die Phänomenologie neu begründet hat, nicht zuletzt unter Rückgriff auf Aurelius Augustinus (354–430) Wesentliches zum Verständnis der Zeit beigetragen hat und dass die Philosophie des 20. Jh.s maßgeblich durch sein Denken der Zeit sowie dessen

---

73), Innsbruck u. a. 2006, v. a. 272–393 (Abschnitt 6: „Die Feier der Eucharistie: Sakramentale Gedächtnisfeier des Paschamysteriums Jesu Christi und ein kurzer Vergleich zum jüdischen Pesach"). Wahles Fazit lautet mit Blick auf die für jüdisches und christliches Beten gemeinsame Zeitstruktur: „Jüdisch-christliches Beten zeichnet sich gemeinsam von einer aktiv-passiven Grundstruktur aus, die wesentlich von Gottes abwesender Anwesenheit geprägt ist, zu der sich die Glaubenden in Lobpreis und Danksagung bekennen und von der sie die Verwandlung ihres Lebens erbitten. Jüdisch-christliche Identität kann somit nicht selbst gemacht, sondern nur im Prozess von Begegnung Gottes, der Welt in Geschichte und Gegenwart und dem jeweiligen Menschen in seiner Zugehörigkeit zur Glaubensgemeinschaft angenommen werden" (Ebd., 389f.).

[5] LG 11,1: „Sacrificium eucharisticum, totius vitae christianae fontem et culmen, participantes, divinam Victimam Deo offerunt atque seipsos cum Ea". Vgl. dazu SC 10,1: „Liturgia est culmen ad quod actio Ecclesiae tendit et simul fons unde omnis eius virtutis emanat."

Fortführung durch Martin Heidegger (1889–1976) geprägt ist.⁶ Innerhalb der Phänomenologie hat Emmanuel Levinas, auf den ich zurückkommen werde, die zeittheoretischen Ansätze beider Denker aufgegriffen und philosophisch vertieft, indem er die konkrete Zeit der Begegnung bedacht hat. Diese zeitphilosophischen Überlegungen können nach meiner Einschätzung für die Frage nach dem Verstehen von Realpräsenz nicht unbeachtet bleiben, wenn die Theologie der Eucharistie diskursfähig bleiben soll. Das vorrangige Ziel meines Beitrags besteht folglich darin, die Frage nach der Realpräsenz *zeittheoretisch* zu stellen. Zunächst werde ich das klassische zeittheoretische Verständnis der Realpräsenz exemplarisch an einem Ansatz der Systematischen Theologie darstellen (1.); anschließend werde ich die Frage nach der Präsenz in philosophischer Hinsicht erläutern, wobei der Phänomenologie des 20. Jh.s ein besonderes Augenmerk gilt (2.); schließlich werde ich diese zeittheoretischen Überlegungen für die Frage der Realpräsenz innerhalb einer Theologie der Eucharistie in wenigen Thesen zu bedenken versuchen (3.).

1. Die Gegenwart als bevorzugte Zeitform der Realpräsenz

In der Eucharistielehre geht es nicht um die naive Behauptung einer Anwesenheit des irdischen Leibes und Blutes Jesu,⁷ sondern um die Annahme der Gegenwart des ganzen Christus. Mit Johannes Betz kann daher von der „somatischen Realpräsenz" gesprochen werden, um „die substantiale Gegenwart der leibhaftigen Person Christi unter den Gestalten von Brot und Wein"⁸ zu bezeichnen. Diese somatische Realpräsenz galt in der Tradition als die eigentliche Form der

---

⁶ Vgl. *I. Römer*, Das Zeitdenken bei Husserl, Heidegger und Ricœur (Phaenomenologica 196), Dordrecht u. a. 2010.

⁷ *D. Sattler*, Art. Eucharistie (s. Anm. 2), 198: „Eine Reflexion auf die wahre personale Gegenwart Jesu Christi im eucharistischen Brot und Wein findet sich Joh 6,26–66: Die wirkungsgeschichtlich sehr bedeutsame Brotrede Jesu spiegelt die bereits früh aufkommende Unsicherheit im rechten Verstehen der somatischen Realpräsenz Jesu Christi, das bald schon Missverständnissen unterliegt: Es sind nicht der irdische Leib und das menschl. Blut Jesu, die in der E.[ucharistie] konsumiert werden."

⁸ *J. Betz*, Eucharistie als zentrales Mysterium, in: MySal 4/2 (1973) 185–313, 267.

Realpräsenz. Zu Recht hat daher Jan-Heiner Tück auf die ganze Bandbreite der Realpräsenz hingewiesen,[9] die sich bereits bei Johannes Betz findet:[10] Neben der somatischen gelte es auch die „prinzipale Aktualpräsenz" des Erhöhten" sowie die „kommemorative Aktualpräsenz"', d.i. „das Eingedenken der Heilstaten Jesu Christi" zu berücksichtigen.[11] Realpräsenz bezeichnet somit eine Grunddimension des christlichen Glaubens, die wahre Gegenwart Jesu Christi unter den Gläubigen. Durch diese Multiperspektivität der realen Gegenwart Jesu Christi wird die Wandlung möglich, die nicht nur auf die Gaben von Brot und Wein beschränkt werden darf, sondern sich auch auf die Feiernden selbst erstreckt. In dieser Weise erhält das berühmte Wort des heiligen Augustinus seine volle Bedeutung: „Seid, was ihr seht, und empfangt, was ihr seid."[12]

1.1 Eucharistie als Einübung in die Fähigkeit des Gegenwärtig-Seins

In seiner Habilitationsschrift mit dem Titel *Gabe der Gegenwart* (2009) befasst sich Jan-Heiner Tück (* 1967) mit der „Theologie und Dichtung der Eucharistie bei Thomas von Aquin". Mit Gespür für Fragen der Ästhetik sowohl bei Thomas von Aquin (1225–1274) als auch in der zeitgenössischen Literatur umschreibt Jan-Heiner Tück die Realpräsenz Jesu Christi in den eucharistischen Gestalten von Brot und Wein mit einem Wort Peter Handkes (* 1942) als das „Allerwirklichste".[13] Dabei betont Tück, dass diese Realpräsenz nicht „das Produkt menschlicher Erinnerungsleistung, sondern Gabe, unverfügbare Gabe des auferweckten Gekreuzigten selbst" sei.[14] Unabhängig von der sehr differenzierten und reflektierten Bewertung der Transsubstantiationslehre, die Tück vornimmt, greift er den in Phi-

---

[9] *J.-H. Tück*, Gabe der Gegenwart. Theologie und Dichtung der Eucharistie bei Thomas von Aquin, Freiburg i.Br. 2009, 71.
[10] *J. Betz*, Eucharistie (s. Anm. 8), 267: „1. die personale, pneumatische Wirkgegenwart (Aktualpräsenz) des erhöhten Christus als principalis agens im Sakramentsvollzug; 2. „die anamnetische Gegenwart seines einmaligen Heilswerkes".
[11] *J.-H. Tück*, Gabe (s. Anm. 9), 71.
[12] *Augustinus*, Sermo 272: PL 38, 1246f., 1247: „Estote quod videtis, et accipite quod estis."
[13] *J.-H. Tück*, Gabe (s. Anm. 9), 5; 329. Vgl. *P. Handke*, Die Lehre von Saint-Victoire, Frankfurt a.M. 1996, 66.
[14] *J.-H. Tück*, Gabe (s. Anm. 9), 5.

losophie und Theologie aktuellen Diskurs der Gabe auf,[15] um Realpräsenz als „freie Selbstgabe des auferweckten Gekreuzigten"[16] zu verstehen. Die reale Gegenwart deutet Tück in einer besonders qualifizierten und – seinem Ansatz gemäß – verdichteten Weise als eine „Gegenwart in der Gegenwart, die nicht zurückgenommen wird."[17] Realpräsenz ist demnach Ausdruck einer treuen und beständigen Zuwendung Gottes zum Menschen. In vergleichbarem Anspruch hat Thomas Pröpper (1941–2015) die Realpräsenz sehr treffend umschrieben als „Gegenwartsgestalt seiner [d.i. Gottes] unbedingten Liebe und in ihr seiner selbst"[18].

Jan-Heiner Tück profiliert die potenzierte Form der Gegenwart Jesu Christi in der Eucharistie gegenüber einer gesellschaftlich virulenten Unfähigkeit Präsenz zu erleben, oder vorsichtiger: Tück konstatiert angesichts von „Zeitknappheit" und dem „Bedürfnis nach souveräner Zeitgestaltung", die „das heutige Zeitbewusstsein" prägten, den „Verlust der Fähigkeit, gegenwärtig zu sein."[19] Der Mensch wird verstanden als „‚Zeit-Mängelwesen'"[20], das Tradition und Erinnerung als Gegenpole etabliere.[21] Angesichts des christlichen Zeitver-

---

[15] Vgl. bsp.: *J. Wohlmuth*, Vom Tausch zur Gabe, in: *Ders.*, An der Schwelle zum Heiligtum. Christliche Theologie im Gespräch mit jüdischem Denken (Studien zu Judentum und Christentum), Paderborn u. a. 2007, 194–224; *M. Gabel/H. Joas* (Hrsg.), Von der Ursprünglichkeit der Gabe. Jean-Luc Marions Phänomenologie in der Diskussion (Scientia & Religio, Bd. 4), Freiburg i.Br. u. a. 2007; *V. Hoffmann* (Hrsg.), Die Gabe. Ein „Urwort" der Theologie, Frankfurt a.M. 2009; *dies.*, Skizzen zu einer Theologie der Gabe. Rechtfertigung, Opfer, Eucharistie, Gottes- und Nächstenliebe, Freiburg i.Br. 2013.
[16] *J.-H. Tück*, Gabe (s. Anm. 9), 329.
[17] Ebd.
[18] *T. Pröpper*, Zur vielfältigen Rede von der Gegenwart Gottes und Jesu Christi. Versuch einer systematischen Erschließung, in: *Ders.*, Evangelium und freie Vernunft. Konturen einer theologischen Hermeneutik, Freiburg i.Br. u. a. 2001, 245–265, 265.
[19] Ebd., 334.
[20] Ebd., 335.
[21] In eindrücklicher Weise hat inzwischen der Soziologe Hartmut Rosa diese Phänomene einer beschleunigten Moderne untersucht, vgl. *Hartmut Rosa*, Beschleunigung. Die Veränderung der Zeitstrukturen in der Moderne, Frankfurt a.M. 2005; *ders.*, Weltbeziehungen im Zeitalter der Beschleunigung: Umrisse einer neuen Gesellschaftskritik, Berlin 2012.

ständnisses,[22] das „mit Jesu Tod und Auferstehung bereits *in der Zeit die Verwandlung der Zeit* feiert"[23], betont Jan-Heiner Tück die christologisch geprägte Struktur der Erinnerung und der Erwartung, „das Schon der Erfüllung und das Noch-Nicht der Verheißung"[24]. Tück lehnt die Vorstellung ab, die Realpräsenz beruhe auf der „Erinnerungsleistung des gläubigen Subjekts", und optiert dafür, die Liturgie als Ort zu verstehen, „an dem Gott selbst sich in ein Verhältnis zur menschlichen Zeit setzt"[25]; entscheidend ist für ihn vielmehr die Frage nach der Vereinbarkeit von Gottes Gedenken an den Menschen und menschlicher Erinnerung an Gottes Heilstat, eine Frage, die er mit der Konzeption eines sogenannten eucharistischen Zeitbewusstseins zu klären versucht.

Der Erklärungsversuch, den Jan-Heiner Tück mit seiner Konzeption einer „Gabe der Gegenwart" bietet, ist hilfreich für ein zeittheoretisches Verständnis, das die Gegenwart als bevorzugten Modus der Zeit deutet.[26] Tück wendet sich explizit gegen den Entwurf, den etwa Thomas Freyer (* 1952) mit seiner Monographie *Sakrament – Transitus – Zeit – Transzendenz* (1995) vorgelegt hat. Freyers Vorstellung der Realpräsenz als des „Einbruchs des Ewigen in die Zeit, als die radikale Durchkreuzung des synthetisierenden Zeitbewusstseins" lehnt Tück ab, weil er darin die Tendenz der Verflüchtigung der realen Gegenwart Jesu Christi erkennt. Zwar teilt Tück den Vorbehalt einer Vereinnahmung der „Transzendenz in der eucharistischen *memoria passionis et ressurectionis Jesu Christi*", aber mit Arno Schilson lehnt er die Zurückweisung einer konkreten Vergegenwärtigung und die Annahme einer nicht näher bestimmten Transzendenz ab. Tück betont demgegenüber die Bedeutung des synthetisierenden Zeitbewusstseins für die Identität des Subjekts sowie für die „Interaktion mit anderen Personen in der Zeit".[27] Gegen das Misslingen der zeitlichen Synthetisierung durch die pathologische Überbetonung je ei-

---

[22] *J.-H. Tück*, Gabe (s. Anm. 9), 338: „Das christliche Zeitverständnis ist demnach nicht offen und evolutiv entfristet, sondern *christologisch* konturiert."
[23] Ebd., 336.
[24] Ebd., 337.
[25] Ebd., 338.
[26] Vgl. ebd., 150–186: „Darstellende Vergegenwärtigung der *passio Christi* in der Eucharistiefeier".
[27] Ebd., 339.

ner der drei Zeitekstasen betont Jan-Heiner Tück die Möglichkeit und die Fähigkeit der Eucharistie, „das menschliche Zeitbewusstsein auszubalancieren" und „therapeutische Potentiale" der Eucharistie zu nutzen. Schuld, Leid und Trauer können durch und in der Eucharistie verwandelt werden. „Wer mit anderen zusammen die Gabe der Eucharistie empfängt und sich Zeit für den ganz Anderen nimmt, dessen Zeit kann selbst anders werden."[28]

Wie kann die in Anspruch genommene Verwandlung der Zeit gelingen? Ausgehend von einem negativen Zeitbegriff, der durch das flüchtige und endliche Erinnerungsvermögen des Menschen konstituiert ist, stößt Tück auf die Frage, „ob alles Leben am Ende untergeht und die Erinnerung daran verlöscht."[29] Diese Frage ist umso wichtiger, als er das synthetisierende Zeitbewusstsein in den Vordergrund gerückt hat. Hängt die Frage nach Erlösung letztlich doch an der menschlichen Erinnerungsleistung? Jan-Heiner Tück sieht demgegenüber in der Eucharistie die Hoffnungsdimension, die auf die noch ausstehende Zukunft verweist: *„Im eucharistischen Gedenken werden wir daran erinnert, dass die Vergangenheit eine noch nicht offenbar gewordene Zukunft vor sich hat."*[30]

Auch wenn Vergangenheit und Gegenwart das letzte Wort nicht behalten sollten, stellt sich angesichts dieses vorgeschlagenen Lösungsansatzes doch die Frage nach der Bedeutung des menschlichen Subjekts. Die Erinnerung bleibt – auch in der gewählten Passivkonstruktion *(„werden wir daran erinnert")* – an das Subjekt als die entscheidende Instanz rückgebunden. Schließlich wird auch die erste Person Plural als Größe angesehen, die an einem Leben ohne Kenntnis des Todes Anteil gewinne. Wie kann dieses Leben umschrieben werden? In welchem Verhältnis zum Denken der Zeit steht dieses Leben? Wird die durch die Eucharistie prospektiv vorweg erinnerte Auferstehung im Mit-Sterben mit Christus in eine Theorie der Auferstehung überführt?[31] Die Fragen nach der Bedeutung des Subjekts und der Tendenz der Theoretisierung stellt eine der zentralen Anfragen an das eucharistische Zeitkonzept dar, das Tück entfaltet.

---

[28] Ebd., 343.
[29] Ebd.
[30] Ebd.
[31] Vgl. *J. Knop*, „Bis du kommst in Herrlichkeit". Zeit-Zeichen Eucharistie, in: IKaZ 42 (2013) 281–290.

"Wer sich die Zeit nimmt und seine von Sorgen durchsetzte Gegenwart bewusst in die Gegenwart Christi hineinstellt, der wird sein Leben mit anderen Augen, genauer mit den Augen des Anderen sehen".[32]

Ist der Anspruch der Eucharistie bereits eingelöst, wenn ich mein Leben mit den Augen eines anderen *sehe?* Besteht nicht die Gefahr, dass meine Perspektive am Ende dominiert?

1.2 Weiterführende Auswertung

Die thematisch gebundenen Ausführungen zum Denken der eucharistischen Gegenwart bei Jan-Heiner Tück bringen ein theologisches Konzept zum Ausdruck, das in paradigmatischer Weise die Realpräsenz Jesu Christi in der Eucharistie skizziert. Dabei werden wenigstens drei Merkmale erkennbar, die für das Zeitverständnis der Realpräsenz systembildend sind:

(1) Die *Gegenwart* wird als der bevorzugte, optimale Zeitmodus angesehen. Die Begriffe der Gegenwart, der Präsenz und – wenn auch weniger häufig – der Anwesenheit werden dabei nahezu synonym verwendet. Zwar erscheint die Differenzierung in Vergangenheit, Gegenwart und Zukunft erforderlich, um Geschichtlichkeit denken zu können;[33] dominierend aber bleibt die Gegenwart, insofern die Vergangenheit vergegenwärtigt und die Zukunft als zwar ausstehend, aber doch christologisch konturiert zu erwarten ist.

(2) In Korrespondenz mit der Hochschätzung der Gegenwart einerseits steht andererseits eine Abwertung der *Zeitlichkeit als flüchtiges, endliches Geschehen.* Zeit erscheint als das, was aus dem Noch-nicht-Sein in das Schon-gewesen-Sein übergeht und wirft die Frage nach dem auf, was bleibt. Die Gegenwart als Zeitform des Beständigen bezeichnet zum einen die Endgültigkeit der in Jesus Christus für den Menschen endgültig entschiedenen Liebe Gottes (T. Pröpper)

---

[32] *Tück,* Gabe (s. Anm. 9), 347. Vgl. auch: *Ders.,* Leib Christi – Gabe des Lebens. Zur poetischen Theologie des Hymnus „Sacirs Solemnii" des Thomas von Aquin, in: IKaZ 42 (2013) 291–306: 301.

[33] Vgl. *M. Striet,* Die Zeit. Systematisch-theologische Überlegungen, in: T. Hieke u. a. (Hrsg.), Zeit schenken – Vollendung erhoffen. Gottes Zusage an die Welt, Freiburg i.Br. 2013,103–124, 104.

sowie zum anderen das Gelingen der Zeitsynthese und damit die Erlangung der christologisch konturierten Gegenwart (J.-H. Tück).

(3) Realpräsenz bleibt rückgebunden an die *freie Gabe Jesu Christi*, die in der Eucharistie erfahren werden kann. Die Gegenwart Jesu Christi in der Eucharistie ist möglich und real, weil sie von ihm her gewährt wird. Der Perspektivenwechsel gehört somit zum Erfahren der Gegenwart Christi in der Eucharistie hinzu. Im Entschluss, die sich gebende Gegenwart Jesu Christi anzunehmen, vollzieht und realisiert sich die Freiheit des Menschen.[34]

Die Thematisierung der Zeit und der Gegenwart in den skizzierten Entwürfen leuchtet insofern ein, als sie die reale Präsenz Gottes in unserer Zeit zu denken versuchen und gleichzeitig den Anschein zu vermeiden suchen, die reale Gegenwart Jesu Christi entspringe der Sinnkonstitution durch das gläubige und feiernde Subjekt. In diesem letzten Fall wäre das Subjekt Urheber der beanspruchten Realpräsenz, Eucharistie hätte ihren sakramentalen Charakter der Vermittlung von Gottes Heil und Erlösung eingebüßt. Darum muss die Frage erlaubt sein, ob die vorgestellten Denkmodelle ausreichen, um die Eucharistie als Feier der Gegenwart Jesu Christi hinreichend umschreiben zu können.

2. Diachronie als positive In-Finität der Zeit

Der Zusammenhang zwischen Vergangenheit, Gegenwart und Zukunft als den drei Modalitäten der Zeit und die Frage nach der Vergegenwärtigung spielt spätestens seit den intensiven zeittheoretischen Reflexionen des Kirchenvaters Aurelius Augustinus eine zentrale Rolle. Dabei stellt sich die Frage nach der Beziehung der drei Dimensionen, insbesondere hinsichtlich der Beziehung von Vergangenheit und Zukunft zur Gegenwart. Erwin Dirscherl (* 1960) hat dieses Verhältnis problematisiert und gegenüber einer ne-

---

[34] Das spannungsvolle Verhältnis von Zeit und Freiheit, das im letzten Punkt sich andeutet und konstitutiv für die Frage nach der Realpräsenz unter neuzeitlichen Vorzeichen ist, kann an dieser Stelle nicht hinreichend geklärt werden, vgl. J. *Wohlmuth*, Zeit und Freiheit, in: M. Böhnke u. a. (Hrsg.), Freiheit Gottes und der Menschen (FS Thomas Pröpper), Regensburg 2006, 137–160; M. *Striet*, Die Zeit (s. Anm. 33).

gativen Bestimmung der Zeit eine Positivität der Zeit aufgezeigt, die sich in dem zeitlichen Transitus zeigt:

„Ist das Verhältnis der Gegenwart zu den beiden anderen Modi durch ein ‚nicht mehr' bzw. ‚noch nicht', also durch Negation gekennzeichnet? Das würde für eine Nichtigkeit in der Zeit sprechen. Oder ist die Gegenwart ein Übergang, ein ‚transitus' zwischen den Zeiten im Sinn der Veränderung, des ‚anders als', der Alterität?"[35]

Was mit dieser Alternative zur Sprache kommt, betrifft eine grundlegende Perspektive auf die Zeit. Handelt es sich um die Perspektive des *Bedauerns*, die in der Zeit nur die Endlichkeit und Flüchtigkeit der Zeit sieht? Oder gibt es eine Perspektive der *Wertschätzung* von Zeit, und näherhin von Gegenwart, die nicht nur und schon gar nicht primär als Vergänglichkeit gedeutet wird? Gegenwart als Modus des Übergangs und der Veränderung, die die Zerdehnung der Zeit unweigerlich bewirkt. Zerdehnung der Zeit, die auch für Jan-Heiner Tück ein Problem darstellt, das er durch die Synthetisierung der Zeit zu lösen sucht; in der Eucharistie biete sich die Möglichkeit, die weithin in der Moderne verlorene Fähigkeit des Gegenwärtigseins wiederzuerlangen. Die Übereignung der eigenen Gegenwart in die Gegenwart Jesu Christi wird zur Beschreibung der Annahme der durch Jesus Christus gegebenen Gegenwart. Anders gesagt: Die Gabe der Gegenwart kann angenommen werden, weil sie gegeben ist. Ohne den Diskurs der Gabe-Theologie an dieser Stelle nähers zu verfolgen, zeigt sich doch in Tücks Ansatz der Versuch, die Zerdehnung der Zeit in der Gegenwart der Eucharistie zu übernehmen. Aber auch bei ihm hat sich eine Wendung gezeigt – die „Gegenwart in der Gegenwart" –, die eine reine Identität mit sich selbst nicht zuzulassen scheint. Bietet die potenzierte Form der Gegenwart in der Gegenwart die Möglichkeit des Einbruchs von Transzendenz?

---

[35] E. *Dirscherl*, Die Frage nach der Zeit bei Augustinus als Frage nach der Glaubwürdigkeit. Theophanie und Sprechen zwischen Hören und Sehen, in: Ders., Das menschliche Wort Gottes und seine Präsenz in der Zeit (Studien zu Judentum und Christentum, 26), Paderborn u. a. 2013, 110–136, 134 (zuerst in: C. Böttigheimer/F. Bruckmann [Hrsg.], Glaubensverantwortung im Horizont der „Zeichen der Zeit", [QD 248], Freiburg i.Br. u. a. 2012, 374–404, 402).

2.1 Zwei Vorbemerkungen

An dieser Stelle erscheint mir der Blick auf eine Zeittheorie hilfreich, die der jüdische Philosoph Emmanuel Levinas (1906–1995) im Kontext der Phänomenologie erarbeitet hat. Da die Zeitproblematik für sein gesamtes, verzweigtes philosophisches Schaffen grundlegend ist und von den frühesten Werken bis zu seinen letzten Schriften nicht nur bearbeitet, sondern weiterentwickelt worden ist, bleibt im Rahmen des vorliegenden Beitrags nur die Möglichkeit der didaktischen Reduktion. Ich begrenze mich daher auf eine Rekonstruktion, die Levinas selbst in seinem Aufsatz *Diachronie und Repräsentation* aus dem Jahr 1985 vorgelegt hat. Dieser Beitrag, der in dem Sammelband *Zwischen uns. Versuche über das Denken an den Anderen* publiziert wurde[36], erscheint mir für die Frage nach der Realpräsenz von besonderer Relevanz, weil gegen die Konzeption einer bloßen Vergegenwärtigung (Repräsentation) das Phänomen der Diachronie gestellt wird, das auf Grund seiner Positivität und Vor-Gegebenheit nicht noch einmal repräsentiert werden kann. Diachronie wird sich, wie zu zeigen sein wird, dadurch auszeichnen, dass sie zwar nicht Gegenwart ist, ohne darum als defizienter Modus der Zeit zu erscheinen. Im Gegenteil: die Diachronie wird sich erweisen als die Zeit des À-Dieu, des Hin-zu-Gott, eine Unendlichkeit oder besser: In-Finität der Zeit, die nicht als Endlosigkeit missverstanden werden darf und die sich als konstitutiv für die Gegenwart erweist, ohne mit ihr identisch zu sein.

Eine weitere Vorbemerkung sei angeführt, mit der zugleich das Ende des Aufsatzes in den Blick kommt: Levinas geht es in seiner Philosophie um das Denken im Angesicht des Anderen, mit anderen Worten: um ein Denken, das nicht auf Idealisierungen und Abstraktionen beruht, sondern um die Frage nach dem Anderen als einem anderen Subjekt. Gegenüber der abendländischen Philosophie wendet Levinas ein, dass die Frage nach dem Anderen als eigener Subjektivität nicht ausreichend bearbeitet worden sei. In Bezug auf die Zeit verfolgt Levinas ein Denken, das auf eine „Entformalisierung

---

[36] In: *E. Levinas*, Zwischen uns. Versuche über das Denken an den Anderen, übers. v. F. Miething, München 1995, 194–217 (= ZU). Frz. Original: Entre nous. Essais sur le penser-à-l'autre. Paris 1991 (= EN). Zitation erfolgt in runden Klammern im Fließtext.

der Zeit"[37] hinausläuft. Die Zeit wäre demnach nicht die Abstraktion des Lebens, sondern dessen konkretester Ausdruck. Geduld und Dauer, wie sie etwa bei Henri Bergson dargestellt wird, sind Phänomene dieser konkreten Zeit, die vergeht und nicht übersprungen werden kann. Levinas nennt hier neben Henri Bergson (1859–1941) auch Martin Heidegger und Franz Rosenzweig[38] (1886–1929) als Referenzautoren für ein Zeitdenken, das durch die Konkretion eine existentielle Bedeutung erlangt[39] und unter dem ‚Neigungswinkel der Kreatürlichkeit' (Paul Celan)[40] steht. Die Zeit wird bei Levinas – theologisch gesprochen – als Schöpfungsvorgabe interpretiert, die nicht in der Endlichkeit ihre Bestimmung hat, sondern in der Beziehung, die sie ermöglicht vom Einen zum Anderen und somit zur Transzendenz.[41]

2.2 Repräsentation und synthetisches Zeitbewusstsein

Levinas beginnt seine Überlegungen mit einer erkenntnistheoretischen Feststellung. Demnach bilde Dreh- und Angelpunkt sowohl des Alltags als auch der philosophischen Tradition das Verstehen, das auf Erkenntnis zurückzuführen sei, wobei dem Sehen, dem Vi-

---

[37] Vgl. ZU 215–217/EN 182–184 („*Déformalisation du temps*").
[38] Vgl. den programmatischen Beginn des Hauptwerks von Franz Rosenzweig: *F. Rosenzweig*, Der Stern der Erlösung, Frankfurt a.M. 1988 [1921], 3: „Vom Tode, von der Furcht des Todes, hebt alles Erkennen des All an. Die Angst des Irdischen abzuwerfen, dem Tod seinen Giftstachel, dem Hades seinen Pesthauch zu nehmen, des vermißt sich die Philosophie."
[39] Vgl. *S. Micali*, Heterochronien. Neue Zugänge zur Zeitproblematik durch die responsive Phänomenologie von Bernhard Waldenfels, in: K. Busch u. a. (Hrsg.), Philosophie der Responsivität (FS Bernhard Waldenfels), München 2007, 37–47, 37: „In Bezug auf das Zeitverständnis interpretiert Levinas sein eigenes Unternehmen als Fortsetzung des Weges, der von Heidegger in *Sein und Zeit*, von Rosenzweig im *Stern der Erlösung* und von Bergson eröffnet wurde. Alle diese Zeitauffassungen haben eine Affinität, haben etwas Wesentliches gemeinsam. Die Affinität besteht lediglich darin, eine Entformalisierung der Zeit hervortreten zu lassen, welche die Einheit der transzendentalen Subjektivität in Frage stellt".
[40] Vgl. *R. Dausner*, Schreiben wie ein Toter. Poetologisch-theologische Analysen zum deutschsprachigen Werk des israelisch-jüdischen Dichters Elazar Benyoëtz (Studien zu Judentum und Christentum), Paderborn u. a. 2007, 114–124.
[41] Vgl. *E. Levinas*, Vom Einen zum Anderen. Transzendenz und Zeit, in: Ders., Zwischen uns (s. Anm. 36), 167–193.

suellen, eine besondere Bedeutung zukomme. In Anlehnung an die Phänomenologie seines Lehrers Edmund Husserl deutet Levinas das Denken und Erkennen als Bewusstsein, das (fast) alles umfasse: „*Identisches* Ichbewußtsein in seinem *Ich denke,* das in seinem thematisierenden Blick jede Andersheit anvisiert und umfaßt oder wahrnimmt." (ZU 194)

Weiterhin mit Husserl versteht Levinas dieses Ichbewusstsein als „Intentionalität", „Ins-Auge-Fassen durch das Denken" (ebd.). An dieser Stelle kommt die Zeittheorie ins Spiel, die Edmund Husserl seit seinen *Vorlesungen zur Phänomenologie des inneren Zeitbewusstsein* aus dem Wintersemester 1904/05 entwickelt hat. Denn die Intentionalität richte sich auf das Andere, das ins Auge gefasst werde und ordne es dem Denken ein und unter. Auf diese Weise erscheine das Andere vor den Sinnen, es werde dem erkennenden Subjekt „*präsent*".[42] Weil Levinas – mit Heidegger – den Begriff des Seins im verbalen Sinn versteht, kann er diese Präsenz mit dem Sein selbst identifizieren: „Und dieses ‚Präsentsein' oder diese *Präsenz* vor dem Ich des ‚Ich denke' ist gleich dem *Sein.*" (ZU 195) Levinas legt die Präsenz aus als das Sein, als ein Sein vor den Sinnen, zu denen er nicht nur das Sehen rechnet, sondern auch das Taktile. Über den französischen Begriff für „Jetzt", den Inbegriff der Präsenz, wird diese Verbindung zum Handgreiflichen deutlich: „main-tenance". „Das ‚Hand-haben' der Präsenz betont deren Immanenz als das Hervorstechende des Denkens." (ZU 196)[43]

Die Präsenz, die Levinas in dieser Hinsicht rekonstruiert, erscheint gegenüber der Vergangenheit und der Zukunft als privilegierte Zeit, weil das Verstehen auf ein Denken zurückgeführt werde,

---

[42] ZU 195: „Das *Andere,* ‚intentional' ins Auge gefaßt und eingesetzt und zusammengefaßt durch die Apperzeption des *Ich denke,* erfüllt oder stillt oder befriedigt das Ins-Auge-Fassen – oder Begehren oder Anstreben – des *Ich denke* und seine *Noesis* durch das *Gedachte* oder als Gedachtes – durch das *Noema.* So ist das Andere mir *präsent.*"

[43] In eucharistietheologischer Hinsicht scheint mir diese enge Verbindung von Sehen, Tasten und Präsenz aufschlussreich, und es dürfte einer Untersuchung wert sein, diesen philosophischen Aspekt für den Zusammenhang von Elevation, Konsumption und Realpräsenz nähers zu verfolgen; vgl. *J.-H. Tück,* Gabe (s. Anm. 9), 344–349, 349: „Mit Christus kommunizieren, vor der Gabe seiner Gegenwart verweilen, heißt deshalb immer auch, sich hinneinnehmen zu lassen in seine zuvorkommende Haltung den anderen gegenüber."

das von dem Sehen und Erkennen sowie von der Intentionalität her bestimmt sei. Grund für diese Vorrangstellung der Gegenwart gegenüber den beiden anderen Zeitmodi sei der Übergang von der Gegenwart in Vergangenheit und Zukunft:

„Um die Transposition der Präsenz in Vergangenheit und Zukunft zu verstehen, seien Vergangenheit und Zukunft auf die Präsenz zu reduzieren und zurückzuführen, das heißt zu re-präsentieren." (ZU 196)

Der Aspekt der Repräsentation, die Reduktion von Vergangenheit und Zukunft auf eine vergangene oder noch kommende Gegenwart wird von Levinas weiter problematisiert. Die Einordnung des Erkannten in das *Ich denke* komme einer Reduktion auf Wissen gleich. Levinas reflektiert dabei die Situation des Dialogs, der auf seinen propositionalen Gehalt zurückgeführt die Zeit der Begegnung in eine egologische Struktur der Synthese überführe. In der ihm eigenen Diktion setzt Levinas hinter diese Struktur ein Fragezeichen.

„Setzt nicht der innere Dialog eine Beziehung – jenseits der *Repräsentation* des Anderen – zum anderen Menschen als Anderem voraus, und nicht von vornherein eine Beziehung zum Anderen, wo dieser schon als *Gleiches* erfaßt ist durch eine von vornherein universale Vernunft?" (ZU 200)

Die Frage hat unmittelbar zeittheoretische Implikationen. Denn es gelte zu fragen, ob die

„Zusammenfassung der Zeit zur Präsenz, die die Intentionalität vollzieht – und so die Reduktion der Zeit auf den ‚Seinsakt' (essance) des Seins, seine Reduzierbarkeit auf Präsenz und Repräsentation –, der primordiale geheime Zusammenhang der Zeit sei" (ZU 200).

Mit dieser – für Levinas – rhetorischen Frage bündelt er die zuvor erläuterte Theorie zum Zusammenhang von Erkenntnis, Präsenz und Repräsentation. Die Kritik, die Levinas ansetzt, ist gegen die Einheit von Denken und Sein gerichtet, die ihren philosophischen Ausgang in Parmenides hat. Levinas sieht in dieser Reduktion von Zeit auf Präsenz eine inadäquate Beschränkung der Zeit, die formalisiert, abstrahiert und idealisiert wird. Demgegenüber führt Levinas ein Denken der konkreten Zeitlichkeit ein. Sprache, Kommunikation sei mehr als bloßer Austausch von Informationen. In der Beziehung zu dem Anderen komme eine andere Zeitlichkeit zum Ausdruck als die bloße „Präsenz der Sachen":

„Von mir zu diesem zu mir Sprechenden: Eine ganz andere Zeitlichkeit als jene, die sich in der Präsenz des *Gesagten* und des *Geschriebenen* zusammenfassen läßt, konkrete Zeitlichkeit in diesem ‚von mir zum Anderen', doch sogleich in der Synthese des ‚Ich denke', die sie thematisch erfaßt, in der Abstraktion des Synchronen, erstarrend." (ZU 200)

Die konkrete Zeitlichkeit, die auf eine Entformalisierung der Zeit hinausläuft, umschreibt Levinas mit dem Begriff der Diachronie. Selbstverständlich ist er sich bewusst, dass jedes Thematisieren die angezielte Konkretion hinter sich lassen muss.

„Das theoretische Sprechen ‚versammelt' die Diachronie der Zeit zu Präsenz und Repräsentation durch Bericht und Geschichte und läßt – *bis zu einem gewissen Punkt* – Vernunft hören, indem es – in Hinblick auf die Gerechtigkeit selbst – ‚einmalige und unvergleichbare' Persönlichkeiten im wissenden Denken *vergleicht;* indem es sie als *Seiende* vergleicht, das heißt als Exemplare einer Gattung." (ZU 201f.)

2.3 Diachronie und passives Zeitbewusstsein

Die Ausführungen des soeben rekonstruierten, ersten Abschnittes dürften gezeigt haben, was Levinas am Ende eigens betont, dass nämlich die synthetische Zeitstruktur, Identität sowie Präsenz und Repräsentation keineswegs diskreditiert werden sollen. Aber „Wissen und Präsenz" bilden nicht die Grundlage weder der Zeit- noch der Subjekttheorie. Grundlegender, wenn auch nicht mehr re-präsentierbar, ist das, was Levinas im zweiten Abschnitt als „Andersheit und Diachronie" sowie im dritten Abschnitt als „Zeit und Sozialität" umschreibt. Levinas greift auf die Metapher der Nähe[44] zurück, um die Beziehung und die Verantwortung für den Anderen auszudrücken. Gerade weil damit aber die Struktur der re-präsentierbaren

---

[44] Vgl. *E. Dirscherl*, Die Bedeutung der Nähe Gottes. Ein Gespräch mit Karl Rahner und Emmanuel Levinas (BDS 22), Würzburg 1996.

Zeit verlassen wird, sei diese Beziehung geprägt durch eine irreduzible Asymmetrie:

„Eine somit asymmetrische ‚Beziehung' von mir zum Anderen, ohne noematische Korrelation jedweder thematisierbaren Präsenz. Erwachen zum anderen Menschen, das kein Wissen ist: Eben Annäherung des anderen Menschen – des ersten besten in seiner *Nähe* als Nächster –, nicht reduzierbar auf Erkenntnis, wenn auch diese ihn durch die geforderte Gerechtigkeit vor die Vielzahl der Anderen lädt." (ZU 205)

Die zeittheoretischen Überlegungen, die Levinas in dem Beitrag „Diachronie und Repräsentation" angestellt hat, erscheinen mir für die Frage nach einem Verständnis von Realpräsenz von großer Relevanz. Denn Levinas stellt nicht die Bedeutung der synthetischen Zeitstruktur überhaupt in Frage, sondern hinsichtlich des *geheimen Zusammenhangs der Zeit*. Fraglich also ist, ob mit dem synthetisierenden Zeitbewusstsein, wie es in der Struktur der Re-Präsentation zum Ausdruck kommt, die Zeit in ihrer Phänomenalität bereits hinreichend erfasst ist. In einem Interview, das nur drei Jahre früher mit ihm geführt wurde, sagt Levinas:

„[E]s gibt eine Zeit, die sich ausgehend von der Präsenz und vom Präsens verstehen läßt und in der die Vergangenheit nur eine festgehaltene Gegenwart und die Zukunft eine noch kommende Gegenwart ist. Die Re-präsentation wäre dann die Grundmodalität des Mentalen. Aber ausgehend von der ethischen Beziehung zum Anderen erschließt sich mir eine andere Zeitlichkeit, in der die Dimensionen der Vergangenheit und der Zukunft eine eigene Bedeutung haben. In meiner Verantwortung für den Anderen ‚blickt' mich die Vergangenheit des Anderen, die nie meine Gegenwart gewesen ist, ‚an', sie ist für mich keine ‚Re-Präsentation'." (ZU 146)

Was Levinas hier als „andere Zeitlichkeit" umschreibt, bedeutet das Wahr- und Ernstnehmen des Anderen. Die „ethische Beziehung zum Anderen", die Levinas in dem Beitrag *Diachronie und Repräsentation* als „Zeit und Sozialität" umschreibt, impliziert die eigene Bedeutung, die der Vergangenheit und der Zukunft zukommt. Eine Vergangenheit, die nie Gegenwart war, versteht Levinas weder im ontologisch-metaphysischen Sinn einer Ewigkeit, die „eine Idealisierung der Gegenwart" bedeute (ZU 147), noch im Sinn des Mythischen, sondern in ethischer Hinsicht. Die Verantwortung für den Anderen sucht sich das Ich nicht aus, sie ist älter als das Ich.[45] Diachronie, die keinen Vergleich in der Vergangenheit habe (ZU 209), und auch als „reine Zukunft" gedeutet werden könne. Die Verantwortung für den Anderen hat nicht nur keine repräsentierbare Vergangenheit, in der sie gründen könnte, sondern auch keine repräsentierbare Zukunft. Die Verantwortung reicht so weit, dass das Ich den Tod des Anderen mehr fürchtet als den eigenen Tod. Darin sieht Levinas die „Futurisierung des Futurs – nicht als ‚Gottesbeweis' sondern als ‚Fall Gottes in den Sinn'." (ZU 212) Auch die Zukunft ist nicht auf die Dimension der Gegenwart einschränkbar, weil die Verantwortung des Subjekts für den Anderen mit dem je eigenen Tod nicht endet. Was Levinas hier zu denken gibt, ist ein Verständnis der Zeit als das „Hin-zu-Gott *(A-Dieu)* der Theologie!" (ZU 212) In die Zeit, in das Endliche ist eine Unendlichkeit, eine In-Finität, eingezeichnet, die nicht im Modus des Präsenz und der Gegenwart erfasst werden kann, sondern die uneinholbare Verantwortung der Vergangenheit und der Zukunft, die absolut bleiben, andeuten.

(1) Levinas stellt mit seiner Konzeption der *Diachronie* die Priorität der Präsenz und der Re-präsentation in Frage. Zentral ist dabei die Bedeutung der Alterität, die durch die Intentionalität des Ichbewusstseins in das *Cogito (Ich denke)* einbezogen zu werden scheint. Dadurch aber würde die konkrete Begegnung, der Dialog und der Diskurs auf die Ebene des Wissens und des propositionalen Gehalts reduziert. Die Rede von der Diachronie deutet demgegenüber an, dass die Präsenz nicht der primäre Zeitmodus ist. Eine zeittheoretische Konsequenz aus diesem Denken besteht in der bleibenden Differenz, die durch die Diachronie gegeben ist, ohne dass sie wiederum in Präsenz überführt werden könnte.

(2) Levinas lehnt die Abwertung der Zeit als Endlichkeit gegenüber der unendlichen Ewigkeit, die eine idealisierte Form der Gegenwart darstelle, ab; stattdessen denkt Levinas die *Entformalisierung der Zeit*. In Anlehnung an den französischen Terminus „in-fini" müsste auch im Deutschen von In-finität gesprochen werden, ohne damit die bloße Unbegrenztheit bezeichnen zu wollen.

---

[45] ZU 209: „Am Grund der Konkretheit der Zeit, die die meiner Verantwortung für den Anderen ist, liegt die Diachronie einer Vergangenheit, die sich nicht in Repräsentation zusammenfassen lässt."

Von Levinas her bedeutet In-finität gerade der Einbruch der „Unendlichkeit" (in-fini) in die Endlichkeit hinein, ohne mit der Endlichkeit identisch zu sein, aber auch ohne die Endlichkeit als das Uneigentliche abzuqualifizieren. Theologisch gewendet: Die Zeit ist die Weise des geschöpflichen In-der-Welt-Seins und eröffnet die Beziehung zum Unendlichen.

In meinen folgenden sieben Thesen sollen die zeittheoretischen Überlegungen von Levinas für die Rede von Realpräsenz in der Eucharistielehre bedacht werden, wobei ich hier kaum mehr als erste Spuren für weitere Reflexionen legen kann.

3. Sieben Thesen zur Bedeutung der Diachronie für die eucharistie-theologische Rede von Real-Präsenz

In den Ausführungen zu der Zeittheorie von Emmanuel Levinas habe ich bewusst den irreführenden Begriff der „Metaphysik der Präsenz"[46] vermieden, der für Husserls phänomenologische Zeittheorie in Anschlag gebracht wurde.[47] Denn Levinas lehnt weder (ein trans-ontologisches Verständnis von) Metaphysik ab noch Präsenz. Die Frage ist nur, ob die Präsenz die Zeitform der Metaphysik sein kann oder ob nicht die Metaphysik einen Übergang, einen *transitus* bezeichnet, der gerade nicht mehr in Präsenz überführt werden könnte. Präsenz deutet Levinas vor dem Hintergrund des intentionalen Bewusstseins als Zeitform, die dem Sein entspricht und somit ontologisch qualifiziert ist. Ontologie versteht Levinas mit Heidegger nicht als Äquivalent zu Metaphysik sondern als das Verstehen von Sein. Alles Erkennen, das in der abendländischen Philosophietradition seinen vorrangigen Ausdruck bis hinein in den Begriff der Theorie im Sehen hat, wird somit im *Ich denke* der transzendentalen Apperzeption gesammelt und begriffen. Sein und Denken bilden eine Einheit, die im Ichbewusstsein erkannt wird.[48]

---

[46] Vgl. *J. Derrida*, Grammatologie, übers. v. H.-J. Rheinberger/H. Zischler (stw 417), Frankfurt a.M. 1974, 41.
[47] Vgl. *T. Kobusch*, Art. Präsenz, in: HWPh 7 (1989) 1259–1265, 1263f.
[48] Vgl. *E. Levinas*, Gott und die Philosophie, übers. v. R. Funk, in: B. Casper (Hrsg.), Gott nennen. Phänomenologische Zugänge, Freiburg i.Br. 1981, 81–123: Levinas konstatiert in der abendländischen Philosophie eine „Koinzidenz zwi-

Metaphysik deutet demgegenüber einen Zweifel an, der nicht stillgestellt werden kann. Levinas vermeidet dabei den Versuch, Metaphysik als Konzeption einer jenseitigen Welt im Sinn der von Friedrich Nietzsche (1844–1900) kritisierten ‚Hinterwelt' zu fassen. Es geht entscheidend um die Frage, ob die Realität auf das Sein reduziert werden kann oder ob nicht in der Begegnung mit Gott ein Mehr eingeschlossen ist, das die Zeit nicht auf die formale Struktur der Präsenz und der Re-Präsentation eingrenzt. Wenn Levinas die Ethik als Erste Philosophie versteht und dadurch eine als Ontologie verstandene Metaphysik ablöst, geht es ihm um die Entformalisierung der Zeit. Die Begegnung mit dem Nächsten geschieht in der Zeit, ohne dass die Präsenz die letztgültige Form der Zeit wäre. Denn in die Zeit als Beziehung zum Anderen bleibt eine Verantwortung eingezeichnet, die älter ist als alle Vergangenheit und die auch über meinen Tod hinaus Gültigkeit beansprucht, ohne darum als Präsenz zu erscheinen. Levinas gebraucht für dieses Phänomen Begriffe wie Diachronie, passives Zeitbewusstsein sowie die Metaphern der Intrige oder der Göttlichen Komödie. Das Gute zeichnet sich in die Zeit ein, ohne als Präsenz zu erscheinen. Differenz im Selben. Dass dieses Denken der christlichen Theologie zu denken gibt, will ich im Folgenden in sieben Thesen andeuten.

These 1: Der Begriff der *Realpräsenz* zeigt sprachlich eine Differenz zu dem gängigeren Begriff der Präsenz an, mit dem bezeichnet wird, was vor den Sinnen *(prae sensu)* erscheint.

Mit Levinas könnte diese reale Präsenz verstanden werden als eine „Entformalisierung der Zeit", insofern in dem Erscheinenden eine konkrete Realität eingeschrieben bleibt, die nicht einfach die Gegenwart ist, sondern als Realität zur Gegenwart vorgängig bleibt. Leib und Blut Christi erscheinen nicht als Leib und Blut, sondern als Brot und Wein. In dieser Differenz wird sakramental ausgedrückt, dass die reale Gabe Jesu Christi nicht von uns re-präsentiert wird, sondern vielmehr uns dia-chron betrifft und von uns empfangen worden ist vor unserer Annahme in verwandelter und uns verwandelnder Gestalt.

---

schen dem Denken der Philosophie und der Idee der Wirklichkeit, welche dieses Denken denkt." (82).

These 2: Real-Präsenz ist Begriff einer zeitlichen Realität, die *schöpfungstheologisch* zu buchstabieren ist.
Die synthetische Zeitstruktur des Erinnerns, Vergegenwärtigens und Erwartens bleibt auch in der Eucharistie gegeben. Mit Levinas wäre jedoch zu fragen, ob diese Zeitstruktur die einzig mögliche ist oder ob dem synthetisierenden Bewusstsein des *Ich denke* nicht die Dia-chronie als eine passive Zeitstruktur eingeschrieben bleibt, die sich aus der *creatio ex nihilo* nicht mehr verstehen oder begründen lässt, sondern auf diese Schöpfungsvorgabe rückgeführt werden kann, ohne im Modus der Präsenz zu erscheinen. Hier hätte die Rede von Jesus Christus als dem schöpferischen Wort *(logos)* seinen theologischen Ort.

These 3: Real-Präsenz zeigt eine *positive Dia-Chronie* an, die die gegebene und irreduzible Differenz zur Präsenz in ihrer Struktur der Wiederkehr und der Wiederholung bezeichnet.
Die „Entformalisierung der Zeit", die Levinas umschrieben hat, zielt auf eine Konkretheit, die nicht in die Wissensstruktur des Präsentischen überführt werden kann. Entsprechend könnte die Realpräsenz Anlass geben für eine konkrete Theologie der Eucharistie sowie für eine konkrete Theologie überhaupt. Konkret wäre dann analog zu verstehen zu der Konkreten Poesie oder der Konkreten Malerei, die sich jeglicher Abstraktionsleistung durch den Eindruck der Nachahmung enthebt. Nicht die Struktur des Christusereignisses wäre dann entscheidend, sondern das Christusereignis selbst, das in der einmaligen Lebensgabe Jesu Christi besteht.

These 4: Wenn der Sinn von Realpräsenz Jesu Christi in den eucharistischen Gaben sowie der Eucharistie überhaupt darin besteht, Christusbegegnung (H. Hoping) zu sein, dann zeigt die in aristotelischer Begrifflichkeit akzidentielle Verfasstheit der Gestalten von Brot und Wein eine Differenz an, die phänomenologisch für die Differenz zu der *Einmaligkeit des Leibes und Blutes Christi* besteht.
Christusbegegnung geschieht nach Mt 25 – einer Stelle die Levinas hervorgehoben und mit Jes 58 in Verbindung gebracht hat – in der Nächstenliebe, in der Kleidung der Nackten, der Speisung der Hungernden, dem Besuch der Gefangenen. Eucharistietheologisch wäre daher die – bereits von Kant vorgezeichnete – Dreidimensionalität von Ethik, Logik und Ästhetik zu bedenken.

These 5: Real-Präsenz bezeichnet die synthetisch nicht einholbare, in die Zeit eingewebte *Pro-Existenz Jesu Christi*.
Vor dem Hintergrund des Denkens der Diachronie wird in einer Theologie der Zeit nicht nur die Annahme von der Priorisierung der Gegenwart, sondern auch die Frage nach der Kontinuierlichkeit und Linearität der Zeit zu reflektieren sein. Real-Präsenz könnte demgegenüber als *terminus technicus* verstanden werden, der dem synthetisierenden Schema des Re-Präsentierens eine Realität gegenüberstellt, die nicht weniger sei als Präsenz oder eine als Präsenz gedachte Ewigkeit (nunc stans), sondern mehr.

These 6: Von der Real-Präsenz in dem angedeuteten diachronen Verständnis her ist das Verhältnis von *Zeit und Freiheit* neu zu bestimmen.
Mit Levinas kann gefragt werden: „Sichentziehen der Transzendenz und unveränderliche Autorität: Ist das schon die Diachronie der Zeit? Unendliche, unveränderliche Autorität, die den Ungehorsam nicht ausschließt, die Zeit läßt, das heißt Freiheit." (ZU 214) Die Entformalisierung der Zeit hätte demnach Konsequenzen für das Verständnis von Freiheit, insofern nicht die Freiheit das erste Wort wäre, sondern Antwort auf die Vorgängigkeit der Verantwortung gegenüber dem Anderen – eine Verantwortung, die Jesus stellvertretend für uns übernommen hat und uns so in die Verantwortung nimmt; Verantwortung, die theologisch im Begriff der Realpräsenz zur Sprache kommt.

These 7: Wenn die Irreduzibilität der Diachronie auf Präsenz bedeutet, dass nicht alle Realität in Wissen überführt werden kann, dann kann der Begriff der Realpräsenz als sprachliches Signal für die notwendige Differenz von *Glauben und Wissen* gewertet werden.
Glauben ist nicht eine defizitäre Weise des Wissens, sondern eine Denk- und Erkenntnismöglichkeit *sui generis*.

„Glauben im biblisch-christlichen Sinn meint weder ein bloßes Fürwahrhalten, noch steht es für ein bloß rationales Erkennen, sondern kommt einer Grundoption gleich, einer Lebensentscheidung, die den ganzen Menschen einfordert. Es geht um mehr als um ein bloßes Meinen oder Fürwahrhalten; es geht um eine personale Begegnung zwischen Mensch und Gott, um ein Liebes-

und Vertrauensgeschehen, das den ganzen Menschen fordert und einen Sinnanspruch impliziert."[49]

Ausblick

Die zeittheoretische Problematisierung der Realpräsenz bietet einen phänomenologischen Zugang zu eucharistietheologischen Fragen. Mit dem Ansatz, den Jan-Heiner Tück entwickelt hat, um Realpräsenz zu verstehen, bin ich einerseits auf klassische Topoi der Theologie der Zeit gestoßen, zu denen sowohl die Priorisierung der Gegenwart gegenüber Vergangenheit und Zukunft als auch die Abwertung der Zeit gegenüber dem Konzept einer präsentisch gedachten Ewigkeit zählen; andererseits zeigte sich in beiden Ansätzen die Notwendigkeit der Differenzierung, die auf der Disparatheit der Lebenszeit und auf der Einfaltung der Gegenwart in die Gegenwart (J.-H. Tück) beruht. Mit Emmanuel Levinas kommt demgegenüber ein phänomenologisches Denken zur Sprache, das nicht bei der Intentionalität des Ichbewusstseins und der Re-Präsentation stehen bleibt, sondern bis zu einer ursprünglichen Diachronie zurückzugehen versucht. Für die theologische Deutung des Begriffs der Realpräsenz erscheint mir dieses konkrete Denken ebenso traditionserschließend wie zukunftseröffnend. Mit dem Begriff der Realpräsenz ist somit ein theologisches Reflexionsniveau der Erschließung unserer Realität erreicht, das sich unter den phänomenologischen Voraussetzungen unserer Zeit als tragfähig erweist.

In seinem jüngst erschienen Buch *Verlorenes Vertrauen. Katholisch sein in der Krise* geht der Jesuit Klaus Mertes, der im Jahr 2010 als damaliger Rektor des Canisius-Kollegs in Berlin maßgeblich die Aufarbeitung des sexuellen Missbrauchs in der katholischen Kirche in Deutschland angestoßen hat, auf eine vielfach konstatierte Vertrauenskrise in der Katholischen Kirche ein und gibt Ressourcen des Vertrauens zu bedenken, die im Katholischen gegeben sind. Der Blick in die Vergangenheit ist erforderlich, um Gegenwart und Zukunft überzeugend gestalten und prägen zu

---

[49] C. *Böttigheimer*, Glauben verstehen. Eine Theologie des Glaubensaktes, Freiburg i.Br. 2012, 32f.

können. Klaus Mertes bietet ein aktuelles Beispiel für den erforderlichen ehrlichen Blick auch auf Missstände und Sünde, ein spätantikes Beispiel ist der heilige Augustinus mit seinen *Confessiones*.[50] Das Thema der Eucharistie greift Klaus Mertes in seinem Buch im Kontext der Vertrauensressourcen auf, überraschenderweise jedoch nicht unter dem Stichwort der theologischen, sondern der persönlichen Vergewisserung. Eine solche persönliche Vergewisserung schreibt er dabei der Eucharistie zu:

„Die Vertrauenskrise in der Kirche erschwert die Teilnahme an der Liturgie der Eucharistie. Man darf die Schwierigkeit nicht verwechseln mit Glaubensverlust: Die Vertrauenskrise führt zu einem tieferen Verständnis der Eucharistie. Ein Blick für die Eucharistie auf der Straße wird frei, ein Blick dafür, dass noch vor der Liturgie ‚das Reich mitten unter euch ist' (vgl. Lk 17,21). Die Entdeckung dieses ‚Reiches mitten unter euch' im Alltag, auf der Straße, mitten unter Menschen eröffnet dann auch einen neuen Zugang zur Liturgie der Eucharistie."[51]

Eucharistie könnte gerade darum als ästhetische Einführung in das wirkliche Leben verstanden werden, das mit der Realpräsenz benannt ist, insofern es in der Eucharistie um Leben und Tod geht und um das eschatologische Verwandeltwerden inmitten der Zeit.

---

[50] Vgl. E. *Dirscherl*, Die Frage nach der Zeit bei Augustinus als Frage nach der Glaubwürdigkeit. Theophanie und Sprechen zwischen Hören und Sehen, in: Ders., Das menschliche Wort Gottes und seine Präsenz in der Zeit (Studien zu Judentum und Christentum 26), Paderborn u. a. 2013, 110–136.

[51] K. *Mertes*, Verlorenes Vertrauen. Katholisch sein in der Krise, Freiburg i.Br. 2013, 196.

Wandlung als Transitus
Präsenz als vor-über-gehende Gegenwart, die bleibt

Erwin Dirscherl

1. Seine Gegenwart und unsere Gegenwart

H. Hoping verweist im letzten Kapitel seines Werkes zur Eucharistie auf einen Satz von Augustinus, der da lautet: „Nicht wirst du mich in dich verwandeln, gleich der Speise deines Fleisches, du wirst gewandelt werden in mich (Christus)".[1] Dies soll den Gedankengang verstärken, dass durch den Empfang der Eucharistie der Empfänger bzw. die Empfängerin selbst gewandelt werden. Dem ist natürlich voll zuzustimmen. Aber Augustinmus wäre nicht Augustinus, hätte er nur dies gesagt, denn in Sermo 272 entfaltet er einen Gedanken, der für meine heutigen Überlegungen zur Theologie der Eucharistie im Zentrum steht:

> „Wenn du also den Leib Christi verstehen willst, höre den Apostel, der den Gläubigen sagt: ‚Ihr aber seid der Leib Christi und seine Glieder' (1 Kor 12,27). Wenn ihr also Leib und Glieder Christi seid, dann liegt euer Geheimnis auf dem Tisch des Herrn: Euer Geheimnis empfangt ihr."

Wenn wir empfangen, was wir sind, werden wir auf eine bestimmte Weise mit uns selbst konfrontiert, wenn wir mit dem Leib Christi konfrontiert werden. Muss ich erst empfangen, was ich bin? Bin ich das nicht schon vorher? Hier wird eine sublime Beziehung zu mir selbst zur Sprache gebracht, die ich bin und doch auch empfange. Was bzw. wer bin ich?

Wir selbst werden uns gegeben, der Leib findet zum Leib. Der Leib Christi wird zu sich selbst in Beziehung gesetzt, indem wir zu uns in Beziehung gesetzt werden. Wer wird hier wem anverwandelt? Was wird gegeben, was ist mit „uns" gemeint? Augustinus bezieht

---

[1] Das Zitat von *Augustinus*, Conf. VII, 10, bei *H. Hoping*, Mein Leib für euch gegeben. Geschichte und Theologie der Eucharistie, Freiburg i.Br. 2011, 464f.

sich in seinem Sermo auf Paulus, auf 1 Kor 10,17: „Ein Brot, ein Leib sind wir, die Vielen." Das Sakrament der Eucharistie stelle im Bild des Brotes die Einheit, die Wahrheit, die Ehrfurcht und die Liebe vor Augen. Wie das Brot aus vielen Körnern bestehe, so die Gemeinde aus vielen Gliedern. Die Gemeinde empfängt das, was sie ist. Damit sind wir schon in jene verrückten Zeitverschiebungen hineinversetzt, die Augustinus immer wieder zu denken geben. Würden wir nicht eher erwarten, dass wir etwas empfangen, um etwas anderes zu werden? Soll uns der Genuss des Brotes, der zum Leib Christi gewandelt wird, nicht auch wandeln?

Augustinus verweist aber zu Recht darauf, dass diejenigen, die den Leib des Herrn empfangen, schon eine Christusbeziehung mitbringen und schon Brot sind. Sie sind getauft und gefirmt, d. h. sie wurden durch die Austreibung des Bösen gemahlen, durch das Wasser der Taufe benetzt und durch die Gabe des Hl. Geistes im Feuer gebacken. „Seid, was ihr seht, und empfangt, was ihr seid!" Auf die Frage nach der Realpräsenz bezogen bedeutet das, dass die Gegenwart Jesu Christi in den Gaben von Brot und Wein nicht von seiner Präsenz in der Gemeinde, in jedem Getauften, losgelöst und getrennt betrachtet werden kann. Verbal-, Aktual- und Realpräsenz gehören unvermischt und ungetrennt zusammen, denn die Eucharistie wird im Kontext der Sakramente von Taufe und Firmung betrachtet und so muss auch das Brot im Kontext der feiernden Gemeinde betrachtet werden. Die Wandlung der Gläubigen aber ist bzw. wird gewissermaßen vorweg genommen. Die Taufe ist das Sakrament der Umkehr und der Verwandlung und dies wird in der Eucharistie gefeiert: Empfangt, was ihr seid! Aber es gilt auch: „Wer das Mysterium der Einheit empfängt und das Band des Friedens nicht hält, der empfängt kein Mysterium für sich, sondern eine Zeugnis gegen sich."[2] Hier denkt Augustinus natürlich an das Schicksal der Korinther und ihre Ermahnung durch Paulus.

Wir können den Blick so fixiert auf die Wandlung der Elemente von Brot und Wein, losgelöst von allem anderen richten, dass wir gar nicht mehr merken, dass dies dem Geschehen nicht gerecht wird, denn es geht in diesem Geschehen um uns selbst und um Gottes Nähe in der Welt, nicht nur um die Präsenz des auferweckten

---

[2] http://www.augustinus.de/bwo/dcms/sites/bistum/extern/zfa/textevon/ostern/sermo272.html (12.6.13).

Herrn in den Gaben von Brot und Wein, sondern auch um unsere Präsenz. Es macht keinen Sinn, die Frage nach der Transsubstantiation und der Realpräsenz von diesem Kontext zu lösen und isoliert zu betrachten. Diesen Fehler begehen auf ihre Weise schon die Korinther, die den kultischen Akt isoliert vom Sättigungsmahl betrachten wollen. Das Problem treibt also schon Paulus um. Ein isolierter Blick auf das kultische Geschehen kann das Wesentliche sogar verdecken. So mahnt er die Korinther und seine Rezitation der Einsetzungsworte ist Teil einer Paränese, die auf die Wandlung des Lebens zielt und das rechte Handeln einfordert, analog zum berühmten Philipperhymnus, der in erster Linie Paränese und nicht ein dogmatischer Text ist. Paränetische Texte sind Texte, die die Ethik und den Lebenswandel ins Zentrum der Argumentation stellen und nicht davon losgelöste Reflexion sein wollen. Wie sollte denn auch sonst der soteriologische Sinn solcher Aussagen deutlich werden? Paulus kann nicht tolerieren, dass beim Sättigungsmahl die Begüterten schon essen und trinken, bevor die Armen später von der Arbeit dazukommen und dann hungernd das kultische Mahl begehen müssen, weil man nicht auf sie gewartet hat. Hier brechen die gelebte Gegenwart der Gemeinde und die Gegenwart des Herrn auseinander und die Gegenwart, in der wir uns gerne wie in einer geschlossenen Gesellschaft einrichten wollen, wird gestört durch die Präsenz des Anderen und des Herrn. Hat sich die Existenz der Menschen tatsächlich schon durch die Taufe ein für allemal genwandelt, oder kommt es immer wieder zu Rückfällen? Was geschieht in meiner Präsenz, wenn Gott in sie eintritt?

Diese Fragen stellen sich sowohl Augustinus wie auch Paulus sehr tiefgehend. Ihre Identität wird von beiden im Rahmen ihres theologischen Nachdenkens mit der Zeit in Verbindung gebracht, in der die fundamentalen Wandlungen ihres Lebens geschehen. Die Erfahrung der eigenen Lebens-Zeit wird zum Ausgangspunkt des Nachdenkens über die Zeit insgesamt und vor allem die Gegenwart tritt in den Fokus, denn die Gegenwart Gottes in der eigenen Gegenwart wird zur Kernfrage.

2. Augustinus und die Bedeutung des Betens: Gottes ortlose Gegenwart in uns und seine Anrufung

Theologie der Zeit ist Theologie des Gebetes. Das vermag Augustinus deutlich vor Augen zu stellen. „Herr, mein Gott, hör auf mein Gebet, und Dein Erbarmen erhöre mein Sehnen". (XI, 2,3)[3] Gedanken und Worte werden als „sacrificium" gedeutet, aber Gott muss ihm zuvor geben, was er ihm darbringen will. (XI, 2,3) Das Opfer wird hier als Denk-, Sprach- und Zeitgeschehen zur Sprache gebracht, das unsere gewohnte Chronologie durchbricht. Es passiert eine Wendung der Zeit, eine Umkehr, denn das Erbetene folgt nicht nach, es geht voraus.[4] In der linearen Zeit kann so etwas schwerlich geschehen, müsste da nicht alles schon gleichzeitig präsent sein? Ein Empfangen geht unserem Tun voraus, indem es diachron in die Zeit einbricht. Es kommt weder aus der Vergangenheit, noch aus der Zukunft, es ragt in die Gegenwart. „Deinem Wink gehorsam eilen die Augenblicke vorüber. Gewähre mir davon die Spanne Zeit (spatium), mich betrachtend in die Tiefen Deines Gesetzes zu versenken, und halte es denen, die da anklopfen nicht verschlossen." (XI, 2,3) Ist das ein Zeitraum der Unterbrechung, des Innehaltens, der gewährt wird? Ein Zeitraum zwischen dem anklopfenden Menschen und dem seine Weisung für uns öffnenden Gott, der sich zu uns herab neigt? Ein Zeitraum, den wir benötigen, um in die eigene Tiefe zu gelangen, um so die Tiefe der Weisung Gottes für unsere Zeit zu entdecken? Wie kann das gehen?

---

[3] Die Angaben in Klammern beziehen sich im Folgenden auf *Augustinus*, Confessiones – Bekenntnisse. Eingel., übers. u. erl. v. J. Bernhart, München [4]1980.

[4] Hier wäre das Gespräch mit *M. Theunissen*, Ὁ αἰτῶν λαμβάνει. Der Gebetsglaube Jesu und die Zeitlichkeit des Christseins, in: ders., Negative Theologie der Zeit, Frankfurt a.M. 1991, 321–377, zu suchen, der die zeitliche Spannung des Gebetes in seinen Überlegungen zu Mt 7,7 reflektiert hat. Was bedeutet der Satz „Der Bittende empfängt schon"? „Kann der Glaubende der Gewährung seiner Bitte gewiss sein, so bricht für ihn die Zukunft bereits mit der Gegenwart an, und zwar eben so wie dies nach der Verkündigung Jesu das Nahen des Gottesreiches charakterisiert: Die Verheißung ist im Noch-Nicht der Erfüllung doch selbst schon Erfüllung". (330f.) Aber es geht der Gegenwart auch schon etwas voraus, jedoch nicht im Sinne der Chronologie sondern der Diachronie. Vgl. dazu die Arbeit von *S. Scharf*, Zerbrochene Zeit – Gelebte Gegenwart. Im Diskurs mit M. Theunissen (ratio fidei 27), Regensburg 2005.

Gott spricht zu Augustinus, er solle sich über die Seele zu ihm, der da „über ihm dauert/bleibt" (qui desuper mihi manes) erheben, um ihn zu berühren. (X 17,26) So kann Augustinus sich an Gott hängen und festmachen. Gott aber lässt sich nur im Innern der Seele finden, wenn man seiner eingedenk ist.

Wie aber konnte Augustinus Gott finden, da er noch nicht in seiner „memoria" war: „Wo anders als in Dir, über mir" (in te supra me). (X, 26,37) In der Ortlosigkeit findet er ihn (nusquam locus). Diese Ortlosigkeit, die unendliche Weite, ist aber nicht nur im Außen, sondern, wie er gezeigt hat, auch im Innersten, in der Weite der Seele zu finden. Die ortlose Gegenwart Gottes geschieht zwischen Innen und Außen in der Zeit. In dieser Ortlosigkeit der Zeit, die bis in unser Innerstes hinab reicht, wohnt Gott. „Und siehe, Du warst innen und ich war draußen" (X, 27,38). Jetzt kommt es zu Übergängen, zu Orts- und Zeitverschiebungen. Ist es die Gegenwart Gottes, die unsere Gegenwart auf geheimnisvolle Weise trägt?

Das Hören auf die Stimme Gottes wird von Augustinus erneut artikuliert und der Imperativ wiederholt: „Gib mir, was ich liebe, denn ich liebe; und auch das hast du gegeben." (XI,2,3) Die Gegenwartssituation ist der Ausgangspunkt jeder Frage und jedes Imperativs. Wer hält mich jede Sekunde neu in der Gegenwart und öffnet mir die Zeit? Kann ich meine Gegenwart alleine aus meinen Kräften leben? Oder kommt mir ein Anderer zu Hilfe, der all meinem Tun, Denken und Reden zuvor für mich Sorge trägt und seine Nähe meiner lebendigen Gegenwart eingestiftet hat? Der Adressat jeder Frage und jedes Imperativs kann für Augustinus nur der gegenwärtige Gott sein, der in dieser punktuellen Spanne seiner Gegenwart distant (zutiefst in ihm und zuhöchst über ihm) gegenwärtig ist und ihn hört. Durch sein Wort nur kann Gott erreicht werden, durch das Wort, das alles, auch Augustinus, geschaffen hat. (XI, 2,4) Wer von dem Wort spricht, das ihn anspricht, muss nach dem Wort fragen, durch das der Anfang gesetzt wurde. Dies konfrontiert nicht nur mit einer paradoxen Ort-, sondern auch mit einer Zeitlosigkeit, in der die Grenzen von Raum und Zeit unendlich geweitet werden und sich in das Geheimnis Gottes hinein entziehen. Dies unterbricht die gewohnten Strukturen unseres an raum-zeitliche Erfahrungen gebundenen Denkens.

Augustinus verweist wiederholt auf Paulus, denn auch ihm ist dieser Imperativ bekannt: „Gib, was du befiehlst und dann befehle, was du willst!" (X, 31,45) Was gesucht wird, es ist schon da. Was verlangt wird, ist schon gegeben: „Gib, was Du verlangst, dann verlange, was Du willst." (X 29,40) Diese Formulierung liegt auf der Grenze zwischen Erpressung und dankbarem Empfang der Gnade. Gott verlangt Enthaltsamkeit von Augustinus, doch er ist schwach, also muss Gott sie geben, dann erst kann er sie verlangen und dann erst kann er sie Gott geben. Eine ambivalente Rede: *Muss* Gott nicht zuvor geben, damit er es verlangen kann? Freiheit oder Notwendigkeit?[5] Das Handeln Gottes und des Menschen wird von uns einfach in eine Abfolge gebracht, die dem Geschehen nicht gerecht wird. Geht Gottes Nähe in der Zeit voraus oder kommt sie von einem „jenseits der Zeit" her, geht sie in diachronem Sinn mit der Zeit, genauer: mit unserer Gegenwart?[6] Was erst noch kommen soll, es ist

---

[5] Das Problem erbt Augustinus von Paulus, bei dem sich eine analoge Paradoxie findet, als er über Adam und Christus, über das Verhältnis von Sünde und Gnade nachdenkt: „Wo jedoch die Sünde mächtig wurde, da ist die Gnade übergroß geworden" (Röm 5,20). Hier wird auch ein kausaler Zusammenhang hergestellt: Je mehr Sünde es gibt, desto mehr Gnade wird geschenkt. Das führt logischerweise zu jener ernsten Frage, die Paulus sich selber stellt und die keineswegs nur als rhetorischer Kniff zu verstehen ist: „Heißt das nun, daß wir an der Sünde festhalten sollen, damit die Gnade mächtiger werde?" (Röm 6,1) Das scheint ja die Konsequenz dessen zu sein, was er zuvor entfaltet hat. Bedeutet dies nicht eine Verharmlosung und Relativierung dessen, was Sünde und Schuld anrichten können? Sollen wir nur weiter sündigen, damit die Gnade sich weiter mehre? Paulus selbst gibt die Antwort: „Keineswegs! Wie können wir, die wir für die Sünde tot sind, noch in ihr leben?" (Röm 6,2) Paulus merkt, dass seine Formulierung und seine Sprachmöglichkeiten angesichts der geschehenen Gnade an Grenzen stoßen. Ihm ist bewusst, dass die Vergebung der Sünde kein notwendiger Vorgang sein kann, welcher der Sünde automatisch folgt. Hier herrscht keine notwendige Kausalität, sondern die unverfügbare, freie Gnade Gottes, die eine andere Sprache erfordert. Vgl. dazu *E. Dirscherl*, Grundriss theologischer Anthropologie, Regensburg 2006, 156–163.

[6] Den Gedanken einer mit-gehenden Gegenwart hat *R. Schaeffler*, Die Gegenwart des Zukünftigen oder: Das anagogische Bedeutungsmoment der Erfahrung, in: M. Drewsen/ M. Fischer (Hrsg.), Die Gegenwart des Gegenwärtigen (FS G. Haeffner), Freiburg 2006, 73–87, bes. 84 reflektiert. Die Untersuchung von *A. Jackelén*, Zeit und Ewigkeit. Die Frage der Zeit in Kirche, Naturwissenschaft und Theologie, Neukirchen-Vluyn 2002, in der konsequent ein relationales Verständnis der Zeit u. a. im Dialog mit biblischem Denken, Augustinus, Cullmann, Pannenberg, Dalferth, Levinas und Torrance entfaltet wird, führt zu einem originellen Verständnis der Gegenwart, die als offener Kreuzungspunkt der Zeitmodi im Sinne eines Lichtkegels verstanden wird und in einer Skizze visualisiert wird. (Vgl.

schon Gegenwart. Und was ich in der Gegenwart lebe und gebe, das ist nicht nur von mir getan, sondern schon von einem Anderen her gegeben worden.[7] So geschieht die Spannung zwischen „schon jetzt" und „noch nicht" aus Gnade und darum geht es Augustinus!

Ist diese Gegenwart so unendlich geöffnet, so ort- und konturlos, so zwischen Sein und Nichtsein ausgespannt, dass es schwer ist, eindeutig die Wahrheit zu erkennen und das Rechte zu tun? Wie kann ich da bestehen? Augustinus spricht von einem Abstand in mir zu mir selbst, etwa dann, wenn ich einschlafe. (X 30,41) Damit ist das Phänomen der Selbstreflexion und des Selbstbewusstseins umrissen. Ist der Abstand zu mir, die Distanz zwischen Ich und Selbst, nicht die Zeit selbst, die ich durchschreiten muss, um zu mir und zu Gott zu kommen? Gibt es in der Gegenwart, die ortlos geweitet und in ihrer Begrenztheit unendlich geöffnet ist, damit Gott in ihr wohnen kann, zu viele Aus- und Übergänge, so dass die Orientierung schwer fällt? Wie sollen wir uns angesichts einer unendlichen Offenheit verhalten, in der wir uns vorfinden, wenn wir nach uns und nach Gott fragen? Wenn in unserem Innersten jener unendliche Gott wohnt, der auch über uns wohnt, wie sollte da anderes als radikale Offenheit geschehen? Können, ja wollen wir uns radikal für diese Präsenz öffnen? Da ist die sogenannte neue Unübersichtlichkeit der Postmoderne schon damals als Problem gestellt! Wenn wir in einer solchen Konstellation auf das Wort Gottes hören oder warten wollen, um einen Standpunkt zu finden – wo erklingt es in unserer Gegenwart, in all dem Getöse der Geräusche? In der Ruhe der Innerlichkeit? Oder in der Stimme eines Kindes?

All diese Beziehungen, die wir in unserer jeweiligen Gegenwart leben, können wir erst im Nachhinein bedenken. Zuvor aber ist schon Entscheidendes geschehen und zwar unmittelbar, d. h. ohne dass wir alles im Vorhinein kalkulieren, planen und reflektieren

---

203ff.) Die Zeit wird von E. Levinas her als Beziehung zum Unendlichen gedeutet. (163)

[7] Vgl. dazu *S. Scharf*, Zeit (s. Anm. 4), 207f. Hier wird das Phänomen der Gegenwart als Wechselspiel zwischen Aktivität und Passivität verstanden, das aber auch ein „Sich-disponieren für die Gegenwart" einschließt. Zur angemessenen Disposition gehört die Bereitschaft, sich der Präsenz zu öffnen. Das hat bes. *G. Haeffner*, In der Gegenwart leben. Auf der Spur eines Urphänomens, Stuttgart 1996, 159f. betont. Gegenwart ist für ihn „unselbstverständliche Gabe und Zumutung". (169)

konnten. Vieles ergibt sich jenseits unserer Möglichkeiten, wenn uns Begegnungen glücken, wenn sich Entscheidungen bewähren, wenn wir intuitiv das Richtige tun oder sagen, wenn wir einen Ruf Gottes vernehmen. Gott gewährt uns vieles, bevor wir darum gebeten haben. Erst hinterher (postea), in der Erinnerung sehen wir ein, was wir von ihm empfangen haben. (X 31,45) Der Mensch war verloren und Gott hat ihn wiedergefunden, erst so kann der Mensch sich wieder finden. (X, 31,45) Diese Erkenntnis im Nachhinein verdankt sich einer Gegenwart Gottes, die uns in die Konstellation unendlicher Offenheit versetzt und im selben Moment, in dem sie geschieht, niemals fixierbar ist, sondern nur im Nachhinein in diachronem Sinn zur Sprache gebracht werden kann. Vieles geschieht schon unmittelbar in der Gegenwart, bevor ich es zu deuten vermag. Und dass ich morgen wieder in jener vorübergehenden Gegenwart lebe, in der ich mich jeden Augenblick meines Lebens befinde, kann ich nicht aus mir hervorbringen.[8]

Wer von der Zeit redet, muss über Gottes Liebe sprechen. Der Mensch ist, so Augustinus, nichts ohne Gott und er vermag nichts Gutes ohne Gott zu erkennen oder zu tun. Dies ist der Tenor der letzten Abschnitte von Buch X. Damit ist der Boden für das Nachdenken über die Zeit endgültig bereitet, das grundgelegte Konzept von der Gegenwart Gottes in der Seele des Menschen wird anhand der Bibel überprüft. Die Gegenwart ist der Ausgangspunkt des Nachdenkens. Sie ist die unendlich geöffnete Weite der Seele des sterblichen Menschen, der nach dem verlässlichen Grund des Lebens und Vertrauens sucht.

Zu Beginn von Buch XI stellt Augustinus die Frage, wieso er Gott alles erzählt, der doch in seiner Ewigkeit schon alles wissen müsste.

---

[8] Diesen Gedanken hat auch R. Descartes gefasst: „Dann folgt also daraus, daß ich kurz zuvor existiert habe, keineswegs, daß ich jetzt existieren muß, es sei denn, daß irgendeine Ursache mich für diesen Augenblick gewissermaßen von neuem schafft, d. h. mich erhält. Betrachtet man nämlich aufmerksam die Natur der Dauer, so leuchtet ein, daß es durchaus derselben Kraft und Tätigkeit bedarf, um irgendein Ding von Augenblick zu Augenblick zu erhalten, wie um es von neuem zu erschaffen, wenn es noch nicht existierte. Es gehört somit zu dem, was durch die natürliche Einsicht offenbar ist, daß Erhaltung nur dem Gesichtspunkte des Denkens nach von Schöpfung verschieden ist." (*R. Descartes*, Meditationen über die Grundlagen der Philosophie mit den sämtlichen Einwänden und Erwiderungen, übers. v. A. Buchenau, Hamburg 1972, 40)

(XI, 1,1) Er tut es aus Liebe, um seine Liebe und die anderer Menschen zu wecken. Diese Liebe drückt sich sprachlich im Lobpreis aus und führt zum Gebet, das eine Verbindung zu Gott ermöglicht. Gott weiß schon im Voraus, worum wir bitten, er hat sich schon zu uns herab geneigt, aber die Beziehung zu ihm soll auch von uns und unserer Freiheit ausgehen. Das Gebet stellt die Frage nach der Art der Verbindung zwischen dem ewigen Gott und dem zeitlichen Menschen. Das Gebet ist der „ausgezeichnete Ort der Gegenwärtigkeit".[9]

Damit ergibt sich für die Eucharistietheologie, dass die verschiedenen Präsenzweisen mit dem Gebet der Gemeinde und des Amtsträgers verbunden sind, in der eine unmittelbare Antwort auf Gottes zuvorkommendes Wort und Handeln geschieht. Gott wird im Geist um die Wandlung gebeten, die geschieht, weil zuvor schon Wandlung geschehen ist, die in einer Gegenwart der Menschen geschieht, in der die Gegenwart Gottes vorübergeht.

Für Augustinus ist die Grenze zwischen Gott und Mensch eine offene Grenze und die Differenz zwischen beiden eröffnet den unendlich geöffneten Zeit-Raum der Begegnung und des Über-gehens. Dies erlaubt eine Rückbindung an Gott, an dem der Mensch sich im Wandel der Zeiten festmachen kann. Wandlung geschieht immer in der Gegenwart.

Hier ergeben sich spannende Berührungspunkte zum jüdischen Denken. A. J. Heschel sagt: Das Gebet erfüllt sich nicht in einem Augenblick –, damit kommt der zeitliche Aspekt des Betens zur Sprache. Das Gebet verweist uns auf einen Weg in der Zeit, es bindet

---

[9] Diese treffende Formulierung übernehme ich von *S. Scharf*, Zeit (s. Anm. 4), 220, aus den inspirierenden Schlussreflexionen ihres Werkes. Dort spricht sie auch über Gott als die Quelle und das Erfüllende der Zeit. (219) Von dieser Bestimmung her wäre u. a. der kritische Diskurs mit der Arbeit von *K. Appel*, Zeit und Gott. Mythos und Logos der Zeit im Anschluss an Hegel und Schelling, Paderborn u. a. 2008 zu suchen, der auch in ders., Die Zeit und das Ereignis des Gastes. Replik auf A. F. Koch, in: E. Arens (Hrsg.), Zeit denken. Eschatologie im interdisziplinären Diskurs (QD 234), Freiburg i.Br. 2010, 101–115, 114 die in höchste dialektische Spannung versetzte These vertritt: „Gott IST die Zeit". Ob die versuchte Vermittlung zwischen Hegel und Levinas über den Gedanken der Gastfreundschaft wirklich gelingen kann, bleibt m. E. noch zu fragen, weil die für Levinas zentrale Diachronie im Verhältnis zum Anderen und zu Gott eher die These nahelegt, dass die Zeit das ist, was zwischen Gott und Mensch geschieht. Vgl. dazu *E. Dirscherl*, Das menschliche Wort Gottes und seine Präsenz in der Zeit, Paderborn u. a. 2013, bes. 69–88;110–164.

uns an die Zeitlichkeit. Das Gebet schreitet mit uns durch die Zeit und in dieser Zeit versuchen wir den Schatz der Worte zu heben, indem wir immer wieder neu nach dem Sinn und der Bedeutung der Worte suchen. Jene Worte, die auf das Göttliche verweisen, übersteigen für Heschel die Grenze des menschlichen Bewusstseins. Worte, die von Gott sprechen, gehen über die Kraft der Seele hinaus. Es ist für den Betenden ein ernstes Unterfangen, den Namen Gottes auszusprechen. Heschel sagt, dass das Wort häufig größer ist als unser Verstand. Emmanuel Levinas spricht davon, dass wir mehr denken, als wir denken können, wenn wir uns Gott zuwenden. Heschel betont, dass das echte Gebet ein Geschehen ist, in dem der Mensch sich transzendiert und über sich hinauswächst und kaum begreift, was sich ereignet.

Dies deute ich als unmittelbare Gottesbeziehung und Präsenz in der Zeit.[10] Dieses unmittelbare Geschehen, in dem wir über uns hinaus wachsen auf Gott hin, passiert vor der bewertenden Reflexion, vor dem Nach-Denken, das in eben diesem Ursprung gründet, von ihm herkommt und ihm nachfolgt. Vergessen wir nicht, dass der Ursprung der trinitarischen Gottrede in der Liturgie der Taufe und der Eucharistie und damit im Gebet liegt. Im Gebet stellt sich der Mensch Gott als Subjekt gegenüber und spricht nicht über Gott wie über ein Objekt. Der Anfang des Gebetes liegt für Heschel diesseits des Wortes und das Ende liegt jenseits aller Worte. Der Anfang des Gebetes liegt, so würde Emmanuel Levinas sagen, in einer unvordenklichen Vergangenheit: passé, vorübergegangen, vergangen, aber nicht ohne Bedeutung für uns.[11] Den Ursprung der Worte können wir nicht erinnern, und das Ende der Worte liegt jenseits aller Worte und damit jenseits der Zeit im Eschaton. Im Geschehen des Gebetes bekommt es der Mensch unmittelbar mit Gott und seinem Wort zu tun, wenn er als Mensch zu Gott spricht und ihm antwortet. Von daher kann Heschel sagen: „Was geschieht, wird nicht immer durch menschliche Fähigkeit zu Wege gebracht. Zuweilen sprechen wir nur ein einziges Wort mit unserem ganzen Herzen und

---

[10] Vgl. *A. J. Heschel*, Gott sucht den Menschen. Eine Philosophie des Judentums, Neukirchen-Vluyn ⁵2000, 62f. über die lebendige Präsenz der Herrlichkeit Gottes, die als Erhabenheit gespürt werden kann, aber mehr ist als Erhabenheit.

[11] Vgl. *E. Levinas*, Jenseits des Seins oder anders als sein geschieht, übers. v. T. Wiemer, Freiburg i.Br. 1992, 37–41.

doch ist es, als bewegten wir eine ganze Welt."¹² Was können Worte bewegen und wandeln!

3. Paulus: Messianische Zeit der rettenden Verwandlung

Paulus erfährt in seiner Biografie ohne Zweifel eine tiefgreifende Veränderung. Er wird, wie man so sagt, vom Saulus zum Paulus. Ihm widerfährt eine Erscheinung des Auferweckten, die nicht ohne Folgen bleibt. Angenommen, Paulus erfährt diese Offenbarung als Bekehrung, dann ist die christliche Tradition massiv von einem Denken geprägt, das den Glauben an Jesus Christus als Zäsur empfindet und im Sinne radikaler Veränderung des Lebens zur Sprache bringt. Damit ist natürlich ein Kontrast zu einer Glaubenswelt gegeben, in die man kontinuierlich hineinwächst, in der man von Kindheit an einen Weg beschreitet, der nicht unbedingt von Zäsuren geprägt ist. Ein solches Christentum wird sich schwertun mit Konversionsliteratur, die nicht nur bei Paulus, sondern auch bei Augustinus zu finden ist. Wie kann man Brüche in einer Glaubensbiografie verstehen, wenn die eigene Biografie ohne Brüche daherzukommen scheint, eher ruhig dahin fließt? Diese Zeiten scheinen sich heute wiederum zu verändern, denn eine christliche Beheimatung im Glauben geht zurück. Da scheint es attraktiv zu sein, sich wieder einem Denken zuzuwenden, das den Glauben als Neuheit versteht, als Veränderung säkularer Existenz. Doch: beschreibt Paulus nur die Diskontinuität seines Glaubensweges, oder wird er genötigt, auch eine Kontinuität zu entdecken? Dies umso mehr, als er seinen bisherigen jüdischen Glauben mit dem Glauben an Jesus Christus abstimmen muss. Davon zeugt Röm 9–11 und dieses Ringen ist ein Ringen mit seinem eigenen Weg, mit seinen eigenen Wurzeln und der Frage nach denen, die seinen Weg nicht mitgehen können. Was also ist geschehen: Bruch oder Übergang?

---

[12] A. J. Heschel, Gott (s. Anm. 10), 19.

3.1 Berufung als Verwandlung

Berufung versteht Giorgio Agamben als

„eigentümliche Verwandlung …, die jeder juristische und jeder weltliche Zustand erfährt, wenn er mit dem messianischen Ereignis in Verbindung tritt. Es handelt sich also nicht um eine eschatologische Indifferenz, sondern um die Änderung, ja fast um die innere Verschiebung jedes einzelnen weltlichen Zustands, wenn er ‚berufen' worden ist."[13] Verwandlung bedeutet hier, dass die messianische Berufung keinen spezifischen Inhalt hat, sondern nichts anderes ist „als die Wiederaufnahme derselben faktischen oder juristischen Zustände, *in die* man gerufen wird …"[14]

Daher könne Berufung auch als Beruf verstanden werden. Agamben spricht von einem „Ruf des Rufs"[15], der in jede Bedingung einzuwilligen, diese Einwilligung aber auch im selben Akt zu widerrufen vermag. Das ist eine Souveränität des Subjekts im Sinne des Ich, das sich nicht verliert in dem, was es tut, sondern sich demgegenüber zu verhalten vermag. Wird hier nicht ein Abstand des Menschen zu sich selbst beschrieben, der es ihm erlaubt, sich zu dem zu verhalten, was er tut und lebt? Wird hier nicht die klassische Frage nach dem Verhältnis von Identität und Differenz im eigenen Leben thematisiert?

Dieser Abstand verweist im Kontext europäischer Subjektphilosophie auf das Phänomen des Selbstbewusstseins, auf jenes Selbstverhältnis, in dem der Mensch sich zu sich selbst verhält. Dieses Verhältnis erweist sich als zeitliches. Das betont auch Agamben mit Bezug auf Gustave Guillaume: „Die Anwesenheit des Bewusstseins bei sich selbst definiert sich demnach immer schon durch eine Form der Zeit."[16] Hier ist ein Abstand im Selbstverhältnis gegeben, der von Agamben als zeitliche Spannung verstanden wird. Dadurch ergibt sich ein Abstand bzw. eine Verspätung in der Struktur des Subjekts, das niemals einfach mit sich zusammenfallen kann.[17] Das

---

[13] G. *Agamben*, Die Zeit, die bleibt. Ein Kommentar zum Römerbrief, übers. v. D. Giuriato (es 2453), Frankfurt a.M. 2006, 33.
[14] Ebd., 33.
[15] Vgl. ebd., 34.
[16] Ebd., 80.
[17] Vgl. ebd.

Denken selbst benötigt Zeit und auch der Bezug des Denkens auf die
ursprüngliche Instanz des Denkenden benötigt Zeit. Mit dieser Verspätung
erklärt sich auch die rätselhafte Verdoppelung des Rufes.
Genügt es nicht *einen* Ruf zu hören? Was höre ich, wenn ich den
Ruf des Rufes höre? Damit wird in den Ruf ein Abstand eingetragen,
der nicht nur den Gerufenen, sondern auch den Rufenden nicht unberührt
lassen kann. Die Formulierung „Ruf des Rufes" vereindeutigt
den Ruf, sie versteht ihn als Verhältnis des Rufes zu sich
selbst. Es wird ein Ruf gehört, der zunächst unmittelbar als Ruf in
meine Präsenz hinein ergeht und dann im Nachhinein quasi reflektiert,
gespiegelt, als Ruf gehört, zur Sprache gebracht und bedacht
wird. Der Ruf geschieht in zeitlicher Erstreckung und Spannung.
Dieses Verhältnis aber eröffnet einen Zeit-Raum für das Verhalten,
für radikales Infragestellen ebenso wie für Entscheidung und Deutung.
Der „Ruf des Rufes" kann insofern auch als Verstärkung des
Rufes gelesen werden, als „Nachhall", quasi als Echo des Rufes. Der
Ruf des Rufes ist das Geschehen des Rufens bzw. Gerufenwerdens in
seiner zeitlichen Dynamik.[18]

Für Agamben führt das Verhältnis von Berufung und Widerrufung
zur Betrachtung von 1 Kor 7,29–32. Er übersetzt wie folgt:

„Dies aber sage ich, Brüder, die Zeit ist zusammengedrängt. Was
bleibt, ist, damit die Frauen Habenden als ob nicht Habende seien
und die Weinenden als ob nicht Weinende und die sich Freuenden
als ob nicht sich Freuende und die Kaufenden als ob nicht
Behaltende und die die Welt Nutzenden als ob nicht Nutzende. Es
vergeht nämlich die Gestalt dieser Welt. Ich will jetzt, dass ihr
ohne Sorgen seid."[19]

---

[18] Hier ergeben sich Berührungspunkte zum Denken J.-L. Marions, der eine Phänomenologie
des Rufes entfaltet hat, in der die Differenz eine zentrale Rolle
spielt. Th. Alferi hat gezeigt, dass der Begriff der Differenz im Denken Heideggers,
Derridas und Levinas , Marion dazu geführt hat, von einer Priorität der
„distance" auszugehen. Vgl. *T. Alferi* „Worüber hinaus Größeres nicht ‚gegeben'
werden kann ..." Phänomenologie und Offenbarung nach J.-L. Marion, Freiburg
i.Br. u. a. 2007, 43. In der theologischen Rezeption führt dies so weit, dass Marion
im Gefolge H. U. v. Balthasars auch die Liebe zwischen Vater und Sohn im trinitarischen
Kontext so versteht, dass sie auf keine die Differenz aufhebende Einheit
zielt (vgl. a. a. O. 45).
[19] Vgl. *G. Agamben*, Zeit (s. Anm. 13), 34.

3.2 Der Messias in uns: Die zeitliche Spannung im Menschen

3.2.1 Die Dislokation des Subjekts: Das rätselhafte „als ob nicht" und der „Gebrauch der Dinge"

Ist das „als ob nicht" die Struktur des Vergehens? Die Ermöglichung der Sorgenfreiheit? Das *hōs mē* ist für Agamben die „Formel des messianischen Lebens" und „der tiefste Sinn der klesis".[20]

Hier erinnert man sich mit Agamben an Hans Vaihinger und seine Philosophie des „Als ob", in der die Position eines kritischen Pragmatismus vertreten wurde.[21] Die Frage, die diesen Kant- und Nietzscherezipienten umtrieb, lautete, wieso die Menschen oft mit falschen Annahmen Richtiges erreichen können, wieso mit Fiktionen Lebensorientierung gelingen kann. Agamben betont, dass das paulinische „als ob nicht" von dem „als ob" deutlich zu unterscheiden ist.[22] Entscheidend ist die Negation, denn durch sie wird die messianische Berufung zur Widerrufung jeder Berufung.[23] Denn es heißt ja nicht: Weinende als ob Weinende, sondern als ob *nicht* Weinende. „In diesem Sinn definiert sie die einzige Berufung, die mir akzeptabel erscheint. Was ist nämlich eine Berufung anderes als die Widerrufung jeder konkreten, faktischen Berufung?"[24] Geschieht die Berufung jenseits einer konkreten Berufung? Oder geschieht deren Nichtung? Wie verhält sich die Berufung zum Leben des Menschen? Wenn die Berufung die Berufung selbst ruft und als Notwendigkeit verstanden wird, „die sie bearbeitet und von innen aushöhlt und sie in der Geste selbst, mit der sie in ihr verharrt, nichtig macht"[25], dann ist von einer Spannung die Rede, in die das menschliche Leben versetzt wird. Der Vergleich ist das spannungserzeugende sprachliche Mittel, das bei den Synoptikern im messianischen Kontext zur Anwendung kommt. Agamben verweist auf Mt 18,3: „Wenn ihr nicht ... wie die Kinder werdet" und auf Mt 6,5: „seid nicht wie die

---

[20] Ebd., 34.
[21] Vgl. *H. Vaihinger*, Die Philosophie des Als-ob. System der theoretischen, praktischen und religiösen Fiktionen der Menschheit auf Grund eines idealistischen Positivismus. Mit einem Anhang über Kant und Nietzsche, Leipzig 1911.
[22] Vgl. *G. Agamben*, Zeit (s. Anm. 13), 53.
[23] Vgl. ebd., 34.
[24] Ebd., 34.
[25] Ebd., 34f.

Heuchler", in denen *hōs* einen messianischen Vergleich einleitet.²⁶ Ein Vergleich bedeutet den Ausdruck einer Spannung, die zwischen zwei Begriffen besteht.

Das *hōs mē* ist ein „Spannungserzeuger besonderer Art", der einen Begriff oder einen Zustand in Bezug auf sich selbst in Spannung versetzt: Das „Weinen spannt sich zum Weinen, das Freuen zum Freuen."²⁷ So vergeht die Seinsweise dieser Welt (1 Kor 7,31). Das Messianische bezieht alles auf sich, lässt es vorübergehen ohne es auszulöschen und bereitet sein Ende vor. Agamben spricht von einem „Vorbeigehen der Gestalt dieser Welt".²⁸ Hier liegt es nahe, sich an die Theologie des Pesach oder an Ex 33 zu erinnern, die einen Vorübergang Gottes in der Zeit erzählen, der in der Erinnerung als zukunftseröffnende Gegenwart geschieht. In der Beziehung eines Zustands oder eines Subjekts zu sich selbst geschieht ein Vorübergehen, geschieht Zeit als vorübergehende Gegenwart, die Bewegung in den Zustand und das Subjekt bringt. Diese Beziehung ist ein Weg in der Zeit, der sich im Innersten der Zustände oder des Subjekts ereignet und sie im Sinne eines Teilens (zwischen Weinen und Weinen) in Spannung versetzt. Wenn Agamben die messianische Berufung als „immanente Bewegung" und als eine „Zone der absoluten Ununterscheidbarkeit zwischen Immanenz und Transzendenz, zwischen gegenwärtiger und künftiger Welt"²⁹ versteht, dann kommt es zu der Frage, an welchem „Ort" der Mensch diese Perspektive wahrnehmen kann, wenn es nicht zu einer Verschmelzung der Zeiten oder auch des Diesseits mit dem Jenseits kommen soll.

Mich erinnern diese Überlegungen Agambens an einen Gedanken in Ernst Blochs Essay „Die glückliche Hand", die vom Baalschem von Michelstadt handelt. Bloch erzählt von einer Geistesgegenwart und einer „fast messianisch wählenden Hand", die Baalschem gewährt, „um alle Dinge für kurze Zeit aus ihrer Zerstreuung herauszubringen."³⁰ Baalschem ist nicht der Messias, aber er zeigt messianische Züge. Erst am Ende der Tage kann der Messias alle Dinge auf

---

[26] Vgl. ebd., 35.
[27] Ebd., 35.
[28] Ebd., 36.
[29] Ebd.
[30] E. *Bloch*, Spuren (stb 451), Frankfurt a.M. ³1980, 198 u.202; vgl. R. *Faber*, „Sagen lassen sich die Menschen nichts, aber erzählen lassen sie sich alles". Über

Dauer „verrücken", zurechtrücken. Sie müssen, das ist die Pointe, „nur ein wenig" verrückt werden.[31] „Weil aber dieses Wenige so schwer zu tun und sein Maß so schwierig zu finden ist, können das, was die Welt angeht, nicht die Menschen, sondern dazu kommt der Messias."[32] Ist diese Verschiebung vielleicht jene rätselhafte messianische Figur, die auch bei Agamben in dem „als ob nicht" angezielt ist? Nicht nur Zustände, auch das Subjekt selbst wird in Spannung zu sich gebracht, auf andere Weise zu sich in Beziehung gesetzt. Das „als ob nicht" verschiebt das Weinen zum Weinen so, dass sich zwischen beiden Worten, die doch ein Wort sind, ein Beziehungs-Raum öffnet. Die Negation, die auf das „als ob" folgt, eröffnet eine Differenz im Selben, die Handlungsspielraum schenkt. Sie ver-rückt das Subjekt ein wenig, aber eröffnet so dessen Zeit- und Handlungs-Raum, der ein „Gebrauchen der Dinge" ermöglicht.

„Um die messianische Instanz des *Als-ob-nicht* in jeder *klēsis* und die ihr innewohnende Notwendigkeit, die jede Berufung widerruft, auszudrücken, greift Paulus auf einen einzigartigen Ausdruck zurück, der den Interpreten viel Kopfzerbrechen bereitet hat: *chrēsai*, ‚gebrauchen'."[33]

Agamben spricht von einer Notwendigkeit der Widerrufung, die in dem Wort „gebrauchen" mitschwingt.[34] Was bedeutet es, die Berufung zu gebrauchen, nicht aber zu besitzen?

Paulus, so Agamben, stelle dem *dominium* i. S. des Eigentums den messianischen *usus* gegenüber, denn es gehe um den einzig möglichen Gebrauch weltlicher Zustände. Die messianische Berufung sei weder ein Recht noch eine Identität, sondern „eine allgemeine Potenz, die man gebraucht, ohne je ihr Inhaber zu sein."[35] Die Nichtidentität mit

---

Grimm-Hebelsche Erzählung, Moral und Utopie in Benjaminscher Perspektive, Würzburg 2002, 32.

[31] Vgl. *R. Faber*, Sagen (s. Anm. 30), 32. Faber verweist auf einen Hebel-Vortrag W. Benjamins, in dem sich die Formulierung findet: „Das Jetzt und Hier der Tugend ist für ihn kein abgezogenes Handeln nach Maximen, sondern Geistesgegenwart." Diese Charakterisierung wendet Faber auf die Erzählung Blochs an. (31)

[32] *E. Bloch*, Spuren (s. Anm. 30), 198, 202; vgl. *R. Faber*, Sagen (s. Anm. 30), 32.

[33] *G. Agamben*, Zeit (s. Anm. 13), 37.

[34] Mein Assistent Markus Weißer wies mich darauf hin, dass in diesem griechischen Wort die Bedeutung von „es ist nötig", „man muss" mitschwingt.

[35] Ebd., 37.

dem Messias, der Abstand zum Messias und zur Welt, eröffnet eine Möglichkeit bzw. Vollmacht, mit den Dingen i. S. der Enteignung jedes juristisch-faktischen Eigentums umzugehen. Dass die Enteignung keine neue Identität begründet, kann so verstanden werden, dass die Identität selbst nicht durch Besitz, sondern durch eine Spannung in sich bzw. zu sich selbst gekennzeichnet ist. Die Rede von einer neuen Schöpfung bedeutet für Agamben, bezogen auf 2 Kor 5,17,[36] den Gebrauch und die messianische Berufung der alten Schöpfung. Das Verhältnis zur Welt und zu den Dingen geschieht in einer Differenz, d. h. in unmittelbarer Weise, nicht als Recht oder Besitz, sondern als ein Gebrauchen aus Gnade. So wird das Subjekt durch die messianische Berufung „disloziert und annulliert"[37] Es wird in seiner Identität „ver-rückt", es wird wider-rufen und im Sinne der Gnade außer Kraft gesetzt. Es wird eine Identität annulliert, die keine Differenz, keinen Zwischenraum in sich zuließe. Hier wird Gal 2,20 bedeutsam: „Nicht mehr ich lebe, sondern der Messias lebt in mir." Die Dislokation bezieht sich auf die Beziehung zum Messias, die in mir geschieht, die mir unter die Haut geht. Ist das eine Auflösung des Subjekts? Oder eine Öffnung des Subjekts auf den Unendlichen hin, die das Subjekt zwar in seinem Selbstbezug entgrenzt, aber nicht zerstört, es an den Messias bindet, aber nicht von sich löst, vielmehr so erlöst, dass der unvergessliche Kern des Menschen und der Geschichte nicht verloren geht?

3.2.2 Das Subjekt und seine mögliche Verlorenheit

„In jedem Augenblick übertrifft das Maß des Vergessens und der Zerstörung, der ontologische Verbrauch, den wir in uns tragen, die Barmherzigkeit unserer Erinnerungen und unseres Bewußtseins bei weitem. ... Es gibt eine Kraft und eine Aktivität des Vergessenen, die nicht nach den Regeln bewußter Erinnerung gemessen oder als Wissen angehäuft werden könnten, deren Insistenz aber den Stellenwert jedes Wissens und jedes Bewußtseins bestimmt. Das Verlorene fordert nicht, erinnert und kommemoriert zu werden, sondern als Vergessenes in uns und mit uns zu bleiben, als Verlorenes – und nur deshalb ist es unvergesslich."[38]

---

[36] „Wenn jemand im Messias ist, ist er eine neue Schöpfung: Das Alte ist vorbeigegangen, Neues ist geworden."
[37] G. *Agamben*, Zeit (s. Anm. 13), 53.
[38] Vgl. ebd., 51.

Das, was uneinholbar vergessen ist, muss in dem Sinne unvergesslich bleiben, dass wir ihm treu bleiben, damit es auf rätselhafte Weise bei uns bleiben und noch möglich d. h. veränderbar sein kann. Damit ist die Unabgeschlossenheit der Vergangenheit, die sich einem aktiven Erinnern-können entzieht, und auf andere Weise erinnert wird, eine Frage der Treue. Ist es der Messias in uns, der die Erinnerung an das Unerinnerbare wachhält? Der unser Bewusstsein entgrenzt auf das hin, was vergessen wurde? Das Messianische bei Paulus ist aus der Sicht Agambens der „Ort einer Erfordernis, die sehr genau die Erlösung dessen, was gewesen ist, betrifft."[39] Damit ist nicht die Perspektive gemeint, die die Welt als schon vollendet erlöste anschaut. Vielmehr bedeutet die Ankunft des Messias, „daß alle Dinge – und mit ihnen auch das Subjekt, das sie betrachtet – vom *Als-ob-nicht* eingenommen und mit einer einzigen Geste zugleich berufen und widerrufen sind."[40] Das ist die Dislokation des Subjekts, insofern es der Verlorenheit als seiner eigenen Verlorenheit inne wird. Es kann nicht nur Dinge verlieren, auch sich selbst. Ruf und Widerruf bringen die Spannung einer verlierbaren, fragilen Beziehung zum Ausdruck, die nicht sicherer Besitz ist.

In diesem Kontext tritt die Frage nach Tod und Vergänglichkeit in den Vordergrund. Denn der Messias

> „lebt genaugenommen in ihm (in Paulus; E.D.) als jenes ‚nicht mehr ich', als der tote Leib der Sünde, den wir noch in uns tragen und der im Messias durch den Geist erweckt wird (Röm 8,11). Die ganze Schöpfung ist der Vergänglichkeit unterworfen (*mataiótēs*, die Flüchtigkeit dessen, was verlorengeht und verdirbt) – aber genau deshalb seufzt sie in Erwartung auf Erlösung (Röm 8,20–22)."[41]

Das unaufhörliche Verlorengehen des Subjekts kann nicht in kluge Rede gefasst, es kann nur im Seufzen hörbar werden. Agamben zielt auf die Treue zu dem Verlorenen. Wer ihm treu bleiben will, kann „nicht an irgendeine Identität oder weltliche *klēsis* glauben."[42] Das „als ob nicht" beschreibt also die absolute „Angleichung an das,

---

[39] Ebd., 52f.
[40] Ebd., 53.
[41] Ebd.,
[42] Ebd.,

was verloren und vergessen geht".[43] Eine Angleichung an das Vergehende bzw. Vergangene ist eine Angleichung an das, was auf den ersten Blick nicht mehr ist, an das, was durch Todesnähe und Negativität gezeichnet ist und vergessen werden kann. Ist das nicht unser aller Vergangenheit? Geht unsere Zeit nicht in jedem Moment von einer vorübergehenden Gegenwart in eine Vergangenheit über, deren Grenze zur Gegenwart geöffnet bleibt und nicht geschlossen werden kann, weil das, was war – nicht nur das Erinnerbare, auch das, was wir nicht mehr erinnern können – uns immer auf rätselhafte und komplexe Weise prägen und daher bleiben wird? Bleibt nicht eine Verbindung zur Vergangenheit, die eben nicht „nicht mehr" ist, sondern anders als gegenwärtig, d. h. verwandelt gegenwärtig bleibt?

Das „Als-ob-nicht" stünde dann für die Möglichkeit einer Rettung, die ohne eine zeitliche Differenz, die Offenheit erzeugt und die Möglichkeit des Sich-verlieren-könnens in sich birgt, nicht aussagbar ist. Der Mensch kann sich erinnern oder sich vergessen, er kann sich gewinnen oder verlieren, beides ist möglich – und das fordert den Ruf nach Rettung.

Aufgrund des zeitlichen Abstands zu sich selbst würde jede Identifizierung fragwürdig, die keinen Abstand mehr zuließe, wäre jedes Verständnis von Identität verfehlt, das die zeitliche Differenz in ihr überspielte und das Verlorene im Subjekt selbst verdrängte. Eine differenzlos gedachte Identität wäre vor einem Selbstverlust dauerhaft geschützt. Auf rätselhafte Weise stehe ich mit mir und allem in Beziehung und werde doch nur an meinem Platz, zu meiner Zeit handeln können. Was aber, wenn ein Anderer in mir ist, der die Zeiten füreinander so zu öffnen vermag, dass ich meine Zeit überschreite, ohne es zu wissen, dass ich in meinem Leib eine Geschichte trage, über die mein Bewusstsein nie wird gänzlich verfügen können? Was, wenn der Messias das, was war, was ist und was kommen wird, so in sich trägt und zusammendrängt, dass das Vergessene nicht verloren ist, sondern das Erste, was gerettet werden wird? Ist nicht in jedem Moment alles präsent, insofern in der Gegenwart alles zusammengedrängt in Verbindung steht: Das, was vorübergangen ist, was jetzt passiert und das, was noch kommen wird: Das zu Ende Gehen der Zeit? Agamben versteht die messianische Zeit als operative Zeit,

---

[43] Ebd., Die Formulierung „vergessen geht" verdankt sich der Übersetzung im Suhrkamp Verlag.

die die chronologische Zeit im Innersten verwandelt und auf das Ende hin drängt, Zeit, „die wir benötigen, um die Zeit zu beenden – in diesem Sinne: die *Zeit, die uns bleibt.*"[44] Der Messias verhindert die Rückkehr des Unmöglichen. Das Unmögliche ist für Agamben das endgültig Fixierte, das Unveränderbare und unwiderruflich Geschehene, das endgültig Abgeschlossene, das keine Zukunft mehr hat. Der Messias öffnet die Zeiten, die in den Subjekten und zwischen ihnen geschehen, füreinander und hält sie offen.

„Während unsere Darstellung der chronologischen Zeit als derjenigen Zeit, *in der* wir sind, uns von uns trennt und uns sozusagen in ohnmächtige Zuschauer unserer selbst verwandelt, die ohne Zeit die flüchtige Zeit betrachten, ist die messianische Zeit als operative Zeit, in der wir unsere Zeitdarstellung ergreifen und vollenden, die Zeit, *die* wir selbst sind – und daher die einzig reale Zeit, die einzige Zeit, die wir haben."[45]

Was unwiderruflich erscheint, wird widerrufen, die Geschlossenheit der Vergangenheit wird aufgerissen und unwiderruflich offengehalten durch einen Ruf, der nicht fixiert, sondern auf- und ent-schließt. Der Ruf des Messias geschieht in der Spannung von Berufung und Widerrufung. Der Messias, der alles ein wenig ver-rückt, stellt alles an seinen Platz, an den Platz, der der seine und doch auch der unsere ist. Ein Platz, ein Ort, der zwischen uns liegt, der uns einnimmt und den wir einnehmen, ein Ort, der für unser Handeln offen steht, ein Ort, in dem das Verhältnis zu uns und zum Anderen geschieht. Ist dieser offene Ort der Zeit eine Leere oder geschieht in ihm eine Verbindung? Wir alle könnten in ihm verloren gehen und genau darin besteht unsere (Möglichkeit der) Rettung. Agamben scheint eine negativ-dialektische Spannung, fast wie Th. W. Adorno, zu denken, in der allein die Möglichkeit des Verlorengehens die Möglichkeit der Rettung im Gefolge hat.

Der Tod und die Vergänglichkeit holen das Subjekt von einem Thron, der als selbsterbauter Turm von der Verlorenheit des Menschen und seiner Not ablenkt und daher einen Scheinblick auf die Wirklichkeit eröffnet. Wie im Turmbau zu Babel will der Mensch auch den Himmel und sein Schicksal beherrschen. Die messianische

---

[44] Ebd., 81.
[45] Ebd.

Zeit aber holt die Verlorenheit wieder in unsere Nähe, so können wir ihr wieder nahe kommen. Damit aber kommen wir zu uns, zu unserem Kern, der unvergesslich ist in seiner Verlorenheit, nicht in seiner Mächtigkeit.

Beschreibt Agamben eine messianische Haltung, die mit Verlorenheit überhaupt noch rechnet und die Rettung nicht einfach für ausgemacht hält, die auch im Blick auf die Erlösung die noch vorhandene Not nicht übersieht? Wenn die Rettung ohne die Spannung des „noch nicht" behauptet würde, welche überhebliche Selbstsicherheit würde sich daraus ergeben? Die Figur der Hoffnung vermag diese Spannung zu umschreiben: Eine Haltung des Ausharrens bei und mit dem Verlorenen, um die Zukunft offenzuhalten, in der eine Wandlung geschehen kann.[46] Wie J. P. Sartre versteht Agamben das Nichts und die Negation als Eröffnung von Freiheit, als Riss im Fels des Seins, der quasi gespalten wird. Die Negation wird zum Raum der möglichen Rettung, sie ist nicht einfach Verneinung und Nichtung, sie kann es werden, aber sie kann auch in Rettung umschlagen. Dies aber ist nicht von vornherein sicher. Eva Geulen hat gezeigt, dass Agamben auch eine Neubestimmung der Negativität versucht, die zeigen will, dass Unvermögen nicht nur Negation des Vermögens, sondern ein eigenständiger Ermöglichungsgrund ist.[47] Seine Befassung mit dem Zusammenhang von Sprache und Tod rekurriere auf einen Satz Heideggers, der das Wesensverhältnis von Sprache und Tod als noch ungedacht qualifizierte.[48] Vielleicht will Agamben im Römerbriefkommentar dieses Verhältnis weiter bedenken?

Nicht von ungefähr fügt Agamben an dieser Stelle seiner Analysen einen Exkurs über die Parabel ein. Mit Bezug auf E. Jüngel und F. Kafka stellt er heraus, dass sich im Gleichnis ein Übergang jenseits der Sprache ereignet, der nur möglich ist, indem der Mensch selbst Sprache wird.[49] „Im messianischen Gleichnis nähern sich *signum* und *res significata* an, weil in ihm die bedeutete Sache die Sprache selbst ist."[50] Darin liegt die irreduzible Ambiguität der Gleichnis-

---

[46] Agamben spricht vom Neuen Bund als Lebensform. (137)
[47] Vgl. *E. Geulen*, Giorgio Agamben zur Einführung, Hamburg 2005, 44f.
[48] Vgl. ebd. Heidegger (zit. ebd.) bemerkt, dass das Tier, das nicht sprechen kann, auch den Tod nicht als Tod erfahren kann.
[49] Vgl. *G. Agamben*, Zeit (s. Anm. 13), 55.
[50] Ebd.

se, in denen die Differenz zwischen Zeichen und Bezeichnetem niemals völlig verschwindet. Was sich im Gleichnis ereignet, wird als „Übergang" bezeichnet, als „Übergang jenseits der Sprache", der im Sinne Kafkas möglich ist, indem man selbst Sprache wird.[51]

4. Gegenwart als Zwischenraum der Wandlung

Wenn K. Rahner recht hat mit seiner These, dass das, was in unserem Leben zuvor geschieht, im Nachhinein niemals adäquat zur Sprache gebracht werden kann,[52] dann stellt sich die Frage, was von einem Geschehen und seiner Präsenz bleibt und wie es auch jenseits der Möglichkeiten der Sprache und des Denkens bewahrt werden kann. Hängt das, was von Vergangenem bewahrt wird, von unserer Erinnerungsfähigkeit und unserem Willen ab? Hängt das „kulturelle Gedächtnis" der Menschen nur an dem, was aufgeschrieben oder weitererzählt wurde und ist alles andere vergessen? Das wäre ein sublimer Zusammenhang von Sprache und Tod: Sprache verstanden als aktive Fähigkeit oder als Besitz des Menschen wäre nicht dazu in der Lage, alles zu bewahren, was geschehen ist. Vieles, allzu vieles wäre verloren. Hängt das, was von Geschehenem bleibt, am Menschen und seiner Fähigkeit? Dann würde das „im Nachhinein" der Sprache zum Grab des Vergessens. Wie viele Geschichten von Menschen sind über die Jahrtausende verlorengegangen? Sind sie verloren für immer, weil sie nicht mehr erinnert werden können? Und was kümmert es mich, dass diese alle verloren sind?

Agamben stellt diese Frage mit einer Wendung, die für das Subjekt prekär wird: Könnte es sein, dass auch Du zu den Vergessenen gehörst, dass auch Du von Verlorenheit bedroht bist, deren schlagendstes Zeichen der Tod ist? Kannst Du durch Dein Erinnern und Sprechen den Tod und deine Verlorenheit umgehen und dich retten? Das Verlorene bin ich selber, wenn ich mich nur auf mich verlasse und in meinem Selbstbesitz und Eigensinn meine eigene Verlorenheit und Todesbedrohtheit ausblende. Das Vergessene und Verlorene bin ich, weil die zusammengedrängte messianische Zeit alles Vergessene und Verlorene in meine Nähe bringt, denn diese Zeit ist mir

---

[51] Ebd.
[52] Vgl. dazu auch *E. Dirscherl*, Grundriss (s. Anm. 5), 109–155.

Wandlung als Transitus

nicht äußerlich, sie geschieht in mir, im Subjekt.[53] Die messianische Präsenz geschieht in einem Zwischen-Raum der Diachronie, die meine Selbstpräsenz auszeichnet. Es ist spannend, dass die Rede von der Immanenz Gottes in und seiner Transzendenz gegenüber der Welt von einer Nähe und Ferne des Erhabenen spricht, der in seiner Abwesenheit den Raum für den Anderen eröffnet, so dass in der Distanz und Differenz ein Zwischenraum der Begegnung aufgeht, in dem Nähe geschehen kann, vorübergehende Nähe. Dieser Zwischenraum ist der Raum der Präsenz, in dem wir als Menschen ein Leben lang leben. Was in unserer Gegenwart geschieht, können wir zwar erst im Nachhinein auf seine Bedeutung hin befragen, aber zuvor ist schon Entscheidendes geschehen. Das Zuvor, das der Messias uns er-innert, d. h. in unsere Innerlichkeit einfügt, ist mehr, als das von uns Erinnerbare, es ist die ganze zusammengedrängte und in Spannung versetzte Geschichte aller Menschen, auch der Verlorenen, Vergessenen. In uns ist diese Geschichte nicht abgeschlossen, weil sie weiter geht, indem wir weitergehen und der Messias mit uns durch die Zeit geht, der alle mit sich führt. Diese Geschichte können nicht wir umfassen, nur jener, der sie ganz zu erinnern vermag. Was aber, wenn die Sprache in dem, was sie von Vergangenem sagt, mehr sagt, als sie sagen kann? Wenn sie nur noch zu seufzen braucht und darin alles „gesagt" ist, wenn dem Gesagten ein Sagen vorausgeht, das ich selber bin?[54] Wer spricht hier? Ist es unser Geist oder der Heilige Geist, der Atem Gottes, der uns inspiriert? Gott in uns, der In-fini, der Un-endliche im Endlichen (E. Levinas), der sich und uns für alle öffnet? Jener Atem Gottes, der auch den Messias begleitet? Wenn Jesus Christus für alle gelebt hat und für alle gestor-

---

[53] Hier erinnere ich an die Formulierung von E. Levinas, der vom „Anderen im Selben" spricht, eine Denkfigur, die auch die Theologie Josef Wohlmuths bleibend prägt.
[54] Vgl. dazu J. Wohlmuth, Die Tora spricht die Sprache der Menschen, Paderborn u. a. 2002, 76–83 und seine Auslegung zu Röm 8,22f. im Kontext seines Nachdenkens über die „Sprache aus kosmischer Leidens- und Geistererfahrung" (76): „In den Herzen der Menschen wird etwas laut, was das Pneuma auch selbst bewegt." (77) Mit H. Schlier wird das „Seufzen" als „Seufzen Gottes zu Gott für uns, in unserem Herzen", gedeutet. (77) In diesem Seufzen geschieht eine Fürsprache vor aller Sprache. (77f.) Wohlmuth hat wiederholt die Unterscheidung von „dire" und „dit" bei Levinas zum Anlass genommen, um über die Bedeutung der Sprache jenseits des Gesagten nachzudenken.

ben ist, wenn er als neuer Adam bezeichnet wird, dann haben alle in ihm gelebt und finden in ihm ihr Leben, so wie er in ihrem Leben, im Leben der Vergessenen und Verlorenen sein Leben gefunden hat bis hin zum Tod am Kreuz. Wenn der Messias in uns lebt, leben all die in uns, für die er gelebt und die er repräsentiert hat. Wir haben als Adam Christus angezogen und er hat uns angezogen. Ist das bei Paulus der Vorschein der Rettung durch einen Gott, der am Ende alles in allem sein wird?

Jesus hat sein Leben und seine Zeit mit den Menschen geteilt und ihnen so den unendlichen Raum der Zeit eröffnet, denn seine Zeit geht ihm nicht aus, seine Präsenz endet nicht in seinem Tod. Diese Zeit geschieht nicht nur in unserer Beziehung zum Anderen, auch in uns, auch wir können diese Zeit teilen und es bleibt genügend für alle, wie beim Teilen der Brote. Es bleiben sogar Reste, die alle satt machen. Die Geschichte aller geht in uns und mit uns weiter, auch wir können diese Geschichte wandeln und verändern, insofern sind wir an den „Ort einer Erfordernis" gestellt. Ohne den Messias könnten wir nichts tun, weil alles schon abgeschlossen, das Vergessene vergessen wäre. Mit ihm können wir alles tun, wir werden handlungsfähig, Rettung wird möglich, weil Veränderung und Übergänge nicht nur für uns, sondern für alle möglich sind und bleiben. Dieses Offenhalten der Geschichte und unseres Handlungsraumes aber geschieht durch einen Anderen, durch Gott. Die offene Gegenwart ist der Zeit-Raum der Wandlung, Wandlung und Präsenz sind aufeinander bezogen. Wesensverwandlung und Realpräsenz zielen auf eine zeitliche Bedeutung der Menschwerdung Gottes, die zwischen uns und für uns alle geschieht. Papst Franziskus spricht in Evangelii Gaudium (EG 179) von einer kontinuierlichen Fortführung der Inkarnation im Mitmenschen, wir begegnen dem inkarnierten Wort Gottes im Anderen, in den Armen und Verlorenen, die wir nicht vergessen und ausgrenzen dürfen. Inkarnation als Revolution zärtlicher Liebe zu verstehen (EG 88) bedeutet, die Barmherzigkeit als höchste Tugend radikal ernst zu nehmen und ihr den ihr gebührenden Platz in der Hierarchie der Wahrheiten einzuräumen. (EG 37)

Papst Benedikt XVI. formulierte in einem eindrücklichen Text, den ich an das Ende meiner Überlegungen stelle:

> „Indem er Brot zu seinem Leib und Wein zu seinem Blut macht und austeilt, nimmt er seinen Tod vorweg, nimmt er ihn von in-

nen her an und verwandelt ihn in eine Tat der Liebe. Was von außen her brutale Gewalt ist – die Kreuzigung –, wird von innen her ein Akt der Liebe, die sich selber schenkt, ganz und gar. Dies ist die eigentliche Wandlung, die im Abendmahlssaal geschah und die dazu bestimmt war, einen Prozess der Verwandlungen in Gang zu bringen, dessen letztes Ziel die Verwandlung der Welt dahin ist, dass Gott alles in allem sei (vgl. 1 Kor 15,28) ... Alle Menschen warten immer schon irgendwie in ihrem Herzen auf eine Veränderung und Verwandlung der Welt. Dies nun ist der zentrale Verwandlungsakt, der allein wirklich die Welt erneuern kann: Gewalt wird in Liebe umgewandelt und so Tod in Leben. Weil er den Tod in Liebe umformt, darum ist der Tod als solcher schon von innen her überwunden und Auferstehung schon in ihm da. Der Tod ist gleichsam von innen verwundet und kann nicht mehr das letzte Wort sein. Das ist sozusagen die Kern-spaltung im Innersten des Seins – der Sieg der Liebe über den Hass, der Sieg der Liebe über den Tod. Nur von dieser innersten Explosion des Guten her, die das Böse überwindet, kann dann die Kette der Verwandlungen ausgehen, die allmählich die Welt umformt. ... Brot und Wein werden sein Leib und sein Blut. Aber an dieser Stelle darf die Verwandlung nicht Halt machen, hier muss sie erst vollends beginnen. Leib und Blut Jesu Christi werden uns gegeben, damit wir verwandelt werden. Wir selber sollen Leib Christi werden, blutsverwandt mit ihm. Wir essen alle das eine Brot. Das aber heißt: Wir werden untereinander eins gemacht. Anbetung wird, so sagten wir, Vereinigung. Gott ist nicht mehr bloß uns gegenüber der ganz Andere. Er ist in uns selbst und wir in ihm. Seine Dynamik durchdringt uns und will von uns auf die anderen und auf die Welt im Ganzen übergreifen, dass seine Liebe wirklich das beherrschende Maß der Welt werde."[55]

---

[55] *Benedikt XVI.*, Predigten, Ansprachen und Grußworte im Rahmen der Apostolischen Reise von Papst Benedikt XVI. nach Köln anlässlich des XX. Weltjugendtages (VApS 169), Bonn 2005, 85f.

Autorenverzeichnis

Dirk Ansorge, geb. 1960, Prof. Dr., seit 2012 Professor für Dogmatik an der Philosophisch-Theologischen Hochschule Sankt Georgen in Frankfurt a.M.

Florian Bruckmann, geb. 1974, PD Dr., seit 2011 Dilthey-Fellowship der VolkswagenStiftung zum Thema: Eucharistie – Leibliche Gabe?

René Dausner, geb. 1975, Dr., seit 2011 Wiss. Assistent / Akad. Rat am Lehrstuhl für Fundamentaltheologie in Eichstätt

Erwin Dirscherl, geb. 1960, Prof. Dr., seit 2002 Professor für Dogmatik und Dogmengeschichte an der Universität Regensburg

Albert Gerhards, geb. 1951, Prof. Dr., seit 1989 Professor für Liturgiewissenschaft an der Katholisch-Theologischen Fakultät der Universität Bonn

Helmut Hoping, geb. 1956, Prof. Dr., seit 2000 Professor für Dogmatik und Liturgiewissenschaft an der Theologischen Fakultät der Universität Freiburg i.Br.

Josef Wohlmuth, geb. 1938, Prof. Dr. Dr. h.c. Dr. h.c., 1986–2003 Professor für Dogmatik an der Katholisch-Theologischen Fakultät der Universität Bonn